华章经典 · 金融投资

对冲基金怪杰

HEDGE FUND MARKET WIZARDS
How Winning Traders Win

|典藏版|

[美] 杰克·施瓦格 著　何澍鑫 刘姝君 徐君岭 译

机械工业出版社
China Machine Press

图书在版编目（CIP）数据

对冲基金怪杰（典藏版）/（美）杰克·施瓦格（Jack D. Schwager）著；何澍鑫，刘姝君，徐君岭译 . —北京：机械工业出版社，2018.10（2022.10 重印）

（华章经典·金融投资）

书名原文：Hedge Fund Market Wizards: How Winning Traders Win

ISBN 978-7-111-61044-1

I. 对… II.①杰… ②何… ③刘… ④徐… III. 对冲基金 – 投资 – 经验 IV. F830.59

中国版本图书馆 CIP 数据核字（2018）第 225884 号

北京市版权局著作权合同登记 图字：01-2012-5206 号。

Jack D. Schwager. Hedge Fund Market Wizards: How Winning Traders Win.

ISBN 978-1-118-27304-3

Copyright © 2012 by Jack D. Schwager.

对冲基金怪杰（典藏版）

出版发行：机械工业出版社（北京市西城区百万庄大街 22 号 邮政编码：100037）

责任编辑：刘新艳 责任校对：殷 虹

印　　刷：保定市中画美凯印刷有限公司 版　　次：2022 年 10 月第 1 版第 3 次印刷

开　　本：170mm×230mm　1/16 印　　张：27

书　　号：ISBN 978-7-111-61044-1 定　　价：80.00 元

客服电话：(010) 88361066　68326294

爱上我的妻子乔·安，

是我一生中最幸运的事

（因为她也这样告诉我，而她从来没有错过）

劳拉·洛根：你激动吗？

亚历克斯·汉诺尔德⊖：一点儿都不……我激动的时候，往往都意味着发生了什么不好的事情……整件事情应当是有条不紊的、可控的。

——摘自《60分钟》对亚历克斯·汉诺尔德的采访

（2011年10月10日）

为了制造出吸尘器，我造了5127个模型。这意味着我失败了5126次，但经历了那么多次失败后，我成功了。

——詹姆斯·戴森

⊖　亚历克斯·汉诺尔德是全球最棒的无保护攀登者，他的壮举包括徒手攀爬半圆顶山的西北岩壁——优胜美地国家公园中心地带一面高达658米的花岗岩壁。

　　说到对冲基金，很多人的第一反应就是"索罗斯""1997 年亚洲金融危机""LTCM""麦道夫丑闻"，但是对冲基金远远不止这些。本书的作者作为一位专业金融撰稿人，站在一个客观的立场，通过对全球 10 多位著名基金经理进行访谈，原汁原味地呈现了这些基金经理的心路历程，透过他们的视角去探寻对冲基金的本质及其未来的发展。

　　近年来对冲基金飞速发展，除了因为业绩上涨，更得益于越来越多的机构投资人将其资产投入到对冲基金领域。随着对冲基金在各个资本市场的交易比重和重要性不断提高，对冲基金已经从"另类"投资逐渐主流化。更多的对冲基金经理从对"黑盒子"的传统认识中走出来，他们对于经济的宏观认识及对应的交易策略也越来越多地见诸各大金融媒体。2008 年的金融危机致使大量对冲基金倒闭，其中不乏规模超过 50 亿美元的大型基金，但是人们看到与投资银行的倒闭不同，这些对冲基金的倒闭并没有给金融系统带来巨大的冲击，也没有向政府申请一笔救助基金。虽然麦道夫丑闻的出现给机构投资人带来了巨额亏损，却没有给社会带来系统性风险。人们慢慢地开始转变对对冲基金妖魔化的成见。

　　中国的对冲基金市场正处在萌芽阶段并快速地发展，中国已经成为继美国和英国后全球对冲基金选址第三多的国家。中国股指期货市场的开放、各类大宗期货产品的上市、期货公司的资管资格开放等都为更大一波的市场扩张和基金公司的成立打下基础。

　　我认为本书适合三类读者阅读。第一类是对对冲基金感兴趣的社会大众，在这类读者眼里，对冲基金永远笼罩着一层神秘面纱，它们出现在报纸杂志的头版，是一股邪恶的力量，通过私募方式帮助富人或者金融机构理财；它们总是敏锐地探嗅着一切可能带来盈利机会的政治经济变动，运用神秘而高深的交易手段从中获取巨额收益；它们仿佛是很多经济危机的幕后推手。本书将揭开这层神秘面纱。

　　第二类读者是那些准备从事对冲基金领域工作的人，从本书的这些访谈中，我们会发现这些基金经理和我们很多普通人一样，通过一个偶然的机会进入了这个特殊的领域，然后坚持着自己追求的梦想和交易的原则。对冲基金的策略按照HFR的分类系统分为股票对冲、事件驱动、宏观、相对价值套利策略，这四个策略在全球市场的规模相当。随着中国的期货和债券市场的发展，中国的对冲基金从传统的偏股票策略，渐渐扩展到宏观和套利策略。本书中的宏观经理谈到他们怎样从跨市场的价格相关性以及因果性来寻找投资机会，对回报率的看法，另类投资虽然看重的是绝对收益，但同时更重要的是以风险为权重的回报率，单纯用加杠杆的形式来提高收益从而加大风险的做法已经行不通了，同时风险管理也受到很多基金经理重视，交易执行和资金管理比交易策略本身的发掘更为重要，怎样从预测趋势过渡到印证趋势并获利，这都会给从业者带来很大的启迪。另外，我认为很重要的一点是，这些成功的基金经理都在业内待了很多年，很多都是从传统的资产管理公司、投资银行和共同基金中出来的，这会给今天情形相似的中国从业者带来很多借鉴。

最后一类也是最重要的一类读者，是那些有兴趣投资对冲基金的投资人，对对冲基金理解的误区除了上面妖魔化的理解外，还有一种就是投资对冲基金就是追求高收益，诚然很多很好的对冲基金经理可以为客户创造财富增长的机会，但投资的透明度和去杠杆化已经成为当今的趋势，投资人对基金经理的考量也从交易策略过渡到基础设施、服务商的选择等各个方面。虽然书中的访谈并不是投资人的尽职调查会谈，但很多问题确实是尽职调查会涉及的方面，因此你可以将这些业内最优秀的基金经理的睿智回答作为模板，去考量你所投资的对冲基金的经理是否具有带来成功的特质。

谷佳
对冲基金研究公司亚太区总监、研究主管

施瓦格在期货以及对冲基金领域里是公认的行业专家，并写了许多广受好评的金融书籍。他目前是 ADM 投资者服务多样化策略基金的联席经理，这是一个期货和外汇组合的投资管理账户。他也是 Marketopper（一家印度的量化交易公司）的顾问，主要负责指导一个大型项目，运用他们的交易技术来交易全球期货投资组合。

此前，施瓦格先生是财富集团（Fortune Group，一家伦敦的对冲基金咨询公司）的合伙人，这家公司被 Close Brothers 集团收购。他之前为华尔街一些首屈一指的公司做过 22 年的研究总监，还做过 10 年的商品交易顾问基金的主要负责人。

施瓦格先生撰写了大量关于期货行业和金融市场上伟大交易的著作。他最著名的著作大概就是近 20 年来他采访了那些最伟大的对冲基金经理后所写的畅销书：1989 年出版，2012 年修订的《金融怪杰》，1992 年出版的《新金融怪杰》，2001 年出版的《股市怪杰》。施瓦格先生的第一本书，1984 年出版的《期货市场完全指南》，被认为是这个领域的一部经典的参考书籍。随后，他又修订和扩展了原来的作品，出版了他在期货上的三本

系列丛书，它们是 1995 年出版的《施瓦格谈期货：基本面分析》，1996
年出版的《施瓦格谈期货：技术分析》，以及 1996 年出版的《管理交易》。
他也是 John Wiley & Sons 公司"畅想入门"系列丛书中，《金融交易技
术分析入门》（1999 年出版）一书的作者。

　　施瓦格经常参加研讨会，并且做了许多以分析为主题的演讲，包括伟大
交易员的特点、投资谬论、对冲基金投资组合、管理账户、技术分析和交
易系统评估。1970 年，他在布鲁克林学院获得了学士学位，1971 年在布
朗大学获得了经济学硕士学位。

很久很久以前，一次干旱侵袭大地，小麦颗粒无收。于是，小麦价格大涨。有些人少买一些，每顿少吃点儿；也有一些投机者能买多少买多少，等着粮价更高的时候卖出去大赚一笔。

国王听说了囤粮的事情后，立即派士兵一个镇一个镇地宣布：投机是一种犯罪，投机者会受到严厉的惩罚。

新的法律，就像很多反对自由贸易的法律一样，只会让问题更严重。不久，一些镇的粮仓就见了底，同时谣言四起：据说其他镇的粮食仍有很多，甚至多到吃不完。

国王还在不停地提高对投机行为的惩罚，而小麦价格，如果你还能找到小麦的话，继续在不停地上涨。

一天，一位宫廷大臣以一种轻松的口吻跟国王说了一个计划，既可以解决饥荒又能让老百姓觉得国王是一个英明仁慈的统治者。

第二天，士兵又一个镇一个镇地去传达国王的命令，这次的命令是废止所有针对投机的法律，并且建议每个镇都将当地粮食的价格张贴在集市的显著位置。

各个镇纷纷接受了这项建议并张贴了粮食的价格。起初，有些镇的粮食价格出奇的高，但另外一些镇的粮食则非常低。在接下来的几天里，镇与镇之间的道路变成了粮食的河流，投机者蜂拥而至以图低买高卖。到周末时，几乎每个地方的小麦价格都是一样的，并且每个人也都能有足够的口粮。

那位宫廷大臣，对生存之道有着敏锐的直觉，并确保所有荣誉都归于国王。

我喜欢这个故事。

当然，故事没提到的是，那位宫廷大臣如何恰好知道市场的运作方式，并且他如何恰巧知道怎样让国王接受他的观点。

我们也许永远不会知道确切的答案，但我个人感觉那位宫廷大臣一定常去皇家图书馆阅读埃德温·勒菲弗的《股票大作手利弗莫尔回忆录》⊖，古斯塔夫·勒庞的《乌合之众》，查尔斯·麦基的《大癫狂：非同寻常的大众幻想与群众性癫狂》，还有杰克·施瓦格的"金融怪杰系列"书籍。

交易其实是很多经济问题的解决之道，自由市场、神圣的交易和健康的经济都是同样的概念。从这层意义上说，我们的交易员都是冠军，杰克·施瓦格书中所提到的人都是我们的英雄。

施瓦格的书通过形象地描绘交易员来定义交易。他找了最好的例子，使那些交易员感性化，令读者触手可及，他允许这些交易员用他们的方式来表达他们做了什么，是如何做的。他让我们更加直观地体会交易员在工作中面对的挣扎、挑战、愉悦和懊悔。在一种独特的重复性主题下，我们最终能以一种亲密的方式了解他所要表达的，比如要谦虚，顺应潮流，管理风险，用你自己的方式交易。

施瓦格的书对那些正在交易的人、想要从事交易的人以及想挑选一位交

⊖　本书中文版已由机械工业出版社出版。

易员的人来说都是经典之作。

让我来回顾一下我和杰克的相识过程。我记得我认识他的时候，我俩都刚开始从事交易这行，充满斗志却缺乏经验。过了这么多年，我看着他成长、成熟，形成了自己的专长，也慢慢变成我们的首席编年史作者。

施瓦格对这个行业的贡献是巨大的。他的第一部著作《金融怪杰》激发了整整一代交易员，他们中的很多人继而出现在《新金融怪杰》中，然后又有一些人受到影响，出现在了《股票怪杰》中。杰克的"金融怪杰系列"已经变成了交易员手中代代相传的火把。现在《对冲基金怪杰》延续、加强并使这个传统更加完善。交易员经常会在自己的方法中引用施瓦格书中的段落与章节并指导自己交易。他的作品是交易思想和语言不可分割的一部分。

大约 30 年前，在拜读《股票大作手利弗莫尔回忆录》一书后，杰克意识到其重要的意义，即使那时该书已经出版了 60 年。他把该书的标准运用到了他自己的写作中。

我意识到能达到这种标准的书最后都会出现在交易员或宫廷大臣的藏书室里，与《股票大作手利弗莫尔回忆录》《乌合之众》《大癫狂：非同寻常的大众幻想与群众性癫狂》放在同一个架子上。

你会在我的藏书室里同样的地方找到杰克的书。

艾迪·塞柯塔
得克萨斯州巴斯特罗普县
2012 年 2 月 25 日

　　我一直致力于和出色的交易员交流，以更好地找到他们成功的潜在因素，以及他们和市场上为数众多的普罗大众到底有什么不同，本书便是我的部分心得。接受采访的交易员涵盖了从全球最大的对冲基金的创始人，其管理的资产规模达 1200 亿美元并雇用 1400 名员工，到管理的资产只有 5000 万美元的个体运营经理。有些基金经理的投资期较长，持有资产长达几个月甚至几年，也有些基金经理关注于短周期的日内交易。有些基金经理只使用基本面数据，而有些基金经理则只使用技术分析，当然也有些基金经理同时使用这两种数据。有些基金经理承担了非常大的风险以博取很高的平均收益，也有些基金经理倾向于承担相对较小的风险，以获取比较平稳的收益。

　　所有基金经理都共有的一个特点是能带来非常出色的收益/风险表现。因为过去很多基金能获取高收益仅仅是因为他们愿意承担更多的风险，而不能归功于他们的技巧，所以我相信收益/风险相比单一的收益是一种更为有意义的衡量标准。事实上，投资时只关注收益而没有相应地考虑风险因素，是投资中最大的错误之一，不过那是另一本书要讲的内容了。我发现的一个很有效的收益 / 风险标准是损益比，可详见附录 A 对该统计量的解释。

采访内容是否会被本书选用基于以下三条关键标准。

1. 基金经理要在相当长的时间里保持优异的收益 / 风险记录——通常情况下是（但不总是）10 年或更长时间。

2. 基金经理要乐于提供与交易相关的有价值的建议。

3. 采访内容丰富多彩，通俗易懂。

我做过的采访中有几次并没有录入本书，因为它们不符合以上标准中的一条或多条。

在一段相对较长的时间里（如 10 年、15 年），对冲基金始终比股票指数和共同基金表现出色[⊖]。对冲基金作为一个整体有一种很典型的模式——适度的高收益、非常低的波动率和资金回撤。讽刺的是，对冲基金通常被认为是高投机性的，但不管用哪一种风险衡量指标，对冲基金都比传统的投资方式，比如共同基金，要保守很多。这主要是由于对冲基金的低风险结果，即它们的收益 / 风险表现要优于共同基金或股票指数。此外，只有在对冲基金中才能找到最出色的基金经理人，很少出现例外情况。这并不令人吃惊，因为对冲基金奖励性的费用结构更能吸引那些才华横溢之人。

当我为"金融怪杰系列"[⊜]的前两本书做采访时，对冲基金还只是全球投资市场中的一个小玩家。依据范氏对冲基金顾问公司的数据估计，那个时候所有对冲基金的资产管理规模总和为 500 亿～ 1000 亿美元。然而，从那个时候起，对冲基金爆炸式地增长了超过 20 倍，现在资产管理规模已超过 2 万亿美元。对冲基金交易所带来的影响远远超过了它的规模，因为

⊖　将对冲基金作为一种投资类别时所提到的对冲基金的表现都默认指代对冲基金组合的数据。以组合基金收益为基础的指数在很大程度上避免了统计偏差，这种偏差在以单个基金收益为基础的对冲基金指数中较为常见。

⊜　《金融怪杰》，纽约金融学院，1989 年。《新金融怪杰》，纽约，哈珀商业，1991 年。

对冲基金经理比传统基金经理的交易更加活跃。对冲基金日益增强的地位已经影响了市场行为。

今天对冲基金在交易活动中占据了更大的比重，交易变得越发困难。对某些策略而言，这种影响一目了然。比如系统趋势跟随策略交易者在 20 世纪七八十年代里表现得异常出色，那时他们只占期货交易中很小的比重，但在接下来数十年的时间里，他们的收益 / 风险表现一落千丈，因为他们在期货交易中占的比重越来越大，正所谓僧多粥少。

有些人不认同对冲基金扮演的重要角色，是的，这个游戏越来越难玩，但至少它们使这个游戏与以前有所不同。时移世易，适者生存，就像对冲基金经理人科尔姆·奥谢在他的采访中说的："那些可以长时间保持成功的交易员能够适应变化。如果他们遵守什么准则，十年后，你再见到他们，他们肯定把那些准则都打破了。为什么呢？因为世界在变化。"其部分变化是对冲基金越来越重要的地位所带来的。

本书采访的所有交易员都是对冲基金的经理（或者前任基金经理），这没什么奇怪的。只有一个例外，吉米·巴罗迪马斯，第一纽约证券的一个非常出色的自营交易商，他不得不调整策略以适应对冲基金的表现。在采访他的时候，他描述了对冲基金的行为如何影响股票价格的变动方式和他如何以此为基础调整他的策略。

从我写"金融怪杰系列"第一本书开始市场就在变化，但是从另一个角度来看市场也是没变的。一点点的洞察力还是很有用的。我在"金融怪杰系列"中采访艾德·斯科塔时问道："专业人员越来越重要的地位是否改变了这个市场？"（现在看来，在那几年所表现出来的还只是细微的变化。）他回答道："不。市场和 10 年前是一样的，因为市场和以前一样，一直在变化。"

在很多采访中，交易员都会提到我早期写的一本或几本书。我并没有在书中过多地提到这些，即便这样已经使我感到为难了。我知道这看起来像是在推广自己的书。我在是否要将这些引用写在书里时会问自己：如果交易员提到的是别人的书，而不是我的书，我会将这部分内容写进书里吗？如果答案是肯定的，我就会写进去。

那些试图寻找神秘的公式，并希望这些公式可以给自己提供战胜市场的简单方法的读者，你们找错方向了。但是，那些试图改进自身交易能力的读者应当能从本书接下来的采访实录中找到他们需要的信息。我相信交易员分享的交易经验和见识是永恒的。我相信市场虽然总在变化，但在某种程度上由于人类的本性难改，市场也总是不变的。我记得差不多30年前第一次拜读《股票大作手利弗莫尔回忆录》时，想不明白为什么一本书在出版了60年后依然那么重要。我并不是要把本书和埃德温的大作相提并论，仅仅是为了说明我写本书的目的——希望在60年之后那些在市场中的交易员依然认可本书的意义和价值。

| 致谢 |

首先，我要感谢我的儿子扎卡里对本书的宣传。他具备三个胜任此角色的条件：他明白所谈论的内容，他会写作，最重要的是他的固执己见。他曾对某个章节做出评论："不好意思，爸爸，但我认为你应该删了它。"虽然我不愿意看到两个星期的工作付诸东流，但再三思量后我意识到他是对的，于是我把那章删了。扎卡里提供了很多有用的建议（除了"删掉它"），其中的很大一部分都是如何整合。也许本书仍有缺陷，但我可以向读者保证的是，如果没有扎卡里的帮助你们会感到更糟糕。

本书中有四个采访是别人推荐或者帮忙安排的。在这一点上，我万分感谢以下几位的帮助，他们中的每个人都促成了本书中的某一个采访：约翰·阿珀森、夏尔马·乔克斯、艾斯特·海勒和扎卡里·施瓦格。我同样很感谢迈克尔·刘易斯的《大空头》一书，它提供了本书采访的观点之一。我也很感谢杰夫·费格提供的帮助。

最后，我想感谢那些愿意参与采访并且分享他们真知灼见的交易员，如果没有他们也就没有本书。

|目录|

第一部分
宏观经济人

宏观经济人

第 1 章

科尔姆·奥谢
一叶而知秋

当我询问科尔姆·奥谢他曾经犯过什么值得借鉴的错误时，他很费力地想给出一个例子。最后，他所能想出来的最好例子是他曾错失了一次赚钱的机会。这并不意味着科尔姆·奥谢不犯错误。他经常犯错误，就像他坦然承认的，至少有一半的交易他都做错了。然而，他从来不会让错误大到可以讲一个故事。他的交易方法不会导致过大的交易损失。

科尔姆·奥谢是一名全球宏观策略交易员——通过正确预测各国货币、利率、股票和商品的走势而获利。表面看来，一种参与国际市场趋势投资的策略可能不会在控制损失方面做得很好，但是科尔姆·奥谢做得很好。科尔姆·奥谢把他的交易想法看作假设。当市场趋势和预计的方向相反，则证明他交易的设想是错误的，然后科尔姆·奥谢会毫不犹豫地平仓。科尔姆·奥谢会在下单前制定好止损点。他会限制暴露的头寸，因此市场价格触发止损价位时的损失只是整个资产很小的一部分。所以，科尔姆·奥谢没办法提供那些失败的英勇事迹了。

科尔姆·奥谢交易时最关注的是政治，经济次之，市场最后。他年轻的时候撒切尔主义流行，大家都在争论是不是应该削弱政府在经济运行中扮演的角色——这场争执引发了科尔姆·奥谢对政治的关注，接着是经济。科尔姆·奥谢在经济方面学得很透彻，以至于他在还没上大学的时候就已经可以在咨询公司找到一份经济顾问的工作了。那家公司因为有雇员辞职所以突然急需招聘一位经济顾问。他在面试这份工作的时候，被问到了一个凯恩斯乘数悖论的问题。面试官问他："政府通过发行债券取得百姓手中的钱，然后将这部分钱通过财政支出的方式花在百姓身上，你觉得这样怎么能刺激经济呢？"科尔姆·奥谢答道："这是个好问题。我还没有考虑过。"很明显，那家公司欣赏他这种乐于承认自己不懂的态度，而不喜欢那些想尽办法要糊弄过去的人。最后，他被雇用了。

科尔姆·奥谢通过独立阅读学到了非常丰富的计量经济应用知识，所以公司安排他负责研究比利时的经济。他对使用公司的计量模型预测经济数据做了充足的准备。但是，科尔姆·奥谢的意见被束之高阁。公司不允许他和任何客户直接接触。公司不能认可让一位 19 岁的小伙子独立预测经济数据并撰写报告。但是他们很高兴让科尔姆·奥谢在充分的监督下完成整个工作并保证他不会将工作弄得一团糟。

那个时候，经济学家普遍都认为比利时的前景堪忧，但科尔姆·奥谢在查阅数据并用模型进行预测后，他的结论是比利时的经济增长前景还是很不错的。他希望公司公布的经济预测能比其他经济学家至少高两个百分点。"你不能这样做，"公司这样告诉他，"生意不是这样做的。我们允许你保持较高的预测结果，那么如果增长率真的和你预期的一样强劲，因为我们的预测结果相对还是比较高的，所以我们预测的结果依然正确。但预测结果超出大家普遍认同的结果不能给我们带来任何好处，因为如果你错了，别人就会认为我们很荒谬。"事实证明，科尔姆·奥谢的预测结果是正确的，但已没人在意了。

进入大学前一年的量化分析经济顾问工作让科尔姆·奥谢明白了一件事：经济顾问的工作不适合他。"作为一名经济顾问，"他说，"如何包装你的工作远远比你做了什么更重要。经济预测的结果往往五花八门。只要和市场趋势或者市场主流观点保持一致，基本上你的结论就都是正确的。当我明白这个游戏的规则时，我就有些愤世嫉俗了。"

1992 年刚从剑桥毕业后，科尔姆·奥谢在花旗集团找了一份交易员的工作。每年他都是盈利的，他的交易额度和承担的相应责任也逐年递增。在 2003 年科尔姆·奥谢离开花旗去索罗斯的量子基金担任投资组合经理之前，他所交易的敞口相当于一只数十亿美元的对冲基金。成功地在索罗斯的基金里工作了两年之后，科尔姆·奥谢去 Balyasny 的一只由多名基金经理管理的基金担任全球宏观策略经理，他所负责的这个投资组合就是两年之后他自己的对冲基金 COMAC 的前身。

科尔姆·奥谢在任何一年的收益率都是正的。由于他的交易记录，不管是在花旗还是在索罗斯，都是不公开的，所以我们并不能对他的交易表现有一个确切的描述。我们现在可以拿到的是从 2004 年 12 月开始他在 Balyasny 的交易记录和从 2006 年 6 月开始他现在的对冲基金投资组合的交易记录。截至 2011 年年底，平均年化复利为 11.3%，年波动率为 8.1%，月度最大损失为 3.7%。如果你读到这里觉得"才 11.3%"，那你需要额外补充一下绩效评估的知识了。

收益要综合考虑基金经理的技能（包括选择、下单和平仓）和所承受的风险两个部分。如果承担了两倍的风险就应当能获取两倍的收益。从这个角度来看，能真正体现基金业绩的指标应当是收益/风险，而不仅仅是收益。这种基金业绩评估的观点特别适用于全球宏观策略，它所管理的资产的一部分会被要求用于保持一定的投资组合头寸[⊖]。因此，如果需要，全球宏观策略的经理可以增加数倍于管理资产规模的风险敞口（不需要任何借贷）。风险敞口的增加可以同时提高收益和风险的水平。科尔姆·奥谢选择在一个相对较低的风险水平上运营基金。不管用波动率（8.2%）、月度最大损失（3.7%），还是资金最大回撤（10.2%）来衡量，他所管理的基金的风险水平都只是全球宏观策略基金平均水平的一半。如果科尔姆·奥谢基金的敞口处于大多数全球宏观策略基金的水平，波动率等同于标普 500 指数，那么基金的平均年化复利将会是 23%。从另一个角度来看，如果科尔姆·奥谢的基金以自营账户的方式管理，那么其敞口会比管理的资产规模大很多，同样的交易所获取的收益也会高很多。如果用收益/风险指标来衡量基金的业绩，就不会有这类矛盾了，因为收益/风险指标与敞口无关。科尔姆·奥谢的损益比（一种收益/风险指标，详见附录 A）为 1.76，表现优异。

⊖　在全球宏观策略中，诸如期货、外汇、期权、互换之类的用来表示方向与相关价值敞口的衍生品通常要比其所关联的价值敞口小得多（比如保证金和溢价）。

　　我在伦敦采访科尔姆·奥谢的那天刚好英国王室举行婚礼。因为办公室周围的街道都戒严了，我们就约在一家俱乐部碰面，科尔姆·奥谢是那家俱乐部的会员。科尔姆·奥谢解释说他之所以选择这家俱乐部是因为这里对着装没有要求。采访在俱乐部的休息室进行，很舒适的地方，人也不多，估计都去观看婚礼了。科尔姆·奥谢在谈到经济、市场和交易时显得异常热情，以至于在我们谈论的过程中，有位男士建议科尔姆·奥谢小点儿声，因为他的音量破坏了房间的安静。科尔姆·奥谢不好意思地向对方道歉，并降低了说话的音量。我将对话内容录了下来，就像我其他的采访一样（我的速记能力很差，虽然我也没怎么尝试过），当时我很担心，生怕科尔姆·奥谢的声音太小以致录音不清楚。每当周围有些其他的谈话声、管式音乐和一些狗吠的时候，我都会很紧张。最后我不得不要求科尔姆·奥谢大点儿声说话。那个带着一群吠犬的会员离开的时候，我非常惊讶地看到，虽然我不该这么做，他正是那位向科尔姆·奥谢抱怨说话声音很大的先生。

你是从什么时候开始对金融市场感兴趣的呢？

　　那是一件不可思议的事情。我17岁的时候背着行囊在欧洲旅行，到罗马的时候刚好身边没书读了。我去了当地的一个露天市场，那儿有一个卖书的小贩，但只有一本书是英文版的——《股票大作手利弗莫尔回忆录》，那本书又破又旧，直到现在我还留着它呢，我认为那是世界上最值钱的东西。那本书非常有意思，它将我生活中的各个部分紧紧地联系在一起。

是什么让你感兴趣的呢？

　　一开始让我对宏观经济感兴趣的是……

不，我是说这本书哪里吸引你呢？这本书与宏观经济完全没有关系。

　　我不这么认为。书里的宏观思维力透纸背。书一开始就介绍故事的主人公在看盘，但他并没有朝这个方向发展。每个人都给他一些小窍门，但另一个角色帕特里奇先生告诉他真正重要的是，"这是个牛市"。⊖

　　⊖　引用的文章节选："最后，我意识到老帕特里奇先生不停地告诉他的客户，'好的，你要知道这是个牛市'，他其实是想告诉客户挣大钱不能只盯着单个的波动，要看大趋势，也就是说，不能只看价格纸带，要抓住大的趋势。这是我学习过程中向前迈出的一大步。"

那是一个分析宏观基本面的人。帕特里奇教会了他"欲穷千里目，更上一层楼"的道理。不仅仅是那些让数字上上下下随机的噪声，还有一些其他的东西让它成为一个牛市或者熊市。就像故事的作者所经历的，他越来越注重基本面分析。他开始讨论供求关系，这也是全球宏观策略的精髓。

当人们对价格走势万分激动的时候，他们却完全不理解价格走势所处的大背景。只有与基本面相符合的价格走势才是有意义的。如果用航海来做类比，风向很重要，但潮汐也同样重要。如果你不懂什么是潮汐，仅依靠风向做航海的计划，你将会撞向岩石。这就是我对待基本面分析和技术分析的看法。这两点你必须同时关注才能抓住整个行情。

《股票大作手利弗莫尔回忆录》是一本关于这条路的真经。主人公一开始就对数字的起起伏伏很感兴趣，我一开始的兴趣在政治和经济，但是我们殊途同归。你需要拥有自己的市场经历。只有在你做了同样的事情之后，你才会完全明白书里那些交易员说的是什么。你会意识到："噢，他们说的是这个意思。"它看起来如此浅显，但是在你没有经历过的时候要去明白它，真的很难。

你读完《股票大作手利弗莫尔回忆录》之后，在你成为交易员的道路上，接下来你做了什么呢？

我去剑桥大学学习经济学。我在 12 岁的时候就知道我想学习经济学，那是在我对金融市场感兴趣之前很久。我是因为热爱经济学才去读的，而不是希望将经济学作为通向金融市场的一个跳板。很多人不会因为这样的原因去做事。

你认为大学经济学所学的哪一部分比较重要呢？

我非常幸运那个时候去读了大学。如果现在去，我觉得我会失望，因为现在教经济学的方式太糟糕了。

告诉我你为什么这么说？

我去读大学的时候，经济学的教授方式更像是在教授哲学而不是工程学。从那个时候起，经济学开始注重数学的严谨性和数学模型。数学模型是为了更容易地解决问题，你需要做一些假设，然后这些假设就变成整个事物的真理了——不是因为真的是这样，而是因为这样才能得到一个结论。所以，如果假设市场是有效的就会比较容易，因为没有这个假设，你就不能用数学去求解。问题是市场不是有效的，但这样的事实因为简单化而被忽略了。

并且数学模型考虑不到那些投机者带来的不能预测的影响力。

是的。因为一旦你考虑了这个因素，你的数学模型就无解了。在现在的经济学世界里，数学的严谨性被评估为最重要的事。这是你能拿到博士学位的唯一方式；这是你能在学术界里获得一席之地的唯一方式；这是你能获得终身教职的唯一方式。其结果是，任何一位我称之为经济学家的人都已经离开了经济学部门，转投历史、政治或者社会学部门去了。经济学的数学化已经成为一场灾难，因为这很大程度地限制了经济学的范畴。

你有最喜欢的经济学家吗？

凯恩斯。很遗憾的是，在美国凯恩斯主义变成了一个奇怪的词，它已经不代表其原来的意义了。

那是因为在美国，人们用凯恩斯主义来指代赤字超支，而不论是在经济复苏还是在经济衰退的时候。

那不是凯恩斯说的。

我知道。虽然他肯定支持 2008 年和 2009 年的赤字超支，但他会对在那之前一些年份经济扩张时期的赤字超支持有不同的意见。

是的，凯恩斯是一位财政保守主义者。

我很好奇你怎么看美国现在面临的困境。一方面，如果继续扩大赤字规模，那将会带来一场灾难。另一方面，如果在高失业率的前提下大幅度削减政府支出，又会引发经济衰退，进而导致更低的利润率和赤字增加的压力。

支持财政刺激是一个内在联系很强的、很有逻辑性的言论，而认为我们应当削减政府支出的反对观点同样很有道理，但双方都用很不理性的方式阐述自己的观点。我认为最大的失误在于大家认为这是有答案的，而事实上，也许并没有正确的答案。

2008 年总统大选之后，我也有同样的看法。我认为目前的经济正同时经历债务的爆炸式增长和经济泡沫刚刚破裂，这样的情况很难有什么解决之道。美国幽默报纸《洋葱》描述得非常形象。奥巴马当选后，它的头条是"黑人获得全国最差的职位"。

在现实世界中，要想让那些解决办法行之有效，首先要考虑的是美国人并没有他们想象的那么富有。然而很多带有政治色彩的解决办法拒绝承认这样的现实。换个说法：大家更愿意面对哪一种难题呢？

在你还读大学的时候，你知道你想要什么吗？

知道，成为交易员。现在想起来，其实那个时候，我并不明白交易员意味着什么。

你毕业后的第一份工作是什么？

我的第一份工作是在花旗集团的外汇交易部门做初级交易员。我参加工作的第一个星期，英镑被迫退出欧洲汇率机制（ERM）。

欧洲汇率机制在欧元发行之前运行了十来年，旨在限制欧盟成员国货币的汇率波动。1992 年，由于英镑跌穿价格区间下限，英国被迫退出欧洲汇率机制。

是被索罗斯戏称为"击败了英格兰银行"的那周吗？

是的。你可能也知道，在我开立自己的基金前，我为索罗斯工作过一段时间。索罗斯的故事中我最喜欢的一个是对时任英国财务大臣的诺曼·拉蒙特的采访，拉蒙特说英格兰银行持有 100 亿英镑的准备金应对那些狙击英镑的投机者。索罗斯在读到第二天的晨报时，看到这则新闻，对自己说"100 亿英镑，多么非凡的巧合啊！——这正好是我考虑要持有的头寸"。

当时，我还在向交易部经理解释为什么英镑不会退出欧洲汇率机制。我认为保守政府退出欧洲汇率机制无异于自杀，因此他们应当相信那是不会发生的。

你的老板是什么反应？

他只是笑着对我点头说："好吧，我们走着瞧。"三个小时后，英镑已溃不成军，被迫退出欧洲汇率机制。我觉得自己就像一个彻头彻尾的傻瓜。

我完全不明白市场和政治之间的较量。政策的制定者也不明白。我觉得政策的制定者不明白他们不能控制市场，而事实也往往如此。这当然也不是投机者能控制的，而是由市场的基本情况所决定的。从根本上说，英国在欧洲汇率机制中难以生存。英国在衰退中拥有被严重高估的货币；德国需要高利率来抑制与原东德合并带来的通货膨胀。因为货币之间挂钩，所以英国被迫维持高利率，即使它所面临的经济衰退需要的是完全相反的经济政策。索罗斯所做的就是发现这种情况是难以维持的。英格兰银行所做的努力就如同是在设法摆脱地球引力。

你很幸运，在你第一次犯错的时候，还没有钱没有下注。那件事对你影响深吗？

对我触动很大。我明白了市场比政策重要得多。你必须紧盯真正的基本面，而不是那些政治家想做什么。虽然人们不愿意相信的情绪会持续很长一段时间，但最终还是会被市场战胜。索罗斯的天赋在于切中事情变化的转折点——不仅知道头寸的部位是正确的，而且时间刚刚好，这个时点与交易风险大小息息相关。

[接下来的讨论是关于目前（2011 年）欧洲债务危机的问题。科尔姆·奥谢对欧元长期不看好。]

你是一个宏观策略的交易员。你看到出现了问题。你会怎么进行交易呢？

我不知道。这也让我有些心烦意乱。

你不知道是因为时间的不确定吗？

因为没有人关心。只要没人关心，就没有趋势。1999 年的时候你会卖空纳斯达克指数吗？你不会卖空，因为你觉得仅仅由于价格被高估是不够的。

那你可以做什么呢？

你可以等待，等到大家都开始关心这个问题。就拿纳斯达克来举例，你想在4000 点的时候做空纳斯达克，但你需要等到它已经达到 5000 点才行。这样你是在市场下跌的时候做空，而不是在市场上升的时候。因为在市场充满泡沫的时候，没人能告诉你市场会走多远。即使有些点子确实是好主意，但你依然需要等待并且确认正确的时间。这不是我发现的。如果你读《金融时报》的话，所有消息都在那儿。你不用成为一个非常聪明的经济学家，你只需要确定关键的时间点。金融危机是另外一个例子来说明要耐心地等待适当的时机。2006～2007年的时候，我觉得市场就是一个彻头彻尾不稳定的泡沫，太荒谬了，到处都是疯狂的。

你对那个时候的疯狂有什么看法？

任何一个金融产品的风险溢价都非常低。信用价差的交易价格无比的荒唐，没有人关心真实的信用是怎样的。公司每季都有稳定的收益，你能看出什么？

他们在做假账？

是的。除了做假还能是什么呢？他们的业务有可能很好也有可能不好，但你知道他们在做假账。大家都喜欢稳定的收益，那不是很漂亮吗？我讨厌稳定的收益，这让我觉得公司的数据是不真实的，并且我知道2006～2007年整个体系都是云山雾罩的。信用市场的问题显而易见，但那个时候你不能做空，因为你会损失持仓收益（借入信用工具所支付的利息），而且那个时候，信用价差越来越低（信用价差的降低——信用工具利率与同期国债利率之间的差值，意味着信用工具的价格在上涨）。所以你若持空仓不仅要付钱，而且你所持有的仓位也与市场方向刚好相反。在2006～2007年做空信用产品和在1999年做空纳斯达克指数是同样的道理。你不得不想其他的办法来赚钱。

你在2006～2007年持有什么样的头寸？

我们意识到，在牛市中我们的表现会不好，因为在市场泡沫中只有那些完全相信这是牛市的人才能赢。这没关系。你只需要赚到合意的收益并等待市场转向，然后你就可以赚大钱了。我所相信的就是能获取复利收入，并且不输钱。我们很乐于成为泡沫的一部分，但持有的头寸要有相当高的流动性，那么当我们想撤出市场的时候就能轻而易举地出来。人们所犯的最大错误在于参与泡沫时不找好退路。在泡沫中所有市场看起来流动性都很高，但问题的关键在于泡沫结束后它的流动性如何。我们的很多交易都是通过期权进行的，比如持有某种货币的看涨期权，因为这种货币和本币之间的利差会为期权买单。

　　货币套息交易是指持有具有高额利息的货币。比如，澳大利亚的短期利率为5%，美国的短期利率为1%，澳元就可以作为货币套息交易的标的。美国投资者可以将美元转换为澳元，并获得4%的利息收入。当然，所面临的风险是期间澳元可能会相对美元贬值。虽然可以通过卖出澳元远期合约对冲风险，但套利会使澳元的远期折算价格与利差相等。（如果不是这样的话，通过买入澳元，并投资于澳大利亚短期国债，再卖出等值远期澳元对冲风险，我们就可以获得无风险收益。）如果即时汇率不变，将来，远期汇率会上涨同样的幅度。远期澳元平值买入期权的行权价格与澳元现价之间的差值也是与之相等的$^{\ominus}$。如果澳元价格不变，买入期权在到期时的溢价部分会与之相等，作为对期权价格的补偿。此外，在追求风险的市场中，套息货币在现货市场往往也会升值。

由于标的货币流动性非常强，你倾向于买入货币套息交易的看涨期权是为了避免市场突然反转的风险缺口吗？

　　是的，通过持有期权的多头，你永远也不会有巨大的损失。如果泡沫持续下去，你会有不错的收益；如果泡沫破裂了，你最多也只赔个期权费。你永远都不能在那个可怕的尾部做空，但是同时会由于很多结构性的原因需要做多期权。风险溢价特别低的表现是期权价格非常低。我喜欢在期权价格很低的时候买入。这个泡沫的波动率比较低，意味着可以用期权来对冲风险。但市场并不总是这样。

在金融泡沫期间，你还做什么其他的交易吗？

　　那个时候中央银行在做什么？它们在提高利率。所以我的很多交易都是与货币政策有关的。美联储在2005～2006年进入加息周期时，期货市场定价的基础是利息不会再涨了。如果你持有代表加息的趋势不会停止的仓位，市场会持续不断地付钱给你。美联储基本不可能突然从加息转变成降息。同样地，在明显的泡沫中货币政策也很适宜。当有关经济的各项指标都在告诉你，你已经处于泡沫之中了，十分明显你需要较高的利率来支撑。因此，你的交易的风险／收益比很大，

　　$\ominus$　　对此不熟悉的读者可以先参阅附录B，了解期权的基本概念。

并且在六个月之后，利率还会继续增长。随着时间的推移，利率持续增长，市场不停地说："我很确定利率的增长会停下来。"你可以不停地重复交易。

为什么那时候的市场会预期宽松的货币政策呢？

我尽量不用一些拟人化的词语来给市场下定义。市场是不会思考的，就好像暴徒不会思考一样。那为什么暴徒会袭击大楼呢？事实上，暴徒并没有真正的思考。市场提供的价格，其实是一群人博弈的结果。

好吧，那你会怎么描述这个问题呢？

你刚才要问的是："为什么市场定价是无效的？"只有很少的市场动力促使宏观市场定价有效。对冲基金在宏观环境中只扮演了很小的角色。如果你谈论的是科技股，那么对冲基金确实很庞大。但如果你谈论的是外汇市场或者债券市场，那么对冲基金和市场上的资金的力量对比是悬殊的。相对而言，PIMCO 就是庞然大物。在上万亿的资金涌入这个市场的时候，像我们这种规模的资金就很微不足道了。我们并不是能决定市场定价的力量。我非常喜欢宏观市场的原因之一是，在这个海洋里我就是一条小鱼。基本面因素是最重要的。我并不是在和像我一样的对手博弈。那将会是一种很难的零和博弈。

每一次交易都需要有某种特定的理由吗？

那倒不一定。比如，在 1998 年的金融危机开始之前，我甚至还不知道 LTCM 是什么。

长期资本管理公司（LTCM）是历史上非常著名的对冲基金失败案例之一。（麦道夫可能更加臭名昭著，但他运作的是庞氏骗局而不是对冲基金。麦道夫只是简单地编造交易记录，并不进行任何交易。）在基金运营的前四年里，LTCM 产生了稳定的投资收益，收益规模相当于初始投资净资产的四倍。在后面的五个月里（1998 年 5 月至 9 月），它便分崩离析了，资产跳水达到惊人的 92%。LTCM 的仓位所运用的杠杆比例相当大，也使得为它提供信用交易的银行和经纪公司面临巨大的风险。因害怕 LTCM 的失败会在金融系统中形成连锁反应，美联储不得不精心策划对其实施救助（非购买的形式）。因其巨大的杠杆，LTCM 的清盘给很多金融市场带来了严重的混乱。LTCM 的故事之所以引人入胜，不仅仅是因为它巨大的失败和给金融市场带来的破坏性，还因为它出色的智囊团囊括了两位诺贝尔奖获得者。

那时候，我正经营自己的资产公司。在危机开始的时候，媒体也没有任何 LTCM 的新闻。我不知道市场上到底发生了什么，也没有办法发现这场危机。我所知道的就是国债期货的价格每天都涨停。这让我意识到有什么事情发生了。我不用知道为什么。当你意识到市场上发生了什么事情的时候，你就可以据此交易。交易并不一定都要以基本面为基础。如果你一直等到找出价格波动的原因再交易，那可能已经太迟了。索罗斯有句名言"先投资，再研究"。交易并不需要一个完美的故事来支撑。我对此深有感触。事实说明一切。

我相信假设检验。假设意味着有重大的事情发生了。我不知道那是什么，但它能很有效地持续一段时间。我应该加入这个队伍，但是我会以高流动性的方式来交易，这样如果市场掉头，我就可以很快地离开这个市场。如果我错了，损失也是有限的。如果我对了，谁知道会发生些什么。

如果回到 2005～2007 年房市泡沫和金融泡沫膨胀的时候，假设你一开始就处于市场当中。你如何应对次贷市场骤然崩盘呢？

我会问你一个问题："金融危机是什么时候开始的？"

这是一个难以回答的问题。开始的时间点很难准确定义。你可以说是 2006 年房价开始下跌的时候，虽然那个时候市场没有任何反应。事实上，即使美国国家金融服务公司，这家发行有毒资产抵押产品的代表，在那个时点之后仍然创出了历史新高。但是换个角度，你也可以说是贝尔斯登轰然倒塌的时候，即使市场在此之后还有所反弹。

那么，我还是要问你："什么时候开始的？"

呃，这是个说不清楚的问题？

既然你给不了我答案（他笑了），那么我给你我的答案。从基本面看，房价从 2006 年开始下跌并未引起危机，但是提供了一个产生危机的原因。次级抵押贷款指数从 2007 年 1 月开始下跌。次级抵押产品只是非常小的一个市场，相对于股票市场而言，都可以将它忽略不计。2007 年 7 月，信用市场单边暴跌，但我们仍然把它当作一个信用市场事件。股票市场的交易者倾向于将 2008 年 3 月贝尔斯登的垮台当作金融危机的起点。对我来说，真正的金融危机起点是 2007 年 8 月货币市场停止运作的时候。基本上，那个时候银行之间彼此不再信任。正是那个月金融体系崩塌了，但没人注意到。

你是如何发现货币市场失灵的呢？

最明显的方法是伦敦同业拆借利率剧增（伦敦同业拆借利率是银行间借款利率）。这个指标有效地说明货币平稳流动的假设是不成立的。如果你去货币交易柜台询问发生了什么，他们会告诉你市场缺乏资金。他们从未见过这种情形。如果同样的事情发生在任何其他的市场，它立马就会成为头版头条。但因为它发生在最重要的市场——货币市场，也就是资本市场的核心，所以它被大大地忽略了。

金融媒体难道没有报道货币市场缺乏流动性吗？

报道了。这是公开信息，但问题在于没人觉得它重要。即使在三年之后，我们坐在这里，你说："是吗，货币市场是从 2007 年 8 月开始缺乏流动性的？这是真的吗？"

好吧，我必须承认，当我想到金融危机中货币市场缺乏流动性的时候，我首先想到的是，这是由于雷曼兄弟的倒闭所带来的美元在一些货币市场基金运作下的衰弱后果和紧接着的商业票据市场枯竭。但这些事情直到一年后的 2008 年 9 月才发生。

这才是我要说的。没人认为这很重要。标普指数甚至在之后的两个月还创了新高。

但是，2007 年 8 月你的交易策略从看多改为看空了吗？

是的，当 2007 年 8 月货币市场的流动性出现问题的时候，我开始看空。房价下跌就是悬在头上的一把刀，但当货币市场不运转的时候那把刀才会落下来。

然而，很多人都没有注意到。基本面分析并不能预测明天市场的好坏，但是可以提示你今天正在下雨。

伟大的交易不需要预测。1992年索罗斯卖空英镑是基于某些已经发生的事情，英国严重的经济衰退迫使它不可能维持欧洲货币机制所要求的高利率。在那之后，几乎每个人都说"那是显然的"。基本上所有伟大的交易都是显而易见的。2007年年底也是同样的。我觉得，那个时候金融体系的崩溃是必然的，可是大多数参与者都没有意识到。

在那之后你有做空股票吗？

股票市场最终会注意到的，但是做空股票比较困难，因为在那之后股票依然可以上涨很长一段时间。在牛市持续了很多年之后，谁在管理绝大部分的财产呢？不可能是空头，因为空头连工作都找不到。市场上只有一少部分聪明伶俐的人，但他们管理着很小规模的资金。那些坚持不懈看多并且在市场下跌过程中持续加仓的资金管理者就是最后管理最大规模资金的人。所以，你不能希望牛市以一种理性的方式结束。

聪明的资金管理者的表现不可能像多头一样漂亮，所以他们管理的资金会变少，这是因为他们的持仓头寸很小吗？

是的。因为牛市主导了大部分的资金流向，你应该明白牛市转为熊市的过程会非常缓慢，但转变一旦发生，市场的变动幅度就会非常大。看多的人会说："这不合理。这完全不可预测。"好吧，这其实一点都不难预测。

当我听到有人说房价的下跌不可预测时，我觉得十分可笑。我想问："你看过房价历史走势图吗？"如果你查看物价因素调整后的长期房价走势图，那么你会看到，去除经济萧条带来的影响之后，从19世纪开始直到20世纪中期，房价一直在一个区域内震荡；而在那之后的几年，调整物价因素后的房价翻了倍。那个图形看起来就像平坦的高原上立了一座高山。但大家竟然声称，他们很震惊房价在急剧上涨之后居然会下跌。

如果你所处的世界，人们认为物价会永无止境地上涨，那么就会觉得"物价可能下跌"很荒谬。价格的大幅变动在市场参与者被迫重新估价的时候才会发生，这和市场有没有大的变化并没有必然关系。不过，在 2008 年市场确实没有大的变化。这仅仅是由人们最后认识到问题的严重性造成的。

考虑到美国现在的负债问题，大部分人都认为美国的债务增长很显然不会带来通货膨胀，因为国债的利率非常低。但这是不对的。等到债券的收益率出现变化的时候就晚了，也没有办法去修正了。你要相信市场是有效的，它是可以对财政风险估价的。五年后会发生危机吗？肯定会。为什么？因为人们关心市场了。现在，危机的因素还没在价格变动中体现出来，但总有一天会。如果一场巨大的金融风暴发生了，人们会讨论这次的事件是怎么发生的。如果它真的发生了，那是因为一直以来都有一大堆不利的基本面因素。

总会有一些事情是同时发生的，把这样的事情称作导火索并没有帮助。仅仅因为奥匈帝国的皇位继承人斐迪南大公被杀，就会引起第一次世界大战吗？也有这种可能性吧，但主要原因不在于此。我不赞同历史上对于导火索的说法，但是绝大多数人喜欢这样的故事，尤其是在市场上，因为人们据此可以有一个指责的事件："谁知道这种事情会发生呢？"

当你发现基本面存在巨大的不平衡时，市场趋势就有可能在任何时点发生转变。纳斯达克指数有可能是 5000 点，也有可能是 3000 点或者 7000 点，但它就刚好站到 5000 点。预测市场泡沫的顶就好像试图预测一年后的天气情况，如果重复很多次，同样的条件每次都会导致不同的结果。

肯定是这样的，我不能预测那个拐点，那是非常困难的，但你可以发现什么时候市场在悄悄地改变。当然，大多数人发现不了。在纳斯达克指数从 5000 点跌落到 4000 点的时候，很多人都买入，因为它便宜。他们解释说："纳斯达克指数以前是 5000 点。现在才 4000 点。我买便宜了。"在不确定因素很大的时候，人们很难做出明智的判断。你知道风险和不确定之间的差别吗？

你是指，就风险而言，你知道发生的概率；而对于不确定性，你不知道发生的概率吗？

是的。如果你赌轮盘，你将置身于一个风险世界。如果你要面对的是可能发生的经济事件，那么会充满不确定性。如果你不知道事件发生的概率就去下赌注，那是完全没有意义的。在接下来的五年里，德国离开欧元区的概率有多大？这是不可能知道的。如果你一定要用确切的数字来描述，比如"6.2%"，这是一个毫无意义的数字，因为如果你相信这个概率，就应该依据这个数值来交易，但估计交易的结果会很糟糕。

回到 2007 年 8 月，你在发现市场发生了变化后是怎么做的？你已经解释了你为什么要做空股票，但你买入了什么呢？你是不是将所有的看多仓位都平仓了呢？

是的，将所有看多仓位平仓是一个很简单的决定。然后寻找一些可以给风险带来丰厚回报的交易。因为波动率很低，我们做的一单交易是买入外汇波动率。

你说你买了波动率，是表示你不参与任何货币趋势性的投资吗？

是的，我们的假设是货币会变动，但并不知道会往哪个方向变动。

所以你对货币的持仓策略是类似于跨型和鞍型吗？

是的。另外一个大的仓位是有关货币政策的。你知道格林斯潘在 1987 年崩盘之后做了什么吗？

他向市场注入流动性。

对的。注入流动性并且降低利率。那正是我们预期的政策，所以我们做了这样的交易：利率会降低，并且收益率曲线会变得陡峭。

所以你们买入了短期利率工具？

是的，但同时我们搭配仓位做空长期利率工具，因为这个交易的风险/收益比非常好。那时候收益率曲线是平坦的，定价保持平稳。市场没有对任何风险进行定价，这也将是一个很大的问题。

所以你是将收益率曲线上的长短期收益率工具反向操作，而不仅仅是看多短期收益率产品，因为你认为这样交易更加安全，对吗？

是的，因为我想找到这种交易，即使我错了也不会损失很多。

你的解释是即使你做错了，长期利率和短期利率上涨的幅度一致，所以你不会损失太多，但如果你是对的，最有可能降低的是短期利率。

是的，就是这样。

所以，你并不仅仅寻找能赚钱的交易，也在寻找最好的方式来进行交易。

是的，我认为实施才是关键，甚至实施比它背后潜在的交易理念都重要。如果你不能将交易理念很好地实施，那么即使它再出色也让你赚不到多少钱。问题的关键是，我试图寻找一种即使交易的时点不是非常精准也能让我赚钱的交易方法。

那个时候，你还做了什么其他的交易吗？

还有很多。我们看空公司信用产品，所以买入了 CDS 保险。因为那时候信用产品的价差很窄，所以如果我们做错了，损失会比较小，但如果我们做对了，收益却是巨大的。这是一个不对称的交易。

公司债券比美国国债支付的利率高，以此来弥补投资者多承担的风险。利率之间的差额被称为信用价差。债券评级越低，价差就越大。在金融危机期间，所有的信用价差都会增大，因为投资者要求公司债券支付较高的利息以弥补所面临的更大风险。如果信用价差增加了，我们可以用很多方式交易获利。最直接的方法是做空公司债券，也可以通过购买衍生产品信用违约互换（CDS）来实现同样的目的。CDS 主要是一种保险，当债券违约时进行赔偿。但是，CDS 保险的买方不需要拥有债券，也就是说这可以作为一种投机交易（可以从信用恶化直接获益）。CDS 以年费的形式报价，是购买方每年向卖方支付的费用（按季度支付）。（CDS 价差便是其持有成本。）如果一只债券的信用恶化（会影响信用价差扩大的事件发生），CDS 价差会增加。第三种交易方式是从扩大的信用价差获利，科尔姆·奥谢雇用的一个员工买入 CDS，这个 CDS 是以一篮子公司债券为基础的指数的保险。注意，买入 CDS 保险拥有类似于期权的收益：最大的风险有限（每年支付的费用相当于期权费），同时获利却是巨大的（达到保险数额的理论最大值）。

为什么你会认为买入 CDS 会比买入股票看跌期权是更好的交易呢？

事实上，它们是非常相似的交易。如果股票市场保持强势，两个仓位的损失都是有限的——卖出期权的期权费和 CDS 的持有成本。如果股票市场下跌，信用价差会扩大，不管是买入看跌期权还是买入 CDS 保险都能获得丰厚的收益。CDS 的优势在于它是比较便宜的交易方式。买入股票看跌期权有一个很大的问题，股票市场的波动率会使其价格很贵。谁一直卖出股票看跌期权呢？没有人。谁一直买入股票看跌期权呢？任何人。所有人都在看多股票，并且人们倾向于买入保险，所以股票看跌期权的买方总是较多。这是股票期权的定价会较高的结构性原因。

在 2007 年 8 月你转为看空之后，直到 2008 年年底市场崩盘，你的观点一直都没有变过吗？

长期观点保持不变并不意味着我会持有相同的头寸。我的交易的持仓时间一般为 1～3 个月。当价格变动的时候，所持头寸的风险 / 收益比就变了。

我明白你的交易头寸的改变，但是即使在 2008 年第二季度市场大幅反弹的时候，你也是单边看空，没有任何波浪策略吗？

2008 年第二季度市场反弹的原因是人们觉得 2008 年 3 月对贝尔斯登的援助解决了市场问题。

你是怎么看的？

我觉得这明显是错误的。人们犯的最大的错误，并且一直在犯的错误就是混淆了流动性和偿付能力。那时候市场之所以反弹是因为人们认为贝尔斯登和银行系统的偿付能力没有问题，认为这是一场流动性危机，只是缺乏信心的问题。事实是银行系统根本就没有流动性问题，银行系统所表现出来的流动性问题是因为偿付能力出了问题。你不能通过注入流动性来解决长期的偿付问题。举个例子，如果你买了一幢 10 万美元的房子，需要支付的贷款是 20 万美元，我可以借给你 10 万美元，但是这解决不了根本问题。结局就是你背上了更多的负债。只要房价持续下跌，偿付问题就会越来越严重。然而，市场会反弹就好像是在说这根本没有问题一样。

当市场反弹的时候，看起来就像什么都没发生一样，那时你是怎么应对的呢？

嗯，一直都是这样。2008 年第二季度的时候，我们发现了具有更好的风险 / 收益比的交易来阐述我们的观点。从那年一开始，我们大量做空信用产品。但到了第二季度，公司和银行等信用债的价差已经很大。即便 TED 价差也很大，但在期货市场，随着时间的推移 TED 价差在逐渐变窄。

> TED 价差是 3 个月 LIBOR 利率（伦敦同业拆借利率）和 3 个月国债利率的差值。LIBOR 利率一直比国债利率高，因为银行间信贷存在一个很小的对手风险，一般都认为国债是无风险利率。一般情况下，TED 价差是相对平稳的，约为 25 个基点。但是，TED 价差在"安全投资转移"时期（交易对手和流动性需求被广为关注）被巨量放大。就像刚刚科尔姆·奥谢提到的，在 2007 年 8 月货币市场的流动性完全冻结，TED 价差扩大到 200 个基点，而在 2008 年年底雷曼兄弟倒闭之后金融市场彻底崩溃，TED 价差最大达到 485 个基点。股票市场急剧下跌尤其有助于 TED 价差的扩大。从这个角度看，做多 TED 价差是熊市操作。

相对而言，期货市场上公司和银行的信用价差保持稳定的高位，所以我们逐渐把信用产品的空头仓位转向了 TED 价差，因为它的风险 / 收益比会更好。在 2008 年第二季度，公司信用债价差和 TED 价差都缩小了，但是，TED 价差的收窄是在期货市场上表现出来的，所以交易损益近乎平衡。如果在 2008 年第二季度，我们依然做空公司信用债，会损失更多。我们交易方式的转变依然是一种长期看空的观点，其下跌趋势没有那么剧烈。所以当 2008 年第二季度人们都很乐观的时候，我们对 TED 价差看空的仓位并没有太大改变。

2008 年的下半年，也就是市场彻底崩盘的时候，你又是怎么看的呢？

如果你认为长期偿付能力出了问题，那么任何事情就都是自然而然的了。一开始，谁也不知道银行系统究竟情况如何。所以，没人敢借钱给它们，除非政府介入，并且带着大笔资金。然而，那个时候华盛顿那边的政策是不能再有任何救助了。财务部部长保尔森发表了多次声明，清楚地阐述了政府不会救助雷曼兄弟。当你知道雷曼兄弟资不抵债，并且政府不会救助的时候，这就意味着它会倒闭，不会再有其他的可能性了，也不需要很复杂的分析。奇怪的事情是雷曼兄弟的倒闭并不令人吃惊。大部分人都知道这是必然发生的，但他们不懂得这意味着什么。

那个时候，你做了什么？

最关键的是要确保我们的运营是安全的。我们避免做和雷曼兄弟相关的任何交易。我们尽可能将资产负债表简化，2008 年的时候我们大幅度地降低了杠杆比率。我们将交易局限于高流动性的产品，避免和很多交易对手进行场外交易。我们尽一切可能降低违约风险，我们仅限于与非常强大的对手进行交易。

好的，这些都是降低商业风险的方式，但针对已经预见到的情况，你进行了一些什么交易来获利呢？

我们那个时候的交易与 2008 年年初类似。做多波动率，做空信用产品，做多 TED 价差，为了安全而做多美元。所有交易都有一个共同点：这些交易的前提都是全世界恐慌。

这些就是雷曼兄弟倒闭之前，2008 年第三季度你所做的交易吗？

是的。

在接下来的几个月里，市场崩盘，你是什么时候觉得应该撤出市场了呢？

2009 年 4 月。

所以你在市场下跌的整个过程中都是持空头仓位，是吗？

是的，直到我们开始赔钱。

2009 年 4 月发生了什么，让你清空所有仓位？

两件事情发生了变化：经济不再继续恶化，市场开始抬头。根本问题还没解决，但已经不是驱动市场走势的原因了。经济回暖的形势让乐观的投资者又回到市场里来，虽然宏观走势并不怎么样。千万不要低估人们的乐观情绪。从历史上来看，对市场而言最重要的不是增长率的高低，而是它变好还是变差了。亚洲市场开始上涨。澳元开始升值。标普指数是最后几个开始掉头向上的市场之一，那时是 2009 年 3 月。从 3 月到 4 月，你可以看到全球市场普遍回暖。

那时候你又开始做什么交易了呢？

牛市策略。利率市场进入另一次的大萧条。当市场定价进入大萧条的时候，你会想："哦，也许不是这样的。"十年期利率跌到接近 2%。市场一定是差到不能再差了，利率才会跌到那个水平。当宏观行情稍稍好转了一点，利率立马就大幅上涨。所以我们做空长期国债，既完全做空也会配合短期利率一起做空。我们做空美元，就是转向之前安全资产的对立面。我们做了很多不同的交易。在投资组合中，我们同时做了 10 种或者 15 种不同的交易。我之所以没有把我们所有的交易都解释一遍，是因为如果我那么做了，听起来既复杂又难以理解。但如果我将它们说得简单一些，就像刚才提到的这两三种交易，人们又会说："哦，你是那么做的，也很简单嘛。"当然，这不是我们真正做的，但我要用一种可以理解的方式简单地描述我们所做的交易。然后，人们又会认为你做的其实就是这些简单的交易。我认为将宏观策略作为故事来讲，会很容易让人误解。讲故事是一种非常好的谈论宏观策略的方式，但是它只能解释 10% 的东西。

那另外的 90% 呢？

实施和灵活性。你执行的交易要能在你错的时候有效止损，并且当你错的时候你要能自己认识到这是错的。索罗斯是我所见过的人中最少后悔的人。即使他有的时候会大肆宣扬其投资专家的形象（谁知道那是怎么回事），但这和他作为一个货币管理人是不相干的。他不会感性地执着于某一想法。当交易错的时候，他会及时止损，然后继续进行其他交易。我记得有一次他持有巨额外汇头寸，好像是一天的头寸达到了 2.5 亿美元。他在金融访谈中谈及他所持有的头寸。这听起来像是他的主要策略观点。然后市场方向与他估计的相反，他就立马平仓。他不喜欢外汇的价格走势，就退出了外汇交易。他不会让他对市场走向的看法影响到他的交易。这是货币管理人相当让我触动的一点——他们不会受其感性想法的影响。我给你讲的故事的最大问题在于，它们可能会让你觉得，要想赚很多钱，就需要在经济学领域颇有建树，并且懂得基本面究竟是怎么一回事。这是错的，我并不认为这是真理。

那你觉得什么才是真理？

事实上，我认同你书里大部分的内容。你需要一个适合自己性格的方法。我并不认为自己是一个出色的经济学家，可以预测未来。我所相信的是，我能在我面对市场的时候识别它，而且我能非常灵活地转变思维。2009年4月，我非常悲观。我觉得整个世界都糟糕透了，但市场告诉我，我错了，所以我想："好吧，我完全错了。现在市场这样运行的前提是什么呢？啊，前提原来是这样。我知道是怎么回事了。我们来这样做吧。"然后就有了一个故事来解释市场发生了什么。但事实上，故事是在我原先的假设被证明是错的之后才出现的。这并不是因为我很聪明，能抓住市场的转折点。我也没做到。我只是注意到我原来做的是错的，我应该去做其他交易。为了建立一个投资组合，我需要建立一些可以在市场上检验的假设。

所以经验主义为先，然后恰当的宏观论调才出现，最后是执行交易。

是的，但关键是这个宏观论调在市场上是可以通过经验检测的，并非一开始就定下基调。我所做的和趋势跟踪之间的区别是价格波动的背后要符合逻辑的基本面联系。中国市场已经开始掉头了，金属价格也变得越来越高，澳元也在升值。这告诉我什么呢？世界的某个角落，经济正在好转。某个地方需求增加了。标普可能还会继续下跌，但已经可以看到分歧了。如果全球的经济都很糟糕，这就是完全不合理的。所以我没有坚持"全球都很糟糕"的理论。如果有什么事情发生了，那么什么样的假设能契合正在发生的变化呢？看起来亚洲已经恢复了，那么亚洲主导的经济复苏就能契合市场上所发生的。如果新的假设是正确的，那么有一些事情就是肯定会发生的。与趋势跟踪策略相比，我会预测未来的趋势，而不是等待趋势的到来，然后顺势而为。我最后做的很多交易可能都和趋势跟踪者是一样的，但我们交易的时点是不同的。

你买卖股票指数或股票吗？

是的，股票指数和一篮子股票，但不会很多。

你为什么不喜欢交易股票呢？

利率市场或者外汇市场更容易实现我的交易思想。到处都是交易股票的人，我并不认为再成立一家对冲基金交易股票是一件振奋人心的事情。同样地，我不愿意交易股票的另一个原因是有关股票的故事对我来说毫无意义。那些股票交易者常常不知所云。我赚钱的原因与股票交易者的原因完全不同。我这一辈子，我个人就买过一次股票。

出于好奇，因为只有一次，你买的是什么呢？

1999 年我买入伯克希尔公司的股票。

那是因为什么？

由于巴菲特拒绝卷入互联网泡沫，公司股价跌了一半。我觉得那是我听过的最愚蠢的能让股价腰斩的原因。纳斯达克已经到顶了。沃伦·巴菲特（投资的神话之一）说，我不清楚互联网这个东西，就不会去投资。他的公司的股价受到打压，因为他看起来就像新体系中出现的一只恐龙。我觉得那真白痴。

巴菲特相对于其他对科技泡沫持有长期看多观点的管理者而言表现不佳，并因此受到"惩罚"，这说明了普通投资者的通病——获得高收益的管理者往往是由于他们承担了更多的风险，而不是因为他们杰出的选股技能。巴菲特的股票，你持有了多长时间呢？

到我开始做自己的对冲基金。我相信自己更甚过于相信巴菲特。

让我们再回到你刚进入花旗银行工作的那个星期，英国被迫退出了欧洲汇率机制。你是从什么时候开始做交易的？

我的第一笔交易是在那之后的一年。他们给新手比较小的限额让新手进行交易。我记得我当时对英国经济的基本面分析相当出色，认为由市场定价的利率不会上涨。事实证明我的预测很准。三个月后，市场依然没有加息，但短期英镑（英国短期利率）比我想交易的点位猛增了 100 个基点。最后，我还是赔钱了。

你的预测既然是准确的，又怎么会赔钱呢？

这很简单。实施的时候和假设不一致。假设的时间长度是 1～3 个月。所以，我交易的时间长度是 1～3 个月。我那个时候做了些什么呢？我不停地进进出出，因为我怕赔钱。理性的交易假设是美好的，实施起来却是情绪化的、愚蠢的。我意识到你应当接受不确定性和风险。当交易的时间长度达到三个月的时候，你应当关注的是趋势。

我猜你学到的是，如果你不愿意承担风险，你是不会从市场上赚钱的。

你要考虑到实施交易之后会发生什么，这意味着你的止损幅度不能太窄。

所以即使连续三个月你对趋势的看法都是正确的，你依然会赔钱，因为你在不停地止损。

是的，因为我读过一些有关交易的书。我花了一些时间才意识到看那些书结果适得其反，因为书里面讲的规则太宽泛了，不够具体。绝大多数交易书籍所介绍的规则其实是为那些经常会盲目乐观并且情绪上不愿意接受损失的人而设计的。交易书籍介绍的规则是为了保护那些像赌徒一般的交易者。喜欢交易的人因为他们喜欢赌博所以总会栽在这件事上。对于这些人，交易书籍可以简化成这样："不要交易，你实在不擅此道，所以别做了。"而我却没有赌徒的思维习惯，我会犯各式各样的情绪性错误，所以我完全不适用交易书籍介绍的规则。

这也是为什么你的书会这么受人尊崇。你所写的每一个交易员都有一个适合于他个人的交易方法。你可以从你周围的人身上学习，但是你要明白你在做什么，即使对于别人来说这些东西是荒谬的。

所以你不止损吗？

不是，我会止损。但我会将止损范围设置得宽泛一些。在早些时候，我设置止损的标准与交易背后的想法没有什么联系，我把止损设置在我的承受范围之内，但是市场不会关心你能承受多大损失。我从那些过失中吸取教训。当我由于做错了而平仓的时候，我是这么想的："嗯，不该这样。价格和我的设想不一致。我做错了。我需要离开市场，好好想一下。"在我的第一笔交易中，价格从来就没偏离过我的设想。

你还学到了其他的教训吗？

我没有什么让我损失了一大笔钱的例子，因为在市场下跌的过程中我的风险管理是很严格的。在赔钱的时候平仓是很简单的。我从来没有犯过那种错误。我得说我犯的大部分较大的错误其实是机会错误。我有时候会非常相信某种理念以至于限制了我能赚钱的机会。比如，在 2010 年年底，我相信欧洲主权债务危机会是一个很大的问题，这就让我不愿意进入被感性和流动性主导的牛市，于是我错过了那年最大的宏观主题。从 9 月开始，股市上涨了很多，商品也涨了很多。我应该抓住那次巨大的机会，但是我没抓住。我忘了关键的一点，没人关注；只要没人关注，就没有什么危机。同样的原因让我没能在纳斯达克泡沫的时候赚到钱。我想："我不该买 Pets.com。"

但事实上你不能仅因为它被定义为"纳斯达克泡沫"就可以赚钱。

你可以的。

你如何能同时看多泡沫又保护自己呢？

当市场下跌的时候，卖了它。

纳斯达克指数上涨的趋势很平滑，但泡沫可能会是突兀的。

那是因为你没有入市。事实上我发现泡沫会持续很长一段时间，那时候才是从泡沫中赚钱的最佳时机。

如果不是我们已经知道结果，当再有一次泡沫的时候，你会怎么操作呢？

从泡沫中赚钱的秘诀是赶早，最糟糕的是你很固执并且来不及逃出。我能够避免在最后的时候出逃，但是我在试图尽早转换合理的投资品种。我讨厌说不清楚的投资，我应该克服这种情绪。

我猜有的时候牛市的原因其实是心理作用而不是基本面因素，由于心理上的愉悦而参与市场本身就是一种合理性。

是的，我不介意这样做。我的问题是有的时候基本面会和这种愉快的气氛产生冲突，而我总会过早就对基本面的冲突产生担忧。我觉得在下个 10 年或 20 年中，我最好能从别人的非理性的愉悦中赚到真金白银。

所以，你的缺点之一是你的理性情绪控制了你参与感性主导的市场。

是的，在基本面没有感性情绪那么重要的时候，没能参与市场。

但你是怎么发现那种情况的？

哎呀，这就是重点啦，不是吗？（他笑了起来。）有很多不同的标准，简单的就是相信市场价格。如果价格趋势看起来像牛市，那么它就是牛市。另一个指标是那些富有激情的人会为毫无道理的事情大发言论。比如，有些人相信奥巴马不是美国公民。问题的关键是这种信念无视事实，还被大肆宣扬，并且能持续很长一段时间。这和基本面完全没有逻辑联系。

这是个政治性的例子。有没有交易方面的例子呢？

黄金是独特的、稀有的，并且是伟大的。其实它不是。但如果人们愿意相信，就会去买它。如果人们都去买黄金，金价就会上涨。这就是黄金牛市的原因。那时候，你去任何场合都会有人问你："你觉得黄金怎么样？"

这告诉你什么呢？

这说明你应该买入黄金。

所以，回到纳斯达克泡沫上来，当人们都认为一家公司是不是赔钱已经不重要了，重要的是公司的点击率有多高。

非常正确。这种完全不合理的基本分析已经不重要了。如果你尝试将这一点指出来，还会有更加荒谬的理由来解释市场为什么继续上涨。你没办法撼动他们的信念。这就是市场泡沫的特征。他们的理念也能站得住脚的原因是需要大量证据才能使他们改变想法。

你怎么知道什么时候市场会转变？

你知道科技泡沫的结束是当它开始下跌，黄金也是一样的。

就现在我们说话的时候，黄金已经到 1500 美元了，并且离历史高点不远。所以你是说现在有可能是黄金的顶，也有可能是 2000 美元，还有可能是 2500 美元，它可能是任何一个价位。

这样说也可以。如果你告诉我黄金的价格是 100 美元，也可以。如果你告诉我黄金的价格是 1 万美元，也可以。它可以是任何价格。黄金的价值可以是人们认为其值得的一个价格。

我想我知道你为什么这么看黄金了。

怎么说？

这是一个回答起来不那么模棱两可的问题。黄金是唯一一种每年的产量基本上是消耗量 100 倍的商品。对于其他商品而言就不是这样了，比如小麦和铜，基本上每年的产量和消耗量都能保持一致，当然也会有短缺的时候。黄金从来都没有短缺的可能，所以黄金的价值主要依托于心理因素和那些能影响心理因素的基本面消息。许多年前，我还是商品研究主管的时候，我在分析黄金市场时完全不考虑黄金的产量和消耗量。我会将黄金价格的预期建立在诸如通货膨胀和美元价格这样的因素上，因为正是这些因素主导着人们的心理。当有些分析员撰写很长的报告讲述黄金未来的年产量和首饰的黄金使用量会如何影响黄金时，我就觉得特别滑稽。黄金的年产量和消耗量只是供给很小的一部分，可能只有 1% 左右，所以谁会在意这些变动多少呢。这种变动对黄金的价格完全没有影响。

是的，就是这样。

人们都知道泡沫能膨胀到任何大小，但判断泡沫什么时候破裂就不是说说那么简单了。你刚刚提到当价格开始下跌的时候，你就知道泡沫破裂了，但你如何区别市场中的暂时性纠正和完全反转呢？

这是个好问题，也是个比较难回答的问题。这有很多可以用的方法，最简单的方法是假设你是一个 CTA[⊖]。一个 CTA 会用系统性的方法来确认趋势的转变。另外一个方法是当你发现价格变动表现出泡沫快要破灭的那个阶段的特征，比如价格迅速上涨，就如我们最近看到的白银走势一样（2011 年 5 月）。

那个时候，你交易白银吗？

是的，以期权的方式。像白银这样的市场其问题在于一旦泡沫破裂了，价格会快速回落，并产生缺口风险。我觉得交易品种如果处于泡沫中，那么最好看多，而不是看空。你想通过看多在快速上涨的时候获利，而不想承担崩盘时会发生的缺口风险，因此期权提供了一个很好的交易方式来满足这种交易想法。

当白银价格显示出泡沫破裂的征兆时，你为什么不考虑做空呢？

因为顶是难以预测的，而市场反转又十分可怕。在熊市中很难发现适合做空的点位。如果你将纳斯达克作为例子，长时间的做多是很简单的。从 1998 年年底的 1500 点到 2000 年年初的 5000 点，基本上没有什么大的修正。但从看空的角度来说这就很难了。在市场崩盘之后，指数一路下跌，2000 年 6 月到了 3100 点以下，但是在接下来的两个月，市场反弹到了 4300 点附近。在泡沫完全破裂后，市场还有 40% 的反弹。泡沫破裂之后的回光返照是很凶猛的。

听起来更像是死灰复燃。

我相信你找不到几个人能在泡沫破裂的时候做空而且挣了大钱。

这意味着即使在你确信牛市已经结束之后，你依然没有做空纳斯达克指数吗？

是的，我不做空是因为顶部反弹会比单纯做空纳斯达克本身要容易得多。你的资产有很多泡沫，美国经济就是建立在错误定价资产的基础上的。一旦纳斯达克泡沫破裂了，什么东西都没了，很明显经济发展会变慢。经济低迷使固定收益产品的价格上涨，这提供了一种相对于直接交易股票更加稳定的获利方式。

所以你没有做空纳斯达克指数，转而做多债券。

⊖ 商品交易顾问（CTA）是期货市场中受到管束的管理者的官方称呼。大多数这种管理者都是通过趋势跟踪系统获取利润的。

是这样的。

现在市场里有没有受到乐观情绪驱使，却和基本面相违背的例子呢？

我不能说与基本面相违背，但至少在某些方面是被高估的。举个例子，如果你确信最后欧盟会联合起来，德国的纳税人会为此付出代价，那么欧洲主权债务就可以被合理定价。如果你预计的是一个相对不是那么乐观的情景，那么欧元的价格可能就不是很合理。几个星期前，西班牙债券只比德国债券高 150 个基点。

所以市场定价的前提是已经有了结论。

是的，市场定价时所认为的结论可能不会发生。150 个基点不是零，但和现在的高于德国债券 1000 个基点相比，和零也没多大差距。从西班牙债券很小的溢价能看出市场对某个特定的结果非常确定。我并不是说很可能有更多的负面结果，但显而易见，现在的不确定性比轻微的溢价所体现出来的结果要大得多。

处于像这样的环境，结果就两个，但可能性不是一半一半，概率和市场目前定价所表现出来的相差很大，你对市场有什么预期吗？

这正是我主要的工作。我寻找我所估计的概率和市场定价所表现出来的概率之间的差距。

做空西班牙债券是一笔跌幅有限而涨幅空间巨大的交易。看起来你的交易大多都具有不对称的特征——最大损失有限，可能的收益却是没有上限的。

是的，有正的偏度是很重要的。因为你不会总是正确的。大多数好的宏观策略交易员只有一半或者更少的时候是正确的。

交易这门技术是可以教授的吗？

没有办法教授，但可以学习。

怎么理解呢？

我倾向于时间长度为 1～3 个月的交易，但这并不意味着这种时间长度的交易也适用于你。因为我不了解你，所以我没法告诉你，适合你的交易风格是什么样子的。如果把我的方法教给你，你不会成功，因为你不是我。如果你经常在我身边，你就会看到我是怎么做的，然后发现一些适合你自己的东西。也有些地方，你会希望用不同的方式来做。我有一个很好的朋友，他和我一起交易了很多年，现在在另外一家对冲基金管理一大笔钱，并且做得很好。但他和我就不一样，他学到的不是变成我，他有自己的交易风格，他变成了他自己。

有没有什么特征能判断一个人能否成为成功的交易员？

不屈的态度和情绪的快速恢复是非常重要的，因为作为一个交易员，你很容易被打得很惨。坦白地说，如果你不喜欢交易，你还有很多其他更好的事情可以做。你不能仅仅因为交易可以赚很多钱而来做交易，那是没用的。没有人为了赚钱而交易，还能做得很好。如果成功的交易员仅仅是受到金钱的诱惑，那么他会在五年后退出这行，然后寻求物质上的满足。但大多数交易员不会这样，他们在生活富裕之后仍然坚持不懈。他们有的时候会像上了瘾，就只做交易。杰克·尼克劳斯有很多钱。为什么他一直到 60 多岁还参加高尔夫球比赛呢？他可能就是醉心于此。

你会遵守什么交易准则吗？

我采用风险指导原则，但我并不相信这些东西。长盛不衰的交易员都能很好地适应市场。如果他们去遵守什么准则，十年后，你再见到他们，他们肯定把那些准则都打破了。为什么呢？因为世界在变化。那些准则只适用于特定的时期。失败的交易员可能曾经有很好的交易准则，但是这些交易准则现在可能失灵了。那些交易员之所以坚守准则是因为曾经这些准则很管用，他们很气恼是因为他们在继续坚持那些准则的时候却在不断赔钱。他们没有认识到所谓的准则已经被淘汰了。

除了不能随机应变，还有什么失误是交易员的致命伤？

人们在管理大笔资金的时候采用相对简单的风险管理方法。2008 年的时候，我和某些声称已经降低了一半风险的管理者聊天。我说："一半，那是很多了。"然后他们会继续说："是的，以前我的杠杆比率是 4，现在就只有 2 了。"我回答说："你发现了吗，波动率是以前的 5 倍。"如果考虑经波动率调整的杠杆，他们的风险敞口其实变大了。

我发现你是采用 VAR 作为风险衡量标准的。你不担心这个标准有时候对投资组合风险的测量是有误导性的吗？

在险价值（VAR）可以被定义为，在给定的时间长度、相对高的置信水平（一般是 95% 或者 99%）下可能发生的最大损失。在险价值可以用美元或百分比来衡量。比如，在置信水平 99% 的情况下，3.2% 的每日在险价值意味着每 100 天中有一天的损失会超过 3.2%。将每日在险价值转换成月度在险价值，我们将每日在险价值乘以 22（平均每个月的交易天数）的平方根。因此，3.2% 的每日在险价值意味着月度在险价值约为 15%（=3.2%×4.69），每 100 个月会发生一次。在险价值最方便的一点是它可以为投资于各种资产的投资组合提供最大损失估计，并且依据投资组合成分的不同持仓量来估计。有很多估算在险价值的方法，但是这些方法都依赖于投资组合在过去一段时间呈现出来的波动率和相关系数，这可能和将要发生的并不相符。在险价值所提供的最大损失估计成立的前提是，在将来投资组合所表现出来的波动率和相关系数与过去相同。

在险价值臭名昭著的主要原因在于人们不理解它。在险价值所表现出来的正如它的定义一样。

那是什么？

它告诉你，你现在持有的投资组合在过去的波动情况。这就是全部。在险价值完全是一种回顾过去。你要知道，未来是不同的。如果我认为将来的市场波动会变大，那么我现在估计的在险价值就会比较低，因为我认为将来的波动率会比过去要大。

在险价值之所以臭名昭著是因为人们采用它来管理风险，缺点是现在的投资组合的波动率和相关系数与过去的可能相差很大。

但这是显而易见的。

如果这是显而易见的，为什么会有那么多人用这样的方式管理风险？

不是在险价值毁了投资组合，是人。

如果交易赔钱了，你会立即平仓吗？

我会先考虑市场走到哪个地方，会证明我的交易是错的。然后我就会设置止损。如果市场真的到了我设置的止损点，那么平仓对我来说并不是很困难。我看到的资金管理者经常犯的错误是，他们设置的止损点是会真正让他们感到痛苦的地方。当市场接近他们的止损点时，他们并不想出来，因为他们依然觉得他们是对的。只有当市场触及止损点时，他们才会平仓，他们是遵守纪律的。但没过多久，他们就想回到市场中，因为他们并不认为自己错了。这就是2000年和2001年日内交易员在交易纳斯达克指数时，赔了不知道多少钱的原因。他们按照纪律在每日结束前平仓。他们的失败在于他们完全错了，因为我们处于熊市。

所以因为循规蹈矩地使用间距很近的止损命令，反遭千刀万剐了。

是的，这就是为什么我认为谈论交易的书所描述的具体的准则非常危险。它们会让你有种错觉，你是严格控制且管理有效的，并且你确实可以把自己与突发性的巨额损失隔离开，但这并不能阻止因同样原因重复错误时发生的损失。

有时候，设置很近的止损指令是合适的。如果这只是短期技术分析，并且当市场突破某个位置时你就不愿意再继续交易了，那你就可以通过设置一个很近的止损指令来结束这笔交易。但是，如果这是一个基本面分析的情况，需要很长的时间来检验，那么针对短期情况的止损指令就很没必要了。如果你的操作方式和你的投资思路不一致，这就说明你没有一个始终如一的资金管理计划，那么你肯定是会失败的。

所以，在你决定止损之前，你要确定哪里错了。

首先，你确定自己哪里做错了。这就决定了你的止损应该设在什么位置。然后，弄明白你愿意为这个策略付出多大代价。最后，你用自己愿意付出的代价除以到每份交易合同的止损点的损失，这就决定了你仓位的大小。我最常见的问题是人们会倒着来。他们先决定仓位的大小，然后判断能承担的损失，最后用损失决定他们在哪里止损。

***

成功的全球宏观策略管理者最自豪的是交易员都能用精准的分析能力和洞察力有效地预测全球市场（外汇市场、利率市场、股票市场和商品市场）走势。科尔姆·奥谢强调他的优势不在于预测会发生什么，而在于预测发生了什么。科尔姆·奥谢认为发现关键的转折点是很困难的，比如市场泡沫什么时候到顶，而且试图寻找最高点会是一个失败的策略。不过，他等到事情发生后证实了交易的预想。比如，他认为2005～2007年聚集的巨大风险使各种市场的收益都超过了合理的水平，并且使金融市场很容易暴跌。尽管如此，他认为自己应对市场发生的事而不是预测拐点而交易，事实上在那段时间他也确实持有多头仓位。直到2007年8月货币市场流动性枯竭，证实了市场已经开始反转，他才转变成熊市策略。他从来不预测什么，但会发现可能被忽略的重要事件。实际上，标普500在那之后还创了历史新高。

科尔姆·奥谢认为交易的实施方式比交易理念更为重要。他不断寻求能提供最优收益/风险比，并且在交易发生错误的时候使损失有限的交易方法。比如，在2007年8月货币市场流动性枯竭之后，科尔姆·奥谢预计会降息。科尔姆·奥谢践行想法的举措并不仅仅局限于看多短期利率产品，他同时还投资于整条收益率曲线：看多短期利率产品/看空长期利率产品。他解释说，那时候的收益率曲线相对平坦，意味着利率的降低会集中体现在收益率曲线的短期部分。但是，如果利率上升，平坦的收益率曲线会导致长期利率上涨的幅度近似于甚至大于短期收益率的上涨幅度。投资于整条收益率曲线带来的好处是只承担很少的风险，却可以获得大量的收益。从本质上讲，它比仅仅做多短期利率产品具有更好的收益/风险比。

纳斯达克的峰值为科尔姆·奥谢寻求最优收益/风险比实施投资理念提供了另一个佐证。在2000年3月纳斯达克见顶之后，科尔姆·奥谢很确信泡沫要破了，不过他没有做空纳斯达克指数，即使他很确信市场已经显现了泡沫的顶部特征，因为他正确地辨认出，就像市场表现出的那样，单边做空是不可靠的。在2000年夏天，即使市场最终剧烈下跌，但指数依然反弹了约40%。这种大幅度的价格波动很容易使看空仓位止损出货。科尔姆·奥谢解释说，纳斯达克指数见顶意味着大部分资产的价格会回归正常价格区间，因而引起经济增长缓慢，利率降低。做多债券则可以提供一个相对容易和更加令人舒适的方式实施同样的交易理念。在那之后，债券呈现了相对平滑的上涨趋势，而不是像纳斯达克所表现的剧烈波动的下跌趋势。

灵活性是另一个交易成功所必备的特质。不要执着于投资理念，当价格走势与投资预想违背时尽快退出市场，这很重要。科尔姆·奥谢觉得乔治·索罗斯就是他所见过的最具灵活性的一位交易员：乔治·索罗斯不会依恋曾经做过的交易，能毫无悔恨地立即平仓。2009年4月，科尔姆·奥谢对经济前景非常悲观，但是市场走势告诉他并不是这样。由于他的熊市策略与市场走势完全不符，他构想出一种完全不同的前提，看起来符合市场的动态——这就是，市场处于由亚洲市场引导的经济复苏。如果他坚持原先的市场假设前提，那绝对会损失惨重，因为股票市场和商品市场开始了连续几年的复苏行情。这种能发现其前提不正确的灵活性，并且依据这个觉悟行动使科尔姆·奥谢在这一年收获颇丰，即使他原来对市场前景的看法是完全错误的。

科尔姆·奥谢认为在市场泡沫中最好的交易方式是做多以获益于市场过于乐观的情绪，而不是试图发现顶部，这近乎不可能，而且如果过早做空会导致巨额损失。处于市场泡沫中做多是很容易的，因为泡沫中的上升趋势会比较平滑，同时泡沫破裂之后的下降趋势会波动剧烈。在泡沫中成功做多有两个必备的因素：第一，在泡沫行情中尽早入场是很重要的；第二，由于泡沫破裂之后往往都会有陡峭、尖锐的反转，因此建立有偏的看多头寸使最大可能损失在有限的范围内至关重要。为此，科尔姆·奥谢绝不会在泡沫市场中单纯地做多，而是会采用看涨期权一类的方式实施牛市策略，这样交易的最大损失仅限于期权费用。波动率较低的泡沫市场最适合买入看涨期权。

即使宏观策略是基于基本面分析的视角，但交易并不总是需要一个原因。有时，市场价格波动本身表现出的反常就意味着市场正在发生变化，即使基本面并不能提供确切的解释。这是科尔姆·奥谢在经历了 LTCM 倒闭之后学到的，这件事情的发生严重影响了大部分市场。虽然当时科尔姆·奥谢并不知道市场变化的原因，但他解释说市场变动的剧烈幅度本身就意味着基本面的变化，并且他遵循市场调整持仓仓位。他引用乔治·索罗斯的话："先投资，再分析。"

我所采访的很多交易员都强调遵守资金管理计划的重要性。科尔姆·奥谢提供了见解更为深刻的、有着微妙不同的观点。科尔姆·奥谢解释说，如果资金管理准则与投资分析背道而驰，那么可能会适得其反。很多交易员都会设置止损指令进行止损，却会犯致命的错误：将止损点设置为不能承受损失的点位，而不是确定价格趋势与原先交易思路相违背的点位。当他们止损退出市场后，仍然相信原先的交易思路是正确的，结果他们将有很强的欲望回到市场中来，导致由于相同的思路而不停地产生损失。资金管理准则可能会预防一次大规模的损失，然而当止损点的设置与交易思路不符时，它无法防范一次又一次地把总损失弄得更大。科尔姆·奥谢的建议是先判断你哪里错了，然后设置止损。如果止损点的设置，让你在一次交易中承受超出你所能承受的损失，那么就把仓位调整得小一些。用这样的方法，如果市场趋势触及止损点，那么就会确认你原来的交易思路是错误的。

科尔姆·奥谢在本章中所讨论的，也是所有交易背后的共同点是，这些交易被构造成右偏的，也就是说有限的最大损失，收益无限。持有看涨期权，持有 CDS 保险，做多 TED 价差都是约束最大损失⊖的实例。

⊖ 最大损失是有限的：看涨期权限于期权费，持有 CDS 保险限于保险费，TED 价差则为零（因为国债利率高于伦敦同业拆借利率的情况基本不会出现）。

第 2 章

瑞·达利欧
喜欢错误的人

瑞·达利欧是全球最大的对冲基金——桥水（Bridgewater，有限合伙制）的创始人、首席信息官、前任 CEO 和现任"导师"（2011 年 7 月获此头衔）。截至 2011 年 12 月，桥水管理的资产规模达到 1200 亿美元，雇用超过 1400 名职员。除了规模之外，桥水在很多方面都是独一无二的。

- 与其他任何对冲基金相比，桥水为它的投资者带来的回报更为可观——过去 20 年的投资收益约为 500 亿美元。
- 桥水旗舰基金的表现与传统市场几乎没有任何相关性。
- 桥水旗舰基金的表现与其他对冲基金的相关性也很低。
- 桥水旗舰基金使用的是独特的基于系统研究法的基本面分析（大多数基于基本面分析的对冲基金都是人为决策，而大多数基于系统决策的对冲基金则以技术数据为基础）。
- 桥水拥有非同寻常的公司文化，它鼓励员工之间不分等级的质疑与批评。
- 基本上桥水所有的业务都来自机构（95% 是机构投资，5% 是组合基金）。
- 桥水是少数几家拥有 20 年历史记录的基金之一。

- 桥水是第一个分离出阿尔法基金和贝塔基金的对冲基金，以满足顾客对阿尔法基金和贝塔基金不同比例的需求。

桥水旗舰策略的历史记录既包括账户管理也包括基金，并分别交易于多目标波动率和多货币。在近 20 年的时间里，18% 的波动率交易策略达到平均 14.8% 的年化复合净收益率（毛收益率为 22.3%），对应 14.6% 的年化风险（毛收益率年化风险为 16%）。桥水最令人钦佩的表现在于公司管理巨大规模资产时亦能获取高收益的能力。管理 5000 万美元、5 亿美元甚至是 50 亿美元资产时以对冲基金策略实现出色的收益/风险表现是一回事，但在面对 500 亿美元资产时仍能做到这一点就真的令人叹为观止了（2010 年桥水的年收益创下历史最高纪录时，其绝对阿尔法策略所管理的资产规模约为 500 亿美元）。

瑞·达利欧是个高瞻远瞩的人。若要问用哪一个词能描述达利欧的基于透彻分析第二次世界大战后美国长达 67 年的经济所建立的经济模型所得的看法，答案是：目光短浅的。达利欧把他的方法描述为"永恒的和无国界的"。他认为一个经济模型应当考虑不同的时期和不同的国家。桥水使用的是一个基于基本面分析的计算机模型，并与两类交易规则相结合：一类来自达利欧 40 年来观察市场得出的结论；另一类来自桥水对过去数百年市场的回溯，对发达经济体和新兴经济体所做的分析。

达利欧以"绝对阿尔法"来命名他的旗舰基金，以区别于他认为主要是采用贝塔策略的大部分对冲基金。对那些以贝塔为主要收益来源，却针对对冲基金的全部收益收取很高费用的对冲基金，达利欧持批判态度，因为贝塔部分的收益可以通过被动多头投资来获得。贝塔衡量的是投资对于市场基准（如标普 500 等）的敏感程度。本质上，以贝塔为基础的收益是通过承担不同的风险而取得的，其中主要是市场大盘风险[⊖]。相比而言，阿尔法是指基于投资能力的收益，定义上与任何市场或风险因子都无关。桥水旗舰基金"绝对阿尔法"的命名毫无疑问地

⊖ 市场大盘风险是贝塔风险的一种。贝塔风险还包括信用风险、流动性风险、短期波动率风险。贝塔收益是指通过承担风险而获取的收益，这些收益可以通过持有不同的长期被动投资组合而获得。长期来看，贝塔收益正是对投资者承担风险而进行的补偿。

指出了它所追求的收益类型。正如它的名字，"绝对阿尔法"基金与股票市场和固定收益市场几乎不相关，并且与其他对冲基金的相关性也很低（相关系数为0.1）。

桥水同样也有基于贝塔的策略——"全天候"，它的目标是通过平衡投资组合中的各项资产使其在不同的市场环境中均能有良好的表现，进而获取贝塔收益。2009年，桥水发行了一个附加了限制条件的"全天候"——"全天候Ⅱ"：当公司"萧条度量"指标被触动时，它会将投资范围约束在"安全"的环境中。

同样的基本原理在不同的形势和环境下会有不同的应用，这是达利欧分析思想的一个重要组成部分。因此，分类就成为将问题概念化并寻求相应解决办法的一个重要工具。这里举一个以分类为基础理念的例子，我把它称为"象限概念"：两个关键因子和两种状态组成了四种可能的情况。桥水的贝塔基金——"全天候"基金就是这种理念的一个实例。这个基金具有两个因子：成长和通胀；两种状态：增长和萧条。它们形成以下四种情况。

1. 增长成长型
2. 萧条成长型
3. 增长通胀型
4. 萧条通胀型

这四种情况的分类反映了达利欧的观点：预期增长和预期通胀的变化是某些资产表现良好而另外某些资产表现较差的主要原因。这种基金策略通过平衡投资组合使投资的资产在上述四种环境下都能有较好的表现。相反，大部分的传统投资组合更倾向于配置能在第一种环境（增长成长型经济环境）下表现良好的资产，这就导致了投资组合资产配置的不平衡，进而在其他类型的经济环境中表现会比较差。

"象限概念"的另一个例子是达利欧按照不同国家的经济前景进行分类。其中，他将世界上的国家分成两类——债权国和债务国，并且分别定义了两个重要特征——能够独立实施货币政策的国家和不能独立实施货币政策的国家，以此把国家分为四类。

1. 有独立货币政策的债务国（如美国、英国）

2. 没有独立货币政策的债务国（如希腊、葡萄牙）

3. 有独立货币政策的债权国（如巴西）

4. 没有独立货币政策的债权国（有些国家因为采用盯住美元的固定汇率制，减弱了它加息的能力）

达利欧垂青错误，他相信提供学习机会的错误是进步的催化剂。错误是进步的必经之路，这是达利欧的人生哲学和桥水文化的支柱之一。达利欧关于犯错有一段几乎虔诚的评论。

> 我意识到错误是令人惊艳的，因为每解决一个错误，我都能得到潜藏其中的秘密与宝藏，比如一个可以减少我将来犯错的原则。我意识到每一个错误都可能反映了我（或者其他人）曾经做错的某些事情，所以如果我能弄明白到底发生了什么，我就可以学会如何更有效率……当其他人都认为错误很糟糕的时候，我相信错误是美好的，因为我相信只有通过犯错并将错误呈现出来才能真正学以致用。

达利欧将他的人生哲学和管理理念记入"原则"，这是一份定义了桥水文化的长达 111 页的员工必读文档。"原则"分为两部分，第一部分达利欧称其为"我最基本的原则"，第二部分是包含 277 条管理守则的大纲。毫无疑问，绝大部分的管理守则都与错误有关。以下节选自其中的一段。

- 认识到错误是好的，如果它们有助于学习。

- 创建这样一种文化：允许失败，但是不允许不甄别、不分析，并且不吸取教训。

- 我们必须以开放的心态对待错误并且客观地分析它们，所以管理者需要培养这样一种文化并使之成为常态：惩罚那些抑制错误或者掩盖错误的行为，把错误放在明处，诊断错误，思考将来应当如何避免再次犯错并将新的知识加入流程操作手册中，这些对于我们的自我完善都是必不可少的。

- 认识到你肯定会犯错，肯定有弱点，那些你身边的人和为你工作的人也一样。重要的是你如何对待错误。如果你将它们看成能够使你迅速进步的学习机会，你就能以此激励自己。
- 如果你不介意在通往正确的路上犯错，你将会获益良多。

如果通过错误进步是"原则"的两个核心概念之一，那么"完全透明"就是另外一个。我们要鼓励员工完全透明化，不能容忍不诚实，应当毫无保留地评论彼此，或者"让忠诚成为真理和坦诚的桥梁"。管理者不应当在背后谈论下属。事实上，桥水所有的会议均有录音并且可以让员工调阅。达利欧对开放和诚实方面的观点持肯定态度。例如，"原则"管理守则第 11 条为：任何你不能当着别人面说的话，你永远也不要说。如果你这么做了，你就是只放臭屁的黄鼠狼……

"原则"中的很多守则与成功交易所必备的品质不谋而合。比如，下面的忠告取自"原则"中关于责任感重要性的部分，这和成功交易的准则完美契合。

那些怨天尤人的人，他们的行为和现实是有一定差距的，并且对他们的发展也极其不利。

我在达利欧的桥水办公室里采访了他，那间办公室垂悬于索格塔克河畔之上，满目葱郁，工作环境弥漫着田园气息。达利欧倾向于用一种互联的而不是直线的方式思考，以至于他的回答有些不着边际，就像他欣然承认的"我以复杂的方式看待事物，因此我在和别人交流我看问题的方式时是有障碍的"。当预定的采访时间快结束时，达利欧很突兀地说道："太好了，我们该结束了。"

作为世界上最大的对冲基金，你做得很成功。我很想知道在您还是一个年轻人的时候有什么目标？

我还是个孩子的时候就在市场中投资了，那时我才 12 岁。这就像是个游戏，我非常喜欢它。虽然这个游戏可以赚钱，但这不是激励我的动力。我从来没有诸如具体赚多少钱或者管理多少钱这样的目标。

我采访了很多成功的交易员，神奇的是他们中的很多人都是在年轻的时

候就开始在市场中投资，有的是在青少年时期甚至更小。

这在我看来是完全合乎情理的，因为人们的思考方式在很大程度上会受到他们早期生活的影响。潜移默化的学习过程在我们小的时候是很容易的，这也是为什么在小的时候学习一项运动或者学好一门语言会比较容易。在市场中成功必不可少的思考方式和在学校读书时成功所要求的思考方式是完全不同的。我相信我在很小的时候参与市场的行为在很大程度上影响了我的思考方式。

为什么会这样？

大部分学校教育都是类似这样的指导——死记硬背，重复，但你得到正确的答案了吗？它教导你犯错是不好的，而不是让你意识到从错误中吸取教训的重要性。它不教你如何应对未知事物。投身这个市场的人都知道，你永远不可能有十足的把握。永远没有一笔交易，你能确定它是对的。如果你以这种方式来对待交易，你就会不断地查找是不是哪里会出错。你就不会盲目自信。你会审慎地对待你所不知道的事物。相对其他行业而言，要在从事交易时形成某个观点，你需要更高的标准。我是如此担心哪里会出错，以至于我非常积极地将自己的观点放在别人面前，让他们来否定我的想法并指出我的错误。这一过程帮助我保持正确。你一定要既果断又虚心。市场教会你成为一个独立思考者。然而只要你是一个独立思考者，就一定有犯错的时候。

当你还是个孩子时，你是如何使自己跻身股票市场的？

在20世纪60年代，我还是个孩子，那时人们比任何时候都爱讨论股票市场，甚至包括在科技泡沫期间。记得有一次我去理发的时候还和我的理发师讨论股票。当球童让我赚了点儿钱（每个袋子6美元，我每次都拿两个袋子），我用那些钱开了一个股票账户。我父亲将我介绍给他的散户经纪人。他几乎从不买股票，但那时候每个人都有一个散户经纪人。

你还记得你的第一笔交易吗？

记得，我买的东北航空，航线往返于纽约和佛罗里达。

你为什么选那只股票？

那是唯一一只我听说过，而且股价又在 5 美元以下的股票，所以我可以买很多股。这就是我的整个分析，完全没有道理，但我很幸运。公司就要破产了，但是它被收购了，我就赚了两倍，所以我觉得这很简单。我对小时候买的股票，基本上都没什么印象了，但我记得在我 18 岁的时候，我第一次经历了熊市，并且学会了做空。然后在我读大学的时候，我参与了商品交易。

大宗商品哪里吸引你？

我可以用很低的保证金交易。我发现用保证金交易，我可以赚到更多的钱。

在早期的交易中，有什么特别的吗？

1971 年，刚从大学毕业，还没读商学院之前，我在纽约证券交易所担任书记员的工作。8 月 15 日那天，尼克松宣布放弃美元"金本位"制，货币体系崩溃了。我记得股票市场上涨了很多，这完全不符合我的预期。

你从那次经历中学到了什么？

我学到货币贬值和印制钞票对股票来说是好事，还学会了不相信政策制定者的话。这些教训在那之后不停地被重复。

在早期的其他经历中，还有哪些市场表现和你的预测不符的特别经历吗？

1982 年，那时候的经济非常糟糕，比现在都糟糕。失业率超过了 11%。我非常清楚拉美债券会违约，因为我知道货币中心银行用大笔的资金购置了拉美债券，我认为债券违约会对股票市场产生极差的影响。8 月墨西哥违约了，但市场居然大幅反弹。事实上，那时正是股票市场的底部，在那之后是长达 18 年的牛市。这明显不符合我的预期。市场的上涨是由于美联储采用异常宽松的货币政策。我的经验教训是，除非有很好的理由相信美联储的行动起不到作用，否则不要和美联储作对。美联储和其他中央银行有着惊人的能量。1971 年美元"金本位"制终止和 1982 年墨西哥违约这两件事，让我明白危机的发生会导致央行采用宽松的货币政策救市，并会由此淹没危机所带来的灾难。

还有什么其他特别的让你有收获的事件吗？

我每天都有切切实实的学习经验。你让我描述的是某一个瞬间，但我认为学习的过程是连接在一起的真实体验，而不是某些瞬间。与其说它是头脑中的记忆，不如说它是内在的感受更确切。在墨西哥违约之后，你可以阅读一些描述当时市场的文章，但这和真正的亲身经历是不一样的。那些让我吃惊的，尤其是让我痛心疾首的事情，我都记得非常清楚，因为我从这些经历中学到了宝贵的经验。

20世纪80年代初期冷冻猪腩的价格天天都触及跌停[⊖]，而我的个人账户却在做多这件事让我记忆犹新。我很担心，不知道什么时候是个头。我觉得自己可能会破产了。那个年头，人们还在使用商品报价板，只要价格变动板子就会卡卡作响，所以每个早晨一开市的时候，我既能看见又能听见市场又下跌了200点（每日的最大跌幅），并且持续不变，就知道自己又赔了那么多钱，而且还不清楚可能的损失会有多少。那真是一次刻骨铭心的经历。

从那次经历中，你学到了什么？

那件事让我明白了风险控制的重要性，因为我绝对不想再经历一次了。这加剧了我对交易错误的畏惧，也教会我不要因孤注一掷，甚至几掷而造成自己无法面对的损失。交易中，你必须既保守又激进。如果你不够激进就赚不到钱，而如果你不保守就守不住钱。我相信任何一个在交易中赚钱的人都体会过那种切肤之痛。交易就像是在与虎谋皮，而你很可能就被它生吞活剥了。就像那次冷冻猪腩和其他一些交易，让我看到了那泛着寒光的獠牙并心生恐惧。这直接影响了我的态度，让我来告诉你我是如何想的，并请你予以最严厉的评判。我学会了如何用数学投资。

（达利欧走向小黑板，画了一张示意图，横轴表示投资的数量，纵轴表示标准差。）

⊖ 很多期货市场都设置每日最大涨跌幅限制。如果购买方和出售方之间力量悬殊很大，比如发布了一个令人意外的导致牛市或者熊市的政府报告，市场开盘的时候就会停在涨停或跌停的位置，否则均衡价格会超过涨跌停限制。比如，单价是60美分/磅，政府发布报告后市场认为合理的价格应该是50美分/磅，因为存在涨跌幅限制，市场价格就只能每天跌2美分。第一天会有很多抛售者，但肯定不会有买入者，所以市场开盘以后就会维持在58美分/磅直到收盘（有价无市）。当然，当市场受到一系列涨跌幅限制的时候，就没有人知道新的均衡价格——也就是市场可以自由交易的价格是多少了。

这就是我教授公司人员的图表，我叫它投资的圣杯。

（接着他画了一条从左向右倾斜的曲线——资产的数量越多，标准差越小。）

这张图表示了投资组合的波动率会随着投资资产的增加而产生的变化。如果你新增的资产与其他资产之间的相关系数为 0.6，那么在你添加更多的资产时风险会减小 15%，但只能降低这么多风险，即使你新增 1000 个资产也是一样的。如果你管理一个只做多的投资组合，那么你可以投资上千种股票，但这只能降低 15% 的风险，因为每只股票与其他股票之间的相关系数差不多都是 0.6。然而，如果你投资的资产之间的平均相关系数为零，那么当你投资于 15 个资产的时候，你就能降低 80% 的波动率。因此，通过持有互不相关的资产，我可以将收益 / 风险指标提高 5 倍。

市场变得高度相关了怎么办？就像今天我们坐在这里，如果你告诉我标普下跌了 2%，我基本上可以告诉你其他市场的趋势。

我不这么认为。

真的吗，你不这么认为？

我认为只有在你对市场的定义下，这才成立。比如，我没办法告诉你在标普下跌的时候，希腊 / 爱尔兰之间的债券利差会如何变动。有很多构建交易的方式，所以你可以购进很多完全不相关的投资品种。一开始一定要明确目标，我的目标是我想交易超过 15 个完全不相关的投资品种。你只是告诉我我的问题，这并不是不能克服的困难。我力求找到大约 100 个完全不相关的能提供收益的投资品种。因为存在交叉相关，所以能找到的投资品种数量小于 100 个，但肯定超过 15 个。相关性并不像平时大家认为的那样。

你是什么意思？

人们认为相关性这种东西是存在的，这是错的。每一个市场都是其背后相应的决定因素的合理表现，当这些因素发生本质性改变的时候，我们叫作相关性的东西也会发生变化。比如，当经济增长预期出现大的波动时，股票和债券会呈现负相关，因为如果增长放缓，会导致股票价格和利率同时降低。然而，当通货膨胀预期出现大的波动时，股票和债券会呈现正相关，因为通货膨胀预期增加引起利率上升，这对债券和股票都是不利的。所以，两种关系都是完全符合逻辑的，即使两者之间是完全相反的。如果你想用一个相关系数来表示股票与债券的关系，就会违反相关性产生的原因。

相关系数是人们用来表示两组价格之间关系的词。当我下单交易时，我不会关注相关系数，我会关注事件的驱动因素是不同的。我最少选择 15 个本质不同的资产。我可能会提到投资组合中资产的收益之间互不相关，但要明白我所说的相关性并不是通常意义上的相关，我所说的是因果关系，而不是测量值。

最近有些媒体报道桥水的文化。你如何形容桥水的文化？

桥水的文化建立在完全透明的环境下，鼓励创新和独立思考以寻求真理。我们发现只有深思熟虑的反对意见和对事不对人的批判态度才能有助于我们达到目标。这种文化使公司员工间以高标准互相要求，并坦诚相待，当然也要互相关心。这是一种推崇真理和透明的文化，以至于我们会对所有的讨论录像，防止偏颇。

我认为人类最大的问题之一是人们总是在说"我认为这样，我认为那样"，但大多数时候人们的认识都是错误的。毕竟，对于一个有争论的问题，最后总是证明大部分人的观点都是错的。但他们都非常确信自己是正确的。这怎么可能呢？设想一下，如果那些反对的人不是那么自信并且更愿意与他人交流，那么我们最后达成的决定会有多大的进步。不管怎么说，这是适合我们公司的一种方式。

当你和你看重的那些员工意见不统一的时候，你们是怎么解决的呢？

我们通过互相询问对方，哪一种会更容易被接受来达成共识。比如你可以问：你为什么这么说？有什么证据吗？我们还需要查看其他标准吗？我们如何达成一致？我们应当找谁来帮助我们推进工作进展，达成共识？诸如此类的问题。这是一个发现的过程，很有意思。如果分歧是有关投资决策过程的，那么三个首席投资官（达利欧，同为信息总监的鲍勃·普林斯和格雷格·詹森）必须达成共识。大体上，我们总是可以达成一致。如果不能达成一致，我们就什么也不会改动。

这是不是意味着，你每次变动仓位的时候，所有关键人士都必须意见一致？

不是的。我们制定决策的过程是为了决定我们在市场中投资的标准。这些我称为原则的标准是系统化的。这些原则决定了在不同的环境下我们应当如何做。换句话说，我们的决策是决定我们投资的标准。我们不会为单独的某一次投资做决策。

对于任意的交易策略，我们可以回顾它盈利的时点、损失的时点，以及发生盈利和损失时的环境。每种策略都有相应的历史记录，方便我们更深入地了解并随之添加到投资组合中。如果一种策略在实战中的表现没有预计的好，我们可以对它重新评估，如果我们依然认为这种策略很有价值，那就会去修正我们的系统。我们已经这样做了 36 年。在这些年，我们不断有新的认识，并且不断地将这些想法添加到我们既成的认知系统中。

在过去的 20 年里，你的最大回撤只有两次大于 12%，最糟糕的一次也只有 20%。你在运用趋势策略时是如何控制最大回撤的呢？

这要分为两部分。首先，就像我们刚才谈到的，我们将风险分摊到多个独立的资产，避免将投资组合集中于某一个资产。其次，我们在多期限和多情景下对投资策略进行压力测试。

我认为那些实际最大回撤高于预期的人，从来都不真正明白他们的投资策略在不同的环境下是如何运作的。有很多从事多年交易的基金管理人这样认为：我的历史记录很出色，这种投资策略是有效的。但他们不清楚他们的投资策略是如何在不同的环境下运作的。以基金经理最近的经验为基础的投资策略总有一天会失败。

相对而言，我们对标准进行测试，以保证这些标准没有时间和空间的局限。没有时间的局限意味着可以在任何一段时间内适用，而没有空间的局限意味着可以在任何一个国家适用。有的策略确实会在任何一段时间、任何一个国家都适用，而这类广泛的跨越时间和地域的分析为我们提供了一种非常独特的视角。举个例子，要弄明白现在美国的零利率和去杠杆环境，我们就要理解在这之前的很多年究竟发生了什么，比如 20 世纪 30 年代发生了什么，以及其他国家的情况，比如经济泡沫破裂之后的日本发生了什么。去杠杆和衰退是不同的。除了正在发生的去杠杆之外，第二次世界大战之后美国尚未发生过去杠杆之类的事。

有针对每个持仓头寸单独的风险控制指标吗？

有持仓仓位的限制标准，但没有价格限制标准。我们不用止损命令。我们交易的市场大概有 150 个，这里的市场，像其他单一市场一样，将价差头寸也作为独立的市场对待。然而，在任意给定的时间，大约 80% 的风险由我们所持有的 20 个左右的重要仓位承担，而这些仓位之间完全不相关。

当你的最大回撤十分巨大的时候，你会采取什么特别的措施吗？你会降低所暴露的头寸吗？

我认为在你亏损的时候减少头寸是没用的。我想再说得清楚一些。最关键的问题是亏损的头寸所处的点位对接下来的价格趋势是否有统计意义。结果是没有，所以我不会仅仅因为亏损而调整仓位。

你的意思是说，无论你所持仓位正处于新高还是从最高点跌了 15%，你的仓位都是不变的？

是的，所持仓位的方向和大小都不会有所改变。

如果某个仓位的表现很糟糕，你会因此重新评估你的交易策略吗？

一贯如此。最有意义的发现来自那些出问题的仓位。举个例子，1994 年我们做多不同的债券市场产品，而债券产品非常廉价。对于债券市场，我们有不同的规则和系统来预测，那个时候，这些规则和系统都显示应当看多各类债券市场的产品。后来，我们意识到如果我们运用系统时采用相对利差而不是绝对利率，我们就能得到更好的收益 / 风险值。这个改变利用了一个万能的真理：你可以通过降低资产间的相关性来改善收益 / 风险值。一旦在研究中有了领悟，我们就会改善原有的系统。

这是一个由于损失而更新交易系统的例子，但如果只是单独的一笔交易在赔钱怎么办？我明白你说的，你不会仅仅因为损失就平仓或者建仓，但如

果你忽然意识到曾经忽略了某个因素或者对某个因素不够重视，因此改变了看法，你会怎么做呢？

不，我们不是这么做的。我们是否会改变看法取决于信息如何通过我们的决策规则。我们用决策规则来决定不同环境下持仓的方向和仓位的大小。

所以你们的交易过程基本上是完全程序化的而不是依赖于人为决策？

99%是程序化的。然而，这些系统会随着我们经验的丰富而不断完善，我们也会修改或者添加新的决策规则。但是在99%的情况下，我们不会人为下达交易指令。

如果发生某些交易系统并未考虑到的很罕见的事件，你们会怎么做呢？

如果是世贸中心倒塌这类事件发生的话，是的，我们会人为操作。在大多数情况下，人为操作都是为了降低风险敞口。我敢说，大概只有不到1%的交易可能是人为操作的。

你的交易系统完全是基本面驱动的，还是也会考虑技术性因素？

没有技术性因素。

大部分商品交易顾问采用只基于技术因素（主要或仅仅是价格）的系统交易方法，而你却采用只基于基本面因素的系统交易方法。

是这样的。

桥水系统的起源是什么？

1980年左右，我设定了一项纪律：对每一次交易，我都要在记事本上写下原因。当做交易清算时，我会将市场上真实发生的与我之前记录的下单原因和我交易时的预期进行比较。然而，仅仅从以往的经验中学习是不够的，因为这要花费太多的时间来证明决策规则是否正确。后来，我发现可以回测我所写下的判断标准，这样就可以更好地了解这些判断标准表现如何并可以更好地完善它们。下一步是明确基于判断标准的决策准则。决策准则必须符合逻辑，而且要避免过度的数据挖掘。这就是桥水系统的开端以及早期的发展。这些年来，在大家的共同努力下，我们一直坚持这个过程并不断地加以完善。

构成桥水系统的规则大纲中的每一条规则会被不断修正吗？还是一旦制定了就不会改变呢？

会时不时地被修正。比如，我们以前会观察油价是如何影响各个国家的。在第一次和第二次石油危机之间，在北海发现了原油，英国从纯进口国转变成出口国。那次的事件促使我们重置了与油价相关的决策规则，一旦包含进出口的项目改变了，交易规则就会随之改变。

你的基金管理着数目庞大的资金，但是庞大的资金规模并没有影响基金的获利能力，你是如何做到的呢？事实上，在 2010 年，你的收益率创下了历史新高，而同时基金管理的资金规模也比以往任何时候要大。大部分对冲基金因为无法在管理大规模资金的同时获取高额收益，所以资金规模都比较小。

我们和大部分的对冲基金有两个主要的区别。大部分的对冲基金只在有限的几个市场交易，并且交易相当活跃。而我们几乎投资于世界上每一个流动性较好的市场，所以我们在每个市场投资的资金量相对于我们的整体规模来说都很小。我们更换仓位的频率也比较低。众所周知，在给定时间内交易成本是你资本移动的函数。因此，我们比那些在少数的几个市场进行交易并且交易频繁的基金管理者有更好的获利能力。

每年你在每个市场的周转率是多少？

这取决于你如何定义周转率。如果你将周转定义为从净多头转变为净空头而不考虑仓位大小的变动，那么平均是 12～18 个月。

这是一个很缓慢的过程。

是的，平均来说。

如果像 2008 年那样市场波动大到以天计算呢？

在某些年，周转率会比在其他年份要高，但在 2008 年，周转率没比平均值高多少。你可能觉得，在市场波动很大的时候，我们的交易会比较频繁，但那不是必然的。我们的交易直接受基本面影响，而只有在价格变动使市场非常便宜或者非常贵的时候，我们的交易才会间接受价格影响。

我猜另外一个资产规模没有影响你获利能力的原因，可能是市场购买力旺盛的时候你倾向于作为卖方，而市场抛压沉重的时候你倾向于作为买方。

通常是这样的，然而在基本面快速改变的时候例外。当基本面保持不变的时候，我们操作的方向与价格走势的方向相反。比如，如果基本面没有变化，价格下跌，我们就会买入。但事实上，基本面也是在变化的。所以，我们交易的方向要同时考虑基本面的变化和价格的变化。

但在 2008 年这样的下跌情况下，某些时点上市场的大幅波动主要是受到市场情绪的影响，而并不是由于基本面发生了变化。我猜测你可能更喜欢与大部分交易者的方向相反。当市场趋势突然发生转变的时候，大部分交易者更倾向于平仓止损，而你更倾向于作为买方拥有更大的流动性。

是的，只要基本面并没有出现熊市的信号。

以前，资金管理规模有没有对你产生过影响呢？

没有，因为我们一开始就要确保资金管理规模不会对我们的运作产生影响。我们非常了解我们的交易成本，也很了解我们开仓平仓所需的时间。我们会限制持仓规模，以确保可以迅速地退出市场，并且保证交易成本与市场所预期的阿尔法收益相比微不足道。

你的基金有没有最大的资产上限呢？

有的，我们封闭好几年了。

但即使基金封闭了，在诸如 2010 年这样的年度，基金资产由于获利颇丰也依然增长得很快。

我们把利润都分派了。

2008 年你做得很出色，对于很多对冲基金而言，那是艰难的一年，你会将 2008 年的出色表现归功于什么呢？

去杠杆的标准我们已经建立好了，我们早就研究过其他国家的加杠杆和去杠杆。我们的分析既包括通货膨胀去杠杆，如 20 世纪 20 年代的德国和 80 年代的拉美，也包括通货紧缩去杠杆，如 20 世纪 30 年代的大萧条和 90 年代的日本。我还曾经亲身经历了拉美和日本的去杠杆过程。我们认为如果这类事件曾经发生过，那么它们有可能还会再次发生。我们相信完全领会这些事件对于弄明白经济如何运行、市场如何运作是非常重要的。

距 2008 年去杠杆还有八年的时候，我们就已经开发并实施了萧条标准。这用来预测当很多情况（如利率降低到相当低的水平，私人信贷出现紧缩，股票市场下跌，信用利差增大）一起触发时引起的类似于萧条的经济环境。我们知道一旦达到萧条标准，能使用的可靠的预测指标就很少了，因为有些预测指标受到的影响会比其他指标要大。比如，当利率接近于零的时候，很显然，它们已经不能再被当作可靠的预测指标了。我们曾经在通货膨胀去杠杆和通货紧缩去杠杆两种情况下模拟测试我们系统的表现情况。一旦触发萧条标准，我们系统的准则和风险约束会同时调整以适应去杠杆的经济环境。

2008 年的时候很明显，投资者运用高杠杆进行套息交易——卖空低收益资产，买入高收益资产。当信贷泡沫破裂的时候，这类交易本可以丝毫不受影响。我们能看到银行迅速、草率地提高信贷杠杆比例。我们预计这些银行损失巨大，因为我们可以从 10Ks 表格中查阅它们所持有的仓位种类。我们通过资产负债表估算银行的价值并与市场价格比较，从中发现对经济状况和其他市场的负面预期。简而言之，由于知道去杠杆如何发生，我们可以监控合适的因子，并且由于知道去杠杆的因果联系，在 2008 年持仓表现良好并不是一件难事。

除了充分准备如何进行去杠杆交易，我们并没有像大部分对冲基金一样在 2008 年历经艰难，这其实只是因为我们的绝对阿尔法策略避免包含贝塔的缘故。相比而言，大部分对冲基金混合配制阿尔法和贝塔。事实上，对冲基金所配置的阿尔法是以阿尔法价格出售的贝塔。70% 的对冲基金均与股票相关。为什么大部分对冲基金倾向于投资在市场繁荣的时候表现出色的策略呢？我认为倾向于选择最近一段时间表现出色的策略是人的本性，但这是个偏见。

你对美国现在面临的经济困难有什么看法？

现在，我们正经历全球去杠杆化的历程，这对经济增长是不利的。可以印钞票的债务国就和那些不能印钞票的债务国的行为大相径庭。那些可以印钞票的国家，比如美国，可以通过印钞票减轻通货紧缩和经济萧条带来的压力。然而，量化宽松政策的效果是有限的，美联储所购买的债券的所有者会用这些钱购买类似的证券，而不会去购买房子或汽车。另外，财政刺激政策会因为政治因素的影响也极为有限。所以，看起来我们不太可能实行有效的货币政策和财政政策。这意味着我们要依赖于收入增加幅度，而收入增加幅度还比较低，可能只有每年2%，因为收入的增加主要依赖于负债增加形成的赊购，我不认为私人信贷会有什么巨大的变动。2%的增长率并不足以有效地降低失业率。还有一种风险，就是一旦经济恶化了，我们没有任何有效的工具可以反转形势。现在的情况类似于陷入了经济衰退，却无法降低利率。

如果你可以制定政策，有什么政策可以改善当前的经济环境吗？

最好的政策应当是让问题在一个相当长的时期里消化，这样名义利率就能保持低于名义增长率。

你是如何达到这样的目标的呢？

联合施行财政政策和货币政策提供足够的政府支出，来弥补私人支出减少的缺口，阻止经济紧缩。防止不可控制的经济紧缩对于维持社会秩序和政治秩序都是十分重要的。同时，还要配有经过审慎考虑的债务重组计划，因为我们不能继续允许我们的债务增长速度超过我们的收入，我们必须逐渐降低债务的增长速度。

如果你继续增加财政支出，将会进一步增加债务。我们目前依赖于外国资本购买我们的负债，这难道不会产生另一种风险，通过财政支出增加债务进而吓退购买美国国债的外国投资者吗？

当然会。这也是为什么财政支出用于投资产生的效益大于其成本是如此重要。浪费金钱是我们承担不起的。

你是说财政支出应当集中于基础设施之类的吗？

是的，让空闲的人在有意义的项目上继续工作。这对社会也是有益的。我认为长时间的失业对社会、对这些失业的人来说都是不好的。

这是一种错误的节约方式。你向失业人群支付失业保险并提供其他纯支出的保险，但不会产生任何收益。然而如果你向修铁路的、建造桥梁的工人支付工资，至少你还能得到铁路、桥梁什么的，这是乘数效应吗？

是的。我不喜欢赠送钞票的选择，因为它会使货币贬值并且使投资者远离美国资产。政府应当设法将支出花费在有益的投资项目上。

你可以预见印钞票会引发通货膨胀的危机吗？

就在未来的一两年之内。然而，长期来看，无论何时一个国家依赖于国外投资维持赤字支出，都会存在风险，一旦国外投资者担心该国货币走弱是由于过度地印钞票，他们就会撤资。这种改变的预兆就是国外投资者购买的债券久期变短，引起信贷紧缩。比如在1931～1933年，利率上涨，即使当时我们处于通货紧缩经济萧条。在这种情况下，央行一般会买入更多的债券来弥补利率上涨所造成的缺口，这种把债务当作货币的方式会使货币贬值并让资金投向那些抗通胀的实物资产和外汇。这个过程通常会持续几年。起初，通货紧缩会转变成低通货膨胀。就好像1933年罗斯福决定开始印钞票并脱离金本位时，这种变化恰好抵消了美元的通货紧缩，并没有引起高通货膨胀。这个时期，黄金和债券的价格同步上升，这和通常情况下由于通货膨胀造成的高金价意味着低债券价格不一样。这种模式和我们现在所看到的金价与债券价格齐升如出一辙。

当我读到你对于长周期的描述时，你看上去好像在说美国正在经历五个阶段中的第四个——一个仍然认为自己很富有的穷国，而现在成了第五阶段了——一个衰退的国家。我这么解释对吗？

我想差不多。

这个周期通常持续多久？

整个周期要经历100～150年，第五个阶段（衰退）则持续大约20年。

假设美国在大约2008年时进入衰退阶段，你的周期模型暗示美国会保持这种广泛的衰退直至2030年。这真是一个非常悲观的看法。在长周期的

衰退阶段，有没有一些情况让这些国家不那么痛苦？

第二次世界大战之后大英帝国的衰退没有那么剧烈，因为它的调整过程经历了很多年。日本的去杠杆过程也是这样。基本上一个国家的情况可以在很长时期内保持稳定，情况并不一定会很糟，可一旦处理不慎就非常麻烦了。

在桥水，包括下属对上司的批评都是被提倡的。你的员工有没有批评过你？

一直都有。

你能给我举个例子吗？

我和一家正在康涅狄格州访问的欧洲养老基金共同参加了一个会议。会后，销售人员批评我不善辞令，把时间拖得太久了，这不利于会议的进行。我询问了与会的其他人的意见。一个我们刚毕业一年的新员工给我打了个"Ｆ"。我很喜欢这样的情况，因为我知道他们在帮我进步，而且他们明白这是他们应该做的。

你认为在投资上人们犯的大的错误是什么？

投资人犯的最大的错误是他们相信最近发生的事情很可能会被重现。他们想当然地认为最近的一项好投资以后还会很好。通常，过去的高收益仅仅表示那项资产已经变得很贵了，并且是不合意的，而不是更好的投资。人们在价格上涨之后除了价格而无其他原因的买入造成了价格的过度上涨。通常在价格大幅攀升后，当投资人因为贪婪和无畏而赚钱的时候，反向操作倒是个好主意。

＊＊＊

达利欧十分信奉分散投资。事实上，他把通过引进不相关资产而提高收益／风险称为"投资的圣杯"。他说如果投资组合中的资产真的相互独立，那么收益／风险将提高五倍。

大多数人都把相关性当作决定两种资产是否独立的首要工具。达利欧认为，相关性在统计上可能会产生误导并且不适合用来构建投资组合。问题的关键在于不同资产之间的相关性是很不稳定的，并且十分受前置环境的影响。比如，通常黄金和债券是负相关的，因为通货膨胀（当前或预期）利多黄金而对债券不利（因为高通货膨胀通常意味着高利率）。然而在去杠杆周期的初始阶段，积极的宽松货币政策使黄金和债券同时上涨（也就是债券价格上涨），而这也加剧了长期货币贬值的担忧，这使金价进一步上涨。在这种情况下，黄金和债券的相关性就和它们通常的关系相反。

相对于以资产之间的相关性为标准的方法，达利欧关注那些暗含的可以影响资产价格的驱动因素。驱动因素是因，相关性是果。为了得到一个分散投资的组合，选择含有不同驱动因素的资产是必要的。达利欧可以通过确定哪些未来的驱动因素可以影响市场（一个预见性的方法）来更准确地评估哪些资产更倾向于同向或反向变动，比如，预测黄金和债券何时会同向变动，何时会反向变动。相对地，使用相关性来做决策（一个回顾性的方法）会在形成投资组合的时候造成错误决定。达利欧构建的投资组合是由不同的驱动因素影响的不同资产组成的而不仅仅是不相关。

桥水着重使用含有不同驱动因素的差价仓位来创建持仓。比如，即便世界的债券市场暴露在相似的驱动因素下，但不同债券的差价仓位可以含有不同的驱动因素。使用差价仓位是在"风险上"和"风险下"（一种大多市场对投资者的风险偏好做出反应的情况）变换的投资环境下，缓和投资组合中不同资产同步变化问题的关键。

市场在不同环境下有不同的表现。去杠杆时市场的表现和其在衰退时的反应不同。任何假设市场和经济变量之间为静态关系的基本分析模型都是有缺陷的，因为这些关系在不同的市场环境下可以有巨大的变化。比如，相同的政府政策可以导致萧条时的持续回升却不会对去杠杆产生很大影响。达利欧声称任何有效的基本分析方法都必须在尺度上足够宽泛——既指时间上也指地域上，以包含不同的环境。他坚信这样一个"永久的、普适的"方法是建立一个用以代表现实世界且足够稳定的基本分析模型的唯一方式。

投资者常常困惑于市场对新闻事件违反直觉的表现。达利欧生动地描述了这样的经历：看上去很利空的事件，比如1971年美国取消金本位与1982年墨西哥的违约，市场的上涨很出乎他的意料。一方面，这种看上去矛盾的市场表现可以解释为市场常常预见了这些新闻的事实。另一方面，可以解释为这些利空事件会触发另一些利多的结果，比如对经济和投资情绪十分不利的事情会激发央行的应对措施以刺激市场上扬。

如果选一个达利欧最为重要的忠告，便是错误使人进步并最终获得成功。每个错误让人有机会从问题中学习并根据这个新信息修正其他方法。每当你在交易的时候犯下一个大错，把它写下来，既能加深教训又能引以为鉴，然后根据这次新的经历改变你的交易过程。这样，作为交易员，错误就能成为不断改进的核心要素，或就此而言的其他任何尝试。

📌 附录：达利欧的大局观

达利欧的大局观不仅有时间上和地域上的宽度，也适用于长周期驱使下的市场和经济。达利欧用以理解经济的模板包括三个叠置在一起的因素，它们共同解释任何经济下的状况和方向。

1. 生产增长。作为生产收益的结果，美国在过去 100 年里年人均 GDP 以平均 2% 的速度增长，但在主要的长周期和经济周期下有很大的波动。

2. 长期信用扩张 / 去杠杆周期。最初信用的获取使消费超过了收入水平。达利欧解释道：

> 这个过程是自我强化的，因为消费的增加产生了收入的增加并提高了净资产，这又提高了借款人的借款能力，使更多的购买和消费成为可能……这种上涨的浪潮通常持续数十年，在此期间的波动主要源于央行对信用的收紧和放松（这形成了经济周期）。

即便是自我强化的，信用扩张阶段最终会达到它无法再膨胀的位置。达利欧在信用周期中把这个转变做了如下描述：

> 信用扩张不可能永远持续下去，最终所需偿还的债务会达到甚至超过我们所能借到的钱，于是我们只能缩减消费（以偿还债务）。当不能

募集更多的钱来偿还债务时，在举债时导入资金与信用的过程便反了过来，这便是去杠杆。因为是借款在拉动消费，所以假设一切其他条件不变，一年挣10万美元花11万美元的人，就只能每年花9万美元来为之前每年11万美元的消费买单了……在去杠杆的时候，我们再也不能像经济上升时期那样举债募集资金了，挫败才是现实。当债务人的收入和借款不足以偿还他的债务时，资产会被卖出，消费会被削减，用以兑现。这会使资产价格下跌，并引发担保价格下跌，进而减少收入。由于担保价格和收入的下降，借款人的信用能力也下降了，于是他得到的信用额度变小了，因此这个自我强化的过程继续进行着。

达利欧强调去杠杆是和衰退非常不同的过程：

> 不像在衰退时降低利率并创造现金可以校正这种不平衡那样，在去杠杆过程中货币政策不会有效地创造信用。换句话说，在衰退时（当货币政策有效时），货币量和服务于债务的需求量的平衡可以被校正，因为利率可以被降低到足够来①缓解债务服务的压力，②刺激经济活动，因为相对于收入而言每月要偿还的债务很高，③产生正的财富效应。然而，在去杠杆的情况下，这些都不会发生。在通货紧缩的萧条/去杠杆中，货币政策通常对创造信用是无效的，因为利率达到零就不能再降低了，因此其他不那么有效的方法便会跟进。信用增长很难被刺激，因为借款人的债务仍然过多，这使合理放贷不再可能。在通货膨胀的去杠杆中，货币政策对创造信用无效，这是因为由于投资者担心他们的贷款会被贬值的货币所偿还，所以增长的钱进到其他货币和抗通货膨胀的资产中去了。

3.经济周期。经济周期指的是经济活动中的波动。瑞·达利欧解释说："在'经济周期中'，信用的可获得性和成本取决于中央银行，而在'长周期'中，信用的可获得性和成本受到那些远超央行可控因素的影响。"在标准的经济周期中，央行通过降低利率可以延时刺激经济。在长波动周期的去杠杆阶段下，央行无法产生任何影响，因为利率已经低到接近零了。

应当明确的是，瑞·达利欧相信任何只基于美国第二次世界大战后这段时期的基本分析方法都是不充分的。即便这是一段囊括了接近 70 年的时间，但除了自 2008 年开始的去杠杆之外，这段时间没有其他的去杠杆发生了。就如之前所述的，经济和市场行为在去杠杆的情况下和在标准的衰退下表现是很不同的。通过关注更长时间和更广泛的地域，达利欧能够拿出和现在相对的过去发生的事例（比如，大萧条、泡沫破灭后的日本、拉美的违约）。

在关于周期对单个国家的影响方面，瑞·达利欧的视角更加宽广，以世纪为单位，这被他称为足够成为"真正的大局观"。他相信所有国家都会经历有五个阶段的周期。

阶段 1——贫穷国觉得自己贫穷。

阶段 2——快速致富的国家仍然觉得自己贫穷。

阶段 3——富有国认为自己富有。

阶段 4——变穷了的国家仍然认为自己很富有。

阶段 5——经历去杠杆和相应衰退的国家开始慢慢接受了现实。

以下是达利欧对于经历阶段 4 的国家的描述。

> 这是一个债务上升的时期——也就是说相对于收入，债务上升直到它无法再升为止……因为这时的消费一直很强势，国家看起来一直很富有，即便它的资产负债表已经恶化了。基础设施、资本品和研发的投资效率降低使生产收益增长放缓。其城市和基建比处于前两个阶段时老化、低效了很多。其偿付能力在恶化，这反映了它们竞争力的下降。它们越发依赖其名声而不是竞争力为其赤字融资。这时它们通常在军费上花费颇多，有时因为战争使费用不知凡几，来保护其在全球的利益。虽然不是一贯如此，但随着这一阶段的进一步演变，这些国家产生了"双赤字"，也就是偿付贷款和国家同时赤字。
>
> 在这一阶段的最后几年里，往往会产生泡沫……泡沫的产生源于投资者、商人、金融中介、个人和政策制定者愿意相信未来一如既往，于是他们在趋势的延续上大量押注。他们错误地认为上涨的投资代表了优

质而不是昂贵，于是他们融资购买，而这就促使价格进一步高涨并加剧了泡沫化进程……当收入和投资回报不可避免地跌落至债务偿还额之下的时候，泡沫便会破裂……泡沫破灭带来的财务损失要归咎于国家经济的下滑。不论是因为战争还是泡沫，这一阶段的典型特征是累积的债务无法用不贬值的货币清偿，于是引发了下一个阶段。

阶段 5 的描述如下。

在泡沫破灭后减债发生时，在一个自我强化的负周期下，私人债务上升，私营部门的花费、资产价格和净值纷纷下跌，而用政府债务的上升，以及政府赤字和央行"印刷"货币量上升来弥补。用这样的方法，这些央行和中央政府降低了实际利率，提高了名义 GDP 的增长，并使之在名义利率之上用以缓解债务压力。作为这种低利率、弱势货币和差劲的经济状况的结果，其债务和权益资产表现拙劣，并使其越发需要与那些廉价的、尚处于前几个阶段的国家相竞争。它们愿意看到其货币的贬值。作为这些经济和金融趋势的延续，这些国家会发现它们在国际上的分量在下降。

上述对于阶段 4 和阶段 5 的简介听上去仿佛是对美国让人不悦的具体描述（阶段 5 ——现在的状况；阶段 4 ——过去的数十年），不是吗？

第 3 章

拉里·本尼迪克特
超越三振出局

通往成功的道路布满了荆棘。拉里·本尼迪克特在他工作的初期重复地做两件事：交易赔钱和被炒鱿鱼。这两件事常常但不总是相关。虽然无法证明他的交易水平，拉里·本尼迪克特却总固执地要成为一名成功的交易员，于是在每次失败之后他总能想方设法地继续寻找交易员的工作。拉里·本尼迪克特很幸运，在职业生涯的路上没有经历"三振出局"的规则。

最终，拉里·本尼迪克特的百折不回使他成为常胜将军。拉里·本尼迪克特的转折点发生在 1989 年，那个时候他是 Spear，Leeds&Kellogg（SLK）的一名期权专家，专注于美国股票交易所上市的 XMI。作为一名专家，拉里·本尼迪克特得到了一些必备的经验，同时也对市场开始有感觉了。当 XMI 的交易量在三年后开始枯竭的时候，拉里·本尼迪克特成为 SLK 的一名场外指数衍生品交易员。在 1993 年，拉里·本尼迪克特作为一名成功的交易员使他成为 SLK 新成立的自营交易部门的特别合伙人。在高盛于 2000 年买下 SLK 之后，拉里·本尼迪克特建立了他自己的交易公司 Banyan 资产管理。

一位做交易的朋友这样描述拉里·本尼迪克特的技术："他很有能力。你很难描述那种能力。为什么铃木一郎的命中率总能达到 0.350？我不知道。拉里·本尼迪克特就像办公室里的"雨人",一旦离开办公室,他甚至连自己的钥匙都找不到。但在办公室里的时候,他就像个专业的大师。

拉里·本尼迪克特是一个非常活跃的短期交易者。他平均每天交易100～200次。几年前,他的交易频率能达到更加疯狂的每天500次。他的核心市场是标普500。他也做境外股指,如DAX、恒生、日经、国内和国外的利率市场、主要的外汇市场和关键的大宗商品市场,如原油和黄金。标普500是核心,拉里·本尼迪克特花费巨大的心血研究其他主要市场与标普500之间的关系(正相关或负相关)。拉里·本尼迪克特主要做反趋势交易——短期上涨的时候卖出,短期下跌的时候买入。他入场的时机取决于市场当时的波动率、他的方向性偏好(如果有的话),以及交易的不同市场之间的相关性。如果拉里·本尼迪克特认为短期内价格相关性过于夸张了,他就会在一个市场做多而在另外一个与之正相关的市场做空(或在一个与之负相关的市场做多)。拉里·本尼迪克特会保证这个时刻变化的投资组合的风险恒定,他同时考虑正相关和负相关这两种相关性。之前在他那里的一个实习生说道:"拉里·本尼迪克特自己思考的东西,别人却需要用计算机来处理。"

风险管理主导了拉里·本尼迪克特的投资方式。仅仅认为他谨慎,那是远远不够的。如果某一个月的损失接近2.5%,拉里·本尼迪克特将会平仓所有的投资产品并将之后的第二日作为新的起点进行交易,并降低仓位。在损失达到2%～2.5%的时候,他会将投资组合所持仓位减半或者降低到比正常持仓水平要低的仓位。拉里·本尼迪克特会持续以很小的仓位进行交易直到他再次开始赚钱。拉里·本尼迪克特快速削减风险暴露敞口的行为,解释了为什么他的月度损失从来都不会很高。他交易13年来最差的月度损失是适度的3.5%(7年操盘自己的基金,之前的6年为一个管理账户交易)。

戴维·霍罗威茨曾担任Banyan的交易员和运营主管,他这样描述拉里·本尼迪克特:"拉里·本尼迪克特主要是位风险管理者。赚很多钱不是重点。当然,回报是必要的,但对拉里·本尼迪克特来说不赔钱更重要一些。他知道如果可以控制风险,他就能挣钱。他明白自己什么时候错了,也知道什么时候应该离场。

基本面分析员说："在接下来的六个月我要持有这只股票，因为我相信它。"技术分析员说："如果股票到达某一个点位我会买入，如果股票跌破某一个点位我会卖出。"拉里·本尼迪克特不适用于任何一类分析方式。他的时间都用于关注这些市场上不同的交易，他有灵感什么时候该买，什么时候该卖。拉里·本尼迪克特让市场教他应当做什么，这与很多其他基金经理的方法不同。"

在1990年加入Spear Leeds之后，拉里·本尼迪克特在之后的连续20年每年都是赚钱的。然而，这个好运在2011年受到了挑战——他的基金损失0.6%。在2004年基金建立之后，拉里·本尼迪克特保持平均每年11.5%的净收益率（毛收益为19.3%）。如果这个收益率听起来并不那么震撼，不要忘了与之匹配的是极低的5.8%年化波动率，更出色的是不到5%的最大回撤。拉里·本尼迪克特的收益/风险指标是值得称颂的。他的夏普比率已经很高了，是1.5。然而这样的夏普比率也低估了拉里·本尼迪克特的表现，因为这个统计值并不会区分上下波动。就拉里·本尼迪克特这个特例而言，收益偏差占了较大比例。拉里·本尼迪克特的损益比居然达到了3.4（附录A中对损益比做了详细解释）。

拉里·本尼迪克特不允许亲戚朋友投资他的基金，一个和他一起长大的朋友这么告诉我。"拉里·本尼迪克特从来不会用亲戚朋友的钱去投资。我试过劝说他让我投资他的基金，但他不同意。当我管理一只多策略的组合基金时，他甚至不允许那只组合基金投资他的基金，仅仅因为那只组合基金是我管理的。他不愿意承受压力。在2008年之后，他的父母在常规投资中损失了一大笔钱，就像其他投资者一样，然而他的基金的收益率是14%，我问他："拉里·本尼迪克特，没让你的父母和朋友投资你的基金，你都不后悔吗？"他回答说："不，还是一样的，那只会让我分散精力。我宁可给我父母一笔钱也不愿意他们投资我的基金。""

我去拉里·本尼迪克特在佛罗里达博卡拉顿的办公室采访他。虽然他们的办公楼有足够大的空间，但拉里·本尼迪克特和他的团队还是挤在一间屋子里。因为地方有限，也为了不分散注意力，我们的采访是在一间很空旷简约，应该是准备做会议室的房间里进行的。采访的时候，拉里·本尼迪克特的助手定时进来告诉拉里·本尼迪克特市场的走势并获取交易的建议。我感觉很奇怪，会议室比他们需要的空间大五倍，交易室却异常拥挤。约翰·阿博森（世纪合作公司的高管，Banyan 的投资者，他为我引见了拉里·本尼迪克特）在几个月后的一通电话中给我解释了这件怪事。"几年前，随着资产的增加 Banyan 准备扩张经营时，他们就挤在你见到的那间小屋子里。他们决定换一个宽阔的交易室。在他们换地方的第一天，拉里·本尼迪克特交易得很不顺利。他说：'算了，收拾收拾，我们搬回去。'于是，对于我们来说那个很不舒服的办公环境却很适合拉里·本尼迪克特。也许他更习惯于随时都能和他的下属交流。"

拉里·本尼迪克特和他的太太丽萨还有三个儿子从纽约搬到了佛罗里达，并过得很幸福。他喜欢佛罗里达随意的生活方式并穿着随意。即使在我采访拉里·本尼迪克特那天会有机构投资者来参观他的公司，他依然穿着 T 恤和短裤。虽然那个房间出奇阴冷（我是比较喜欢空调制冷的），但拉里·本尼迪克特的穿着让人看起来觉得很热，他似乎也很舒服。

在我们的交谈过程中拉里·本尼迪克特始终很热情，但他的坦率让我了解到他性格不好的一面，我相当吃惊。在我们交谈的过程中，他还找了几个证据，包括面谈和电话沟通的方式，来证实他有脾气暴躁的倾向——这个特点如果不是他告诉我，恐怕我连猜都猜不到。我后来发现他的员工存了很多电话、手机，还有键盘——因为这些都很容易成为拉里·本尼迪克特发火时的受害品。

你如何描述你的投资方式？

我可能和你所采访的其他交易员都不同。如果你来我的办公室，你可以发现在交易时间里，我从来不会去看那些图表，我只读那些报价。

你也不采用基本面分析吗？

我了解基本面，但它们与我的短期操作无关。

你确实与众不同。我采访过不看图表的基本面分析师，但你肯定是我采访过的第一个人为决策却不用图表的技术交易员。那么，我们可以说你是别具一格吧。

图表在我的脑袋里。我会对比不同市场的价格。我们的持仓时间很短，从几秒到一两天。

你投资哪些品种？

我主要是做标普指数期货，我既单独交易标普指数期货，也混合交易其他流动性很高的期货市场，比如欧元、日元、中期国债、黄金以及原油。

你是如何开始交易的？

我在大学（雪城大学）快毕业的时候，根本不知道自己想做什么。我那个时候的女朋友的父亲，是芝加哥交易所的一名大豆期货交易员。在我假期的时候，他带我去了交易所的交易大厅。那是我第一次接触期货市场。

那个时候，你了解期货吗？

完全不了解。我甚至不认识任何一个从事交易或者接触这行业的人。

交易大厅给你最深刻的印象是什么？

那是我见过最棒的地方。当时我就想："这就是我要做的。"我喜欢那种积极的态度和激烈的竞争。在我成长的过程中，我参与过很多运动，我极端热爱竞争。

在你毕业之后，你有没有尝试去交易大厅找份工作？

我姐姐家的亲戚认识一个朋友就在芝加哥期权交易所的交易大厅担任做市商的工作，他帮我找了份书记员的工作。那个时候，我觉得5000美元是一大笔钱，而我老板的账户里有1500万美元，我还记得我第一天工作拿着100万美元的支票去了高盛。那个给我交接工作的书记员给我培训了一天，他说："听着，你每天都会被开除。第二天再回来就行了。"我当时21岁，在一个我一无所知的城市，被告知我每天都会被炒鱿鱼，那实在是让人不安。

第一天，我就被扔到火上烤。我什么都不懂。我的老板在下面给我打手势，我并不懂那些手势的含义，我不得不从他们给的那张说明上对照学习。第一天工作完成后我们回办公室，他说："我少赚了20倍。滚出我的办公室，永远别再回来，你被开除了。"

那你是怎么做的呢？

第二天早上我又去了办公室，我小心翼翼地坐在办公桌前。他什么也没说，很正常的样子。两天之后，他说："你根本不知道你在做什么，你被开除了。"

在一开始的那段时间，你有没有想过这可能并不是你想做的？这工作听起来很糟糕。

（他大笑不止）确实很糟糕。

后来情况改善了吗？

没有，那段日子相当糟糕。他十分需要一个有经验的书记员。六个月之后，我们达成了共识，我应当离开。我换了份轻松点的工作，在交易大厅里替人跑腿。

替人跑腿的活儿我做了一年，史蒂夫·福塞特（相当出名的一位冒险家）在他的公司给我安排了一份交易员的工作。交易账户自己出 1 万美元，公司出 1.5 万美元。我可以获得账户中我的出资的利润及公司出资的利润中的 60%。公司提供一个交易席位，而我要按月支付租金。

什么经历让你觉得你可以从交易中赚钱？

不多。说真的，我都不知道要怎么做，我只是赌运气，我觉得我可以。有趣的是，我当时给我母亲打电话说："我的朋友安迪赚了一大笔，我好像一分都赚不到。"我母亲说："哦，那就他做什么你做什么就行了。"

你当时的交易席位是什么？

一开始我在芝加哥期权交易所做股票期权，比如克莱斯勒和露华浓。然后他们让我去纽约证券交易所做指数，纽约证券交易所综合指数（NYA），1987 年股市暴跌的时候我就在那儿。1988 年，我去了美国证券交易所做主要市场指数（XMI），那是个以 20 只蓝筹股为成分股的指数。

股市暴跌那天你有交易吗？

那天我做空……

哇，太棒了。

不是的，我做空双向期权[⊖]，卖空 20 个买入期权和 20 个卖出期权。

我的天哪，这差得太远了。

更讽刺的是，那天市场暴跌的时候，不仅仅卖出期权价格飙升，买入期权也涨了，因为波动率剧增，所以两个方向我都赔钱了。账户从 2.5 万美元左右到负值只用了几个小时。我都傻了。我给史蒂夫打电话问他我该怎么办。他说："继续买入，你能熬过去。"市场还是在跌，我慌乱地买回了我的卖出期权，继续持有买入期权。当道琼斯下跌 500 点的时候，看起来买入期权无论如何都不可能上涨，过了几天我把买入期权平仓了。

你将卖出期权平仓的时候账户里还有多少钱？

账户是负 1 万美元左右。损失金额虽然并不大，但如果你损失了你所有的钱，不管是 2 万美元还是 100 万美元，没什么区别。那个时候我觉得我完了。在我平了我的卖出期权之后，我离开了交易大厅。我记得自己浑浑噩噩地绕着华尔街转。一个当地电视台的记者问我："你可以给我们点评论吗？"我能说的就是："简直难以置信。"电视上确实用了那句话。

是的，那天的情况我也记得很清楚。即使 2008 年与之相比都会逊色，因为 1987 年几乎所有的下跌都在一天发生了。

我最重要的经历之一就是 1987 年暴跌的时候，在交易大厅经历的那一天。它告诉我任何事情都可以发生。

你平仓之后的感觉是什么？

感觉好多了。（他笑着说）

我可以假设，如果你当时继续持有那些仓位，你会损失更多，对吗？

要多很多。那天收盘的时候看跌期权大幅上涨。如果我继续持有那些仓位，

⊖ 做空跨式交易同时包含卖空看涨期权和看空期权。它会在市场价格维持在一定区间时赚钱（全部或部分来自卖出期权的溢价）。实际上，它是在赌市场不会有大的波动。相反，如果市场在任意方向上有了大的波动，做空跨式交易就会赔很多钱。它的最大收益被限定为所收的期权费；而最大损失几乎没有限制，而且如果价格有大幅的变化，那损失将成指数式增长。

我可能会多损失几十万美元。在快收市的时候市场崩盘了,波动率已经完全疯狂了。我在20的时候平了卖出期权,那个时候可能都涨到200了。

由于你账户已经是负的了,很明显你不能继续交易了。接下来发生了什么?

公司有制度章程,如果你第一次的2.5万美元都赔了,你会成为公司的后备交易员,这样就可以将账户重新恢复到2.5万美元。

这个机制听起来有点儿怪异。那些损失了自己第一笔资金的交易员,公司为什么还要给他们钱让他们去交易呢?

他们认为在很大程度上第一笔资金的损失会让你变得深思熟虑,其中的一部分是你自己的钱。他们觉得你有过这样的经验之后就会有更好的前景。当然,他们会赚取你的交易佣金,所以如果你的账户刚好持平,他们的收益就很好。他们的目的就是让你继续交易。

第二笔2.5万美元,你是怎么操作的?

我胡乱操作的,也赔了一些钱。后来,我的一个做市商朋友让我帮他和另外一个人的共有账户交易,那个账户有5万美元。协议是最大损失不能超过3万美元,否则就关闭账户。我在福塞特账户做得不好,所以我就换了。

你从来都没有赚过钱,他为什么给你提供这个机会呢?

他看到我在交易大厅里交易,我猜他以为我可以赚钱。我不知道为什么他这样觉得,但他这么做了,而且我觉得他是想给我一个机会。然而在我交易那个账户1个月以后,我损失了1.6万美元。那天晚上我给他打电话告诉他我的情况,那是我打过的最难受的一个电话,因为他是我的朋友,而且他还给了我一个机会。他告诉我离开市场一段时间,去冷静冷静。不过,我回来的时候,他告诉我他们决定结束那个账户。

我不得不问你,你第一次工作被炒,然后你得到了一份交易员的工作,却赔了所有钱,他们给了你更多的钱,你又赔了其中的大部分。之后你的一个朋友给了你支持,而你赔钱赔的十分迅速以至于你还没碰到临界值,那个

账户就关了。（在我复述这段话的时候，拉里·本尼迪克特一直在笑）你难道就没有问过你自己："是不是我并不适合做一个交易员？"

不，我从来不放弃。

我知道你从不放弃，但面对这么残酷的现实，你怎么会还有勇气？

我只想着要怎么学会交易并且去赚钱。我看到其他人都在赚钱，我就觉得别人能赚钱，我也能。但到那个时候为止，我没有任何的交易策略和交易准则。不过，我赚到了经验。我一直以来犯的错误（我犯过很多错误），都是宝贵的经验，也是很严厉的教训。我从早期失败中学到的教训帮助我成功。

你接下来做了什么？

交易大厅的人都很友好。在 Spear Leeds 工作的一个交易员给我提供了一份专员的工作。我是 XMI 看涨期权的专员。我成功的大部分原因得归功于 Spear Leeds。它让我保持稳定的状态。拉里·洛韦基奥，我在 Spear Leeds 的老板，教会我使用交易纪律。我看着他如何管理风险和保护资金。

你当时是只在 XMI 看涨期权的市场做市交易，还是也在用公司的自营账户交易？

两者都有。作为专员，你要能提供流动性。同时你在做交易的时候，会比别人有优势，因为你可以看到挂单。

当你下单的时候，你是如何消除风险的呢？

如果我是看涨期权的卖方，我会买与之相对的期货对冲。我会尽量使账面保持 delta 中性。

所以你主要是赚取买卖价差并且抵消风险。

是的，但作为一位专员，你也会有一定的前瞻性。如果市场强势，并且你知道会有人不停地买入看涨期权，你就可以提前买入期货。换句话说，你预先估计了你对冲风险的需求并且调整你的 delta。这个过程有助于形成对市场的感觉，这也是我那些年到处打转从不曾懂得的。

你是如何使这种感觉慢慢发展起来的？

一开始我关注市场内价格变动的关系。比如，如果标普始终保持与债券相反的方向，然后某一天债券跌了，但是标普没有涨，这就告诉我应当卖出标普。很有意思的是，现在，原油和标普无论是向上还是向下，方向都是一致的。这个发现还是很新奇的。在此之前，我们连看都不看原油。

（公司里一名职员进来和拉里·本尼迪克特讨论一个仓位的事情。拉里·本尼迪克特给出了他的建议，然后继续我们的话题。）

很抱歉。今天我做得很糟糕。

你今天做错了什么？

我做很多均值回复的交易。其中之一就是，三天涨，三天跌。如果市场连涨三天，我就会开始卖出，而如果市场连跌三天，我就开始买入。在过去几天里欧元已经超卖了，我开始做多。仓位可能还可以，但是它跌的幅度和我愿意承担的损失已经相差无几了，于是我基本上都平仓了。

在买入之前，你知道要在什么价位卖出吗？

这要看损益情况。如果某一天我出现多于 2% 的当月累计损失，我就会将所有头寸平仓。今天我还没到那个临界点，但是今天的损失已经超过我愿意承担的损失了，所以我平仓了。

是多少呢？

1 千万美元。

如果按百分比来算是多少？

比 1% 少一点儿。我知道这和其他对冲基金相比没多少，但我喜欢细水长流。

你今天什么做错了？

我做的交易今天并不适用。

但那并不是做错什么了。赔钱和做错两者之间的差别是很大的。

是这样的。我对年收益有一个预期。我希望能达到 14% 的毛收益，这样净收益就会在 10% 以上。在月初（11 月）的时候我离目标已经很近了。我不停地争取，可惜我还是不能再有所斩获。

你说的错误是太努力想要达到那个收益率标准，却被交易证明是不可行的，对吗？

是的。

你对风险管理的控制力度比大部分对冲基金经理都要强。那么极端的厌恶风险倾向是怎么形成的呢？

我猜这是因为在我职业生涯的早期从未控制过风险而赔了那么多钱吧。我只是不愿意再赔钱了。

你是如何从 XMI 转向在其他市场交易的呢？

XMI 的成交量萎缩，所以我告诉 Spear Leeds 我想做其他市场的交易，他们就让我做了。自那时起，我就开始做现在的这些事情了。

你的交易风格是短期，那你对市场有没有长期的看法呢？

我和其他人一样有自己的看法。我有对宏观市场的看法，但我的交易只持续一天或者几天。

这会影响你的交易吗？

我不会让它影响我的交易。会有一些投资者来拜访我，当他们问我对市场的看法的时候，我会告诉他们。我可能会告诉他们我认为市场大方向看起来是悲观的，然而下个月市场涨了 4%。他们会给我打电话询问："上个月你对市场持悲观态度与市场上涨正好相反，可怎么你的收益率会是正的呢？"答案是，我让市场教我如何交易，而不是依赖我对市场的看法去交易。"

你从来都没有让你的看法影响你的交易吗？

很少。在 2008 年 10 月，我做了我平时都不会做的事情，当时我对市场的感觉（我那个时候觉得是对的，但最后被证明是错的）影响了我的交易。那个时候，美国金融市场哀鸿遍野，我觉得日本会比美国好很多，因为它已经经历过银行危机。我的错误在于做了一件其他任何对冲基金经理都在做的事情，看涨日本和中国，而那些市场跌得比美国还惨，因为大家都不得不平仓。那笔交易让我赔了很多。

在你早期交易之后，市场有什么变化吗？

高频交易越来越大的影响已经改变了市场行为，也让像我这样通过看报价寻找市场交易机会的人越来越难做了。我一直在试着适应市场的变化，就像我一直做的。另外，电子交易的产生，让高频交易成为可能，这对我也是有利的。

这是为什么呢？

因为现在我不用和任何人交流了，就像你在这里看到的，电话也不响了。我可以悄无声息地买卖。在此之前，当我的订单下到交易大厅时，那些经纪人就会在我下单前偷师，而我也能赚钱。

在你被偷师的那段日子，肯定有很多有趣的事情。

（拉里·本尼迪克特笑了很久。他用手机免提打给一个在交易还未电子化时帮他做交易的经纪商。他们一起回忆了一些在下单需要完全通过交易大厅进行时，拉里·本尼迪克特经历的偷师事件。最过分的一件事是，拉里·本尼迪克特下达指令以当天的最低价买入，然后在当天晚些时候他被告知未能成交，因为交易大厅委员会宣布当天最低价的交易无效。为了照顾我，拉里·本尼迪克特接下来让他的经纪商朋友描述了他在经历这些情况时的行为。）

10 年前我在电话上是什么样的？

（经纪商以一种很夸张的声音说话，一听就是嘲笑的语气）你很好，你对我简直太好了。

别这样，给我一个直接点儿的回答。

（经纪商）我们都考虑录盘磁带，就叫"拉里·本尼迪克特经典语录"。

有人正在采访我，我想说明现在下单和以前在交易大厅下单的区别。

（经纪商）根本不能比。

我们正谈到那个时候即使处于劣势，我也能赚钱。

（经纪商）那简直就是惨不忍睹的劣势啊。

（拉里·本尼迪克特感谢了他的朋友，然后挂了电话）

那种交易机制固有的缺陷是没法改变的。当我的指令下达到交易大厅，他们会喊价："86 美元买 400 手。"你不用想也能知道你会以 86.25 美元买入，因为已经有 400 手的买单压在 86 美元。这是个巨大的缺陷。现在因为交易都在电脑上进行，大家什么也不知道了。

你最近一次发火是什么时候，你是冲谁发火？

四天前。我生自己的气。我猛地拔下电话，砸到墙上。我可能是你见过的最输不起的人。我对自己很严酷。我可能会十天里有九天都在赚钱，而在赔钱的那天我依然会很生气。

四天前发生了什么？

一笔交易做赔了，得发泄一下。

你多长时间发一次火？

已经比我以前好多了，因为现在的交易情况比较平稳。起先，我生气是因为我在被偷师或被骗时不能把持自己。在电子化交易之前，基本上一天发一次火，有时候甚至是一天几次。当我为 Spear Leeds 工作的时候，隔一层楼的人都能听到我在发火。我发火的时候声音很大。

你都对谁发火？

经纪商。

（一位助手拿来了午餐，拉里·本尼迪克特就让他回答这个问题）我脾气很差吗？

（助手）证据就在这里，（他指着地板上的坏电话）我们有一堆摔坏的电话。

你的电话是成批购买的吗？

（拉里·本尼迪克特）在 Spear Leeds，他们会从我的账户上扣除摔坏的电话的费用。他们从我的损益里面扣除（他笑起来）。这些年我已经好多了，但是我以前脾气很差。（拉里·本尼迪克特用免提给另一位朋友打电话。）我脾气很差吗？

（在对方回答之前，我们听到了近乎长达 20 秒的笑声）你是个不错的人，但是你也有阴暗的一面。

（拉里·本尼迪克特）有多阴暗呢？

（那位朋友）还是不说那么细了吧。这样说吧，你发疯的时候我可不愿意成为那个发泄对象。有多少电话都会在你的手里报废。

我知道你为马蒂·施瓦茨[⊖]工作过，那是怎么回事？

我本来在 Spear Leeds 工作。我做标普 500 指数，并且做得很好。马蒂·施瓦茨正准备从纽约搬到佛罗里达，然后就招我为他干活。我是从你的书《金融怪杰》中知道他的，觉得为他工作是一件很荣耀的事情。我去找我的老板，皮特·凯洛格，告诉他马蒂邀请我去佛罗里达为他工作。皮特认识马蒂，就告诉我说："你可以去试试，但是没人能和他一起工作很久。我可以给你停薪留职，如果你愿意还可以再回来。"

施瓦茨的员工在他那儿工作的时间都很短，不是他把人炒了就是雇员辞职了。拉里·本尼迪克特为施瓦茨工作了好几个月，可能是与之工作很久的员工之一。讽刺的是，我去拜访施瓦茨（上次采访之后我第一次见他，也是这一趟我采访了拉里·本尼迪克特），当我提到拉里·本尼迪克特，他有点儿抖。他对拉里·本尼迪克特的评论，我不会在这里复述，基本上都是负面评价。拉里·本尼迪克特对施瓦茨的描述也乏善可陈，虽然他称赞施瓦茨帮他支付了搬家的费用，也承认施瓦茨作为交易员确实很有两把刷子。

你从施瓦茨那儿学到了什么？

不要将损失摊平，不要过于激进，钱拿到手里才算赚了。

在你为施瓦茨短暂的工作之后，你做了什么？

我又回到了 Spear Leeds。皮特·凯洛格警告过我不会在施瓦茨那里工作很久，他很喜欢我，愿意让我在南佛罗里达帮他和另一位合伙人开一个办事处。我们开办了一个由多个交易员在不同市场交易的办事处。我操作的是一个投资于全球宏观的投资组合，并且管理其他的交易员。

⊖　马蒂·施瓦茨是《金融怪杰》（纽约：纽约金融协会，1989）一书中采访的交易员。

你为什么离开 Spear Leeds 呢？

在 2000 年，Spear Leeds 被高盛收购了。高盛不愿意在佛罗里达开设办事处，让我回到纽约去。我喜欢在这里，一点儿都不想回到那个穿西装系领带的圈子里去。Schonfeld 证券投资公司的史蒂文·舒恩菲尔德给我提供了一个机会，让我帮他管理一个账户。我就是在那个时候设立 Banyan 的。

你在"9·11"事件的时候，有什么感触？

"9·11"对我来说是一次很好的学习机会。那天早晨我在高盛的经纪商给我打了个电话。他说"有一架飞机撞到了世贸中心的楼"，我并不清楚发生了什么，但是我感觉这不是件好事。我的直觉告诉我要做空期货。

那个时候市场已经做空了吗？

那个时候还没有。我不知道你记不记得，"9·11"那天市场还很强势，撞机事件并没报道出来。屏幕上最初的消息是，有架小飞机撞了世贸中心。市场其实是走强的。那个时候，我并不清楚究竟发生了什么，但我觉得市场的上扬简直就是无理取闹，所以我卖了更多。

消息刚出来的时候市场是上涨的？

是的，我们可以去看看分时图。但是突然之间，又有一架飞机撞了世贸中心。股票市场还没开盘，但期货市场已经可以交易了。市场开始暴跌，我给经纪商打电话，告诉他："我不知道发生了什么，但我得离开了，我要去学校接我的孩子，把我所有的品种都卖了。"

你为什么要离开呢？

我只是想去接我的孩子们。那些人在纽约控制飞机撞击纽约和华盛顿。

但是你在佛罗里达，他们能做什么呢，攻占棕榈滩吗？

我同意。但那个时候感觉太疯狂了，我只想和我的家人在一起。

你为什么要在离开之前将所有的投资品种平仓呢？

我不想赚别人的苦难钱。我觉得持有那样的空头很不舒服。那天的交易我还是赚了很多钱，不过相比接下来那周开市的价格我赚的就微不足道了。当再开市的时候，我觉得我应该表现得爱国一些。在大家都在卖空的时候，我买入了股票和期货。非常快，我就损失了"9·11"那天赚的所有利润，甚至还多赔了一些。

你刚才说"9·11"事件给你上了重要的一课，这怎么理解？

我发现，在做交易的时候你不能感性化。这仅仅就是交易，与其他无关。在市场再次开市的时候做多就是一种情绪化的做法。

你是不是觉得开始时做多的行为，是由于"9·11"那天做空赚钱让你很内疚导致的呢？

可能吧。我从来没思考过这个问题。我不想给自己找借口。

事实上，你只站在了一边，这对交易员来说可是致命伤。你知道的，在这场游戏里你必须保持中性。你的故事让我想起在《金融怪杰》那本书中，埃德·塞柯塔令人兴奋的描述："每个人都从市场中得到他想要的。"如果套用你在"9·11"事件中的经历来说，你希望不要因为"9·11"那天做空赚钱而感到自责，于是在市场开盘后通过做多你又把钱还了回去，你实现了你的愿望。

你见过很多既在大厅里交易也在大厅外交易的交易员。他们经常会犯的错误是什么？

一个很大的错误是摊平损失。交易是很难的，但如果你能遵守准则也会很容易。人们输个精光是因为他们不遵守准则。

我第一次见拉里·本尼迪克特是在 2010 年年底。2011 年 7 月我给他打电话要半年报。

这一年我做得特别糟糕。我们赔了 3%，我的交易头寸越来越小。

哦，这倒是和你的风险准则一致。我猜幸亏你这么做了，要不然你的损失会更多。

这是必然的，但代客理财最困难的是，虽然我很有耐心，但客户并不会很有耐心。我的问题是，我想让每个人都开心。

我可以给你些建议：你应当为你自己交易，而不是你的客户。一旦你根据客户的喜好调整交易模式，你的交易就会出问题。我和很多交易员谈过，他们都犯过这类错误。

在读完这章之后，我发现有一个关键的问题，他回答的并不让我满意。2011年10月我又给拉里·本尼迪克特打电话，询问了一些问题。

我还有一个很关键的问题：你在从一个失败的交易员到不停盈利的过程中，发生了什么变化？你的转折点在哪儿？

我学着去关注市场之间是如何相互影响的。我做的是相关性交易，我现在也是这么做的。

你可以举几个例子来说明你是如何针对不同市场交易的吗？

我从来都不知道怎么教我的孩子或者朋友我在做什么，这就好像是种本能。我不停地交易，这不是某一类交易模式甚至某几种独特的交易方法。我交替使用不同的市场关系，不会始终保持一定的交易模式。我对市场相关性是否管用十分敏感。有的交易在某个时间段管用，但在其他时间段就不管用了，我很适应这种情况。

一旦建了仓位，我就会立刻开始寻找最合适的对冲工具。比如我做多标普，然后就会在我的十个显示屏上寻找最合适的对冲工具。这可能是另外一个指数，或是卖出一个价内看涨期权，也可能是卖出一个价外看涨期权，或是买入债券（当它们负相关的时候），还有可能是持有欧元的一个与之相反的仓位。有时候，我不会用任何对冲工具，但是会设置一个止损点。

但是你如何判断哪一个可以最恰当地对冲风险呢？

通过观察市场动向。比如，现在标普是1227点，债券跌了一点儿，这告诉我标普应当守住这里，并且会反弹。如果我买了，它没涨，我就会买入债券来对冲。

为什么那会比直接平仓更好呢？

这就是相互关系的用处了。上次标普在1227点的时候，债券的价格是25个点，现在是20个点。通常情况下，债券跌的时候，标普会涨。所以，标普不会再跌了，要不然的话，就是债券会涨。我觉得我可以在这里买入标普并且买入债券，来获取收益。

现在你对标普是怎么看的？

我持悲观态度。

为什么呢？

因为我不认为欧洲的局势会以喜剧收场（这里指的是欧洲国家受到债务危机的影响），它们在不停地让市场寄期望于某些重大但可能永远不会发生的解决方法。但同样地，那并不是我做交易的思路。我不会做趋势性的交易。我并不是那种自以为是的人，但在我一开始做交易的五年里，我的想法只是让我赔钱，所以我不得不将之束之高阁。我觉得市场还是会崩盘，但是我依然继续交易，我不会为此下赌注。

你今天的仓位是什么情况？

我差不多是净多头。

为什么你持悲观态度却是净多头呢？

我看涨是因为今天是期权到期日，在 85% 的情况下，期权在到期那天的早上是会涨的。这已经持续 25 年了。

我们可以回到标普和债券的那个例子吗？

好的，现在债券是 20 个点，标普的价格比 0.75 美元高一点儿。这差不多是债券价格 3/32 美元的样子，考虑到我的债券的仓位差不多是我的标普仓位的 1/3。我可以赚取标普的利润，在债券价格向下 3/32 美元的地方设置止损，如果我没有被踢出场外，我就可以获得高于 3/32 美元的利润。最差也不过就是差不多持平，而如果债券上涨 3/32 美元，我就可以两边都赚钱，就是这么简单。我每天都做很多这样的交易。有的时候我的持仓量很大，有的时候又很小。仓位是大还是小，取决于我当月的交易结果和我们当年的损益情况。

你并不依赖于你的长期观点交易，那么你如何判断是看涨还是看空标普呢？

我试着观察当下任何市场认为重要的东西。现在，我把美国和欧洲的金融股看得和欧洲市场一样重要，因为这些是当下主导市场的重要因素。我确信一年以后，我可能会观察完全不同的投资品种。一年前，我在看中国市场，而现在中国市场已经没有关系了，所以这个线索现在不管用了。

你觉得为什么你成功了而很多其他的交易员失败了呢？

从我接触交易这行开始，我见到过相当多的交易员最后以自杀或无家可归收场。他们所共有的一个特征是他们都有赌徒的思维。当他们赔钱的时候，他们总想着孤注一掷。我很早就知道不能那么做，这是一个要去经营的事业，这也是我正在做的。每天我都做几百笔交易，都是些零零碎碎的收益。如果你去看我的日收益表，你会发现只有很少的时候我的账户会出现大额收益。

***

拉里·本尼迪克特的交易方法的精髓在于，他在观察一个市场的价格变动时，会同时关注其他市场的价格变动，而不是分开来看。市场之间是相关联的，但是这些相关性有的时候会随时间发生巨大的变化。有的时候标普和债券的价格变动方向是一致的，而有的时候却是相反的。有的时候标普会随着原油价格的变动而变动，而有的时候股票市场又与原油价格毫无关系。拉里·本尼迪克特热衷于观察这种市场内部的相互关系，他观察的不止是日线之间的关系，还有分钟线之间的关系。在任意一个时间点，市场上的价格波动都可能会很大程度地影响（正向或反向的）其他某个或某几个市场的价格波动。

弄懂当前市场间的相互关系仅仅是个开始。当一个与之相关的市场价格发生变动时，并没有什么交易手册告诉你该如何交易。有时候，产生的影响是种滞后效应，而有时候，市场无法像预期的一样做出反应可能意味着市场内部关系的强化或弱化。拉里·本尼迪克特通常在两个相互影响的市场进行交易。如果两个市场之间正相关，他可能会做空看起来已经价格偏高的市场产品，并在相关联的市场做多来对冲。这种配对的多空头寸买卖的时机不一定会同时发生，这要根据每个市场产品的当前价位与预期价格的位置来定。简而言之，拉里·本尼迪克特将市场相关性作为一个关键因素来考虑只是一个开始。真正交易的选择和实施是很灵活的，依赖于多重考虑及过去的经验。整个过程都是人为的，而不是有章可循的。

对交易员有用的一课是，其他市场的价格变动包含着有用信息——拉里·本尼迪克特的交易记录在这方面是一个强有力的证明。然而，如何使用这类信息，就要依靠每个交易员自身的观察和交易风格来发展了。给交易员的忠告是，如何利用已知的市场间的关系并且判断这类观察结果是否能触发有用的交易思路。

拉里·本尼迪克特的交易模式就像个极端的风险控制主义者。他的风险管理有两个关键要素。第一，他在损失进一步扩大之前，就将投资组合的风险设定在一个非常小的固定范围（2%～2.5%）。第二，当这个很小的最大回撤被触发，他会降低自己交易的头寸，直到他又开始赚钱。2.5%的投资组合风险水平可能对于很多交易员来说都过于苛刻了，但是事前设定止损点能很大程度地降低风险敞口，这个概念是可以被广泛应用的。同样地，当交易做得不好的时候降低头寸——拉里·本尼迪克特风险管理方法中不变的因素，对很多人为操作的交易员而言，是很明智的选择（然而对系统交易员而言，损失之后降低头寸可能并不是控制仓位最好的时机）。拉里·本尼迪克特所贯彻的这种严苛的风险控制对大部分交易员来说都很困难，这就像让那些想减肥的人采取"最佳科学饮食减肥法"一样，但这肯定可以有效地减少巨额损失。

马克·罗萨诺在 Banyan 实习时管理过一个很小的投资组合，他回忆拉里·本尼迪克特对风险管理的痴迷时说道："拉里·本尼迪克特推行的最大准则是：你不是一个交易员，你是一个风险管理者。"他复述拉里·本尼迪克特对风险控制的建议："不要一直待在赔钱的仓位上，而只是因为你觉得它会涨回来。降低损失，接受损失并且远离它。一个交易员做得最差劲的事情就是不知所措。你应当知道，在任何情况下你该如何做。你如何才能不赔钱只赚钱呢？你如何摆脱失败的投资？你如何才能保持不从赚钱变成赔钱呢？"

交易应当不断地被各种机会所激励。交易员应当谨慎对待对金钱的贪婪。在2010年年底，拉里·本尼迪克特不停地强迫自己达到最低年收益率。通过交易平时他根本不会碰的擦边球，他只能离自己的目标更远。

第 4 章

斯科特·拉姆齐

低风险的期货交易员

我觉得我没去过比这更加不同寻常的对冲基金办公室——虽然几年前我采访过的一位交易员将办公室设在纽约布鲁克林一家泌尿诊室的楼上,那间办公室估计可以排名第二。起初,斯科特·拉姆齐的对冲基金事业是在美属维尔京群岛圣克罗伊起家的。如果我是打车去斯科特·拉姆齐的办公室,我肯定会以为出租车司机走错地方了或者我给的地址肯定有问题。但是,那天是斯科特·拉姆齐的员工开车来我住的酒店接我的,所以很明显我来的地方没错。我走出车门,注视着周围矮小的商店,放眼望去,根本就没有什么楼宇让我觉得可作为办公室。斯科特·拉姆齐的助手将我引入一家五金店,然后上楼。这里就是斯科特·拉姆齐交易办公的地方。Denali 资产管理——为加勒比海的一座小岛上的公司起这么个名字,真是不协调。

斯科特·拉姆齐另类的事还不只他办公室选址奇怪这一件。他大学辍学的时候 GPA 几乎是满分,在就差 9 个学分就能拿到学位的时候,他选择不读书而去做期货交易。虽然他的这个决定在我看来极其不理智,但斯科特·拉姆齐知道自己在做什么,就像他说的,"其结果还不错"。

斯科特·拉姆齐投资的品种是具有高流动性的期货和外汇。虽然绝大多数商品交易顾问（CTA）[⊖]都使用系统交易方法，斯科特·拉姆齐却是一个严格的人为决策交易员。他与大部分商品交易顾问还有另一个区别，就是他在决策过程中会考虑基本面因素。一开始的时候，斯科特·拉姆齐会形成一个大概的宏观的基本面观点，然后确定某一个市场的趋势策略。一旦趋势确定了，他就会做空他认为是熊市并且市场表现较弱的品种，或者做多他认为是牛市并且市场表现较强的品种。一旦他的基本面分析是正确的，斯科特·拉姆齐就会得到最好的收益，但即使他的分析错了，严格的风险控制也能保证损失很小。

斯科特·拉姆齐 11 年的交易记录远远好于很多超大型和最有名的期货交易员。他的年收益记录从来没出现过负值，并且能达到平均 17.2% 的复合净收益（毛收益为 25.7%），并同时伴随着很低的波动率和适度的最大回撤。仅仅凭借收益一项很难衡量一名期货交易员的表现是否出色，因为这还依赖于交易员所承担的风险。期货交易员都是只用一部分管理的资产来达到最低保证金的要求。因此，任何期货交易员都可以在不借贷的情况下，通过承担两倍的风险来获取两倍的收益。高收益可能仅仅是因为承担了更多的风险，而不是依赖于交易员出色的能力。因此，在评价期货交易员的时候，唯一有意义的衡量标准是收益 / 风险[⊖]。斯科特·拉姆齐赚得盆满钵满，而风险却远远低于平均水平。年化波动率是 11.7%，比净收益的 2/3 还少。最大回撤小于 11%。斯科特·拉姆齐的损益比高达 2.2（附录 A 中对损益比有详细的描述。）

斯科特·拉姆齐今年 53 岁，但他本人看起来要年轻很多。很明显，如果交易压力很大，他不会看起来这么年轻。在我们的采访过程中，斯科特·拉姆齐始终很放松，好像是适应了圣克罗伊岛的风格。采访结束后，我们去宾馆接

⊖ 商品交易顾问这个词是在商品期货交易委员会（CFTC）注册和成为国家期货协会（NFA）会员的经理人的官方名称，它至少存在两个方面的误导：①一个 CTA 是对投资直接负责的一家基金公司或者一个账户经理人，而不是其名字所示的一个顾问。②商品交易顾问并非其名字所示的只投资于大宗商品。绝大多数的商品交易顾问也投资于一个或多个金融行业，包括股指、固定收益和外汇。讽刺的是，很多商品交易顾问根本不交易大宗商品，而是仅仅交易金融期货。

⊖ 我主张收益 / 风险对于其他策略来说也是比收益更加有意义的衡量标准，但对于期货交易来说，这种说法是个事实而不是空想。

我的太太乔·安，斯科特·拉姆齐带我们去了一家很棒的当地餐厅共进晚餐（Bacchus——如果你去圣克罗伊岛可以去试试），这家店里的生鱼片是我吃过最棒的（用一整块盐盛着），还有非常可口的比利时啤酒。

你第一次知道金融市场是什么时候？

我在密苏里大学读机械工程，但父亲总是想让我读一些商业课程，所以在大三的时候，我选了一门经济学的选修课，这改变了我的人生。工程类的学科，总是会有一个正确答案。突然间，我要面对经济学里的灰色地带，我对此着了迷。经济学教授建议我们订阅《华尔街日报》，我就订了。每天我都能看到贵金属和能源的广告。那是在20世纪70年代末，通货膨胀已经到两位数了。那个时候，我把钱存在银行里赚取最低的利息收入，那个利率比通货膨胀率低多了。我觉得我应该买金属，所以我给某个在《华尔街日报》上做广告的人打电话，买了黄金、白银和铜。

你当时买了这些期货？

没，那是场外合约。我在波士顿第一期货公司开了户，他们收了我很高的佣金。我并不为那个决定自豪，因为我猜自己被他们的营销骗了。我相信波士顿第一期货公司把那部分业务关了是因为内幕交易。

你为什么没有买期货呢？

我是个新手，我根本不知道期货。这就是我交易金属的开端。

那个时候你参与的并不是有秩序的市场，你是如何判断价格的呢？

远期合约价格与期货市场价格之间的关系是固定的。

所以你是以与期货相关联的价格进行买卖的，但是他们向你收取了高昂的佣金。我不太明白。

是这样的，波士顿第一期货公司针对每一种商品收取1200美元的佣金，然后你就可以在6个月之内随意地交易那个品种。但他们会试图让你去交易其他品种，这样他们就可以再收取1200美元了。如果你在做白银，他们就会和你说去做铜吧。

但因为价格是与期货价格绑定的，你没想过去做期货吗？

我最后改做期货了。大四的时候，我住的地方装了一台显示器用来显示报价。但是，那个时候我已经支付了 6 个月的交易佣金。我的交易很频繁。有一次，我的账户赚了 1 万美元，对我来说那是个大数目。那个时候，用那笔钱可以买两辆车，我都不敢相信这么简单就能赚钱。这是在 1979 年期货市场疯狂上涨的时候。

你是凭什么决定下单指令的呢？

我其实根本不知道自己在做什么。我可能买了什么，当它涨的时候，我就卖了。我赚钱是因为我处于牛市当中。我可以确切地说我以 50 美元的价格买了白银，而那几乎是历史最高价位了。沃尔克猛地将利率提高到与通货膨胀相同的高度，在此基础上，交易所提高了白银的保证金比率。没过多久，白银的价格就一泻千里，市场连着几天跌停。[⊖]我什么都做不了，我觉得无助、很笨、疲乏。白银一路跌到 26 美元才开始有人买。那是一段揪心的经历。

有人买的时候你离场了吗？

有人买的第一天我就出来了。我赚的钱都亏了，还亏掉了一部分本金。

在那次白银事件之后你就不做交易了吗？

我花了些时间重新评价那次的情况。我读了很多投机的书。我还有足够的钱再去做期货交易。我和一个交易员聊得很投机，就在他那儿又开户了。令我吃惊的是，当我开户的时候我发现我的交易被转给另一个交易员了。我喜欢的那个交易员只是名销售。不管怎样，接下来我知道我应该做多糖、玉米价差，还有其他一些交易。他是个什么都能搞砸了的人。那个账户并没有持续很久。

后来，我在一家期货公司在密苏里州哥伦比亚的分支机构开了户。我那个时

⊖ 商品期货市场对每天的价格波动都有特别的上限——也就是每日限额。在那些自然清算价或者现金价低于每日限额的市场中，市场会把上限降低并停止交易。即便有很多人愿意卖出，但是没人愿意以比现金市场价还高的价格买入。市场会被"锁"在跌停位，直到期货价格达到现金市场价。斯科特·拉姆齐所指的这部分代表了所有期货市场发生的最长的连续跌停时间。

候只剩两三千美元了。这次，我都是自己做的。几个朋友给了我一些钱，我租了一台报价终端机。我花了很多时间观察特定市场的价格波动，我自己画日线图、散点图还有其他的图形，当然，我翘课了。结果并不怎么好。我犯了所有菜鸟都会犯的错误。我试图抓住顶和底，而不是从简单的开始去做趋势跟随，我像失败者一样见到蝇头小利就跑了。

赔钱让我对交易越来越上瘾。我听说90%的期货交易员都赔钱，但我决定要做另外的那10%。我是个极其优秀的学生，很容易排名位于前10%，我也很擅长考试，无论何时参加测验，我总会拿到最高分，所以处于赔钱的90%的队伍是我难以接受的。我大学没能毕业是因为我一心一意地在做期货交易，对工程已经完全没有兴趣。

你是什么时候辍学的？

在我大四的时候，我还差9个学分才可以毕业。

我觉得很难理解。好像对你来说，毕业是无关紧要的。

我并不是说我做了正确的事情，回想起来，还好吧。

你有没有后悔过，曾经离毕业就差一点点了，你却没完成它？

我从不向后看，虽然有时候会让人很尴尬。无论何时，那些潜在投资者在做尽职调查时问我从哪里毕业，我都得解释我在大学读了四年，GPA3.9，但是我没毕业。

你那个时候的计划是什么？

我当时想去芝加哥，在交易大厅找份工作，学习如何从基础做起。我一开始在芝加哥商品交易所负责接电话。过了几个月，我发现如果不在交易大厅工作，永远接触不到期货，然后我找了份期货经纪人的工作。

你是想做销售一类的工作吗？

不是，那肯定不是我的兴趣所在，我讨厌打推销电话，我想做的就是交易，经纪人的工作只是一个过渡，它让我参与到这个市场中。我记得我第一个月的工资是一张43美元的支票，至今我都觉得我应当把它装裱起来，但当时我很需要那 43 美元。

你有给你的客户什么建议吗？

是的，都是基于技术分析的建议。那个时候，我对基本面一窍不通。

什么样的技术分析呢？

只是一些基础的东西，图形和移动平均线之类的。我读的第一本期货交易的书是约翰·墨菲写的技术分析[⊖]。

你的客户做得如何？

他们没赚到什么大钱，但也没赔。我让他们刚好能养活自己。

好吧，那确实比很多经纪人都好多了，尤其是在那段高佣金的日子里。当你做错交易的时候，你是如何让他们平仓的？

我用止损指令。

你每次都设置止损吗？

我总是设置止损。

你是如何学会止损的呢？

我刚接触期货时读的那些书里强调过，止损和盈利持续的重要性。

是你之前的经历强化了这个观念吗？

我大四的时候，在我住的地方做期货交易，那时我做多短期国债。因为沃尔克采用提高利率的举措，所以市场持续承压。那次，我没有用止损。每天，市场的波动都和我预期的相反，但还好，仅仅是三个点而已，我觉得没什么大不了的，三个点的话就是一份合约 75 美元。之后的一天，市场又下跌了两个或者三个点，虽然赔了，但并不足以让我离场。在几个星期之后，十个点的损失已经变成了 50 个点，我突然发现赔了不少。我意识到没有理由对这种小额损失放任自流。

我开始用自己的钱做交易，这没有什么成效，后来以期货经纪人的身份给客户提建议好像成绩还不错。1982 年，我在 IMM 公司租了一个交易席位，开始在交易大厅交易。

⊖ 约翰·墨菲，《期货市场技术分析》（纽约：纽约金融学院，1986）。

你不做销售了吗？

不。我和办公室的一位经纪人合作，就是他帮我获得了那份经纪人的工作。我们把客户放在一起管理。我想在交易大厅做交易，而他在办公室工作。

你在交易大厅做的事有什么收获？

我觉得掌握谁在做什么的信息非常有用。

在办公室，你有屏幕，而在交易大厅却没有。不再使用屏幕看报价不会成为一种缺陷吗？

好问题。好像是这样，这就像戴了眼罩。我一开始交易的时候用 Quotron 的软件，我可以在屏幕上看到所有市场的价格波动。当我在交易大厅的时候，我就只能看到某一个市场的情况。我感觉不到市场外部对它的影响。我过去比较习惯于同时看到多个市场的交易情况，并且观察它们之间价格波动的相互关系。事实上，不同市场间价格波动的关系是我现在的交易策略的一个核心部分。同时，我很快就发现，一天都站在那儿喊价不是我要做的事。

知道谁在做什么的信息带来了什么回报？

一个家伙跑进来要卖 100 手，你根本不清楚到底是什么情况。

但是在你去交易大厅交易之前，你以为这种信息会对你有用，是吗？

我以为在交易大厅中获得的信息是无往不胜的秘诀。我只是没有彻底想清楚。事实是这些信息可能没有任何价值。

所以在大厅里交易其实是不利的，不会带来什么好处。

是非常不利。

你认识到自己做了一个错误的决定，用了多长时间？

我在大厅里待了六个月。我想多坚持一下看看结果。

你觉得你更适合在办公室，是吗？

我觉得能同时看到更多的市场会比较适合我。

你所说的更多的市场，是指价格曲线还是报价？

那个时候，屏幕只提供报价，没有价格图形。每个星期我都收到一本装订好的价格图册，然后每天更新，我觉得那是一个很棒的过程，让我每天对每个市场都有所了解。我那样交易了超过 10 年。即使在我们用 CQG 的界面后，它提供图形分析，我仍然在很长的时间里手动更新价格图册，观察价格图形，并且思考这种形态告诉我什么，这是每天的必做功课。我甚至还会把图形倒过来，检查一下形态是不是有其他含义。过了一段时间后，我就形成了形态识别的感觉。

当你还是经纪人的时候，你自己交易吗？

我一直都在用自己的账户交易。

你做得怎么样？

我做得还不错。基本上每年我都挣钱，但我挣的并不多。有一件事情我做错了，我曾经以为只有技术因素才是最重要的，而基本面分析无足轻重。另一件我做错的事情是，我每次挣钱的时候都会平仓，所以我没办法扩大我的交易规模，始终只能交易一两手。我从来都没试过强迫自己。一名交易员的成长是通过用自己的账户交易并不断地加大交易规模。

你在做经纪人的时候学到了什么，让你从一直赔钱转变为每年都能挣钱？

作为一个经纪人本身就是一个很棒的优势。通过观察散户的行为，我知道什么不能做，比如挣钱很少的时候就跑出来，而赔钱的时候却一直抱着不放——这也是我在上大学期间做交易的时候学到的一课。我明白了市场心理，以及有些交易员是如何精准地找对顶和底的时机，错误的方法是依赖于情绪化感觉和市场的动向，而不是技术分析或者基本面分析。我还学会了那种经典的交易模式，"谣言中买入，成事实就卖出"，因为这将你置于和散户相反的方向。我同时还注意到那些最明显的技术走势往往不管用。现在我也在找那类交易；在图形上看起来越明显的持仓点，从基本面的角度来看反向操作的理由就越充分，如果这种形态失败了，我就会对此非常感兴趣。所以，当我试着不带感情地交易时，那真是个挑战，我试着想象一个人遵循着教科书交易然后赔钱的感觉。他最后会在什么地方认输呢？这是不是向另一条路迈进的起点呢？

你是什么时候放弃做经纪人，转而去代客理财的呢？

第一次是在 1993 年，我的一位专业的交易员客户让我帮他操作 10 万美元的账户。我清楚给自己做交易是什么感觉，但我不知道以代理人的身份操作别人的账户是什么感觉。我告诉他："我们是朋友，如果我把你的钱赔了，我不希望这会影响我们之间的感情。"他说："斯科特·拉姆齐，我也会让别人帮我管理账户，我就是这么做的。我觉得你对市场的感觉很好。我希望你能为我管理这个账户。"我决定用他的钱和我的钱做一年，如果年底的时候做得还不错，我就去注册 CTA，然后试着去管理更多的账户。

你那么做了吗？

是的，一年之后我开始做 CTA。

你做得怎么样呢？

我做得还不错，但并不是很棒。整个过程中让我最受不了的是，经纪公司在将业务转给 CTA 的时候会设置佣金费。在我的账户里，我的佣金费是 12 美元，按现在的标准来说非常贵，但是在那个时候还是很不错的。我客户的佣金费是 50 美元，或者更高。所以我 CTA 账户的交易和我自己账户的交易是不同的，因为如果我以同样的标准交易，那肯定是一团糟。有的时候，我的账户收益是上涨的，而 CTA 账户里的收益是下降的。这种分歧实在让我很困扰，最后我不得不决定我要以基金的方式来管理资金。

所以你在设立基金之前作为 CTA 的业绩表现被高额的佣金拉低了。如果你需要支付的佣金和基金所需支付的佣金一样低，你早年作为 CTA 的业绩表现会同基金的业绩表现差不多，是吗？

不是的，因为业绩表现的差异不仅仅是因为所需支付的佣金不同。为了避免客户的账户承担更重的佣金，客户账户的交易量只有我自己账户交易量的 1/4。最后，我决定转为基金模式，不仅仅是为了控制成本，也为了确保我的投资者账户和我自己账户的交易完全一致。在 2000 年，我设立了基金。

你的交易方式有随着时间不断改良吗？

是的。在我早期做交易的时候，我只能依据技术面分析交易赚钱，同时控制我的最大回撤，但我赚不到大钱。我思索到底是什么老拖我的后腿，最后我意识到我需要考虑基本面。这个想法又把我带回了我最初感兴趣的经济学。

这个转变发生在什么时候？

在20世纪90年代，我成为CTA之后。我记得其中最大的一笔交易。那个时候，市场中有种舆论说政府信贷将会挤占私人信贷，这意味着债券市场会是熊市。我读了所有关于债券市场熊市观点的文章，但我看到市场一点儿都没有走弱的迹象。我就想，再等等吧。如果每个人都这么想，这看起来又很符合逻辑，那么如果市场趋势反转，每个人都是错的，他们就得被迫平仓，那就是我的交易机会了。从那个时候开始，就不再仅仅观察价格形态，也会思考为什么价格会处于它所在的位置，人们的仓位是什么样的，还有市场的逻辑。你要试着明白人们在想什么。我开始以其他交易员的角度观察市场。如果我做空债券我会有什么感觉，想着我有一个很棒的交易机会，而市场与我预期的相反吗？那样的思考方式让我持有相反的头寸，做多债券，最后看来这是个巨大的胜利。

讽刺的是，你考虑基本面方式的例子是一个逆向投资的方式。你不会采用基本面分析来预测市场走向。相反，你看其他人对基本面的预期并观察市场所呈现的相反走势。这是你运用基本面分析的标准模式吗？

事实是，客户给我钱是让我赚钱，他们不在意我是不是正确的。你要有一定的灵活性。无论何时我在与投资者讨论的时候，我会很清楚地告诉他们，无论我今天谈到什么有关于市场的言论，也许会，也许不会影响我第二天的头寸。我最近回顾了我六个月之前做的一次演说，我发现我之前预测的每件事都没有发生，然而，在那之后的每个月我几乎都在赚钱。

你能给我一些具体的例子，说明你是如何运用基本面分析来改善你的交易的吗？

主要的交易是看多国债，这与2000年基金的成立是同时开始的。那个时候，我们注意到股票投机已经持续很长时间了。我认为经济情况不可能变好。[⊖]几乎人人都有工作，股票市场处于高位，然而我们又没有任何的通货膨胀。如果在这样的情况下我们还没有产生通货膨胀，那么当公司利润开始下降的时候，市场会发生什么呢？在基金刚成立的3~4年里，我非常关注长期固定收益债券的交易，可能有2/3的交易都是有关固定收益债券的。

你是因为2000年年初股市达到顶峰而做多固定收益债券的吗？

股票市场的崩盘是固定收益债券交易的催化剂，但交易是无论如何都会做的。我用基本面分析提供趋势策略，但我会用技术分析来确认那个趋势。一旦有了催化剂，我就可以确信收益率再也不会达到前期高点。我就可以确定我愿意承担的风险是什么，然后遵循市场的规律。我好几年都是做多，但我都是围绕着最初的立场在交易。没什么是一成不变的，我强化了我的弱势，并减少了我的阻力。

你能举一个最近发生的例子来说明基本面分析是如何影响交易的吗？

就在上个星期，欧洲央行救助爱尔兰，然后第二天，DAX（德国股指）创下新高，TSE（加拿大股指）创下新高，标准普尔和纳斯达克也创下新高。

这告诉了你什么？

这说明现在是有风险偏好的，否则，所有这些市场不会在危机之后没几天就创下新高。它们可能会反弹，但它们不该创下新高。试想将一个排球按在水下——这就是引发危机的事件，然后你不去管它——危机解除，球跳出水面，这就是市场正在经历的过程。今天，我们有一个很糟糕的失业数据，然而股票市场却能尾盘冲高。面对负面消息股票市场表现出了很强的恢复力，这让我觉得它会继续上涨。混乱制造机会。在发生危机的时候，我们往往会学到更多。

我们从市场反应中学习？

是的。有一些很简单的事情你可以做。你可以去算一下，每个市场在危机事件发生时的反弹幅度有多大。然后你就可以将这些市场由强到弱排名了。

这就是你常做的吗？

当然。只是简单计算一下在危机中哪个市场比较强，就可以告诉你当负面消息消散的时候，哪个市场会成为市场的领导者，就像跳出水面的球。比如，月初的时候原油价格很低，在爱尔兰出现危机的时候，它根本就没有下探前期低点。然后，在危机解除后，原油每桶涨了 5 美元。相反地，最弱的市场应当是那些最后上涨，却会第一个就被卷入持续衰退的。

这是你选择多头和空头的方式吗？

我总是想买入强势的，卖出弱势的。总是这样。

如果你相信某个范围内所有的市场品种都会上涨，你会仅持有你认为最强势的品种吗？

会的，我希望持有市场中表现最出色的品种。受其他市场影响而有所上涨的市场可能还是一个很好的空头。有时候，我会在某个受到影响而上涨的市场品种上设置触发式做空指令，所以一旦轮动效应起作用致使该品种下跌，就会触发做空指令。通常，当领头市场强势纠正时，那个市场品种会反复下跌，然后回到它初始的位置。

市场品种之间高度相关持续了多久？

从 2008 年金融危机开始，我们就处于这种高度相关的状态了。我相信股市是领头羊，而其他的市场都是跟风。

是一直都如此呢，还是最近才这样的？

股市支配一切，尤其是在最近这几年。你最好懂得股票市场在往哪个方向运动，然后观察其他市场是如何受到影响的。这样说吧，在某个星期股票和商品都上涨了，这就是很合理的，也是你所期望。但是在接下来的一个星期，股票继续上涨，而商品跌了，然后，其他市场都没有变化，那么你最好审视你做多商品的想法。

作为一名工程类的学生，可能看起来你会是一名天生的系统交易员，然而，你却成了一名非常严格的人为策略交易员，这是为什么呢？

这仅仅是符合我的性格。我热衷于观察，我就是那种一年到头每天都坐在显示屏前面观察所有市场波动的人，这种方式刚好适合我。你在看到某些东西的时候，你的潜意识已经在运转了。无论你是否意识到这一点，你已经有了成型的模式，交易已经在你灵魂里扎根，就像开车已经成为你的一种本能一样。有的时候你看图表，会条件反射般意识到该做什么而不用专门去思考。

你的每笔交易所承担的风险是多少？

一般情况下，是管理资产规模的千分之一，但我可能会更早离场。有些人交易的时候会设定明确的最大损失，然后过了几个月止损指令才被触发。我不会那样做。如果我今天下单交易，到今天收市的时候依然没有盈利，我就会离场。我不想承担任何风险。我可能明天以一个比较糟糕的价格再买回来，但那将会是因为市场向我所期望的方向运动而使我愿意支付多支付的费用。

你是说要是第一天你亏钱的话，你就会离场吗？

是的，90%是这样。这是我的性格，我在面对风险的时候是个胆小鬼。

如果第一天没有盈利你就会离场，同样地，如果第二天没有盈利你也会离场，在如此严厉的离场条件下，听起来好像你会有很大一部分的交易被止损。

我可能会在同一种模式上失败10次，而第11次就会成功。如果接下来我的交易确实是我想要的那种，那挣的会比前面赔的多得多。对我而言，最重要的是控制损失。严酷的风险控制并不仅仅是保证损失很少，也会对收益产生潜在影响。你应当把自己放在可以利用这些机会的位置，而你唯一可以这么做的方法就是保持头脑清醒。如果你的交易并不挣钱，你的思路又总被控制损失牵引着，那么你是不可能保持清醒并识别市场中的机会的。

你交易最差的月份是什么时候？

2003年10月我损失了10%。

这怎么可能发生呢？你的风险额度是每笔交易的千分之一。

对我来说，跌10%和被千刀万剐没什么区别，但是每笔交易的最大回撤可能会比最初的风险大很多，前提是账面收益也不少。在损失10%之前的那个月，我赚了10%。我看多长期固定收益债券赚了很多，而失业率已经高到极限了，这就导致了一个很大的反转。不过在之前的几年里我在这上面赚的是我管理资产规模的两倍。那个反转意味着长期做多固定收益债券该终止了。如果让我再来一次，我还会做同样的交易吗？我当然会，我很乐于赚得盆满钵满之后再返还很少的一部分。我承担了很大的风险，因为我是通过承担风险获取收益的。当赚了很多之后，我可以承受一次打击，但很难让我在一开始就遭受重创，这是关键。

如果不考虑这种获益颇多的情况遭受的损失，损失多少你会觉得很糟糕呢？

2% 或者 3% 吧。

除了观察走势图和图形结构，你还用其他技术指标吗？

我使用相对强度指标（RSI），但不像超买 / 超卖指标那样；相反，我在 RSI 和价格之间寻找差异。我还采用 200 日移动平均线和斐波那契回撤理论。如果市场下跌至 200 日移动平均线，我就会平仓，这时我更倾向于持有现金，等待市场趋势明朗。我尤其喜欢将指标混合使用，比如价格接近 200 日移动平均线和 50% 回撤。我会更关注这类指标混合使用的情况。

你觉得什么性格特征有助于你成为成功的交易员？

纪律。

你的纪律有不被执行的时候吗？

早期的时候会，但我已经很长时间没有受到大的损失了。我一直都遵守纪律——控制损失。如果有一项原则是你不能违反的，那就是：知道你能输多少。

你犯过什么让你能有所进步而可以避免将来损失的错误吗？

我交易过场外固定收益产品。你可以把它们的风格称为漂移，或者别的什么。当 2008 年市场受到冲击的时候，交易者根本无法依靠这些东西交易。如果不是这样，那年我就能赚 26% 而不是 19%。我再也不会去交易那种流动性由脑子进水的交易者控制的商品了。

为什么市场上有这么多的利率期货产品，你却在柜台交易呢？

好问题，谢谢你提出来。我觉得柜台交易是有逻辑的。

但你也可以在期货市场做同样的交易啊？

有很多交易涉及市政债券，所以无法在期货市场复制。我发现在交易所和银行间市场交易的产品有着非常丰厚的利润，而放弃这些利润是不明智的。低流动性不是我所关注的，在必要的时候，我要能以 10 个基点的代价离场。

你曾有过交易出错，而你却不愿变现的情况吗？

我的保障是我永远会设置止损命令。有时，虽然直觉告诉我应当立即平仓，但我什么都没做，祈祷我的止损命令不会被触发，然后我就被止损命令强制平仓了。方向错误的祈祷和我希望自己正确的欲望很多时候会让我的损失远远大于正常水平。祈祷对交易员来说是一个糟糕透顶的词。

你认为直觉很重要吗？

非常重要。我认为直觉是你不断开发的潜意识。

屡战屡败的时候，你会怎么办？

我相信你经常打球，在打球的时候你会因为紧张而失常。当我赔钱的时候，我就会因为紧张而失常——我会降低仓位。当我与市场的步调一致并且赚钱时，我会增加仓位。但我从来不会停止交易。在 30 年的交易过程中，我表现不好的次数不超过五次。

你是如何一边交易一边度假的呢？

我出行的时候市场都收市了。度假的时候，我也会关注市场。我可能会早上交易，下午赶飞机。这不是什么值得称颂的事情，有几次我会半夜爬起来去确认市场走势。

你是会设置闹钟，还是会自然醒？

自然醒。有时我会突然意识到什么，觉得我应当立即去做，于是我就不得不从床上下来。然而，有时候我会下意识地醒来，想去看看市场怎么样了。我有几笔非常棒的交易，就是当我晚上醒来查阅 iPhone 时感觉到的。可我又觉得好像不太对，然后就接着睡觉。等第二天醒来的时候，我意识到我不应当做这种显而易见的交易。比如，我可能觉得美股很强势，日元下跌了，日经指数昨天晚上应该更高，但它并没有。有些地方出问题了，我应该做空。

你觉得人们在交易的时候所犯的最大错误是什么？

寻求外部信息指导他们的交易。简单说就是你看 CNBC（美国 NBC 环球集团所拥有的全球性财经有线电视卫星新闻台）得到了有用的建议，而那都是误导性的。你应当形成自己的观念，不要依赖那些被称作专家的家伙。

有朋友向你咨询交易的建议吗？

有，过一段时间就会有那么一两个。

你会给他们什么样的建议呢？

我会告诉他们这不是有关对错的问题，问题的关键是赚钱。损失是正常的，你总需要承担一些损失，你需要确定的是你赚的会比赔的多。

有一次，我试着雇一些交易员。有一位交易员一大早就被止损指令强制平仓了，他说："这一天糟透了！"我回答道："你说你这一天都糟透了是什么意思呢？明明有一个机会摆在你眼前。市场并不关心你上一笔交易是否赔钱。没关系的，考虑你接下来要做什么。你必须抛弃原先的想法，因为你那笔赔钱的交易证明你错了。你做的每一个交易决定在某种程度上来说都是随机的。在单笔交易上赔或赚都无所谓，只要你找到合适的方法就行。"

你给那些希望成为交易员的朋友什么其他的建议吗？

你需要惊人的奉献精神。交易不是一种兴趣爱好，要把交易当作一项事业来做。保留你的交易记录，如果你交易错了，把它记下来。

九个月之后，我又一次联系斯科特·拉姆齐以询问一些跟进的问题。

你能提供一个真实的例子来说明你交易选择的过程吗？

起点总是需要基本面来提供前提。很多投资者将 QE2 视为"印钞机"——一个广泛被接受的观点将美元推向了另类投资（包括其他货币、黄金和股票[⊖]）。事

⊖ QE2 是美联储的第二轮量化宽松（买入长期国债和其他证券来降低长期利率），它开始于 2010 年 11 月，结束于 2011 年 6 月。

实上我并不接受这种观点，我认为 QE2 只不过是美联储在私人领域将支付利息的资产（债券）置换为无息资产（现金）而已。但是我的观点无足轻重，市场的观点才是重要的。我预期 QE2 结束的时候，那些非美元计价的资产会停止上涨，美元会恢复强势。

好吧，所以我认为 QE2 之后美元应当上涨，但对什么而言呢？我监控了至少20 种货币，我想做空最弱势的货币。你可以想想，在这种"印钞机"的情况下，相对于美元还能不涨的货币必然是极其弱势的！这个时候我发现土耳其里拉就是这种货币，它兑美元已经接近两年来的低点。[⊖]如果在美联储疯狂印钞票的时候一种货币相对于美元还无法升值，那你说这种货币会怎么走呢？

虽然基于我对宏观环境的看法我有趋势性的策略，但我还是等到里拉破了两年来的新低之后才开始交易，在入场之前需要市场来证明其走势确实如此。如果没有突破新低，我就不会去交易。

但如果市场是假突破怎么办呢？

这有一个关键的区别是，我有一个基本面的理由认为它会破位。破位的时间基本上与 QE2 的结束刚好吻合。同样地，我在一个相对较低的位置设定了止损，如果我交易的前提是正确的，市场就不会碰到这个点位，如果我做错了的话，就可以控制我的损失。

你可以再提供一个例子来说明你的方法吗？

在 2011 年，黄金上涨超过 500 美元 / 盎司，而铂的价格上涨才刚超过 100美元 / 盎司。因此作为一名交易员，如果我的趋势策略是做多，我会买黄金，而如果我的策略是做空，铂就会是最好的替代品。不过，那些刚刚下场的投机者可能会反向操作，他们很可能会买入铂来替代黄金，因为"铂的趋势还没有启动"。无论是因为什么，关键是很多交易员买铂是因为他们看多黄金，买入启动较晚的商品是一个很糟糕的主意，并且作为一名交易员，当我在看到一个潜在的陷阱时

⊖　在土耳其里拉 / 美元的图表上，里拉的新低被显示为一个新高——也就是要花更多的里拉去买美元。

我倾向于反向操作。

在 2011 年 8 月中旬，黄金一跃跳上 1900 美元 / 盎司，这是一个历史新高，而铂仅仅是在上探前期高点，两个市场看起来都超买了，市场极其敏感，价格已经开始背离。所有这些考虑都意味着贵金属市场脆弱到需要一个深度的修正。果然，三天之后，黄金回调超过 200 美元，铂一泻千里。这就是证明。后来，你就会明白市场是如何运作的。黄金很快开始收复失地，在接下来的一两个星期里上涨了 220 美元，又创下了一个新的历史高点 1924 美元 / 盎司。然而，铂只反弹了前期跌幅的一半。铂就像是即将报废的破车。我认为铂应当领跌，因为这是贵金属中最弱的一种商品。我的策略是，当铂冲到 2011 年的高点，然后回落并下穿起低点时做空，并持有一个很宽的下行区间。做空弱势商品的精妙之处在于，市场已经告诉你不可能再有新高了。因此，我认为在这种情况下风险是最低的，并且有时候奖励却是最高的。

你提供的例子非常有用。你还能再提供一个例子吗？

我的挑战是找出不同市场的细微差别，并且期待市场反转或者加速。我发现通过观察市场之间如何相互影响，你通常可以察觉什么时候市场行为的模式会发生改变。市场行为的改变通常意味着一个或几个相关的市场确立目前形态的失败，这会被当作回暖信号。

自 2008 年金融危机以来，市场之间就变得高度相关。高到媒体只需要报道市场是风险偏好还是厌恶就行了。依我看，市场的动力一般都是股市。典型的激励 – 反馈模式是：

$$股市上涨 = 期货上涨 = 美元下跌$$

相反的价格趋势只会发生在风险较低的资产价格上涨的日子里。此外，如果期货上涨，那么依赖出口国家的货币也会上涨。这些模式是不会出错也不会改变的。

然而，9 月中旬（2011 年）这种市场行为突然发生了变化。虽然股市的收盘价是当月高点，但期货市场疲软，并且期货指数接近当年最低点，而当月美元走强。这种价格行为与预期相差甚远。特别是铜，作为经济和期货价格的领先指标——领先下跌，它的价格临近全年低点，并且很明显不能从股市走强中获益。

我的策略很简单，如果期货和依赖出口国家的货币跌破关键技术支撑，那就做空，我用最近一波的低点和当月最新低点或者当年低点作为入场标准，如果成交，就以最近一波的高点止损。这项策略的精妙之处就在于，如果你入场的点位被击穿，你会最先卖出弱势的市场品种。这些品种的表现证明它们无法在当下的环境重整旗鼓。永远不要在最强势的品种下跌之前卖出。

***

斯科特·拉姆齐教给我们最重要的一课是，即使是方向型交易员，就像斯科特·拉姆齐早年交易生涯的时候，也能从基本面角度获益颇丰。这并不是研究什么复杂的基本面信息来获取目标价位，而是试图理解关键的决定市场走向的基本面驱动因素。比如，通过了解基本面情况在 2000 年年初差到极点，斯科特·拉姆齐正确地估计了债券下跌空间有限，并且任何强势经济体的弱化或者广泛流传的投机偏好都可能导致一个牛市的产生。另外一个例子是，斯科特·拉姆齐预期 QE2 的结束会导致美元由弱转强。

一旦形成了严格的基本面观点，斯科特·拉姆齐就会采用技术分析来确认他预期的走势。将进出市场的技术分析与稳健的基本面趋势策略相结合，斯科特·拉姆齐获得了一种相对于只采用技术分析而言更为有效的交易方法。这种方法就是，辨别驱动市场走势的关键性因素，然后使用技术性分析去交易。

基本面因素也可以作为有效的反向指标。斯科特·拉姆齐会寻找市场主要观点与市场趋势相反的情形。斯科特·拉姆齐谈到了一个债券市场的例子，市场担心政府借贷会挤出私人借贷，但是利率没有上涨。在这种情况下，基本面利空因素伴随着价格上涨，这是由于该因素无法影响价格。

斯科特·拉姆齐永远都会在某个行业内做多最强势的投资品种，同时卖空最弱势的投资品种。很多新手会做相反的错误操作，因为他们做出了错误的假设：

后启动的投资品种还没大幅上涨，会提供更大的潜在利润和更小的风险，因此选择这类后启动的品种。当斯科特·拉姆齐寻找某个行业的形势反转时，他会热衷于对前期启动最慢的品种建仓。比如，当斯科特·拉姆齐预期 QE2 结束的时候，美元会反弹上涨，他试图做空货币，比如土耳其里拉，因为里拉在美元疲软的时候表现得更差劲。

斯科特·拉姆齐密切注意相关市场的价格波动。相关市场的价格波动未能按预期影响某个市场的价格，这就意味着它们内部的相关性要么增强，要么减弱。例如，在多年的同向波动之后，在 2011 年 9 月初，股票市场反弹，但是期货价格依然疲软。斯科特·拉姆齐认为期货价格未能及时反映股票市场的走强，是期货即将弱势的信号。在 9 月的下半月，期货价格和依赖出口国家（例如澳元、新西兰元和加元）的货币一起跳水。

斯科特·拉姆齐的交易方法最显著的标志是他严苛的风险管理，斯科特·拉姆齐会对每笔交易设定千分之一的止损，而当他获得巨额收益时，他的风险控制就会有所放宽，这个方法只是为了确保新的交易所能发生的损失额度较小。斯科特·拉姆齐唯一的一次巨额月度损失是由于获利的交易账面盈利很大的缘故。虽然入市时采用千分之一的止损指令对大多数交易员而言有些极端（也不建议一般的交易员使用），但是在开始新的交易时，使用这种相对紧凑的止损指令，并且在获利颇丰的情况下放宽止损条件，确实是一项有效的风险管理方法，而且也适用于很多交易员。

奉献精神是成功交易员必备的特质。斯科特·拉姆齐在度假的时候，也会一直交易并且关注他的仓位。他还会每晚醒来好几次，查看自己的仓位。虽然我并不推荐这种无时无刻不在关注交易的状态，但这就是成功交易员需要敬业的一个实例。然而，我怀疑这样的敬业态度对斯科特·拉姆齐而言并不是一种负担，就好像交易是一种激情，而不是烦琐的任务。

第 5 章

贾弗雷·伍德里夫

灰色地带

贾弗雷·伍德里夫明白三件事情：他想成为一名交易员；他想采用计算机的方法；他想做到与众不同。绝大多数的期货交易员，也就是CTA，使用趋势跟随策略。这些程序试图通过发现趋势，顺势而为，直到反转信号出现才平仓离场。一小部分系统交易的商品交易顾问采用反向操作（也称为均值回归）的方法。就像名字所说的那样，这类系统试图辨别当前市场已进入超买或超卖状态时，进行反向操作。还有一种系统交易方法，它并不寻求在顺势而为或者反转交易中获利。这类系统试图辨别，相对于近期价格，价格的趋势向上还是向下。贾弗雷·伍德里夫就是这类极少数的商品交易顾问之一，他采用趋势识别方法，并且有他自己独特的思路。他也是这种系统交易模式最成功的实践者之一。

贾弗雷·伍德里夫是在夏洛茨维尔（美国弗吉尼亚州中部城市）长大的。他对工作的态度受到了童年时光的很大影响。读高中时，贾弗雷·伍德里夫认为，绝大多数人喜欢周五而讨厌周一是很悲哀的一件事。"我要确保我不是其中之一，"他说，"我确实想方设法地让周一和周五一样令人兴奋。"

还有一次童年的经历让贾弗雷·伍德里夫认识到工作的动力。暑假的时候，他和他的姐姐去叔叔的葡萄园帮忙摘葡萄。一开始，他们与当地的工人一起干活。即使那些人的报酬是按采摘葡萄的重量支付，但贾弗雷·伍德里夫很吃惊地发现，那些工人工作懒散，一点儿都不卖力。由于薪水与工作量挂钩，贾弗雷·伍德里夫和他的姐姐每小时挣的钱是那些工人的2～3倍。他的叔叔对葡萄采摘工作的缓慢进展十分失望，最后不得不解雇当地工人，转而雇用外地工人。贾弗雷·伍德里夫发现外地工人工作的时候很用心也很有效，他们的收入是他和他姐姐的两倍。很明显，那些外地工人明白激励机制。贾弗雷·伍德里夫十分推崇以激励机制为基础的公平和效率，就像他的公司很不寻常的只有激励费用（管理费用为0和30%的激励费用，通常情况下是1%～2%的管理费用和20%～25%的激励费用）。[⊖]

贾弗雷·伍德里夫在弗吉尼亚大学读书，学校离他家只有30多千米。在大学毕业前，他就知道他想成为交易员。令他母亲惊愕的是，他1991年毕业之后从未找过工作，而是一直在研发期货交易系统。贾弗雷·伍德里夫在大学毕业前和他的同学成立了一个合伙制的期货产品，但只持续了几个月。他的合伙人家里提供了一笔钱供他们创业，也因此他的合伙人持有65%的股份。贾弗雷·伍德里夫就只能持有少数股份，但他没想到的是他的合伙人因此就自以为是贾弗雷·伍德里夫的老板，这是一个让贾弗雷·伍德里夫无法接受的安排，于是贾弗雷·伍德里夫很快就离开了。

过了几个月，贾弗雷·伍德里夫又成立了一个合伙制的期货产品——蓝色屋脊。贾弗雷·伍德里夫负责交易，而他的合伙人罗伯特·乔丹负责运营和市场销售。贾弗雷·伍德里夫并没有迅速崛起。他从1991年10月开始交易，在一开始的三个月和之后的两个年度，蓝色屋脊都以略低于盈亏平衡点收尾。但在第三年，1994年，贾弗雷·伍德里夫的系统在一开始的六个月获得了超过85%的收益。贾弗雷·伍德里夫和乔丹立刻就签了合伙协议。一直到那个时候，他们都是平分公司微弱的收益。在他的系统开始产生大量收益时，贾弗雷·伍德里夫认为

⊖ 管理费用按照所管理的资产规模收取。激励费用按照超过一个高水平标准（上一期收取激励费用时的最高净资产价值）的百分比收取。几乎所有商品交易顾问和对冲基金经理都同时收取两种费用；伍德里夫收取超常规的激励费用，但不收取管理费用。

是时候将他们的合作关系以纸质协议的形式确定下来。这个决定本身可能并没有什么问题，但贾弗雷·伍德里夫提出的条款让乔丹非常恼火，以至于乔丹突然停止合作关系，并向法院起诉贾弗雷·伍德里夫。从那以后，贾弗雷·伍德里夫和蓝色屋脊的关系就结束了，那家公司几个月后就关门了。

　　之后，贾弗雷·伍德里夫创立了自己的期货交易公司——伍德里夫交易公司。他从亲戚那儿筹集了不到5万美元的初始资本，于1994年8月开始交易。在1994年的后5个月里，贾弗雷·伍德里夫损失了16%。1995年他又损失了12%。但这不祥的开始之后尾随的是1996年居然获利180%。良好的表现持续到1997年，那年的前四个月贾弗雷·伍德里夫又赚了65%。但接下来的5个月，贾弗雷·伍德里夫损失了超过他当年累计收益的一半。最高时，他管理的资产规模达到了300万美元。

　　在1997年的高点之后，损失和撤资使资产只剩下150万美元。贾弗雷·伍德里夫对他自己不能筹集大量的资金感到沮丧，相比1997年的高点缩水了20%，这绝大部分是因为他在运营CTA而没有时间去追求他真正的事业：预测型模型。贾弗雷·伍德里夫认为他可能应当去纽约找一份自营交易的工作。他将剩余的资产返还给投资者，关闭了伍德里夫交易公司，然后搬到纽约去找一份工作。

　　贾弗雷·伍德里夫一个朋友的婶婶是一位比较有名的对冲基金经理。在她的坚持之下，她为贾弗雷·伍德里夫安排了由公司总经理直接面试。贾弗雷·伍德里夫生动地回忆了这次面试，面试的地方他称为"令人赞叹的地方"。贾弗雷·伍德里夫花了5分钟讲述他的故事并且解释他做了什么，然后公司总经理花了10分钟告诉贾弗雷·伍德里夫他们已经尝试过贾弗雷·伍德里夫所说的情况的不同组合，可惜完全没用。那位总经理告诉贾弗雷·伍德里夫他们没有适合贾弗雷·伍德里夫的职位，因为他不是"他们要雇用的那种人"。贾弗雷·伍德里夫回忆那位面试官的建议时笑了起来："你是在浪费自己的时间，这就是个死胡同，你真的应当考虑在金融行业之外找工作。我十分高兴今天我们能有机会见面，并讨论这个话题。"

　　一个朋友的朋友帮贾弗雷·伍德里夫安排了一个法国兴业银行的面试。面试他的交易员正准备招几个自营交易员，那个交易员觉得贾弗雷·伍德里夫的交易方式与其他交易员都不相关，因此是很合适的。在 1998 年至 2000 年 5 月，贾弗雷·伍德里夫在法国兴业银行的自营交易非常成功。他发现，不用处理业务留给了他很多时间继续研究。他在法国兴业银行期间，第一次运用系统方式交易股票账户（股票多空策略），这是他们公司股票交易项目的先驱。

贾弗雷·伍德里夫离开法国兴业银行，是因为他的老板乔纳森要开设一家由多个管理人运营的对冲基金，他也在受邀之列。乔纳森告诉贾弗雷·伍德里夫这个团队还有三位投资组合经理，其中一位曾经为乔治·索罗斯和保罗·琼斯工作过，并且也是贾弗雷·伍德里夫的熟人。贾弗雷·伍德里夫很兴奋可以成为精英交易队伍的一部分。几个月前，贾弗雷·伍德里夫就开始为新的挑战做准备，贾弗雷·伍德里夫邀请麦克·斯玛（贾弗雷·伍德里夫的前室友，也是他在蓝色屋脊工作时的手下）来纽约做他的助手。斯玛那时在准备一个交易系统。贾弗雷·伍德里夫刚离开法国兴业银行后，就开始用斯玛的系统做交易，同时也在等待对冲基金运营。

贾弗雷·伍德里夫参加了一个讨论创办新的多个管理者运营基金的会议，他惊讶地发现他是除了乔纳森之外唯一一位出现的参会者。当他告诉斯玛那个会议时，斯玛说："你应当去见见其他的管理者。"

在下一次会议时，贾弗雷·伍德里夫再次发现他是参会的唯一管理者。"乔纳森，其他人在哪儿？"他问。

乔纳森回答说："好吧，我很努力地寻找其他人，但恐怕只有你和我了。"

贾弗雷·伍德里夫已经预想到了这种可能性，回答说："我很抱歉，乔纳森，只是你。"

贾弗雷·伍德里夫自己的股票账户做得十分出色，在对冲基金计划失败后，他就只想继续交易这个账户，然后靠收益吃饭。贾弗雷·伍德里夫开账户时只有 30 万美元，当然，他还要付斯玛的薪水。贾弗雷·伍德里夫告诉他这件事时，斯玛持怀疑态度。"你不打算开一个新的 CTA 产品，代客理财吗？你居然打算靠利润为生？"

"哦，当然了！"贾弗雷·伍德里夫回答道。贾弗雷·伍德里夫当时的回答和行为已经反映出他对自己系统的信心。虽然我觉得这听起来像一个荒谬的计划，但是他的信心是对的。在股票市场高波动的帮助下（这对他的系统尤其有利），在一开始的 25 个月，他的账户以复利计算翻了 20 番。[⊖]

在 2001 年 4 月，贾弗雷·伍德里夫和斯玛搬回了夏洛茨维尔。在账户增长的过程中，贾弗雷·伍德里夫认为应当开设期货账户做系统交易以分散风险，就像他最初做的。另外，因为那个时候股票账户只能在开盘后交易，所以他觉得只有期货可以给他提供充足的容量建立一个真正的可扩展的管理模式。他的计划是做两年期货交易，建立历史成交记录和流畅的操作，然后考虑将项目对外融资。贾弗雷·伍德里夫敲掉一个词"考虑"，因为他提到，那个时候，他不是非常确定他想再次经历，从管理自己的账户转为运营资金管理的烦琐事务。在 2002 年年底，第三位创始人格雷森·威廉姆斯加入了处于萌芽期的公司，量化投资管理公司（QIM）正式成立于 2003 年 5 月。就像它表现出来的，贾弗雷·伍德里夫从来就没碰触到那个两年决定的点。2003 年年底，一位经纪人将 QIM 介绍给一位客户，贾弗雷·伍德里夫和斯玛、威廉姆斯都觉得他们已经做好准备代客理财了。

QIM 有两个交易项目：一个是股票项目，另一个是期货项目。二者都展现了很强的风险收益比。期货交易项目占用了近 50 亿美元管理资产的 85%。从 2003 年 10 月的第一个客户开始直到 2011 年，期货交易项目达到了 12.5% 的平均年化复利收益，年化波动率为 10.5%，同时损益比（GPR）为 1.43，表现优异（附录 A 中有损益比的解释）。贾弗雷·伍德里夫自己交易期货的账户历史记录更为长久（从 2001 年 12 月开始），交易时采用了更大的杠杆比率，实现了 118% 的平均年化复利收益，年化波动率为 81%，损益比为 1.94（除了开始日期不同），较高的损益比是由于他自己的交易账户不用收取业绩提成。QIM 股票账户的历史记录包括自己的交易账户和客户账户两部分。自己的交易账户的交易时间为 2000 年 4 月到 2005 年 9 月，平均年化复利收益为 115%，年化波动率为 69%，损益比达

⊖　实际的复合收益比这要低，因为伍德里夫取出了一部分钱支付房租和斯玛的薪水。

到了 2.69。客户的股票交易账户从 2008 年 5 月开始，平均年化复利收益为 34%，年化波动率为 20%，损益比为 2.38。

贾弗雷·伍德里夫强调合作创始人麦克·斯玛和格雷森·威廉姆斯对 QIM 的成功十分挑剔。他还很自豪，自 QIM 成立以来，公司的人员流动率为 0（公司现有员工 31 人）。

我去贾弗雷·伍德里夫的办公室里采访他。他的办公室位于弗吉尼亚州的夏洛茨维尔，一个很漂亮的大学镇。贾弗雷·伍德里夫的办公室引人注目的是满地散乱的书籍，我们之间的矮几上也放了几摞。很多书还都是新的。贾弗雷·伍德里夫是一个贪婪的读者。我的感觉是他会买所有他感兴趣的书，然后放在显眼的地方，这样就能随时翻阅。贾弗雷·伍德里夫 42 岁，但看起来年轻多了。如果我不知道他是 QIM 的创始人之一，我可能会猜他也就临近 30 岁。贾弗雷·伍德里夫很期待我们的会面，但令他极其沮丧的是他前一天感冒了。他不断道歉，因为他觉得自己思路混乱，引用又不精确。"天哪，我希望我没生病，我都想不明白了。"他说。⊖

你为什么会对计算机交易系统感兴趣？

我 9 岁还是 10 岁的时候，对概率和可能性很感兴趣。我疯魔了一样地掷一副骰子，七点赢，六点和八点概率相当。我深深地着迷于随着时间等待结果（观察随机化）的到来，但是七点总是多于六点和八点。

当我 12 岁时，我读了一篇有关计算机的文章，讲的是一台新计算机，价值 300 美元，在现在来看那可能等于几千美元。我试着说服父母给我买一台，但因为计算机确实太贵了，他们只同意我要在 30 天质保期内退回才可以。这就意味着我还是没有计算机。那台计算机的款型使你可以将资料存储在类似于卡带的介质里，我觉得很灵巧。我想编程序掷骰子，这样我就可以掷得快一些。这感觉有点儿奇怪，让计算机来决定随机性，而不是骰子，但编写程序是件很有意思的事

⊖ 贾弗雷·伍德里夫是本书第一个被采访的人，这也是我最后写完的一章。大约一年多之后，我把整章发给贾弗雷·伍德里夫以便校对。他发了一封邮件回来并自嘲道："你能想象吗，把这章读完之后我又得了重感冒，现在我脑子晕得厉害！"

情。为了在退回计算机之前有更多的时间编程，我装病翘了几天课，用了把体温计靠近灯泡的伎俩。

你如何学会编程的呢？

我记得有一些手册。当然了，随机数字发生器只是一个简单的程序，这是计算机自带的。即使我恳求我的父母把计算机留下来，但他们依然退了回去。不过我还是很高兴自己有 30 天的时间编程。我觉得它对于我不断开动脑筋很有帮助。进入大学之前我都再没怎么编程。

还有其他童年的经历对你成为交易系统研发者有影响吗？

当然了！在那之前的一年，我祖父住在宾夕法尼亚州，他带我去看我最喜欢的棒球队费城人队，之后我就迷上了棒球统计。我记录并统计每场比赛之后报纸上刊登的费城人队每个队员的成绩情况。我早期的经历显露出，一旦我对什么事情着迷就会对数字特别执着。我刚 12 岁的时候把比尔·詹姆斯《棒球抽象理论》从头读到尾。他以数量化的方法创建新的有趣的统计资料。我现在已经不记得细节了，但詹姆斯创建的统计资料会提供更多信息，也更容易理解。比如，如果你21 岁时的命中率是 0.311，这就比 26 岁的时候具有相同的命中率更有意思。回想起来，比尔·詹姆斯的数量分析风格对我最终建立预测市场的交易系统的思考过程影响颇深。比尔·詹姆斯的分析风格在被搁置数十年后，终于得到了棒球企业的认可和利用。

比尔·詹姆斯的棒球统计和你的交易系统有什么样的联系？

詹姆斯总能想到新的测量标准。比如，一轮中的第一打击手在最差的击球手之后打击，将会相对于在四号位的打击手拥有更低的打点率。詹姆斯会把这种不一致正态化。一旦你调整了他们的击球槽，他将找出拥有更多打点的第一打击手，和那些应该在三号位和四号位打击的人。我喜欢把数据正态化的逻辑。

你是什么时候开始接触市场的？

我一出生，我的家人就为我投资了一只基金。当我 18 岁的时候，我开始在日报上核对我的基金所持有的股票价格。几天之后我就厌倦了，因为每天的价格变动都很小。但是，我发现期权的价格变动幅度很大，按百分比来说。那个时候，流动性最强的期权是 OEX（标的是标普 100 指数）。我和我父亲商量给我开一个 2500 美元的账户。我的经纪人给我推荐了一笔交易，典型的经纪商风格。"这肯定赚钱。"他向我保证。不过，赔钱了，然后我再也没有采纳过经纪人的建议。涨了，跌了，一次交易就够了，我再也不会这么做了。

他建议的是什么交易？

我都不记得那是股票还是期权了。我所记得的就是他很确信那笔交易，但根本不管用。然后我就开始考虑我如何才能预测市场的趋势。

你的交易品种是什么？

我基本上交易 OEX 期权，我还记得只有一笔股票交易。我并没有看到 1987 年 11 月 9 日的那次崩盘。第二天早上，我发现市场已经跌得很厉害了。我一直关注一只科技股，那是一个朋友推荐的，已经从 20 美元涨到 40 美元了。我一直想以更低的价格买入，但从来没实现过，因为它一直在上涨。在 20 日早上，这只股票的价格已经跌到十几美元了。我为了下单，至少给施瓦布的客服打了 50 次电话，我听到的一直都是占线。最后我终于打通了，并将我的账户号告诉接电话的女士："我想买 100 股 CHPS。"

她说："好的，这是你的账户，你要卖出 100 股 CHPS。"

我激动地回复她："不，不，是买！"

她说："你肯定是要卖，没有人买！"

我又说："不是，我要买，买进。"

她以奇怪的语调说："真的吗？所有人都在卖出。"

我回答："我要买入。"所以她下单了，成交价是 14.5 美元，在那之后它涨得很猛。我认为那笔交易最重要的一点是，即使在最初的时候我也想做反转操作。

你是根据什么交易期权的呢？

一样地，我是个反向操作者。我将买卖比作最基本的指标。我很喜欢它背后的逻辑。我也关注阿姆氏指标。

你性格中有什么是与反向操作有关的？

我只是无法忍受庸庸碌碌和接受统一的想法，我想自己评估所有东西。

你是如何交易的？

这很有趣。今早在你来之前，我正在翻阅我以前的经纪结算单，我惊讶地发现自己对早期交易的记忆似乎是有误的。我的印象里我最初的 10 笔期权都是赚钱的，然而在核对经纪结算单时我发现，我最初的 10 笔交易确实赚钱了，但是我也买了看涨期权，而大部分是赔钱的。我不巧地忘记了只有买入的看跌期权是赚钱的，而不是所有的 10 笔交易。当然，那个时候，我们处于下跌的通道，所以买入看跌期权可以一直赚钱并不奇怪。我现在觉得，我应该向那些我告诉过他们这个故事的人更正一下真实的情况。直到那个时候，总的来说，我做的还是不错的。因为看涨期权赚了很多，我的账户由初始资金 2500 美元变成了 1 万多美元。然后，我的第 11 笔看跌期权的损失比我之前 10 笔交易合起来赚的还多。

第 11 笔交易发生了什么？

市场报复性反弹，看空期权基本都不值钱了。

因为你买入看跌期权，为什么你会损失那么多呢？

因为在赚钱的时候，我持续加仓。

所以你一笔就全没了？

对啊。

那个时候，你因为那笔交易而停止交易了吗？

没有，我继续交易，但做得没有那么好了。那个夏天我尝试做日内交易。我弄了一整套实时报价计划，我的计划本来是夏天盯盘，但在这么做了三天之后，我意识到，这不适合我。

在大学的时候，你知道你想要做什么吗？

我想做交易。在大三的时候，我参加了 AT&T 投资挑战赛，那是一个针对学校学生的实盘模拟大赛，需要 50 美元的报名费。我用我和舍友的名字报名了。我想让我的舍友威尔也参加这个大赛，但是他对交易没有兴趣，所以我就用他的账户交易。我用不同的方式操作两个账户，以增加我赢的可能性。获奖的有 10 个人，我是第六名，但用的是威尔的名字。第六名的奖金是 3000 美元。除了现金奖励，前十名还赢得去巴哈马旅行一周，并且可以带一位同伴。我告诉威尔："你必须接受奖励。那是在你名下的。"

有正式的颁奖典礼吗？

有。

谁上去领奖的呢？

威尔去的。他们给威尔的奖励支票有这么大。

（贾弗雷·伍德里夫在空中比画了一个很大的长方形。）

第二天早上，我们去当地银行想把它兑现了。支票都塞不进柜员的窗口。

我不明白，他们给了你一张超大型支票？

那不是一张真的支票，但我们没有意识到，因为那看起来很正规。我们白跑了一趟，就和白痴一样。我俩谁也没意识到那张支票只是个道具。后来我们收到了寄来的真正支票。

我觉得有点儿内疚，为了赢得比赛自己做了两手准备。在第五天，刚好有个野餐，我就去找那个活动的两个主办人之一坦诚了这件事。"你在开玩笑吧？"他说，"我们希望每个人都能做 10 个账户。我们希望大家多开几个账户，尝试不同的策略。你没有必要以你朋友的名字参加。"

你想做交易，那你有什么打算吗？

我很快就意识到我不想做经纪商赚取佣金，也不想成为一名仅为了赚取管理费的基金经理。激励费用的机制很吸引我，我喜欢这个收入与业绩表现挂钩的主意。

除了知道你倾向于激励费用这个机制，你计划如何交易了吗？

我知道有一个很好的机会，我可能无法琢磨出如何打败市场，但我也知道有些人正在与市场搏斗，感谢你第一本书《金融怪杰》和后续的系列。当我知道有效市场假说时，我就试着去证明那是错误的。

就在那段时间，我上了一门经济学的课程。我被某些学术结论彻底吓到了，比如有效市场假说。我拒绝学这些东西，因为我认为这大部分都是错误的。教授一个学期都用多选题来做小测试，我恳求他期末考试不要用多选题，用问答题的形式。考前一个星期，他通知说考试是多选题。我沮丧极了，我决定考试的时候在桌子上放一盒彩笔，而且我坐在第一排，因此所有人都可以看见。我在试卷上注解说，我认为有正确答案的题目我就会填写答案，但是对于我认为正确答案不在选项里的题目，我会解释为什么我觉得没有正确答案，并且会用不同颜色的笔写上我认为正确的答案。我也注明了，如果他坚持原则只看多选选项，而对我提供的其他答案毫不在意，那么我就无法通过考试。他确实只看了多选选项，忽视了我所有的注解。我的成绩是 51 分，没能通过考试。我不介意得到 51 分这件事情，事实上我很高兴，因为我知道那些所谓的"正确"答案有多离谱。

有人指导你吗？

大家总是问有没有人指导我，事实上我完全是自学的。我尝试用很多种方法思考，但这是唯一可行的方式。但如果你问我有没有给自己设定一个要超越的目标，那肯定是保罗·琼斯。这和他的交易方式没有关系，因为很早我就知道我对主观交易没有兴趣。就在我读《金融怪杰》那本书的时候，保罗·琼斯刚好来达顿（弗吉尼亚大学商学院）演讲。那个时候他还没有那么出名。

你还记得他说的任何对你有影响的话吗？

我记得他很自信，很有魅力，我很喜欢他，就是这样。我喜欢他是弗吉尼亚大学毕业生这件事情。

开始的时候你是如何开发你的交易系统的？

在我大学毕业后，我还没有自己的计算机，所以我用工科楼里的计算机。计算机实验室非常大，楼顶也特别高，我不知道在此之前那里是用来做什么的，容纳了超过 100 台计算机。我开始查看趋势跟随策略，那看起来很有意思，但是我认为已经有很多成功的趋势跟随者了，我不想和他们竞争。我想做些与众不同的事情。

我们谈了这么久，我很清楚你不选择趋势跟踪方法另有原因。这是由你的性格决定的。一种交易方法，就定义而言，需要与大群体保持一致，而这和你的天性是完全相反的。即使这种方法有效，你在做的时候也会很受折磨。

对的。我与众人背道而驰的本性会抵制我与别人做相同的事情。我也相信如果每个人都认为趋势跟随有效，那做起来可能就不会表现得那么吸引人。我永远都不会成为一个趋势跟随者，这是很明显的。均值回归会更有意思，但是我也不喜欢均值回归。

你为什么不喜欢均值回归呢？

因为我发现还有更有效的方式，就在那个时候，在计算机实验室里。（贾弗雷·伍德里夫在说这些词的时候语气很重，意味着这是他人生中非常关键的时刻。）

你发现了什么？

我意识到我可以创建第三类模型，简单来说就是趋势中性，交易模型既不是趋势跟随，也不是反向操作。我建了几个这种模型，做了一些初步的测试。我的结论是，这种方法的余地很大。

我完全被这类模型迷住了，这种方法现在依然是我交易的核心部分，我等不及要做更多的测试。为了加快速度，我同时使用两台计算机，但那个时候实验室里的人很多，我不得不放弃一台计算机。我开始想，这个地方晚上会空出来，我决定整理好我的思路，晚上我就可以同时使用很多台计算机。我很开心能想到这个主意。当人们开始离开的时候，我就占用了两台计算机，然后四台，最后我用了 20 台机器做回测。

测试系统的时候是每台机器测试一个品种吗？

我就是这么做的。我对得到结果感到很兴奋，我测试了一整个晚上，第二天接着测试，进展得十分顺利，于是第二个晚上我也熬了一个通宵。我连着工作了 40 个小时，我每个小时喝罐百事补充咖啡因以保持清醒。那个时候我还住在农场，第二个晚上之后的那个早晨开车回去是十分危险的。我记得开车的时候我迷糊了好几次。回到家后,我花了三分钟告诉父亲我做了什么,然后就去睡觉了。我一下睡了 24 个小时,睡醒后,我觉得精神抖擞。我记得后来读到"你无法补充睡眠并且思考",实践证明那是错的。

你接下来做了什么?

我回到计算机实验室,继续测试,不过后来我再也没有熬夜。

你有什么进展吗?

我发现同时使用几个模型比只使用一个最棒的模型要好得多。

在那周之后的某个时候,我突然有种感觉:"哇,我觉得我抓住它了。"我告诉我的母亲:"我知道,毕业之后我没有去面试找工作,这让你很失望,但相对地,我在尝试做交易,我知道你觉得这很疯狂,但我想让你知道,如果我现在做的事情成功了,我将会做得很好。我不想让你觉得我做这个就是为了赚钱。我现在做的这件事情最棒的地方在于,如果我擅长应用预测模型,我就可以将这个方法应用到科学领域,所以我不会仅仅是一名交易员,即使我做得很成功。我做得越成功,它被应用到科学领域的机会就越大。"

你将这个方法应用到科学领域了吗?

我设立了一只基金,数量基金。远期计划是改善统计预测方法和软件。相对于数据挖掘——由于使用不当而被赋予了负面含义也是应该的,我更喜欢统计预测或者统计知识这样的词汇。⊖我们还没有做得那么远,还没有打算做那些,因为我们还处于需要依赖这种边缘技术赚钱的阶段,而不能简单地出去为科学家开发软件。我们想开发软件,这样它就不会是送给我们对手的一份礼物。

如果你们为科技研究提供软件,那么其他人就可以将它作为金融市场的一

⊖ 数据挖掘是指用计算机分析海量数据,以发现数据规则的过程。虽然数据挖掘技术可以发现数据的某种特征,而这样的特征人们是很难凭借经验或假设发现的,但这也可能会导致发现一些毫无意义的规则,类似于运气的偶然发生概率,或者分析产品的缺陷。当研究非常庞大的历史价格数据组合时,会很容易发现许多规则,而这种规则在过去是偶然发生的,不具有任何预测价值。对价格数据使用数据挖掘就会有这样的情况,这就是为什么在提到交易系统时数据挖掘总带有贬义色彩。

种预测工具，这肯定会降低你现在的获利水平，你是如何处理这个问题的呢？

即使我们全力以赴准备开发这种广泛性的软件，那也要花至少五年的时间。可能到那个时候，QIM 已经因为什么原因关闭了。如果 QIM 长时间表现很差，并且我们决定关闭它，那也不能说明我研发的这种预测模型技术是无效的。从某种角度看，这可能只说明这类模型在这些年是有利润的，而后来其他人赶上来，发现了我们正在做的事情，并将这种无效性消除了。那时可能就是一个广泛推广预测软件的好时机了。但这不是我现在需要解决的问题，因为我已经离我的目标（为科学家提供能在更广泛的领域内使用的预测模型软件）不远了。我们正在筹措基金做这件事情，一开始，我们的基金规模是 5000 万美元，现在已经有 1 亿美元了。

你的基金现在做什么？

作为一只基金，我们每年都会投出去一定比例的钱。

资金都投给谁了？

目前，资金都给了学校和当地的慈善机构。

所以这只基金的主要项目是 QIM 后期你所要关注的。

这只是一个大的框架，虽然在某些有趣的情况下，预测模型项目是可以和 QIM 同时运行的。

当你在蓝色屋脊第一次开始代客理财时，在初始那年的前三个月和后来的两个年度，你的业绩略有亏损，在之后那年的前六个月你赚了 80%，反差巨大，看起来似乎你的交易方法与早期的几年相比发生了巨大转变。在这段时间里，你的方法有什么重大变化吗，如果有的话，这种变化是什么？

我开始的时候，针对不同的市场采用不同的模型。我后来发现这些模型在真实的交易中十分脆弱，因为它们被过去的数据过度优化了。在 1993 年，我用越多的数据来修正模型，模型的表现就会越好。我还发现对不同市场采用同样的模型，可以提供更加稳健的方法。所以，在这段时间发生的重大转变是，从针对每个市场使用不同的模型，转变为所有市场都采用通用的模型。第二个变化是投资品种的多样化。一开始的时候，我只交易两个品种，有的时候也会交易三个品种，但是当资产管理规模增加之后，我意识到最好对所有市场都使用相同的模型。我在投资组合中添加了很多投资品种，多样化的转变同样帮助我改善了业绩表现。到 1994 年，我交易的品种大约是 20 个，并且我再也不采用针对某个市场的那种模型。这些变化使业绩发生了巨大改变。

当你只交易两个或三个投资品种时，你如何决定投资哪个品种？

这就是问题了。我选择在回测时表现最好的品种。

听起来，那个时候你犯了某些新手经常会犯的曲线拟合错误。

是这样的。在一开始的那几年我走入了数据挖掘的误区。

你后期在蓝色屋脊使用的交易系统，是 QIM 运用在多个投资品种上的交易系统的早期版本吗？

很相似，但没有那么复杂——模型比较少就不需要大量的计算。

但在概念上它们是类似的吗？

哦，那当然了。那是同样的东西，只是一个非常早期的版本。

你是怎么想到这种交易系统的呢，表现如此之好，既不是趋势跟踪也不是均值回归？

（贾弗雷·伍德里夫在他办公室的地板上找出一本书，开始讲述。讽刺的是，那本书他还没读过。）

在你找书之前，我问了你一个问题……

哦，是的，我在回避那个问题。

我知道，（贾弗雷·伍德里夫笑了起来）但我没有料到你会这么做。你取得重大进展，一部分是因为试图寻找稳定的系统可以在不同的市场运行；另一部分是因为用多个品种交易而不是一个。但是这两个中的任何一个都不怎么有特色，可能绝大部分的 CTA 都在用不同的系统交易，但很大一部分的 CTA 也会在不同的市场使用同一套系统。这两个要素毫无疑问都非常重要，但它们本身并不是重点。它们并不能使你从那么多的 CTA 中脱颖而出。无论

你添加了什么料，它一定是你想出并且存在于你的系统之中的。

我想设置一种结构，可以允许我尝试无数种组合。当我开始的时候，我只能尝试上千种组合，而这些年计算机的能力大幅提升，我最终可以尝试数万亿种组合，但这样做很容易导致数据的过度优化。

我最后发现了一个办法。有些书籍是有关预测模型的，书里尤其提到千万要小心"数据燃烧"，这就是说你一定要限制你尝试组合的数量。我觉得这个建议相当蠢，因为可以找到一种方法尝试任意数量的组合，而不会过度优化。你每天都会接收到新的数据，如果你能谨慎地承认那些新的数据所告诉你的，你就知道该怎么做了。这可能会花一些时间。如果你做程序化交易，发现业绩表现在某个合理的时间段与预期并不一致，那么去看看是不是过度优化或是存在事后聪明。如果你期望夏普比率大于1，而你得到的夏普比率低于0.3，这意味着你犯了一个或几个事后聪明的错误，或者错误地判断了交易成本。我当时使用的是距离当天一年以上的数据作为培训数据，用距离当天一年以内的数据作为确认数据，用现在正在发生的数据来测试。实际上，我是在用历史记录检测数据。

考虑到你厌恶和一群人挤在一起，我明白为什么你情愿寻找一种非趋势跟踪的方法，但是为什么你会从心里讨厌均值回归的方法呢？

这和我不追求趋势跟踪是同样的原因——换句话说，其他人在做同样的事情。均值回归可能比趋势跟踪更适合我，但是我希望能有自己的风格。我希望有一种适合我自己性格的方法，同样地，我想要摆脱你所写的前两本"金融怪杰系列"带给我的影响。均值回归部分符合我的性格，但是因为人们都熟知它，所以这种方法并不完全符合我的性格。我寻找其他方式嚼碎数字，那是一种既非趋势跟踪也非均值回归的方法。

在不透露交易核心的情况下，第三种交易的核心是什么？

我试图以不同的方式组合我从日常数据中提取的次要变量。

你能给我举一个例子说明什么是变量吗？

那就举一个波动率的例子吧。波动率用来衡量数据偏离价格的水平，但与价格趋势无关。关于辅助变量的想法，我是从比尔·詹姆斯那里得来的。

比尔·詹姆斯的棒球统计数据和你的辅助变量之间有什么联系？

詹姆斯统计了基本数据，然后把不同类型的数据分开使之具有意义，而我从获取的价格数据区分出不同的量化指标，也就是辅助变量，价格与辅助变量合起来就能提供有意义的市场指标。

你所有的辅助变量都来自每日开盘价、最高价、最低价和收盘价这些数据吗？

当然。这就是我数据的全部来源。

你并不加入其他诸如 GNP 或者任何经济变量吗？

如果我能做的话我会的。事实上我试过了，但我不能有效地应用它们。

这些辅助变量如何建立交易系统呢？

我把不同的辅助变量糅合进趋势中性的模型中。

什么是趋势中性模型？

它们并不用来反映趋势的继续或者转向。它们只用来预测未来 24 小时市场的可能方向。

你的系统中有多少个模型？

一共有 1000 多个。

既然有这么多，你能不能给我举其中的一个例子，以便我更好地理解你的意思？仅给出 1000 个模型中的一个并不足以揭示系统中的意义吧。

问题是这些模型有着共同的特点，给你一个例子而不危害到我们的知识产权是很难的。

你们系统的发掘过程是看到一个市场中的图形结构并测试其有效性的东西，还是提出理论假设然后检验其有效性的东西呢？

我知道该怎么说了。

（他又起来找另一本书——这次是一本我写的书，《股市怪杰》。他翻了翻并找到了他要找的要点。）

这是个关键，要是不重要我是不会花时间这么做的。

（贾弗雷·伍德里夫开始读我对大卫·肖的采访。他翻过了几段引用，读起了当我问肖如何判断一个市场图形结构能够代表一个交易机会的时候肖的回答。）

你有越多的变量就意味着你可能会发现更多的人造数据，这也就让人越发难以判断你发现的结构是否有其预测价值。我们花了很大力气去避免落入"过度适应的数据"这个陷阱中……相比在数据中盲目地搜寻图形结构——一个自身内部有着方法性危害的办法，比如，自然科学和医疗研究社区，我们通常会建立一个基于一些结构性理论或者量化认识的假设，然后看看这个假设是否被数据支持。

（贾弗雷·伍德里夫强调说）我不这么做。我读这些只是为了说明一点，我做我不应该做的事，这确实是个有趣的发现，因为我应该失败才是。几乎所有人，要应用系统交易（和普遍的预测模型），必须从"这是一个在市场环境中合理的有效假设"这一框架入手。相反地，我确实是盲目地从数据中进行搜寻。

人们希望假设能够合乎逻辑，这是好事。但我认为这是有局限性的。我希望能够搜寻剩下的那些东西。我希望使这个过程自动进行。如果你把问题弄得非常确定，那么过度优化的问题就会被克服。我假设存在有效的图形结构，那么我宁愿测试上万亿个结构也不愿只做我能想到的几百个。

这个过程的一部分是手动的。那些用于建立价格预测模型的辅助变量必须要合乎逻辑。例如，价格驱动的数据，像波动率或者价格加速，可能提供重要信息。由价格驱动的辅助变量列表是我手动建立的。我有一个以任意形式组合辅助变量的模型来观察哪些有效。

我想把这项工作交给计算机，但我知道拥有后置偏好和解决过度优化是多么的重要。我仍在试着逆向求解那些我想出来的有趣模型。这些图形结构在市场中到底说明了什么心理，老实说我也还不清楚。

你从数以百计的辅助变量列表中选出辅助变量的组合并建立模型。由于你独特的挑选限制，那会产生上百万（如果没有上亿的话）个可能的组合。

表面上看从这当中选出 1000 个模型像是一个数据挖掘的过程。

数据挖掘可以是一个十分有意义的过程，只不过大部分做数据挖掘的人都做得很糟。你可以做很多事以使数据挖掘有效，但并非每种数据都能这么做，有些数据是找不到有效性的。幸运的是，我对于存在非趋势跟踪、非反趋势模型的直觉是正确的。我的直觉是应该存在比趋势跟踪更复杂的自然图形结构。

为了避免数据挖掘的陷阱，你做了什么事？

你首先要做的就是明白表面有效的事情中有多少是错误的。

怎么实现呢？

这么说吧，与其训练目标变量，也就是之后 24 小时的价格变化，我会生成具有相同分布特性的随机数。我知道任何我选出来的得分很高的模型都是 100% 符合曲线的，因为它们是人为伪造的数据。经人造数据得到最优秀的模型就是基本标准。然后当你用真实数据的时候，你需要找到比这个基本标准表现好得多的模型。只有不同模型间表现的差别暗示了期望表现，并不是模型的全部表现都被训练了。

在数据挖掘中，人们犯的最严重的错误是什么？

很多人认为使用样本内的数据做训练，然后在样本外的数据中做测试是合适的。[⊖]他们按照模型在样本内数据中的表现把这些模型加以区分，然后选择表现最好的那些模型在样本外的数据中进行测试。人们倾向于选择那些在样本外数据中仍能够表现良好的模型交易。这种过程只不过是把样本外的数据变成了训练数据的一部分而已，因为它只选取了在样本外数据中表现最佳的模型。这就是人们犯的最普遍的错误，也是为什么当数据挖掘被应用时产生了糟糕结果。

那应该怎么做呢？

⊖　在开发交易系统时，为了避免后置偏好，可获得的过去数据被分成用于系统开发的看得到的数据（也就是"样本内"）和用于系统测试的看不到的数据（也就是"样本外"），任何从样本内数据中得到的结果都被忽视了，因为它们是后置偏好的。虽然区分数据并保留看不到的数据用于测试是避免产生误导结果的必要条件，但是根据伍德里夫的解释，这并不是充分条件。

你可以在所有模型中找那些平均来说在样本外的数据中表现优异的图形结构。你知道如果这些样本外的模型在样本内的分数达到一个很高比例，你会表现得很好。总而言之，要是你的样本外结果超过样本内的50%，你就得到了有意义的东西。如果 SAS 和 IBM 造出了很棒的预测模型软件，那么 QIM 的商业模型就别想发挥作用了。

因为如果它们做到了，那么就会有很多人在金融建模时使用这些软件了是吗？

是有很多人这么做，但他们在使用这些软件时经历了很多挫折，结果他们做了错误的数据挖掘。

你为什么觉得你一个人能想出一个在金融市场中比这些有着海量博士的大公司开发出的软件更好的数据挖掘程序？

因为这些商业软件注重允许使用者处理包含大量数据的问题，而不是为使用者提供确保他们不会单纯拟合曲线的严谨协议。当软件允许使用者处理前所未有的大量数据时，人们就会激动不已，但它们忽视了正确地处理任务。这些软件不仅不能指导用户正确地进行数据挖掘，它们实际上把用户领向了一个允许他们得出伪造证明以支持其训练结果的错误方向。

你给 20 世纪 80 年代后的数据和 2000 年之后的数据同样的权重吗？

有的时候我们给最近的数据稍高些的权重，但是更早些的数据的价值仍然很惊人。我们发现的图形结构的稳定性也很让我惊讶，我本以为市场中有预测能力的图形结构会随着时间有更大的变化。

这意味着即使那些模型表现得不好也不会被剔除吗？

剔除一个模型会以巨大的退化为代价。我们不会对一个模型的短期结果做出反应，因为任何模型在当年的表现完全无法用于预测其在下一年的表现。有预测意义的是其在 31 年中的表现。近些年提供的那额外的 3% 的数据不会对模型在整个训练期间的表现产生太大影响。

你仅在期货项目下所管理的资金就高达 50 亿美元，容量是个问题吗？你

是否需要为更大规模地管理资产做出相应的调整呢？

从早些年到现在，我们所做的一项改变是，曾经我们只在开盘时交易，而现在我们在整个交易时段都会交易，这使容量扩大了很多。另一项使容量扩大的改变是，我们的资产配置向流动性更好的市场倾斜。我们交易股指和利率的比重上升了，而非金融期货合约的比重下降了。虽然这项改变降低了我们的分散化投资，但我们很愿意这么做，因为在高流动性的市场上，我们倾向于获得更高的利润。因此除了容量的增加，资产配置向高流动性的市场倾斜也同样改善了我们的表现。

你是按照市场的相对流动性来分配仓位大小的吗？

我们从 2006 年开始对高流动性市场提高资产配置，而大约在六个月之前，除了标准普尔因其潜在的超大容量之外，我们把风险权重的设置完全改成基于流动性的了。

关于容量，另一个需要说明的重点是它并非静态的，在相关市场中，它在数量与波动性上会发生很大变化。我们现在的容量大概为 60 亿～90 亿美元。但是我们总会附加说明，如果市场的平均波动率下降 50%，我们的容量会下降相似的数量。

你是如何控制风险的？

风险管理的核心是衡量每个市场的风险，对每份合约采用每日以美元计价的波动幅度的指数加权移动平均法。这个风险管理标准保持我们的波动率始终不会偏离目标水平太远，即使市场趋势有大的反转也是如此。我对风险管理很满意的一点是，在 2008 年和 2009 年市场处于混乱的时候，我们的波动率也依然与我们12% 的年化波动率目标很接近。

我猜测，2008 年你在每个市场交易的合约数量都比你平时的要小，对吗？

当然了。当波动率增加，我们交易的合约数量大幅下降。

除了由基础产品市场波动率变化导致交易规模调整之外，你还有什么其他控制风险的手段吗？

在项目运行的整个历史过程中，采用波动率调整是非常成功的。我们的风险管理这两年做得不好是由于降低杠杆规则。最初的构想是，无论何时只要月内最大回撤达到 6%，我们就减仓至 75%；[⊖] 最大回撤达到 8% 时，减仓至 50%；最大回撤达到 10% 时，减仓至 25%。当最大回撤降低时，也用同样的规则加仓。从 2003 年到 2009 年，降低杠杆规则对于我们的风险／收益比只有轻微的削弱作用，但这种规则能让人安然入睡，因为损失无论何时增加，我们的交易规模都会很小。然而，在 2010 年和 2011 年，降低杠杆规则让我们受到很大伤害，因为我们的模型在热火朝天地赚钱，可是我们的交易规模却很小。借用趋势跟踪的一个名词，得益于风险叠加我们两头受损。

这确实是个进退两难的事。如果你相信均值回归适用于交易系统，那么如果在一段时间里这个系统不管用，那就有超过一半的可能，在之后的一段时间里它会超常发挥。不过，如果你在最大回撤之后降低风险，那么同时意味着你会有最小的仓位。另外，通过降低最大回撤的仓位，你降低了爆仓的风险。讽刺的是，我认为两个观点都是正确的——在损失之后降低仓位会降低产生灾难性损失的可能性，但这样做是以对业绩的负面影响为代价的。

人们对于市场有些什么样的误解？

最糟糕的误解莫过于"自由市场"由什么构成。以自由市场的名义，场外市场（OTC）毫无约束地扩张是华尔街机构最大的利润中心。允许场外市场业务不受监管、不透明，无异于 50 个 8 岁的孩子一个月不受监督。场外市场经常在那些法律上看起来很"复杂"的客户（他们其实很幼稚）身上占便宜。场外市场的建立就是为了将信息不对称最大化，当然它也是一个市场错误运行的例子。市场应当是公平、透明的，就像期货和股票市场一样。

公众在交易时犯的最糟糕的错误是什么？

过度交易和听信传闻。

⊖ 在 2011 年，QIM 改变了其在表现糟糕时用以减少杠杆的精确计算方法，但新的公式在概念和实践上都与原来的很相似。因此把其杠杆减少看成一个过程更容易些。

赔钱会让你感情上有负担吗？你是如何处理的？

会的，业绩表现不好的时候日子过得非常艰难。我的处理方式就是，非常努力地专注于改善交易系统。

请总结一下你赖以为生的交易规则，好吗？

看看别人不做什么。调整仓位的大小，把固定的波动率作为总体风险的目标。小心交易成本。

有什么结束语吗？

当我十几岁的时候，我父亲的洞察力很强，他潜移默化地教会我要客观地评价自己的进步。这堂课，比任何东西都重要，对我的成功更是至关重要。

＊＊＊

贾弗雷·伍德里夫的观点为他长期的成功所证实，他提供了关于交易系统四点想法。

1. 可以找到既非趋势跟踪又非均值回归的系统，并且其表现比常用的方法更好。（通过比较贾弗雷·伍德里夫的风险/收益比和整个市场中程序化交易员的风险/收益比来判断。）

2. 可以运用数据挖掘技术在海量数据中找到有用的模型，并且不会掉入过度优化的陷阱。（严重警告：绝大多数人试着这么做会误用这个方法，以致最后找到的模型只适用于过去，而不能用于真实的交易。）

3. 古老的价格数据（如，30年之久）可以与最近的数据一样有效。

4. 真实交易时，在很多市场有效的系统比只在某个市场有效的系统要管用得多。记住：开发能广泛运用的系统，而不是针对某个特殊市场的系统。

贾弗雷·伍德里夫风险管理的核心技术（调整仓位以改变整体波动的率）适用于大部分交易员，对于那些不使用系统交易方法的交易员也适用。当市场变得不稳定的时候，贾弗雷·伍德里夫会降低交易合约的数量。对于每个市场的合约价值，贾弗雷·伍德里夫将平均以美元计价幅度作为标准来调整投资组合仓位。用这种方法，贾弗雷·伍德里夫始终保持他的投资组合波动率在目标水平附近，在过去 20 年波动率非常大的情况下都是如此。

贾弗雷·伍德里夫研发了一种适合他性格的交易方法，我所见过的其他成功的交易员也是如此。他内心十分希望开发出一种与其他所有人都不同的交易方法，这就是他所做的。他在很早的时候就能意识到一种交易方法是否适合自己。为手动日内交易的市场建立了一套实时报价系统之后，他仅用了三天就放弃了这个项目，他很快就意识到：这不是我，这个不适合我。

第二部分

HEDGE FUND MARKET WIZARDS

多重策略交易者

第 6 章

爱德华·索普

革新者

市场可以被击败吗？有效市场假说假设市场既充分反映了所有已知的信息，又立即反映了所有新的信息。根据有效市场假说的理论支持，除非你足够幸运，否则跑赢市场是不可能的。那么包括本书描述在内的已经实现杰出记录的交易员该如何解释呢？有效市场假说的支持者已经准备好了答案。其实是流行的无限猴子理论的一个变形，如果你有足够多的猴子去随机敲打键盘，它们最终也能写出如《哈姆雷特》的作品。依此类推，如果你有足够多的交易员，他们中的一些人仅仅会因为偶然的机会而表现得尤为出色。虽然有关莎士比亚与猴子的理论是十分有效的，但一直存在一个未解决的问题就是"你需要多少只猴子才能随机写出《哈姆雷特》"，答案是许多猴子，是比我们按照常理想象不到的更多的猴子。相关的问题出现了，如果交易只是凭运气，那我们需要多少交易员来得到跟现在已经实现的非常好的交易记录一样的结果呢？（如果有效市场假说是正确的，那么所有交易结果只是概率问题。）索普的交易结果为回答这个问题提供了有效的证据。

索普的初创基金，普林斯顿－纽波特合伙公司，从 1969 年 11 月到 1988 年 12 月运行了 19 年。按复利计算，其年平均总回报率为 19.1%（扣除费用后为 15.1%）。事实上，不是回报而是回报的超级连贯性使索普与众不同。普林斯顿－

纽波特合伙公司的交易结果是227个月的盈利以及仅3个月的百分之一以下的损失，这意味着非常特别的98.7%的赢率。如果市场是有效的（在计算这个结果的概率时我们做了简化的假设），那么平均的损失和盈利是相等的。（这是一个保守的假设，事实上，由于索普平均盈利的显著性较高，那么他实现偶然盈利的概率甚至比我们预估得到的概率更低。）在假设平均盈利和损失大致相等的前提下，任何一位独立的交易员在230个月的交易中实现227个月以上盈利的概率，等同于掷230次硬币中有227次以上头像向上的概率，这个概率近似于无穷小（$1/10^{63}$）。即使我们故意夸大地假设有10亿个交易员，至少能有一个交易员的交易记录与索普的记录相当或者比他更好的概率仍低于$1/10^{62}$。用概率来说明，在地球上随机选择到一个特定原子可能需要一万亿次以上。[⊖]看待这些结果有两种方式。

1. 伙计，索普真是让人难以置信的幸运！

2. 有效市场假说是错误的。

诸如像索普的追踪记录确实证明了跑赢市场是可能的，而一大群否定这个说法的经济学家选择相信理论胜于事实。[⊖]讨论的焦点是跑赢市场是可能的，但并没有谈到关于这个任务的难度。事实上，是跑赢市场（绝大多数市场参与者都失败了）的困难促成了市场有效的产生。

索普的职业生涯包含了相当数量的第一次实现。

- 他与克劳德·香农共同开发了可用于在轮盘赌中赚钱的第一个可佩带式计算机。

- 他开发了第一个对玩家有利的21点投注策略，这个策略在他全球最畅销的书籍 *Beat the Dealer* 中有所介绍。这本书也改变了赌场的运营方式。

- 索普与西恩·卡萨夫一起开发了一个众所周知的系统方法，利用股票头寸

⊖ 估计地球上原子的数量是10^{50}个（来源：www.wolframalpha.com）。

⊖ 像索普这样的交易记录所提供的实证只是许多驳斥有效市场理论假说的反例之一。为了更详细地讨论这个问题，请查阅作者即将出版的作品，暂定名为 *How Markets Really Work (and How They Don't)*。

来对冲风险、交易权证和其他可转换证券（比如期权、可转换债券、可转换优先股等）的系统方法。这个方法在他们已出版的书籍 *Beat the Market* 中有详细的描述。

- 他第一个构造出与布莱克－斯科尔斯模型等价的期权定价模型。实际上，索普在布莱克－斯科尔斯模型发表以前已经用这个等价公式交易了很多年权证和期权，并获得了盈利。

- 他是第一个市场中性策略基金的创始人。

- 他建立了第一个成功的量化交易对冲基金。

- 他是第一个实现可转债套利策略的人。

- 他是第一个实现统计套利策略的人。

- 他可能第一个发现了伯尼·麦道夫是一个骗子，他比哈里·马科波洛斯早许多年发现了这个欺诈的确凿证据。⊖

　　索普，数学博士和准物理学博士，通过赌博但又不是传统意义上的赌博进入了市场。通常情况下，碰运气的赌场博彩不太可能让玩家赚到钱，并且玩得越久，破产的可能性越大。这类赌博的对立面才是索普感兴趣的地方。事实上，由于索普成长于经济萧条时期，所以，他极其厌恶风险。他的目标是使赌博不再是赌博。他试图设计出在赌场博彩中有利于他的策略，这被认为是不可能的策略。令人大吃一惊的是，他成功地设计出令他在多个赌场博彩（包括轮盘赌、21点、百家乐、幸运大转盘）中都有重大优势的策略。讽刺的是，经验证明，在一直被认为是无敌的博彩中，设计出制胜策略比执行它更容易。在赌场中赢钱会有实际的问题出现，赢钱的玩家会被注意，而赌场无法忍受不单纯是靠运气赢钱的玩家。

　　索普认为，市场可能会提供实践他研究的更好选择，市场毕竟是最大的赛场，如果他想出可以一直赢钱的方法，没有人可以将他踢出局，所以他将自己的

⊖　不停地向证券交易委员会提供麦道夫是骗子证据的欺诈案调查员证实这是一个巨大的庞式骗局。

研究方向转向专注于股票市场。这类研究使他发现权证（长期期权）的定价是错误的。在解决期权和权证定价问题的过程中，索普遇到了加利福尼亚大学欧文分校的经济系教授西恩·卡萨夫，他也在研究这个课题。他们合作了一段时间，在 *Beat the Market*（1967 年）中共同撰写了他们的新发现。索普继续了这项研究，最终发现著名的布莱克 - 斯科尔斯期权定价模型的前身。这个公式比 *Beat the Market* 中公开的研究更加有效，不过索普将这个公式留给了自己并未将其公开。在成功地交易和管理了自己与许多同事的资金后，索普与一个东海岸的经纪商詹姆斯·里根合伙创立了第一个量化交易对冲基金，也是第一个市场中性策略基金，普林斯顿 - 纽波特合伙公司（PNP）。

如它的名字一样，普林斯顿 - 纽波特合伙公司由两个办公室组成，索普在纽波特比奇负责研究、编程以及进行交易，而他的搭档，詹姆斯·里根在普林斯顿办公室负责指令的执行、行政管理、合规以及市场营销。索普将公司的业务分割开，这样他能够专心做他喜欢的研究，摆脱了业务方面的责任。在 19 年的经营中，公司的这种分块结构运营得极其好，但也导致了它的终结。

1987 年 12 月，为搜集能作为违反证券法证据的录音和文件，50 位联邦特工突击查抄了普林斯顿办公室。美国检察官鲁道夫·朱利亚尼最终以诈骗罪起诉了 PNP，这也是第一次《防止诈骗及反黑法》（RICO）被援引来控告证券公司。1988 年 8 月，里根和普林斯顿办公室的其他四个成员被控告了 64 项罪名。所有指控本质上归结为两项：股票假脱手（将股份留给了另一方来隐瞒自己的实际所有权）和与德雷克赛尔证券发行相关的股票操纵⊖。

尽管 PNP 的员工最初被起诉，但他们的罪名随后被驳回，并且没有人入狱。记者在报道这个案件时几乎普遍认为朱利亚尼不合情理的严厉指控 [比如援引《防止诈骗及反黑法》（RICO）]，实际是迫使里根和其他 PNP 的员工提供证词来

⊖ 索普回忆了这项股票假脱手控诉的具体细节：在 PNP 案件中被控诉的一员，布鲁斯·纽伯格，是德雷克赛尔的一名交易员，在德雷克赛尔有 2500 万美元的资金可以使用。在有更多的机会可以利用这个条件的情况下，他卖掉了一些头寸给 PNP 并保证以年化高于原价 20% 的价格进行回购。用卖股票所获得的资金，他能够做更多赚钱的交易。从监管的角度考虑，问题出在，这个股票的转移隐藏了股份的真实持有者。

起诉米歇尔·迈尔肯和德雷克赛尔。

　　索普对普林斯顿办公室的违规事件一无所知，他也只是在检察官搜查的时候发现了问题。普林斯顿办公室的被告对这个案件只字未提，索普对案件的了解，更多是通过新闻报道。索普从来没有被控告或者因为此事而被检察官请去谈话。但他的公司已经受到了无可挽回的伤害。在起诉发生的几个月后，索普决定关闭PNP。尽管他拥有行业中最好的风险／回报记录，但将交易和业务委托出去的便利，也摧毁了他的对冲基金。

　　在关闭了PNP之后，索普仍旧保留了纽波特办公室来继续交易他自己的账户。在1990～1992年，他主要集中交易被发现价格严重偏离均衡价格的日本权证。由于交易商显著提高了它们的买卖差价，使每笔交易的利润空间缩水一半左右，最终他不得不放弃了这个策略。

　　自20世纪80年代中期以来，索普已经成功地运用统计套利策略进行交易。1992年，一个大机构客户邀请他为其运作此项策略。两年后，为了可以使其他投资者运用这个统计套利策略，他建立了第二个对冲基金，Ridgeline合伙公司。Ridgeline的交易非常活跃，平均每天约600万手，大约占了整个纽约证券交易成交量的5%左右。索普用这个策略交易了十多年，创造了另一项卓越的交易记录。他的平均年复合回报率为21%，而他的年波动率只有7%。

　　在2002年Ridgeline关闭后（采访中说明了关闭的原因），索普将时间用于管理他分配到其他对冲基金的资金。他还开发了一个趋势跟随系统，从2008年年末到2010年年初用其来交易。我在一个光线充足的位于纽波特比奇的大办公室对索普进行了为期两天的采访，这个办公室视野广阔，西至太平洋，北至周围的小镇。虽然索普已经78岁，但他思维敏捷、精力充沛，完全看不出他的真实年龄。他一直都是一位健身爱好者，坚持跑步、散步，并保持每周和健身教练锻炼两次的日常习惯。他的记忆力惊人的准确，在提及过去的事情时，他不仅记得年份，也记得具体的月份。索普似乎对他的许多成就感到骄傲，但他仅是一种满足于美满生活的态度，毫无一丝傲气。

在你成长的过程中，你想过自己人生的方向吗？

没有想过。我的父亲非常反对做生意。我们经历了大萧条。他是一名保安人员，而他之所以会做这个工作是因为那是他唯一可以找到的工作。他曾经应召入伍并加入了美国远征军，他身上有多处弹伤。尽管他被授予了紫心、银星和铜星勋章，但从战场归来后，他非常反对战争。我对很多问题的态度都受到了父亲的影响，包括大萧条的痛苦和折磨以及对战争的厌恶，除非是所谓的必要的战争。

你的父亲接受过良好的教育吗？

是的。他上过大约一年半的大学，不幸的是由于家庭贫寒，他无法继续学业，但他十分聪明。我的父母都有与生俱来的数学天赋。同时，我的父亲也是一名非常好的作家。虽说没什么了不起，但他在1934年芝加哥的一场写作比赛中获了奖，并赢得了一台打字机。我在1965年用同一台打字机写了一本有关初等概率论的书。

当我八九岁的时候，我开始对科学感兴趣。我上了一所学术风气较松散的高中，我猜那所高中在洛杉矶的学院里排名倒数第二，所以我基本上都是自学。我与母亲共用车库后面的洗衣房，不过我是在那里建了一个实验室。我用每天早上两点送报纸赚的钱买了化学药品。我对物理、化学、天文学、电子学都很有兴趣，并且花了大量的时间来研究它们。我希望成为一名理论科学家，最好是化学家。我父亲认为，做生意的人只顾追寻那些眼前利益，在其耳濡目染下，我对做生意十分反感。

你认为大萧条的经历影响了你此后看待市场和风险的方式吗？

我们对自己所拥有的财产小心谨慎，因为它来之不易。我们只有很少的钱，生活差点过不下去。总之，什么都不能浪费，都要保存起来。我在做科学实验时也一样，尽可能用各种方法反复使用旧的材料。至于风险，它使我非常仔细地考虑谋划未来，防患于未然，确保我不会陷入困境，没钱过活。由于我已经考虑到这个问题，因此我不会那么担心。我们已经习惯于手头拮据，但通过精打细算和努力工作已经足以维持生计。

我认为如果你努力工作，美好的事情就会降临。我本来打算成为一名大学里的科研教授，但是在沿途中发生的一些事情，可能对我的未来有所指引。比如，20世纪30年代，在我八岁的时候，一个非常炎热的夏日，公共事业振兴署（WPA）的工人在我家门前大汗淋漓，明显十分口渴。我跑到商店，用五美分买了一组有六个玻璃杯的酷爱（Kool-Aid）饮料，以每个一美分的价格卖给他们。在那个时代，一美分实际上很值钱。我会在冬天铲雪。起初，我只收五美分，但当我发现需求如此旺盛的时候，我将价格提高到十美分，随后提高到15美分。那一年我八岁，赚了几美元，但是第二年，其他小朋友也开始这样做，整个市场改变了。

一个经典的无障碍进入市场的例子

还有一件事的发生对我的未来有所指引。我有一个会投机取巧的堂兄，他发现加油站的自动贩售机在找零的时候，如果摇晃会给出更多零钱。这是一个非常令人惊讶的事实，你随便摇摇机器就能获得许多硬币。我没有这么做，但我发现有一种赌博可以让我获得更多的钱。

上高中的时候，我有一位非常出色的语文老师，他对我的写作有很深的影响。他真的很关心学生。我并不是想说这非常罕见，但这当然也不是常态。他去拉斯维加斯旅行过一次，后来，我去他家吃晚餐，他提到打败那些家伙是不可能的。

那次以后，我开始研究轮盘赌。那个小球就像一颗行星，我认为通过测量小球和旋转器的位置与速度，在轮盘赌中赢钱是可能的。

那个时候你多大？

15岁。

所以你在那个年纪就很了解物理学的牛顿定律吗？

我在16岁的时候参加了一个加利福尼亚州南部的物理学竞赛，物理学得最好的学生都参加了这个比赛。其他学生都是十七八岁，但我在那次比赛中获得了绝对的胜利。

你是自学的物理吗？

我按自己的方式自学，我总是不按常理思考。我有一本物理教材，在参加物理竞赛时，我只读完了2/3，但显然那足够了。我在16岁时高中毕业，用奖学金和送报纸时存的钱，能够去上大学。我从加利福尼亚大学洛杉矶分校毕业，获得物理学学士学位，接着，获得了物理学硕士。我几乎满足了所有有关博士学位的要求，修完了所有课程，通过了所有的笔试和口试，我的毕业论文也进入到了最后阶段，但我遇到了一些数学问题，这篇论文是有关量子力学方面的。

我开始意识到自己需要知道更多的数学知识。那个时候，加利福尼亚大学洛杉矶分校的物理学对数学部分的要求很低。我基本上只在大学最初的两年上过数学课和一些高级数学课程，那完全不能跟数学专业的相比。我不得不去修读数学研究生的课程，快速提高自己的数学能力，以完成论文中的计算。在我成功以后，我意识到在学了这些数学课程后，相较于物理问题，我可以更快地解决数学问题，所以我不再去攻读物理学博士学位，转而攻读数学博士并获得学位。

所以你实际上差不多是物理和数学的双博士？

当然。

你一直都没完成毕业论文来取得物理学博士学位吗？

没有。尽管这不会花费我多少时间，但它不值得我再花费时间。

相较于物理，你更喜欢数学吗？

有点奇怪，我在物理系的时候，他们做事的方式对我来说毫无逻辑性。他们会讨论模型之类的东西，但不会仔细解释相关的假设。我更加喜欢数学的逻辑。在我了解了数学的逻辑后，我回头再去看物理的假设，就可以非常清晰地了解它的含义以及为何如此假设。

作为一个数学教授，你是怎么开始开发21点博彩系统的？

1958年12月，我在加利福尼亚大学洛杉矶分校任教已经一年，那时我还没有去麻省理工学院任职。我和妻子打算去拉斯维加斯进行一次经济实惠的旅行。我不会去赌博因为胜算很低。数学系的一个教授听说我要去拉斯维加斯，告诉我说："《美国统计协会杂志》（JASA）上有一篇教你玩21点而又几乎不输钱的新文章。"我想如果自己能几乎不输钱，那我就可以在这种情况下得到一些乐趣。

当然，我不是一直都是这个想法，因为尽管平均花费不多，但我的经历不会走向平均。这将会是在温和负面预期边缘下的随机波动，这可能是有利的也可能是不利的。我读了这篇文章，根据他的理论，虽然我仅有 0.62% 的胜算，但这已远比赌场里的其他博彩好得多。

我制作了一张 21 点策略牌。当我走到赌桌前坐下来，我开始用 10 美元来玩。由于庄家的好运气，桌前的玩家连续受创。不过，我那张被其他玩家嘲笑的小小策略牌，非常有效，因为我一直没有输钱。

这篇文章推荐的策略是什么？

它就是现在众所周知的 21 点基础策略$^\ominus$。大约 20 分钟后，我手上有一张 A 和一张 "7"，软 18 点，庄家有一张 "9" 在台面上，依照策略应该继续拿牌，当我这么做的时候，其他玩家倒抽一口冷气，认为我是个傻瓜。下一张牌是 "4"，所以我总共是 12。其他玩家认为我只是得到了我应得的。接着我又拿到了一连串的 A 和 "2"，六张牌共 16 点。策略显示再次拿牌，我拿到了一张 "5"，七张牌共 21。此时，其他玩家变得非常兴奋。他们认为策略牌非常神奇而不愚蠢。我又玩了一阵子，最后以输掉了 10 美元中的 8 美元而告终。在回到加利福尼亚州后，我重新读了一遍这篇文章，我开始意识到通过记录已经发出的牌来赢钱是很有可能的。

我猜这篇文章是假设不考虑已经出过的牌，在每轮发牌中，所有结果都是等概率事件。

完全没错。这篇文章一直假设的是全牌策略。平均统计，这是一个正确的假设，但如果你有更多的信息，比如已经出了什么牌，那么你可以改进这个概率假设。

我相信，结果很可能在输赢的边缘剧烈摆动。问题是如何辨别那些摆动。我写信给这篇文章的作者，他们寄给了我所有的实验手册以及计算数据。我大约用

$\ominus$ 基础策略就是一系列根据玩家和庄家手上的牌决定何时停牌、拿牌、分牌，以及双倍下注的规则。比如，基础策略指出，如果庄家的牌为 2~6，手持 16 点不再拿牌，否则继续拿牌。这个策略没有涉及任何的记牌。

了五六个星期的时间来完全了解这个策略的方法和研究过程。我打算用从一副牌里抽出的一些牌，来重复他们的计算，比如，取出两张、三张，或更多张。我用了一个台式计算器，一点点进行计算。我预测了一下计算需要的时间，我得到的结论是我将花费几千年去完成所有想做的事。那个时候，我已经在麻省理工学院任职。当时，学校有一台当时最好的商用计算机——IBM 704。

那是哪一年？

1959 年。

哇，那很早。我记得 11 年后我在大学读高年级，尝试在 IBM 360 上运行一个计量模型。你将程序键入堆栈的打孔卡里，如果其中一个逗号放错位置，都将导致程序的崩溃，结果是不得不将程序重新提交一次。

这也是我的经历。那时 IBM 704 是最新的计算机，而且在当时很难得到，它为 30 所新英格兰的大学服务。作为系里的一员，我能够预订一些时间来使用它。虽然我不太了解编程，但我最终开发出这些程序员已经了解的东西，例如子例程。我将程序模块化，为了确保它们能够运行，我将这些模块分开测试得到了我认为应有的结果。而后，我将这些模块放在一起运行。我将模块一个个引进来测试，这些模块可能是一些计算加倍预期。跟你的经历类似，两三天后，我的牌被橡皮圈套着，用纸包好，指示出我的编程语句的错误。起初我在语法错误面前停滞不前，但随后我修正了错误，得到更精确的结果，同时，事情也开始进展得更加顺利。

到了 1960 年，我开始得到非常令人兴奋的结果。当我运行出一个有四个 A 的组合时，胜率下降到 -2.5%。这个结果显示，如果这副牌里再多四个 A 的话，胜率将升至 2.5%。你可能会问，另外的四个 A 是从哪里来的？当然没有，但是如果你将所有的牌缩减一半，而又不将 A 拿出去的话，这个概率跟一副牌有八张 A 是一样的。

你在计算概率的时候是一次保持一张牌为变量，而其他保持不变吗？

是的，这个假设源于我在重新阅读那篇文章时得到的灵感。你可以描绘出一个 21 点概率问题的十维空间图，每张牌的分数沿着单轴变动。除了纸牌"10"被放在一起，合并的总分数是 4/13，其他每张牌的分数是 1/13。你可以把任意一副组合的扑克牌，看作十维空间的一个点。每个点的坐标由留在扑克牌里的每张纸牌的价值决定。

那你最后开发出的策略是什么？

当我第一次为《美国国家科学院院刊》（PNAS）写一篇有关此策略方面的论文时，我描述了一个简单、易懂的"5"策略。但是我没有用过，也不打算用这个策略。根据"5"策略理论，如果所有的"5"都已经出现在牌桌上，那么你有 3.3% 的胜率。一个简单的应用是用 90% 的时间进行基础策略下注，当所有的"5"已经出现，用另外 10% 的时间下重注。从没有人想到从 21 点的这个特征来讲，这是一个好的策略。所有人的都认 A 和"10"是最重要的。这个策略的问题是，牌里所有的"5"都出现在牌桌上的时间仅有 10%。我开发出的下一个策略是有关"10"的。我的推论是，既然一副牌里有很多"10"，一个以"10"为基础的策略将带来更大的赔率波动。

你的意思是即使"5"策略提高了赢的概率，但"10"策略提供了赢钱的机会更大吗？

没错。"5"实际上是最有影响力的牌，"A"其次，接下来是"10"和"6"。

你在发表赌博题材的文章时遇到过困难吗？

我是这么出版的。我不得不尽快出版是因为周围一些没有道德的人将声称他们发现了相同的信息。在职业生涯中，我遇到过几次自己写的数学理论和公式被别人剽窃的情况，而且他们声称这些是他们的，所以我决定尽快出版，并希望它能在一本有威信的杂志上出版，最好的方法是在《美国国家科学院院刊》上出版，但是我不得不找到一位会员或者不会抄袭它的人替我提交。我搜索了一下我所在的剑桥区域，发现了两名会员。一名是完全不了解我在说什么的哈佛大学代数学家，可能即使他明白也不愿意帮我提交。另外一名会员是麻省理工学院的克劳德·香农。香农是数学和工程学的联合教授，也是学院仅有的两名特聘教授之一。我去找他的秘书预约，他的秘书回答说："他可能在五分钟后见你，但他不会跟他不感兴趣的人聊很久，所以你不要对这次会面期望太多，可能非常简短。"

当你去见他的时候，知道他很有名吗？ ⊖

我不清楚，只知道他是美国国家科学院的会员，并且是麻省理工学院的特聘教授。

我在一个阴沉的冬日午后去了香农的办公室，看到了这个如精灵般的男子，身高 1.68 米，头发灰白，身材笔挺，双眼明晰，聪明绝顶。我向他表明了自己的来意。他读了我的摘要后说："我认为文章的题目与其叫'21点制胜策略'，不如叫'21点的有利策略'，这样听起来更加严谨。"他又盘问了我 10～15 分钟后说："看起来你已经发现了所有的核心。"他表示我们需要压缩一下论文，这也是为什么我的许多发现在我出版的书籍里，却没有在论文里，由于字数的限制，它们被删减了。香农还问我："你现在还在研究什么？"

说到这里，我需要回到 1955 年来谈一下有关轮盘赌的故事。那时，我刚获得自己的物理学硕士学位，坐在大学住房合作协会（UCHA）的餐厅里，我住在加利福尼亚大学洛杉矶分校附近的一个价格低廉的学生生活社区。人们聚集在这里休息，谈天说地。有人提到了轮盘赌，并解释为什么不可能赢钱。我表示："我不认为那是不可能的。"我开始了我的研究。一些朋友也对此研究有兴趣。我创建了一个小组，虽然很快又解散了，可我继续坚持我的研究。

我指导的一个小伙子知道我想要一个轮盘，他买了一个是原尺寸一半大小的轮盘来感谢我的帮助。我买了一个百分之一秒的数字秒表，这对我来说是一笔非常巨大的支出。我做了现场实验，并在一个三脚架上放了台摄像机以记录过程，

⊖ 在维基百科中，克劳德·香农简介的开篇有以下内容：克劳德·艾尔伍德·香农（Claude Elwood Shannon，1916 年 4 月 30 日—2001 年 2 月 26 日），美国数学家、电子工程师、破译密码者，被称作"信息论之父"。香农因创立信息论而著名，这篇里程碑性的论文在 1948 年发表。作为一位在麻省理工学院读书的 21 岁硕士学生，他写了一篇论证运用布尔代数的电气应用能够构建和解决任何的逻辑与数学联系的论文，这也一直被认为是最重要的硕士论文。他也因为在 1937 年创立了数字计算机和数学电路设计理论而出名。在第二次世界大战期间，香农致力于密码分析学的研究，后来，他还进行了密码破解的基础工作。

并用秒表计时。我通过观察来确定小球是如何重复运动的。如果它的运动不是重复的，那就意味着实验成功有太多的随机性。我画了许多张在不同时点小球的位置图。结果看起来非常好，小球的运动看起来是可重复的。

我也做了一个模拟实验，让轮盘的小球从地板上倾斜的轨道滑下来。我希望将轮子的转动解释成直线运动。我可以把从一定高度发射出的小球的重力势能转化为当它滚落后所获得的等量动力势能。我想测试一下，等量的势能转化为动能能否让小球每次都差不多到达地面上相同的地方。事实确实是这样。它没有证明但是它向我展示了，预测轮盘赌工作的可行性。一天晚上，妻子邀请他的父母来家里吃晚餐，而我全神贯注于我的实验，完全忘记了周围所发生的事。由于我晚餐时间没有出现，因此他们很奇怪我在哪里。他们来找我，发现我正在轨道上向下滚小球。我确信那时他们一定认为他们的女儿犯了一个非常严重的错误。

或者你已经失去了理智。这与香农有什么关系？

当香农问我在做其他什么研究的时候，我就告诉他我的轮盘实验。香农是一个超级实验爱好者。由于这正是他所擅长的，所以他变得非常兴奋。我本来打算用几分钟讲完的故事，最后花了几个小时。最后我们决定一起继续这个项目。我们从拉斯维加斯订购了一个翻新的轮盘。我记得它花了我们 1500 美元。当它被装进一个巨大的箱子运到香农家时，真是一件让人十分兴奋的事。我们将它安置在香农的地下室里稳如磐石的石板台球桌上。我们从麻省理工学院得到了一个闪光灯设备，这样，当你转动小球的时候，你就可以使闪光灯频闪而短暂地发光，使小球看起来像静止的。效果就像迪斯科舞厅的闪光灯。我们也有一个大钟，秒针每转一圈为一秒，表盘的标度为百分之一秒。我们可以同时打开闪光灯和关闭时钟，这样我们就能够看到在确切的时间球的具体位置。这种设计可以让我们做许多测量。经过几个月的实验后，我们测定通过预测小球最可能落在八分圆的位置，我们在轮盘赌中能有超高的 44% 的胜算。所以我们开发了第一个可佩带式计算机，现在存放在麻省理工学院的博物馆里。

可佩带式计算机有多大？

大概有一个烟盒那么大。这个设计与我当初在一个星期天的下午坐在麻省理工学院的合作社餐厅构想出的一样。一个人带着计算机，通过鞋头部的开关来选择时机，而另一个人将携带无线电接收器下赌注。

概念上我明白牛顿定律可用来预测球最可能落在轮盘上的哪个区域，但是我实在不明白如何通过计算机来得到一个精确测量小球在确定时间的位置的有用答案。

这是一个好问题。这个方法的原理就是假设我们把转盘外固定边界上的赌场徽记作为参照点，那么每一次双零转过这个参照点的时候，我们就可以击中开关来记录这个时间点。

但是你如何足够精确地计算时间呢？

这就是闪光灯的作用。我们在香农的地下室里做实验时的灯光非常柔和，而当闪光灯亮起时我们将看到相较于我们理论上认为的球的实际位置。这需要一些训练。我们学习预测正确的数量。通过实践，我们能够得到在小球直径内的标准误差。

我认为在做预测前，你会等小球转几圈，这样小球的速度会减慢。

是的，当想下注的时候，你想要小球运转得尽量慢一些，因为你在临近结束时下赌注，预测会更加精确。

但是你有两个运动的物体，轮盘和小球。你提到了轮盘，那小球呢？

这个方法的原理是当双零通过标记时，你将碰一下脚边的开关，当其再次通过时，你将再次碰一下开关。这样，计算机就会知道轮盘的转速。小球在轮盘开始测量后转动。

我知道了，不需要同时测量。每次取两个点。首先测量轮盘的速度，其次测量小球的速度。

没错，有四个咔嗒声：前两个可计算出轮盘的速度，后两个可计算出小球的速度。我的想法是八度音的每一度为计算机的信号，而每度音对应着轮盘的八分圆。香农想到了一个完美的办法设计程序，这样重复循环音调可以在每一时刻都提供最好的估计。当你听到第四次咔嗒声，音乐将停止。你听到的最后一次音乐是要下注的八分圆。这个方法的方便之处在于它不需要计算时间。计算机连续计算最好的预测，当你最后一次点击时，计算就会停止。

所以随着时间的推移，预测是不断改变的？

没错，每次音调都会告诉你现在预测的是什么。程序是为了做出预测而设计的，并且假定最后一次的咔嗒声发生在准确的时点。一旦听到最后一次音乐，我们将会在那个八分圆的五个数字中下注。

你何时开始在赌场里运用你的轮盘赌下注系统？

1961 年 8 月，我和妻子还有香农夫妇去了拉斯维加斯旅行。我们不得不给自己全副武装，保持联系。

佩带计算机和无线接收器的人都分别是谁？

香农比我更善于估计球的位置，所以他是佩带计算机的计时员。他站在轮盘附近，和其他傻傻的系统玩家一样记下数字。

为了分散注意力？

没错。如果那样做，赌场就不会烦扰你。我带着接收器坐在甚至看不到轮盘的赌桌远端。

所以你听到了音乐？

是的，我听到了音乐，我有一个小的扬声器。（索普桌上一个大的定时器响了起来，我发誓我不是故意要采访这么久。）哎哟，这是午餐时间提醒。（索普已经预约了午餐，设了这个定时器来提醒。）这个扬声器足够小可以塞进你的耳道里。最初，我们试图用细如丝的铜丝，但它几乎没有延展力，很容易就断掉了。我们发现用过的钢丝有适度的延展力，但是延展力依旧不够，仍旧会定期断掉。无可避免地，其中一根线将会断掉，那时，我们就不得不离开轮盘赌桌，来将线重新焊接在一起。

在线断掉之前，你能下多少次注？

12～15 次，然后就会出状况。

香农如何知道出状况了？

我将起身离开赌桌。有一次我坐在转盘旁边，我旁边坐了一位女士。突然，她看着我，瞪大双眼。她只是被吓到了。我知道出了状况，所以我立刻离开了赌桌，去了盥洗室。有一个像昆虫一样大的黑东西从我耳朵里掉出来，实际上它就是带线的扬声器。导线用鲜艳的指甲油涂过颜色，所以它不会被看出来。

那周的结果如何？

我们将一个 10 美分变成了一堆 10 美分。

既然有 44% 的胜算，为什么下注如此保守？

我们只想证明自己的策略是成功的，而且我们的设备也有很多问题。

你的实际胜算是多少？

看起来跟我的计算结果一致。

你有继续旅程并加大下注筹码吗？

没有，我有很多原因不这么做。首先，我在研究 21 点策略，它占据了我大部分时间。其次，我接受了在新墨西哥州立大学的工作，这使得跟香农继续合作非常困难。再次，我怀疑自己是否愿意通过伪装来冒险。最后，其他人是真的害怕。

他们怕什么？

赌场暴力。

是的，我可以想象。这也是我将问你的问题之一。你说其他人，那你自己呢？

因为某些原因，我从来不怕。

为什么？

我就是不怕。我很警觉，同时避免冒愚蠢的风险。当我在拉斯维加斯玩 21 点时，我总是确保自己在灯光下的人群中。

但是如果赌场发现你在算牌，那样也无济于事呀？

千真万确。如果他们抓到你，他们会把你拖到密室狠狠地揍一顿。但是此时，我觉得 21 点策略的出版对我有很大的保护作用。如果他们对我做了什么，我会让他们吃不了兜着走。我想他们大概也想到了。许多年后，我才知道他们确实讨论过是否对我实施报复。1964 年，在《生活》（*Life*）杂志出版了名为"耗尽赌场资源的教授"的文章后，在拉斯维加斯，内华达度假酒店协会举办了一个大型会议。这篇文章对 21 点的下注系统进行了诸多宣传。这篇文章使赌场老板一片哗然，他们不得不开会讨论该如何应对此事。30 年后，参与此会的一个叫维克·维克雷的家伙写了一篇有关这个会议的文章。显然，他们讨论了各种方案，包括除掉我或是废掉我的双腿。幸运的是，他们做了个正确的决定，改变赌场规则。

但是那个时候，他们的想法已经不切实际了，所以"干掉你"也无济于事。

他们也意识到那么做确实没用。

若干年前，我读了一本叫作 *Eudaemonic Pie* 的书，它讲述的是一群物理系学生通过一个物理学原理研制了一种鞋载计算机来预测轮盘赌博将产生的结果。你和他们之间有什么联系吗？

在 *Beat the Dealer* 的第 2 版中我提到了可以在轮盘赌博中赢钱的方法。1969 年，一个数学家（Ralph Abraham）向我打听轮盘赌的系统。那时，我认为我不会再用这个系统了，所以我可以将其公之于众。几年里，一些物理研究生也向我打听了这个系统，他们拥有新一代电子设备，从而达到了 44% 的胜算。

让我们重新回到 21 点的故事。你的文章在科学期刊上发表了吗？

它于 1961 年在《美国国家科学院院刊》上发表。

反响如何？

那篇文章没有太多反响，因为我那时在美国数学年会上做了一个报告，提交了名为"财富密码：21 点制胜策略"（Fortune's Formula: A Winning Strategy for Blackjack）的报告的摘要。摘要委员会审阅了我的文稿，那时他们对我一无所知，准备拒绝又一个怪人的作品。他们收到了很多提交的文档。有的声称可以证明数学上不可能的问题，比如证明用一个圆规和一把直尺将一个角三等分。有的声称可以发明一种在无法赢钱的赌博中获胜的系统。

他们读了你的论文吗？

论文还没完成，他们有的只是摘要。幸运的是，委员会的一名成员是数论家（John Selfridge），我和他都在加利福尼亚大学洛杉矶分校工作。他告诉委员会说："我了解这个人，如果他说是真的，那无疑这差不多就是真的。"多年以后，一个偶然的机会我与他搭同一班飞机，他告诉了我发生了什么事。当我到达会场时，我原本想象的是一个只有四五十人出席的普通演讲，没想到，房间里差不多坐了300人。

我猜这说明数学家对 21 点的兴趣比人们想得更浓厚。

事实上有相当一部分观众看起来不像数学家，他们带着太阳眼镜和尾戒。我就这样开始了报告。在报告的末尾，我有大约 50 份的副本准备分发。我的报告一结束，观众就涌上来拿文稿。我把它们放在讲台上后就悄悄离开了。许多记者都对我的演讲感兴趣，其中一个叫汤姆·沃尔夫。

是汤姆·沃尔夫？

是的，一个一身白西装的家伙。他采访了我，并对此非常兴奋。他为美联社写了一篇稿子，此后引起了一阵骚动。两万封信如同雪片般寄到麻省理工学院的数学系。我的六个秘书都在帮我回信。我没有去估计回这些信要多久，就像我没有去估计用台式计算机来计算我最初的 21 点赌博系统需要多长时间一样。在秘书坚持帮我回复了几千封信后，我最终被告知，"你占用了整个数学系，我们不能再这样下去了"，这令我感到很抱歉。

我也接到过想给我提供资金的电话。一个非常有毅力的家伙一直给我打电话，他来自纽约，叫伊曼纽尔·基梅尔，并声称自己在赌界很有名气。他想要提供十万美元给我。我决定去见见他。在 2 月，一个波士顿典型的坏天气的晚上，一辆深蓝色的凯迪拉克停了下来，两位年轻迷人的穿着皮大衣的金发女郎下了车，尾随其后的是基梅尔，看起来大约 65 岁，矮矮的，一头浓密的白发，穿着一件羊绒大衣。他进了我家，并介绍说这两位年轻的女士是他的侄女。我的妻子薇薇安狐疑地看着她们。

我猜她不相信侄女这个说法。

薇薇安更加敏感，但我愿意表面上接受这个说法。基梅尔问了我很多有关21点的问题，又让我证明了这个系统。几个小时以后，他决定继续下去。

在你的书 *Beat the Dealer* 出版后，将21点赌博系统公之于众，并成为最畅销的书后，赌场因此而开始损失了吗？

事情是这样的，可能有1000多个优秀玩家能从赌场中赢钱，更大一部分玩家使用的是基础策略，他们可能需要花更长的时间去避免损失太多，而最后更加大一部分玩家听说你能从赌场中获利，但他们都不会赢钱。随着大量新玩家的涌入，21点变成赌场里最受欢迎的博彩。赌场里每年可能有1000多个21点玩家能赚10万～20万美元，而有一万个玩家不会输得太多，但还有大约100万个玩家高估了自己赢钱的能力，因为赌博过久而输了很多钱。这个结果对赌场来说实在是一件好事，他们却不这么认为。他们与计牌员开战，并试图禁止他们进入赌场，甚至毒打了其中一些人。

你知道那些被毒打的人是谁吗？

是的，肯·乌斯顿是一个著名的21点团队玩家，他被带进密室打到面颊骨折。他还写了一本书来描述自己的经历，也有一些其他人写的书，将赌场的残暴行为很好地记录在案。你没看过一部叫作 *Casino* 的电影吗？

当然看过。电影里对拉斯维加斯的描述准确吗？

是的，非常准确。这就是20世纪70年代赌场的生存方式。在60年代的时候，实际情况更糟。

但你仍旧没有害怕？

事实上，我那个时候对这些一无所知。

如果有多副牌而且重新洗牌，有技巧的玩家仍有优势吗？

在20世纪90年代仍是可能的。电影《21》就是一个例子，电影中人物的原型，那群麻省理工学院的玩家实际上就是用了我的系统。

10 点计牌法吗？

高点数牌减 1 分，低点数牌加 1 分，所记的完整点数除以还没发的牌的分数。

这是你想到的最好方法吗？

是的。完整计数可以证明系统几乎是同等简单水平下可能的最好系统。[注] 10 点计牌法曾被认为已经足够，但如果赌场用多副牌，并且重新洗牌的话，完整技术系统的优势开始展现。经验法则是如果他们从整副牌的中间开始洗牌，那你仍旧能赢，只是工作量太大，而赚的钱太少。如果他们从 2/3 处开始洗牌，那就刚刚好。

你第一次在赌场测试 21 点系统是什么时候？

第一次是 1961 年我在麻省理工学院任教时的春假。我和书里的 X 先生基梅尔还有他的朋友 Y 先生埃迪·汉迪。

你那个时候知道他们的暴力组织吗？

不知道。汉迪看起来比较顽固，但我认为那只是他粗暴的态度。他俩都很富有。在我们开始里诺和塔霍湖的赌博旅行之前，我在基梅尔曼哈顿的公寓里做实验，他抱怨说只要纽约下雪，他在曼哈顿拥有的 64 个停车场就会损失 150 万美元。汉迪做货运生意，几年后他将其卖给了莱德集团。由于我那时在研究权证市场，所以我知道单单他的权证就价值 4700 万美元。

你跟他们一起第一次旅行的经验是什么？

他们想要用十万美元作为本金。我对自己的理论非常自信，但是从来没用真钱实践过。我不知道赌场会带给我什么样的惊喜。我首先是想证明这个系统的实用性而不是赚很多钱，所以我说服他们从一万美元开始。我开始在差牌时下注一美元，而在好牌时最多下注 10 美元。这令他们抓狂，因为他们想赚大钱。我按规则下注，不疾不徐。这是一种管理资金的经验，从那以后我一直保持着。

[注] 同等简单水平的意思是仅用一个非零的整数来衡量点数值，比如 –1、0、+1。还有用多种数值来衡量的其他系统，这可能会进一步改进策略或下注规模。

什么样的经验?

不要下让你不舒服的注,慢慢来直到你准备好。经过八小时 1~10 美元的下注,我开始适应了。在接下来的大约两个小时,我的赌注为 2~20 美元,我仍旧觉得可接受。在随后的一小时,我将赌注增加到 10~50 美元,直到我觉得适应为止。然后,我又将赌注提升到 25~300 美元,一两个小时以后也习惯了。最后,我将赌注增加到 50~500 美元,500 美元已经是最高水平的赌注了。我大约在最高水平的赌注上赌了 20 个小时,并且预估那时我的资金应该会翻倍。实际上我们赚了 11 000 美元,这个结果跟预测极为相近。

你是如何从轮盘赌和 21 点过渡转向寻找市场赢钱的机会呢?

在知道了人们认为赌场是不可打败的错误认识后,我开始停下来思索。如果我能在轮盘赌和 21 点中赢钱,那其他地方呢?我的下一个目标是百家乐。我可以证明不是博彩不堪一击,边注也是一样的。那时,我已经从麻省理工学院搬到了墨西哥州立大学。我和数学系主任、大学的财务主任以及我们的妻子一起去旅行,在赌场测试了一下这个百家乐系统。

我尽量不引人注目,但在百家乐牌桌的第一晚,我就被一位读者认了出来,他说:"嘿!那就是这本书的作者。"赌场的人刚好听到了这句话,就跑去打电话,请楼上下指示。而后他笑着回来,告诉赌台老板:"让他们玩吧。这个傻瓜以为自己在 21 点中赢钱了,就也能在百家乐中赢钱。我们会给他一点颜色瞧瞧。"

因为我知道他们的承受程度有限,所以我设定了赌注大小,这样一小时我大约赚了 100 美元。我只是想证明我们系统的有效性。我在六小时中平均每小时约赚 100 美元。赌场对此无所谓,他们认为这只是运气而已。我们第二天晚上又来赌到赌场下班,平均每小时大约赚了 100 美元。这时,他们就没那么友好了,他们把托儿安排在我的两边监视我的一举一动。接着,他们猜测我是不是在给牌做标记。赌桌老板和其他一些人仔细检查了这些牌,但是毫无所获,因为本身就什么都没有。

第三天晚上,他们又开始友善,并且问我是否想要一杯咖啡,我欣然接受了。我喝了点咖啡,接着我就注意到自己不能计牌了。我感觉飘飘然,所以我起身离开,让同事来继续下注。我同事的妻子是一名护士,她告诉我,我的瞳孔像瘾君子一样放大了。他们不停地让我喝东西，陪我散走了几个小时，直到我恢复正常。第四天晚上我们再来时，他们再次给我提供咖啡。

你为什么总去同一个地方？

因为那个镇上只有两个地方有百家乐。我拒绝了咖啡，只要了一杯水。

为什么你还要喝的东西呢，直接说自己不渴不是更好吗？

我发现他们的方法就是将药放进水里，这样我就能辨识出到底是什么。我沾了一滴水放在舌头上尝了一下，感觉像有人将一盒小苏打都倒了进去。这一滴就足够让我再一次神志不清。我离开了并告诉我的同伴，赌场的人不想让我们再赌下去。在结束旅程前我们还有一天，所以我们去了另一家赌场。既然是最后一天，我表示："我们可以一展拳脚，每小时用 1000 美元来下注。"我们赌了两个半小时，赚了 2500 美元。

赌场老板和高大魁梧的保安走了过来对我说："我们不希望你在这里赌博。"

我问他："为什么不可以？"他回答："没什么理由，就是不希望你在这里。"

我就这样离开了。

第二天，在我们开车回家的路上，油门在走山路时踩下去后回不来，车也停不下来。在这条蜿蜒的山路上，车加速到 80 英里每小时。

这听起来简直就像一部电影。

他笑着说，确实是。我有了个念头，尽量降低挡位，熄火，踩刹车，拉手刹。我最终让车停了下来。我们在车上放了一个求助信号，一个会修车的好心人停下来帮助了我们。他检查了一下汽车的发动机说："我从没看见过这样的油门拉杆。"有什么东西掉下来锁住了拉杆。他可以暂时帮我们修一下车，让我们能开到家。

我猜车上的其他人已经完全惊慌失措了吧。

实际上，我们可能已经死于车祸了。

既然他们已经禁止你进入赌场，为什么还要对你的车做手脚呢？

我不能说车被动了手脚，我只能告诉你发生了什么事。

我们有点偏题了。我本来是要问你如何从赌场博彩过渡到去研究市场。

我还开发了一个在幸运大转轮中赢钱的系统。在这些系统都成功后，我开始从整体的角度考虑。华尔街是世界上最大的博弈市场，为什么我不去了解和研究它呢？

我一点都不了解市场。1964 年的时候，我决定用一整个夏天来研究一下股票市场。我从《巴伦周刊》读到《股票市场的随机性质》（*Random Character of Stock Prices*）这本书。经过整个夏天的学习，我已经知道该怎么做以及如何分析了。

有哪些书特别有帮助吗？

大部分书都是否定性的帮助。比如，爱德华兹的《股市趋势技术分析》[⊖]就是非常具有否定性帮助的书。

你提到的"否定性帮助"是什么意思？

我不相信它。这本书让我相信技术分析是走不通的。从这种意义上来说，我省了很多时间。

但是关于图表分析的一个理性解释是图表反映了所有基本面和市场参与者的心理。

你不能证明我的否定观点是错的。我也不能证明这条路一定行不通。我能说的是我们看到足够的事实依据去支撑它。除非我认为这套理论非常好，否则我不想浪费时间去尝试它。

经过一个夏天的学习研究后，你觉得哪条路值得探索呢？

第一个夏天我没太多想法，整个学年都很忙。第二个夏天，我继续了我在股票市场的研究。在六月的一天，阳光充足，天气炎热，我坐在后院的树荫下读书。在第一个小时，我偶然发现一本悉尼·弗里德创办的期刊，叫作 *RMH Warrants and Low Price Stock Survey*。

我估计这个期刊还在，现在是他的儿子在经营。我意识到权证的定价可以用

⊖　本书已由机械工业出版社出版。

数学公式来分析和预测。

如果你主要研究权证，那么用于研究股票价格的大量变量就差不多可以忽略。我把自己认为会影响权证价格的因素写成了一个列表，包括标的股票的价格、执行价格、波动率、到期时间以及利率水平。这些也是现在大家都一致认可的决定期权价格的因素。我开始思考决定期权价格的公式。那年夏天，我搬到了加利福尼亚大学欧文分校。在学校的第一天，我告诉信息与计算机科学学院的院长我在努力研究权证定价模型，他告诉我学校有另外一个人也在做同样的事情。这个人就是香农·卡萨夫，他已经写了一篇包含决定权证价格理论模型的论文。这是一个不好不坏的模型，但总比没有好。卡萨夫已经交易了一段时间权证，并且通过对冲头寸获得了稳定的收入。我们开始一起工作、共同奋斗，最终合作撰写了 *Beat the Market* 一书。

Beat the Market 一书里有期权定价模型吗？

书里有一个卡萨夫以实证为基础的公式。

这个公式跟你们最终得到的公式有多大区别？

完全不同。

在这些信息还没有公开之前，你们为什么要写书告诉人们如何给权证定价以及发现错误定价的交易机会呢？

我们实际上在书里回答了这个问题。我们认为其他人也会掌握类似的信息，只是时间的问题。如果我们首先将这个信息公布，潜在的投资者读了这本书以后，会来找我们，这样我们就能管理资金。

你认为这个决定正确吗？难道你不认为你和卡萨夫如果自己利用这个方法交易权证而不将其公布会更好？

我不这么认为。因为从历史上看，好的想法倾向于近乎同一时间在几个地方产生而不仅是一个地方。

像牛顿与莱布尼兹？

没错，或者像达尔文和华莱士。

你们什么时候开始管理资金？

当我在加利福尼亚大学欧文分校时，一切就自然而然地发生了。卡萨夫和我都在管理自己的账户。名声在外后，人们开始邀请我们管理他们的资金。这些人的资金每年的收益率超过 20%。他们把这告诉了他们的朋友。不久，我就有了十几个账户，而校园里开始有很多为此而开心的人。

你那个时候用的策略是什么？

Beat the Market 的主题是，一般上市不到两年的权证的交易价格都太高了。我们通常的操作是做空权证，并买入股票头寸来对冲。

Delta 对冲吗？

我们开始时用静止的对冲策略，随后我们决定用自己认为更好的动态 delta 来对冲。⊖

你跟卡萨夫一起管理资金吗？

没有，因为我们对于策略如何执行的意见不同。卡萨夫认为他能预测股票价格的方向，有时会考察股票的基本面，然而我很怕做这些，因为我不相信我有任何的预测能力，我认为我们应该一直保持 delta 中性对冲。⊖所以我们用自己的方式来各自交易。当我管理了一段自己的账户时，他和兄弟们开始管理基金业务。

你什么时候开发了自己的期权定价模型？

1967 年，我从保罗·库特纳的《股票市场的随机性质》中得到了一些关于如何定价权证的想法。我认为如果简化地假设所有投资都以无风险利率增长，就能得到一个公式。由于 delta 中性对冲的买卖权证会得到一个风险很小的投资组合，那么看起来我从无风险假设中得到的公式是可信的。结果就是得到一个跟未来的布莱克 – 斯科尔斯公式等价的一个公式。1967 年我开始使用它。

⊖ 在静止的对冲策略里，执行交易时权证的头寸被等量反方向 delta 数量的股票头寸所抵消，得到了 delta 中性的组合头寸。风险中性：在价格小幅变动时，组合头寸的价值将近似不变。在动态 delta 对冲策略中，对冲的股票头寸会连续地调整来保持近似 delta 中性的总头寸。

⊖ Delta 中性对冲：买卖标的股票是为了保持组合头寸的平衡，这样任意方向价格的小幅变动，都不太会影响组合。

你用自己的公式（也就是未来的布莱克–斯科尔斯公式）来识别过定价过高的权证，同时用 delta 对冲这些头寸吗？

每个被对冲的头寸需要不同的保证金，而我没有足够的资金来拥有一个多样化权证组合同时将它对冲。我用公式识别出被高估最多的权证。我发现权证的市价是由公式所得的合理价格的 2～3 倍。所以我只是裸空权证。

没有对冲的做空权证看起来与你最小化风险的理念完全相反。如果市场急速反弹怎么办？

这种情况确实发生过。在 1967～1968 年有一个大牛市。1967 年的时候，小盘股上涨了 84%，在 1968 年上涨了 36%。持有净空头的日子很糟糕。然而，这个公式已经很准确了。权证定价过高以至于我在裸空权证后仍能保本。这个公式在最糟糕的环境下证明了自己。据我所知，在 1967～1968 年我做空的权证头寸是布莱克–斯科尔斯公式在市场中的第一次实际应用。

布莱克和斯科尔斯什么时候公开了他们的公式？

我相信他们是在 1969 年发现的，大概是在 1972～1973 年公开的。

你想过公开自己的公式吗？

期权定价公式让我在市场中的胜算很大，所以我只是欣然地用它来交易。到了 1969 年，我建立了第一个对冲基金，普林斯顿–纽波特合伙公司。我认为如果我公开了这个公式，我会失去能够帮投资者赚钱的优势，所以我认为最好就是保持安静，仅仅是使用它。这就像拥有一个算牌系统，却不将它公开。在布莱克和斯科尔斯公开了公式以后，就太迟了。不过我没什么可后悔的。

我相信可转债的套利策略可能是普林斯顿–纽波特合伙公司使用的核心策略。你现在可以谈谈你是否对这个策略有一定的创新？

可转债就是一种公司债券，它的持有者可以将其在确定价格下转换成公司固定份额的股票。实际上，可转债就是一个公司债和一个看涨期权的组合。因为内嵌的期权是有价值的，所以可转债所付的利息要比一般公司债的利息低。可转债套利基金通常是买可转债，同时做空有效数量的股票对冲，来抵消由隐含的内嵌式看涨期权所带来的多头暴露（这就是 delta 对冲）。起初，可转债内嵌的选择权是被低估的，可转债套利基金通过买入低估的可转债，同时做空股票对冲市场风险，来赚取可观的利润。保持核心策略不变，市场积极地寻找错误定价的机会使权证回归合理价格。这使可转债定价模型的精确更为重要。

在简单的可转债定价模型里，可转债就像一个公司债券附加一个权证。公司债券被设定提供了可转换价格的下限，所以如果有一个 5% 的 B 级可转债，那理所当然它的价格永远不应该低于不可转换的 5% B 级债券的价格。我们知道，如果股票价格下跌得足够多，那么它的评级债券也将下降，最后设定的价格下限也不再是下限了。我们可以构建包含这个特征的模型，来得到一个更加精确的可转债定价模型。我们的模型也分析了与标的股票相关的所有其他产品，包括可转债、期权、权证和可转换优先股来找到最优的对冲组合。

在普林斯顿－纽波特合伙公司关闭以后，我打电话给费希尔·布莱克，因为我认为我们有比别人更好的可转债模型，想要看看能不能把它卖给高盛。费希尔·布莱克从远方飞过来，花了三天时间来审阅我的模型。他承认，这个模型看起来不错，但问题是我们模型的代码是为我们使用的迪吉多计算机量身定做的，这意味着要在他们的设备上使用，他们不得不重新编程，所以他们最后没有买。后面的两三年，费希尔·布莱克建立了自己的可转债模型。我不知道他是否参考了我们的想法，但这没什么关系。

在你交易成功的过程中，决定最优的赌注大小有多重要？你如何决定用凯利法则作为确定赌注大小的方法？原因是什么？

凯利法则主要是确定下注占资金的比例，来最大化资本的复合增长率。即使有优势，但当超出了某个临界值，更大的赌注会由于波动率的不利影响而导致更低的回报率。凯利法则确定了这个临界值。长期来看，凯利法则里这个比例的公式应该是：

$$F = PW - (PL/W)$$

式中，F 为下赌注的资金占总资金的比例；W 为赢的资金除以损失的资金；PW 为赢的概率；PL 为赔的概率。

当赢的资金和损失的资金相等时，这个公式简化成：$F = PW - PL$

比如，如果一个交易员在赔钱的交易中共损失了 1000 美元，而在赢钱的交易中共赚了 1000 美元，交易中 60% 都是赢钱的，那么根据凯利法则最优的交易比例是 20%（$0.60 - 0.40 = 0.20$）。

另一个例子，如果一个交易员在赢钱的交易中共赚了 2000 美元，在赔钱的交易中共损失了 1000 美元，输赢的概率相等都是 50%，那么根据凯利法则最优的交易比例是 25%[$0.50 - (0.50/2) = 0.25$]。

超额比例下注比低于标准下注伤害性更大。比如，只用凯利法则一般的比例下注会将回报率减少 25%，而赌注加倍则会将盈利全部抹掉。不考虑单次的胜算，如果下的赌注比一倍还多，那将会导致负收益。

凯利法则并没有假设最小赌注的大小。这个假设防止了全部损失的可能性。如果像在多数实际投资和交易中有最小交易单位的限制，如果这个比例低于最小交易单位，那么这种彻底损失是可能的。

我是在克劳德·香农回到麻省理工学院的时候，从他那里了解到凯利法则的。香农曾与凯利在贝尔实验室工作。我猜香农是贝尔实验室的首席科学家，而凯利则可能是第二位。1956 年凯利写了一篇论文，香农建议我参考一下。当我告诉香农 21 点赌博系统时，他告诉我在决定如何下注时去看看凯利的论文，因为相较于不利情况，你会想要在有利情况下下注更多。我读了凯利的论文，它给了我很大启发。

凯利法则关于用多少比例的资金来下注看起来最好是一个长期策略。当我提到长期，在拉斯维加斯玩一个星期的 21 点可能听起来并不长。事实上，长期指的是下注的次数，而我可以在一个星期下注数千次。我在赌场将极速地满足长期的要求，而在股票市场就不是这么回事了。在股票市场里，一年的交易也不是长期的标准，但也有一些情况使你可以很快达到长期。比如，统计套利。在统计套利里，你可以在一年里进行成千上万次的交易。凯利法则用来确定在长期可以实现最大期望增长率的赌注大小。如果你能计算每次交易或下注的胜率和平均输赢的比例，那么凯利法则会给你最优的下注比例来实现你的长期增长率最大化。

凯利法则将会给你一个长期增长的趋势。随着赌注次数的增加，偏离趋势的百分比将下降。这就像大数定律。如果你掷10次硬币，偏离期望值5的偏差理论上说很小，因为它不会比5大，但是从百分比来看，这个偏差非常大。如果你掷100万次硬币，偏离的绝对值会更加大，但从相对值百分比来看，会非常小。凯利法则也一样，从百分比的角度来说，结果往往会收敛于长期增长趋势。如果你用其他法则来决定赌注的大小，长期增长率会比凯利法则得到的小得多。因为我想要最高的长期增长率，所以在赌场下注时，我选择了凯利法则。不过有更安全的途径可以将损失降至更低概率。

我的理解是如果你了解自己的优势，并且能精确定义，当然这在市场上是不现实的，那么凯利法则就会给你一个确定金额去下注以实现最大化回报率，而下注过多或过少都会导致回报率下降。但我不理解的是，凯利法则似乎把所有权重都给了回报。凯利法则唯一反映波动率的方式就是通过其对回报率的影响，事实是人们难以忍受高的波动率。你的止损点并不是凯利法则所假设的零，而是你可承受的最大损失。看起来，这个比例应该是在满足最小化风险（即达到回撤点）的约束下来实现最大化增长率。

假设你有100万美元的资金，你可忍受的最大损失是20万美元。那么从凯利法则的角度，你并没有100万美元的本金，你只有20万美元。

所以，在你的例子中，你仍旧利用凯利法则，但是你的本金是20万美元。当你玩21点时，你也直接使用凯利法则吗？

是的，假设我确信专家不会作弊，因为我的目标是在最短的时间内赚最多的钱。

在你管理基金的时候呢？

当我管理基金时，我不是一定要按照凯利法则来做决定。如果你利用套期保值来进行理论上的风险对冲，那么凯利法则很可能会包含使用杠杆。在普林斯顿－纽波特合伙公司的基金里，所有头寸都被进行了套保，我发现我不能完全按照凯利法则的理论加大组合的杠杆比率。

为什么？

因为经纪公司不会给我这么大的借贷能力。

这是否意味着，如果凯利法则在实际中是可行的，你就已经用其交易了呢？

我可能不会，因为如果用凯利法则比例的一半下赌注，与完全按照凯利法则相比，波动率下降了一半，回报率下降了25%，这样的交易更加使人安心。我相信只用凯利法则比例的一半下赌注，心理上会更好受。

我认为有更加核心的原因来解释，在交易时所下的赌注低于凯利比例始终是理性的决定。交易和像21点这样的博彩之间有重要的区别。在21点中，理论上我们可以知道精确的概率，但是在交易中赢的概率往往是一个估计，而相对于下注低于凯利比例赚的钱，按相等数量超过其比例损失的钱更多。考虑到交易中赢钱概率的不确定性以及凯利法则中回报固有的不对称性，即使你能控制波动率，看起来理性的选择仍旧是一直保持低于凯利比例下注。此外，还有一个理由，实际上对于任何投资者来说，一单位额外收益的边际效用都比一单位额外损失的边际效用小得多。

你说的没错。假如我去赌场玩21点，我知道投注的赔率是多少，我会完全按照凯利比例下注吗？可能不会。为什么？因为有时庄家会要诈，因为一些超出我的计算范围的事情可能会发生，所以实际赢率可能和我计算的有所不同。如今我转向了华尔街，我们不可能从一开始就计算出确切的概率。另外，有一些超出我所知道的影响概率的事情正在发生。所以你需要缩减赌注到一定范围，否则过度下注真的会让你受到教训，你将得到更低的增长率和更大的变动性。因此，类似于用一半的凯利比例下注就可能是一个谨慎的开始。而后，如果你对概率更加确定，你可以增加下注比例，反之亦然。

实际上，你最终将比例下降到凯利法则的一半了吗？

我从没有被迫做出这项决定。因为有非常多的交易机会，以至于我通常不会在任意一次交易中投入高于合理比例的资金。但偶尔也会有例外，我会很难继续下去，一个很好的例子是 AT&T 和 Baby Bells。旧的 AT&T 股票将要换成新股和七个 Baby Bells 的地方公司。你可以做多 AT&T 的旧股票，在新股发行时做空 AT&T 的新股票，将价差锁定在 0.75% 左右。

你的那次交易资金投入有多大？

500 万股大约有 3.3 亿美元。这是当时纽约证券交易所完成的最大一笔交易。

你那时的资本金是多少？

大约 7000 万美元。

你如何决定交易规模？

我们所拥有的全部。

我猜想你是因为这是一个众所周知的无风险交易，所以你的交易规模才会这么大。

虽然看起来是这样，但需要明确的是，没有真正的零风险交易。

你可以阐述一下吗？

有一些极小的可能是我们忽略了一些事情，也总有一些可能是某些未知的因素。

你第一次是如何接触到统计套利的？

1979 年，我们开始一项叫作指标项目的研究工作。我们寻找一些有预测能力的指标，比如盈余惊喜、股息支付率和市净率。我大约调查了 30～40 个指标。作为项目的一部分，研究人员观察了在最近一段时间涨幅最大和跌幅最大的股票。他发现涨幅最大的股票倾向于在下一时期跑输大市，而跌幅最大的股票倾向于跑赢大市。这项发现使我们想出来一个策略，购买跌幅最大股票的分散化投资组合，同时做空涨幅最大股票的分散化投资组合。我们称这个策略为 "MUD"。我的朋友，加利福尼亚大学欧文分校的数学家，威廉·多诺霍曾开玩笑地说："索普，我的建议是低买高卖。"他几乎没有意识到自己距离真理有多近。

我们发现市场中性策略在扣除成本前大约有 20% 的年回报率。由于多空头寸并没有按照我们希望的那样运行，所以这个策略的风险相当高。有两个问题，一个是降低风险，另一个是降低成本。我们认为可以降低交易成本，而风险也不是问题，因为这个策略只是较大组合的一部分。所以这看起来是一个可行的策略。

你们用涨跌幅最大的股票作为最有效的指标，但我很好奇，你们测试的其他指标是否也是显示有效的呢？

是的。那段时间我们发现股票具有一个非常明显的模式，取决于它们是否支付股利。不支付股利的股票看起来有超出正常的回报。支付低股利的股票有低于正常的回报，但是随着股利支付的上升，总回报也倾向于增加。一个有效的 U 型曲线建议购买不支付股利和支付高股利的股票，做空支付低股利的股票。盈余惊喜看起来也有相当长的一段时间——数星期甚至数月的影响，这显示市场接受这类型的信息很缓慢。这些不全是原始发现，我们梳理了文献，试图时刻关注着这类研究的最新信息。结合从其他来源获得的研究以及我们自己原创的理念，我们得出了一个对我们有帮助的相当长的指标列表。但是普林斯顿－纽波特基金在风险调整的基础上用其已有的资金运行得非常好，以至于我们暂时不考虑统计套利策略。目前还不清楚，在现有策略的基础上增加统计套利策略而得到的边际改善是否可以作为转向执行此策略需要资源的证据。

你何时又回到了统计套利？

1985 年，我们在《华尔街日报》投了一个广告来寻找有可靠想法并可以产生超额回报的人。我们收到的其中一个回复来自格里·班伯格，他在摩根士丹利时，已经发现了统计套利策略。我记得大约在 1982 年他开发了这个策略，最终将其让给了他的直属上司农西奥·塔尔塔利。塔尔塔利进来一段时间后，接管了这个策略。班伯格非常不满，离开了摩根士丹利。他看到了我们的广告，来纽波特比奇面试。他起初守口如瓶，但很快他就开始谈论自己的策略。我意识到这与我们想的统计套利方法相同，但他增加了一个维度明显降低了风险。相对于我们自己的策略，班伯格的创新，是将股票按行业分组，在每个行业里建立多空投资组合。通过添加行业中性，他显著降低了策略的风险。

当班伯格解释他的行业中性方法时，你的第一反应是"如此明显，我为什么没想到呢"？

当班伯格解释他的投资组合结构时，我说："是的，那很明显。"但我没提到"我为什么没想到呢"，可能因为我们已经将项目搁置了。我相信，如果我们决定将统计套利的方法运用到我们的投资组合，我们可能会非常快地转移到行业中性方法。

班伯格告诉你他的方法以后，接下来发生了什么？

我们创建了一个合资公司，班伯格在纽约工作。我们提供资金，他负责运营。

我只是好奇。你已经基本知道了班伯格的想法，而且他的创新你也可以轻松地实践，如果你没将统计套利的项目搁置，你自己可能已经实现了这个方法，所以你真得不需要班伯格。如果是这样，你与他共享利益的动机是什么？

这几乎就像是一个特许经营。他非常机敏高效。他组建了自己的团队，经营自己的工作室。跟他一起合作是非常值得的。我们自己运行这个策略也可能发生类似的成本。

所以这并不是为班伯格的想法付费，而是执行这个想法。从本质上说，你认为有人很清楚地理解这个概念，并且可以执行你没使用过的方法。

没错。和他工作几乎没有行政成本。他也是一个非常诚实和有原则的人。

索普在一系列文章里描写了他的统计套利的经历，他对班伯格进行了如下的人物速写。

格里·班伯格是一个身材高大挺拔的正统犹太人，他的智商很高，用原始的方式看待金融问题以及有着带讽刺的幽默感。他在纽波特比奇和我们一起工作了几个星期。几天后，我注意到格里总是用一个棕色的袋子装午饭，并且总是吃金枪鱼沙拉三明治，最后我不得不问："你多久吃一次金枪鱼沙拉三明治的午餐呢？"格里回答说："过去的六年里每天都是。"他是一个烟鬼，而我对二手烟极其敏感，我不雇用吸烟者，也不允许有人在办公室里吸烟，所以我们谈判的一部分就是如何处理这个问题。我们相互尊重，最后得出了一个方案来满足双方的需求——无论何时格里想要抽烟，他都会走出底层的花园办公室。[一]

这个基金运行得如何？

它运行了几年，表现非常好，而后回报就开始下降了。那时，班伯格已经通过合资公司赚了很多钱，他决定退休。此刻，我重新将注意力转移到这个策略上，并且肯定有一个更好的方法去实践它，使回报重回高位。我的想法是让策略因素中性。我们做了一个投资组合的主成分分析，试图对冲主因子的风险。

你最终通过哪些具体因子对冲了投资组合的风险？

在因子分析中，有两种不同方法。一种方法是经济因子分析法，你知道具体的因子，比如，权益指数价格、油价等。另一个方法是抽象因子分析法，你所知道的是每个证券的回报，你用数学模型来处理它，最后得到一组不一定与经济因素一致的抽象因子。这些抽象因子最佳描述了正在使用的实际历史数据。

这种因子不是具体的项目而是数学模型构造的，那这类型的方法叫什么？

我叫它抽象因子分析，而主成分分析是这个方法的另一个版本。如果你有大量的数据，你就能找到互相垂直的空间向量，我们称其为主成分，它们能够最好地描述数据。

是由于正交性，所以多重共线性才不是问题吗[二]？

是的。在抽象因子分析中没有这个问题，但是在经济因素分析中，有些因素之间密切相关。

这听起来像是抽象因子分析相较于经济因子分析的最大优势。

是的，我认为是这样。抽象因子分析通常会等同于具体的经济因子或者这些

[一] http://edwardothorp.com/id9.html.

[二] 如果这个问题是清楚明白的，那么就不需要解释了，反之亦然。

因子的线性组合。比如，实践证明最大的抽象因子或等价的主成分是股票市场。

但实际上你不需要这些信息，这只是一个有趣的插曲罢了。你可以完全不了解真实的世界而仍旧使用抽象因子分析方法。

那是正确的。我们应用了因子中性法，收益上升，风险大幅下降。

你们哪一年开始将策略做了改变？

我们在 1986 年看到了班伯格的方法的收益开始下降，从那时开始研究这个方法。

所以在班伯格没有退休的时候，你们就开始研究这个新方法了？

是的，他在 1987 年离开了公司。

在班伯格退休后，你们完全失去联系了吗？

实际上在 20 世纪 90 年代中期，他的老婆联系了我，问我可否为他的一个法学院申请写一封推荐信。我很乐意这么做。据我了解，他去法学院读书拿到了学位，但接下来的事情我就不清楚了。

你通过应用因子分析法将统计套利进行了修正，接下来又有什么新的发现吗？

在班伯格离开和因子分析方法执行期间，统计套利策略中断了一段时间。在那段时间，1987 年 10 月的股市大崩盘发生了。那段时间太糟糕了，我们错失了实践这个策略的最好时机来实现大量的回报。但是直到 1989 年，我们仍一直保持着高收益率。那时，在普林斯顿办公室陷入与朱利尼亚的法律纠纷后，普林斯顿 – 纽波特最终关闭了。

我们能谈谈这个故事吗？你是如何与普林斯顿办公室的里根开始合作的？

1969 年我遇到他时，他还是一个股票经纪商。他想找到一个可以比单纯做经纪商更好的事业，他发现对冲业务可能很适合他，所以他开始寻找合作伙伴。他心目中有四个人选，我是其中之一。在我和卡萨夫合写的畅销书 *Beat the Market* 出版后，他对我进行了研究。而我也在寻找一位能负责业务和行政方面事务的人。因此我们一拍即合，各司其职，各取所需。

你初次发现普林斯顿办公室被调查是什么时候？

我第一次听到这个事情是在我们办公室的一个工作人员接到了普林斯顿办公室的电话。他说联邦特工冲出电梯，拿走了所有记录。由于调查要求，我在随后才知道，里根和普林斯顿办公室的其他员工早在一年前就知道了事情的始末。

所以你在事情见报前，才知道这些事？

没错。

你的反应是什么？

我不知道这个突然搜查的动机是什么，或者说政府想要找到什么。

里根从来没有暗示过你正在进行的事情吗？

完全没有，无声无息。

你对里根的评价出错了吗？

我认为他已经变了，多年以后他不再是当初我们合作时我所认识的那个人，可能成功慢慢腐蚀了他。

当你发现这些以后，你是如何做的？

我和里根以及普林斯顿办公室的其他被告达成协议，公司的责任最多只有250万美元，我们会用这些钱为他们辩护。他们的想法是公司应该支付所有辩护费用，而我的态度是如果他们有罪，那么公司不应该付任何费用。我们最终在250万美元达成共识。最终的法律费用为1200多万美元，远远超过了我们的协议数字。

所以在这个问题上你和里根是对立的？

是的，尤其是我从来都不知道发生了什么事。他们已经自成一体了。

在这种情况下普林斯顿办公室运行得如何？

由于他们都被法律事务弄得无心工作，一切仍旧步履维艰。起诉后的几个月，我见到了里根，告诉他："我不知道这里发生了什么事。我很愿意管理所有事务直到一切结束。如果你们愿意现在辞职，若后面被宣告无罪，我将很高兴让你们恢复原职。如果你们觉得有必要，我也可以写下书面承诺。"

但他毫无回应，我就像是在对一个失聪人士讲话。我认为这不是我想继续的合作关系。后来除了结清头寸，公司也很快就关闭了。

你考虑过自己重新建立一个基金吗？

我不想在运行一个基金时所有事情都亲力亲为。这也是为什么我最初选择一个合伙人来负责业务。我也想要一些私人时间。

普林斯顿－纽波特合伙公司关闭后发生了什么事？

我留了纽波特比奇办公室的一小部分员工。在 1990～1991 年我们主要交易日本的权证，这个交易获利丰厚直到经纪商开始大幅提高买卖差价。这个交易的潜在利润有 30%，但随着买卖差价的提高，交易成本上升到 15%，所以我们不得不放弃这个策略。

接着我听说统计套利做得很好，我之前的一位大投资者想要我重新将它建成一个可投资的策略。1992 年，我们重新开始了这个策略。虽然在第一年它仅有 5%～6% 的回报，但那一年除了随机波动，我们没有任何理由获得低于市场的回报，因此我们仍有信心继续这个策略。

在普林斯顿－纽波特合伙公司关闭以后，你没有交易的这段时间，策略表现得如何？

从 1989 年我们关闭合伙公司到 1992 年 8 月重启统计套利的这段时间，策略本来会表现得很好。我们开始重新交易时的收益很低，但是我们仍继续坚持，而后，这个策略表现得越来越好。我们运行了这个项目将近十年时间，在不考虑回报和杠杆的情况下，年回报率为 21%，而标准差只为 7%。

你为什么在 2002 年这个项目有如此好的风险回报记录时，选择关闭它呢？

有几个原因。首先，回报看起来在下降。我不确定这个趋势是暂时的还是永久的，但我怀疑它会继续，因为现在有比过去更多的资金在追逐相同的策略。我们本来可以继续努力走在潮流的前端，使回报继续保持在高位，但这意味着需要我大量的思考和努力。那时，我对自己说，生命越来越短，是时候做些其他事情了。另一个原因是我有几个重要员工想要更多利润，一个我认为不合理的数额，所以我说："那太多了，再见。"

你又看过这个项目运行得如何吗？

我几年前看过它的运行。它的年化收益率大约为8%，相较于市场2%的回报还不错，但这不足以让我想要重新开始运行它。

你与另一个相对早期的统计套利实践者戴维·肖，有什么故事？

1988年，戴维·肖离开了所罗门，寻找能为他提供统计套利初创资金的人。他刚开始来的时候，我不知道他到底想要什么，但是经过大约六个小时的讨论，看起来他的策略对我们来说是冗余的，所以我们友好地分开了。

所以基本上你们都意识到自己在做相同的事情，而且真的没有可以合作的地方。

完全没错。

你在2002年关闭统计套利基金以后做了什么？

我将自己的资金投入到其他人的对冲基金里。

你在投资对冲基金时有什么推荐吗？

我现在没什么推荐，因为我已经没什么对冲基金的候选者了。

为什么会这样？

20年前，我非常了解对冲世界是因为我自己也在运行，我认识许多玩家也知道很多方法。我非常清楚哪些基金有盈利，哪些基金只是聚拢资金。从那时起，对冲基金和资产管理如雨后春笋般涌现，越来越多资历尚浅的玩家顺应潮流进入市场。随着越来越多的资金追逐相似的策略，资产管理规模的增加也在逐渐降低回报。随着有越来越多的基金经理可以选择，找到一个好的对冲基金也越来越困难。多年以来，对冲基金开始从盈利转变到以聚拢资金为目的。同时，基金的管理费用在上升。曾有一段时间只有20%的激励费用，接着增加了1%的管理费，再接下来是20%的激励费加上2%的管理费。这些趋势都让投资者很难从对冲基金中得到好的回报。

共同基金的回报已经等同于市场，或者说当你考虑到交易成本的时候，它的回报比市场更糟。你觉得对冲基金行业正在步共同基金的后尘吗？

我相信总回报的下降使对冲基金已经没有从前的吸引力了。

你认为对冲基金行业的稳态均衡在哪里？

在我看来，稳态就是对冲基金没有超额风险调整回报的时候。

由于缺乏流动性的风险补偿，你不会期望一些超额回报吗？

我赞成相应的风险补偿。

你认为现在市场进入到哪个阶段了？相对于其他投资而言，对冲基金仍在风险调整的回报中有一些溢价吗？

我的直觉是它仍旧有优势，但并不多。

你仍旧投资对冲基金吗？

我有一段时间没发现好的投资了。不过，如果有，我会很乐意投资。

所以你仍旧投资于早期的品种？

是的，但是由于我认为有些基金不再如从前那样好，或者它们的回报在下降，所以投资的数量在逐渐减少。

随着基金数量迅速增多，当你积极地寻找新的对冲基金去投资时，你是如何筛选的？

我将年标准差超过 15%，或者年回报低于 12%，以及运行糟糕的基金筛掉。

在你遇到过的基金经理人中，有哪些是凭直觉而不是通过详细分析市场赚到钱的？

多年前我与布鲁斯·科夫勒⊖待了一天，我认为他能很好地定性把握市场间的各种联系。如果你能像布鲁斯·科夫勒那样思考问题，那你就能遵循他的道路获得成功。我和布鲁斯一起合作投资在他的一个想法上。布鲁斯买了一艘油轮，并让许多他认识的人一起投资。它叫作 Empress Des Mers，是那时世界上最大的

⊖ 布鲁斯·科夫勒是著名宏观对冲基金 Caxton 的创始人，我在《金融怪杰》一书中介绍了他。

油轮。我想我大概拥有这个油轮的 20 英尺$^{\ominus}$。由于当时油轮过剩，而旧的油轮保存良好，因此我们以一个高于残值不多的价格买下了它。我想它的残值大约为 400 万美元，而布鲁斯用 600 万美元买下了它。这有点像石油市场的看涨期权，我们坐等价格上涨。当石油市场活跃起来时，油轮的需求极大，我们的油轮周而复始地工作，赚了很多钱。它一直在工作直到几年前，油轮逐渐报废被卖掉。

你怎么认识的沃伦·巴菲特？

我还在加利福尼亚大学欧文分校的时候，开始管理交易权证的账户，我在学校有一定的名气。研究生院的院长拉尔夫·杰拉德听说了我的事情。他恰巧是巴菲特有限合伙公司的投资人之一。这个公司正要被关闭，因为巴菲特认为股市在 1968 年疯涨，他觉得无能为力。杰拉德需要找到另一个投资来放置他从巴菲特那里拿回的资金。他将我介绍给了巴菲特，在 1968 年我刚见到巴菲特时我就知道他很聪明，我们一起在杰拉德家里玩过几次桥牌。我记得我跟妻子讲过，综合巴菲特分析公司的能力、复合率以及方法的变通延展性，我认为他将成为美国最富有的人。几十年后他有段时间确实如我所言，并且从那以后一直都是。我与巴菲特失去了联系，而后在 1982 年的某一天，我了解到，他在 1968 年分发的股票伯克希尔－哈撒韦，已经变成了他的私募基金。我立刻意识到这意味着什么。他们在 1964 年以每股 12 美元的价格出售，而我现在是以每股 985 美元的价格购买。

你考虑过跟随期货的趋势来设计策略吗？

我相信有很多种可能使夏普比率在 1.0 以上，但由于夏普比率的数值很低，不足以实践这些策略。

我明白了，你相信市场有内生趋势存在。

是的。十年前我并不相信，但是几年后，我开始花大量的时间来研究这个策略。我的结论是这个策略确实有用，但是它的风险太大以至于很难持续下去。

$\ominus$　1 英尺 =0.3048 米。

你用过跟随趋势的策略吗?

用过。

你何时开始交易期货的?

我们在 2006 年开始这个研究项目,并在 2007 年年末推出交易计划。这个交易看起来是可行的,因此我们考虑引入机构投资者的资金将其扩大。但在 2010 年年初,我的妻子被诊断患有脑癌,我无心在这个交易上。生命太短暂了,我不想再让其他事情占据我的生活,所以我们逐渐结束了这个项目。

所以这个项目在你实践时就已经运行得很好了?

相当不错。虽然它不如普林斯顿 – 纽波特策略或者统计套利有吸引力,但是它确实是一个好产品,而且它似乎比其他大多数管理大笔资金的跟随趋势项目要好得多。

你的项目的夏普比率是多少?

按年算比 1.0 大一点。

既然你已经不再使用这个策略,你可以谈一下,你对普通的跟随趋势方法做了哪些改进吗?你的项目有什么特别之处,使它运行得更好?

我们结合了技术面和基本面的分析。

什么样的基本面信息?

不同市场我们考虑的基本因素不一样。在金属和农产品市场,价差结构非常重要,比如市场是处于现货升水还是期货升水状态,还要考虑相对于储存能力的存量。在外汇市场中,这些因素就无关紧要了。

你的方法可以解释为将技术趋势跟随原则与识别市场环境的特定基本面过滤器结合吗?

可以。

你对这个基本的趋势跟随方法做了其他加强吗?

我们将一些降低风险的方法构建到系统里。我们通过追踪相关系数矩阵来减少相关市场的风险敞口。如果两个市场高度相关,而且技术系统显示做多一个市场，做空另一个市场，这将再好不过了。但是如果它显示两个市场同一个方向，那么我们就会在每个市场持有较小的头寸。

随着时间的改变，市场间的相关系数会完全改变，甚至会改变正负，你多久回测一次呢？

我们发现 60 天比较合适。如果时间窗口太短，会有很多干扰项，而窗口太长会包含很多不想管的信息。

你还将其他降低风险的策略纳入系统了吗？

我们也有一个有点像旧的投资保险策略的风险管理过程。如果我们损失了5%，我就会减少头寸。如果再损失一些，我就会继续减小头寸。随着我们损失的增加，这个程序会自己走出困境，最后逐渐自动结清头寸。在减少头寸前，我们会等待在 5%～10% 的止损点，而后随着每 1% 的额外损失，我们会逐渐减少头寸。

当损失达到什么程度时，你们的头寸会减少到零？

20%。

你们最多损失了多少？

我们的最大损失是 14%～15%，那时我们只持有正常头寸的 1/3。

如果损失下降到 20%，你会如何重新开始？

我不会。你需要提前考虑多少损失预示着系统不如想象中的好，从而不会用它来交易。

回头来看，你认为在损失时减少风险敞口是一个好想法吗？

这取决于你对自己胜算的信心有多大。如果你坚信自己的胜算，那么最好就是坐在那里吃吃苦头。但是，如果你认为你可能没那么大胜算，那么你最好设置一个安全机制来控制你的损失。我认为趋势跟随就是我永远都不能确定我有百分之百胜算的策略，所以我想要一个安全机制。而对于像可转债套利这样的策略，我对它的回报概率很有信心，所以对它减少风险敞口是没有必要的。

不同于可转债套利策略，在趋势跟随策略中你不能精确地评估赢率，那么你的凯利法则比例是多少？

因为交易资金的比例只是凯利法则非常小的一部分，根本没有多大影响，所以我们在趋势跟随策略中完全没有使用过凯利法则。我猜实际的大小可能是凯利比例的 1/20～1/10。

我知道你在麦道夫职业生涯的早期调查过他，你能讲讲那个故事吗？

早在 1991 年，普林斯顿－纽波特基金的一个主要机构投资者请我为他的养老基金审核一下资金分配过程。我在他们的办公室用了几天时间来审核他们的基金经理。其中一位因其每月报告了 1%～2% 的正回报而出名。他们已经让这个经理管理了几年资金。我让他们拿报表给我看，仔细审阅了报表后，我得出了一个结论，这个经理是一个骗子。

你是如何得到这个结论的？

首先是看看这个经理说他做了什么。据说他的策略是买一只股票，买一个执行价格略低于股票价格的看跌期权，卖一个执行价格略高于股票价格的看涨期权。他收到的看涨期权的费用几乎平衡了所支付的看跌期权的费用。购买看跌期权可以保护他免于过多的损失，但这不意味着每个月都会盈利。如果有一个月市场涨势强烈，那么他的策略会运行得很好，因为他可以赚到看涨期权的执行价格与他购买股票时价格的差价。相反，如果有一个月市场价格持续下行，由于他购买的看跌期权的行权价格低于他当初购买股票时的价格，这样他就会有损失。既然他在所有股票中都用相同策略，那么他就不可能在大多数月份，整体趋势一致的情况下得到组合的分散化。所以他应该有赢钱的月份也有输钱的月份，但是这些结果并没有显现在报表上。根据他声称用的策略，他的回报确实与市场不符。所以我的问题出现了，为什么会不一致？

在我看了交易记录后，我注意到一个神奇的交易会定期进行，这样可以避免潜在的损失月，使他成为赢家，同时也可避免高盈利的月份，使他的获利很平均。这个神奇的交易就是在恰当的月份做多或者做空恰当数量的标准普尔期货来平滑回报率。

在初次审核后，我问客户："你一般在什么时间收到你的交易确认书？"

他回答说："他们每隔几个星期会送来一批。"

我问："谁是会计？"

他回答说："是麦道夫的一个朋友。他自己开了一个事务所，从 20 世纪 60 年代开始，他成了麦道夫的会计。"

我嗤之以鼻，问："谁负责你们的信息技术系统？"

他们回答："哦，他的弟弟，彼得·麦道夫。"

我告诉他我想仔细检查一下基金的运营情况。他们打电话为我安排了访问。伯尼去了欧洲，赚了更多的钱。他的兄弟彼得表示："我是不会让他进来的。"我让他们问原因，但彼得并未回答。我觉得事情已经初见端倪。我告诉我的机构客户，我想拿他们的日常确认书以及月报告来更详细地分析一下。他们同意了，并让我分析后做个报告反馈给他们。

我带了几箱确认书和报告回到加利福尼亚州，并仔细审核了这些信息。我们研究了每份交易确认书，发现大多数交易可能从来没做过。因为股票交易很难证明真伪，所以我们将目标定在了期权上。一半的期权交易显示零成交量，甚至没有在交易日交易。还有 1/4 并没有在报价上成交。另外的 1/4，我们不能判断交易是否发生了。我挑选了其中的 10 次交易，让我的一个在经纪公司任高层的朋友帮忙，找出这些交易的对手方。他检查发现，麦道夫的公司并没有出现在交易的任何一方。

我告诉我的机构客户："他在账面上造假，一切都是杜撰的。你要做的就是尽可能快而悄悄地撤出这个基金。这是一个巨大的庞氏骗局，雪球会越滚越大，最终将会走向自我毁灭。"

他们退出了吗？

是的。

你还做了其他事情吗？

我想将这件事公开，但我已经被政府的朱利尼亚和普林斯顿－纽波特合伙公司的事情弄得头昏脑涨。我之前也发现了一些小的欺诈事件。我的一个律师朋友为美国证券交易委员会工作了八年，他说将这些事报告出来非常浪费时间。

为什么？

因为他们不关心这样的事情。

你如何看待有效市场假说？

基于我们基金平时的成功，问题并不是"市场有效吗"，而是"市场有多么的无效"，以及"我们如何利用这些市场失灵"。

市场有效的说法意味着超额收益是不可能的，这是一个空洞的说法，因为你无法证明它是错的。但是如果有人可以有明显的回报，那么你就可以反驳这个理论。如果市场参与者可以赚取超额回报并且能够合理解释这个原因，那么市场确实是失灵的。可转债套利就是一个好例子。你可以确切地计划它运行的方式、原因，以及预估你能得到的回报。

多年以后，你如何总结自己的市场哲学？

我认为市场失灵是存在的，但它们很难找到。

考虑到市场竞争加剧，你认为市场失灵越来越难找了吗？

对我来说是这样，但对别人来说就不一定了。我年事已高，兴趣渐无，而且口袋也越来越满，这让我失去了发现失灵的动力。

你对那些想要以追逐市场作为挑战的人有什么建议吗？

对我有用的方法写在了随后将要出版的一本叫 *Do What You Love and the Money Will Follow* 的书中。

还有其他的吗？

试图找到你所擅长的领域，将其应用于市场。如果你擅长会计，那你可以成为一个价值投资者。如果你很擅长数学和计算机，那你最好做定量研究。

***

赌博和投资听起来可能没有太多共同之处，但对于索普来说它们很相似。它们都是以概率为基础的游戏，可以利用解析方法来解决问题，找出胜率，即使这样的答案可能不存在。索普推翻了先前所固有的观念，他努力将同类型的科学思维和数学推理应用于赌博和投资。因此毫不奇怪，他在赌博中运用的原则和风险管理也同样适用于交易市场。

决胜轮盘赌一度被认为在数学上是不可能的，但通过一个完全不同的方法将注意力转移到预测小球最终停留的区域可以解决这个问题。索普的策略可以得到44% 的胜算。这个经验告诉我们，有时看起来不可能的事，换个角度想完全是可能的。类似的方法也可用于交易中。即使大家认为用常规的办法跑赢大市是不可能的，但是这绝不意味着非常规的方法也有这种限制。

相对于在何时停牌、拿牌、分牌，以及双倍下注的概率决定基本系统，索普着力于改变下注大小来改进在 21 点中的赢率。通过在赢率较高时多下注，索普能够将一个在不考虑赌注大小的完善决策下正在受损失的游戏转变成一个赢率很高的游戏。这个方法对交易员也非常重要：改变头寸大小与入市时机同样重要。在赢率较低时较少下注或者不下注，在赢率高时加大赌注，可以将一个输钱的策略变为赢钱的策略。索普在玩 21 点时即使胜率低时也要下注，但交易员完全可以放弃低赢率的交易。

尽管在交易中概率不能像在 21 点的牌类博彩中精确评估，但交易员仍能经常区分出交易机会的概率高低。对于量化的交易员来说，这样的评估可能是基于不同策略历史数据的统计分析。任意决定型交易员，对不同交易的信心水平区别很大。如果交易员在信心高的交易中做得更好，那么信心水平就可以作为赢率的一个替代。这意味着，交易员会在高信心的交易中提高交易量，而在信心不足的交易中减少交易量甚至不做交易。

交易员的信心程度不仅与决定交易头寸的大小有关，也与决定风险管理办法有关。当索普做套利交易时，可以大概评估最大的理论风险，即使现在的头寸对他不利，他也不考虑减少风险敞口。但如果他利用趋势跟随策略，交易是定向的，赢率是他所有用过的策略中最难确定的，那么他就会在损失部位减少风险敞口。

索普在赌博中学到的经验就是："下注的数量要在你可接受的范围内，慢慢来，直到你准备好为止。"他从很小的赌金开始下注，他的胜算不低，还有支持者的期望。他最开始的坏牌下注 1 美元，好牌最多下注 10 美元的方式，让支持者非常烦恼。索普的这种对于风险和心理舒适程度的方法也同样适用于交易员。感情用事对交易来说是致命的，而验证感情是否会影响交易决定的最好方法就是，让交易量大小超过交易员的内心舒适范围。

许多交易员都错误地相信有定义市场行为的单一解决方案。只要他们可以找到这个方案，那么交易就会像在操作一个赚钱机器。他们坚持不懈地寻找这个圣杯，而事实是，这种方案并不存在，即使它存在也是在不停变化的。成功的交易员适应不停变化的市场环境。即使他们找到了可以提供市场赢率的模式或方法，他们也会根据市场的指导而不停修正。在市场中走向成功是一个动态而非静态的过程。

索普的统计套利方法是适应市场的一个案例研究。最初的构想是通过做空涨幅最大的股票来平衡跌幅最大股票的多头头寸，以实现组合近乎零的风险敞口。当这个策略的风险回报开始恶化时，索普转向了这个策略的变体，向市场中性添加行业中性。当行业中性的统计套利也开始失效时，他又转向了行业间的风险对冲。经过第三次修正后，最初系统的价值已经大大下降了。通过不断调整和修正策略，索普能够持续保持很强的风险和回报表现。原始系统的强势只是暂时的。

交易的最优规模是多少？理论上这个问题有明确的答案，就是凯利法则，它能用数学证明长期来看这个大小能获得最高的累计回报。但有一个问题，在凯利法则假设赢的概率以及输赢的比例都是已知的。尽管这个假设对于可计算概率的博彩是正确的，但对于交易来说赢的概率是未知的，最多是有很大误差的估计。如果用凯利法则来决定交易的头寸大小，那么高估了赢率会受到很大的惩罚。事实上，高估交易大小的负面影响是低估交易大小的两倍。所以，对交易来说，通常不知道赢率的确切大小，最好的交易规模往往比凯利比例的建议小得多。

　　同样，即使假设凯利法则的交易规模是明确已知的，但权益流动的波动性非常大，远远超过了人们的舒适范围。高的波动率意味着凯利法则不再是一个简单的审美标准，它也有很强的实践作用。权益流动的波动性越大，交易员在损失时弃用这个方法的概率越大。索普建议即使赢率是可以合理估计的，也最好用凯利比例的一半来交易。如果这个估计的误差很大，那么只建议用很小的凯利比例。当索普使用趋势跟随系统时，他估计自己的交易规模可能还没有凯利比例的1/10，由于这个比例很小，所以他就没有用凯利法则的标准来做交易。

　　在做交易时，我们应该如何利用凯利法则呢？这个视情况而定。如果你认为自己可以大致估计出赢的概率以及输赢比率，那么凯利法则在决定交易头寸时是有用的。然而，在这个例子中，一半的凯利比例比全部更好。如果赢率的误差很大，那么一半的凯利比例可能仍旧太大，凯利法则也并不是放之四海而皆准的。

第 7 章

杰米·麦

追寻非对称

我是从迈克尔·刘易斯所写的《大空头》（*The Big Short*）一书中知道杰米·麦的，此书颇为成功地以通俗诙谐的方式阐述了复杂难懂并引发了 2008 年金融危机的抵押支持证券问题。有点讽刺的是，根据刘易斯所描述的金融交易，对于在麦的公司康沃尔资本的成功中运气和能力所扮演的角色，我与他有截然不同的观点。

在书中，刘易斯绘声绘色地将康沃尔资本描述成一个以小额的资本进行交易起家的对冲基金，只字未提公司的结构。但事实并非如此传奇。康沃尔资本最初是以家族公司的形式成立的，主要是为了将麦父亲的资本多样化。麦的父亲是安盈投资（AEA Investors）的掌权人，而安盈投资是一个久负盛名的私募公司，并且最近还被评为全球十大杰出并购基金之一。

康沃尔成立不久，麦以前工作过的私募公司的同事查理·莱德利也加入了进来。第三位重要人物，本·霍克特于 2005 年以首席交易员的身份加入康沃尔。他们三个通力合作开发了康沃尔的投资项目，这个项目既包含了麦和莱德利所熟悉的自下而上的价值投资方法，又融入了霍克特多年来的资本市场以及固定收益和衍生品的交易经验。2009 年，莱德利离开康沃尔转投波士顿的一家大型对冲基金公司。霍克特作为首席风险官和首席交易员继续留在公司。

康沃尔的交易策略种类繁多，从主流的基本面分析到通过寻找难以捕捉的市场失灵来获利的策略。所有策略共有的一大特点就是，策略的建立以及交易的执行都是基于高度的不对称和正偏态，也就是说，获利的概率远远大于损失的风险。其中一笔他们赌对了次级抵押贷款债券，这使得麦、莱德利和霍克特成为刘易斯书中的主角。康沃尔最终获得了高于他们为次贷违约所支付保费的80倍收益。尽管这笔交易获利非常，但这正是康沃尔所追求交易类型的典型代表。

从2011年5月开始，康沃尔转变了基金结构对外部投资者开放。在之前的几年中，麦曾遇到几次明显的投资机会，它们可以很容易地获得远远超过家族企业所能投入的资金。在这些机会中，他曾考虑过募集外界资金来交易的可能性，但他觉得募资资金的时间太久，所以并未实践。到了2008年，促使他重建基金结构吸引公共资金的导火索终于爆发。由于缺乏有效的资产，他错失了一次千载难逢的纯套利机会，这让他十分沮丧。[⊖]麦决定将基金只对几个他可以开诚布公交流想法的投资者开放，而不是一味地扩增自己所管理的资产。这些投资者身经百战并且与他志趣相投。

在成立以来近九年的时间里，康沃尔资本实现了平均每年40%的净回报率，总的回报是52%。[⊖]年标准差在相对高位，为32%（总的标准差为37%）。根据常用的风险回报指标，它的夏普比率为1.12（总比为1.23），这说明康沃尔的表现相当出众，不过这个指标严重低估了基金的真实收益风险表现。康沃尔也再一次证明了夏普比率在解决收益率的非正态分布时存在缺陷。这个问题的关键在于

⊖ 这个交易的背景是在2008年金融危机爆发的大环境下，原油价格暴跌，原油期货价差十分异常。近月合约的期货价格远远低于远月合约的价格。如果以近月合约的价格购买原油，同时通过做空更高价格的远月期货合约来对冲风险，将原油储存在油轮上，等到远月合同到期后再交割。两个合约的价差远远超过了原油的储存成本。这是一个经典的锁定套利交易。唯一的问题是你需要一艘油轮，你不可能只买船身的一部分。康沃尔资本的自有资金太小，而向投资者募集资金的时间又太长，最终这项交易没有实现。

⊖ 统计数据是基于从2003年1月到2011年4月的原始基金以及从2011年5月到2011年12月对外部投资者开放的新基金。由于原始基金属于自营交易，不收取任何费用，所以为了计算净回报，需要在原始基金的回报中扣除新基金所收取的费用。

夏普比率用波动率来代表风险。由于交易设计的收益有不对称性，因此康沃尔的波动率多为正向的波动率。换句话说，康沃尔波动率高的主要原因是很多交易有非常大的收益，但没人会介意这一点。夏普比率的风险衡量指标——标准差反而会对超高收益率做出负面评价。如果使用类似损益比（见附录 A）以损失而非波动率来作为风险衡量的指标，康沃尔的卓越表现就显而易见了。它的损益比高达4.2（基于总回报为 5.2）。

在六个月的时间里，我在康沃尔办公楼的会议室里前后采访过麦三次。我们都是在收盘以后见面，而且最长的一次由于太久了，我们不得不叫外卖作为晚餐来继续采访。麦非常友好而且很乐意公开讨论他的交易策略。

注：附录 B 对期权做了一个简单介绍。为了更好地理解文章中所引用的案例，不熟悉期权的读者可以先阅读附录 B。

你们对成为刘易斯的《大空头》一书中的人物持有保留意见吗？

当然有过，说实在的，我们最初对成为书中的人物一点兴趣都没有。2009 年当迈克尔来找我们的时候，查理和我可能有一半的时间花在了非投资的工作中，我们在尝试推动金融体制的改革。一想到人们对存在于信用衍生品中的基础结构性漏洞缄口不言，搞得金融危机如此棘手，我们就觉得非常可怕。

我们也与媒体记者交流过，试图帮助他们理解和公开这场危机的症结。举个例子，当迈克尔第一次来找我们的时候，查理刚刚给美国公共电台（NPR）的"Planet Money"栏目提供了一些科普性的背景介绍。他们之后播出的一期名为"The Giant Pool of Money"的节目基本上是把查理和我想对所有人说的话逐字阐述了一遍，不过那时没多少人愿意听我们说这些。⊖

⊖ "The Giant Pool of Money"是最初在"This American Life"中播出的一个获奖节目。"This American Life"由 Ira Glass 主持，在公众国际广播电台 Public Radio International（PRI）播放，每周时长一小时。这个节目语言清晰、色彩分明地阐述了次贷危机的复杂性。"The Giant Pool of Money"的成功使由 Adam Davidson 和 Alex Blumberg 主持的 NPR 电台节目"Planet Money"诞生了。"Plant Money"是一档极富创造性、娱乐性且见解深刻的节目。从它播出开始，我就一直收听。这个节目非常值得推荐。

所以当刘易斯跑过来，我们坦诚地与他交流。对他来说，我们给他在技术层面上阐述了为什么次级抵押贷款证券化会变得如此失控。当他说要把我们写进书里时，我们也从没当真，尤其是当他说想把重点放在我和我父亲的关系上。

这之后又过了很久，迈克尔又跑来过找我们。他说："嘿，朋友们，我实在找不到有其他人赌对了中间级的次级抵押贷款协议，我真心需要你们的加入来带我把抵押贷款协议的机制梳理梳理。"⊖理解抵押贷款协议的基本概念对理解信用危机是如何发生的至关重要。我们尝试通过化名的方法来掩盖我们的真实身份。除此之外，我们也想不到其他更好的办法了。最后在迈克尔的生拉硬拽下，我们勉强同意了。

你对那本书的写法满意吗？

嗯，我还是满意的。书中的描述方式通俗易懂，使即使没有金融知识的读者也能读懂次级抵押贷款证券化在引发信用危机中所起的作用。我认为这对公众舆论有正面的影响。我希望书的内容可以一直扩展到危机之后产生的余波，特别是宽容的政府政策以及系统性风险和信用衍生品间密不可分的联系。但我估计这些扩展已经超越了那本书的范围。

对于那本书中对你和合伙人的描述，你有什么感想？

虽然，总体来说，我对刘易斯的描述方式没什么意见，但他的描写多少还是有点言过其实了。不过我觉得做到这样也算不错了。他很好地抓住了我们的投资方法的一些方面，不过我觉得他的描述可能会使一些读者对我们的投资方法得出不准确的推断。

具体来说，你觉得书中哪里对你的描述与现实有出入？

我认为读者读完以后可能会觉得我们就像一群牛仔，丝毫不计风险所带来的后果，而事实正好相反。

⊖ 如果读者对此段话不是很理解，别担心，随后我们将在关于对赌抵押贷款协议的谈话前，对抵押支持证券以及其在金融危机中的角色做一个简单的介绍。

是的，他把你们写得有点像走运的枪手。我记得当我读这本书时，我的印象是"从来就没有不可能成功的投资"。一系列的投资交易听起来都像是在一座以一赔十的大金山里。但当我读到关于每笔交易的具体描述时，我的想法是：这真不是运气好，而正是这种极端的非对称性交易使高收益率变得如此正常。就像书中描述的那样，你们寻找价值被严重低估的期权或者有期权性质的投资，在相对确定的低风险下，抓住机会，获得超额收益。

我觉得书中没有写这些。

好吧，我觉得这些都是字里行间的，可能一般的读者不会想到这些。但事实摆在那里，所以每个人都会有自己的结论。

我很高兴你能得出这样的结论。

虽然我理解你的一些交易使你的投资翻倍，但我对刘易斯所说的收益的量级感到困惑。根据书中的数字，看上去你把你的一个初始为 11 万美元的投资翻番了 1000 多倍，这听起来难以置信。

为了公平起见，迈克尔在阐述我们的故事时有一个限制，就是他必须把我的家人剔除在故事之外。我父亲管理了一家美国最老的杠杆收购公司 20 多年，而在那之前他曾为雷曼兄弟管理过投资银行。康沃尔资本是我和他在 2002 年一起成立的家族公司。迈克尔在避开了我家族隐私的同时，巧妙构思并描述了最初我们极小的启动资金，但这并不能准确反映出我们所拥有的资本以及我们将如何进一步改进投资方法。我们的第一笔交易是在我的小 Schwab 账户中完成的，那时我们尚未确定这个家族的混合型投资工具的结构。所以，从狭义上说，11 万美元这个数字上是准确的，但它并不具有代表性，因为我们所拥有的资金不只这些，而且当时我们已经有了很明确的策略扩张计划。

我发现你本科主修的是历史，很难想象这样背景的一个人会尝试投身于交易领域。你之前的职业目标就是交易吗？

嗯，我也说不清楚作为一个本科生我的职业规划应该如何，但我并不认为选择了历史专业就意味着和金融行业分道扬镳。我很幸运有这样一个父亲。他总是鼓励我走自己的路。在这一点上他堪称楷模。他属于在事业上已经非常成功但同时又能够非常务实的那种人。在我认识的人里面他的思维最为清晰敏捷，如果说我有哪一点是从我父亲那里继承又对我的投资事业有所帮助的话，那就是能够用直接和实际的眼光来看待事物的这种能力。你可以说我们都善于捕捉投资中的各种契机。在我的职业生涯中，当我觉得我准备全力以赴的时候，父亲建议我以会计作为进入私募行业的突破口。比起其他传统职业的路径或者以投行或管理咨询作为背景，这确实是一块更好的敲门砖。有一句谚语说得很好：会计是商业的语言。

你回学校学习过会计吗？

学过，当时纽约大学有一个特别的会计硕士项目，它由六大会计事务所赞助。他们想通过这个项目吸收文科背景的学生来多样化他们的员工背景。事实上，进入这个项目的一个必要条件就是申请者在申请前没有修过任何会计课程。有一个夏季速成项目涵盖了四年的会计学课程，然后你就作为新手被分到一个金融审计部门里。那时我被安永雇用，主要负责大型投资银行的审计工作。

在完成会计的学业后，你去私募工作过吗？

是的，之后我进入了戈卢布投资公司工作，那时它还是一家小型私募公司。查理·莱德利是其成立以来的第一位投资分析师，而我是第二位。不过这家公司现在旗下管理的资产已经从不到一亿美元上升到几十亿美元了。

你在这家公司学到了什么让你觉得对以后有帮助？

我认为在私募的工作经历让我在基础价值分析上打下了坚实的基础。在对可收购公司进行尽职调查的过程中，分析员需要对目标的财务数据进行细致入微的分析。在分析细节问题时，由于其复杂性，很容易就让人迷失而且分析得更加深入。但如果不深入钻研，你就无法找寻线索来揭开投资问题的面纱。

在私募工作的一项必要技能就是迅速剔除不良交易，因为深入分析的资源强度会创造出非常高的机会成本。我的前任老板加导师，Housatonic Partners 的威尔·桑戴克教会我的一点就是，如果你能够提早知道问题在哪里，那你就能更容易找到答案。抓住问题的关键看似困难，但一旦你抓住了，剩下的就是用很简单的推论分析来看你的假设是否正确。一般来说，98%的假设都会被推翻并扔进垃圾桶里。

当你成为投资方以后，在私募中的经历又起到了怎样的作用呢？

我最初致力于一些特定的交易，因为这些交易似乎本身就符合我之前所学习过的基于假设驱动以及严谨分析的方法所需的条件。这里的特定交易是指那些单个公司或者整个行业发生的价格错位，这些错位通常源于市场对其特定风险以及不确定性所做的一个贴现。因为市场已经发现了问题并反映在了价格上，所以很容易构建这些特定问题的框架。我们喜欢经典的牛市与熊市的战场，因为它们是复杂多变并且包含了很多可以通过概率估算出的事件。虽然一般市场对或有债务的大小有一个很好的评估，但它们并不善于在概率上评估这些结果。比如法律诉讼、政府监管，或是其他会导致持续经营风险的事件。

有具体的例子吗？

我们第一次特定交易的其中一个对象就是香烟制造商奥驰亚（Altria）。2003年，当时公司正卷入几个大诉讼案的泥潭，随之而来的是，在被一系列信用评级机构降级之后，奥驰亚的市值缩水了将近一半。很明显烟草公司的或有债务十分巨大，所以几个个别事件可能会引发巨大的不确定风险并非危言耸听。这些诉讼案每件都有可能导致高达九位数，甚至是十位数的和解条款，更别提这些事件会使烟草公司在未来的诉讼中处于不利地位的风险了。烟草公司最终破产倒闭也显得顺理成章。

不过在那同时，我听说仍有几个精明的投资者并不认同信用评级机构的结论。在他们看来，结构性重组可能会使烟草公司免于被分解。他们的具体论点包括一个与50个州的司法部部长达成的总体和解协议，而全美的纳税人已经获得了烟草公司经济利益的控制权，大部分的香烟销售收入都将归入联邦、州和地方的政府机构。

我们更倾向于看好烟草公司的走向，于是决定深入研究一下。商业诉讼总会忽略很多公开的信息。当时对于每一个诉讼案我们都寻找所有从法庭上流露的信息。我们也发现了很多并未参与诉讼却保持密切关注的聪明律师。他们给我们提供的信息保证我们对诉讼案的各种可能后果的概率做出粗略的估计。我们花了整整两个月的时间理清其中的关系，对各种情景进行了分析，最终认定价格折扣大大超过了合理区间。

总体来说，对于可识别的风险所带来的不确定性，市场倾向于给出过度的价格惩罚。相反地，市场往往会低估并未显著识别的风险所可能导致的后果。从我的经验来看，只要市场指出风险所在，这些风险就不会如市场所预期的那么糟。

你如何估计市场所带来的价格缩水的大小呢？

根据信用降级和股价之间的密切联系就可以很简单地估算出价格缩水的大小。虽然我们不能肯定这两者存在因果关系，但看起来还是很可能的。作为一个补充的办法，你也可以计算一下公司的清算价值。先算非烟草业务比如卡夫（Kraft）的价值有多少，然后从股价中减去这部分价值，你就可以得到市场对烟草业务价值的评估。而这个数字和没有诉讼案的情况下的价格之差就是市场对市价的贴现，也就是风险补偿。

你具体是怎么交易的？

当时的情况已经很明确了，过不了多久，重要的新消息就会出来，要么证实信用评级机构对诉讼案的负面评论，股价大跌，要么相反，诉讼结果对烟草商有利，股价大涨。总之，股价的大幅变动是可以预见的。之前这种期权市场对有着明显两极结果的股票仍然给出正态价格分布的例子也出现过。所以我们要做的第一件事就是看看在这种双峰情况下，奥驰亚的期权定价是不是还依据正态价格分布。分析给出的结果是肯定的，这就意味着虚值期权的定价太低了。由于我们的分析结果显示股价上涨的概率更大一些，于是我们买入了虚值看涨期权。就在我们建立初始头寸的几天后，降低评级的一个关键因素的上诉被驳回，看涨期权的价格飙升。我们最后赚了相当于当初投入两倍半的钱。虽然这个短期回报率已经很高了，但事后看，如果再持有这个期权久一点，我们的收益还远远不止如此。

还有其他像这种，因为公司的个别事件导致市场错误定价而交易获利的例子吗？

在 2002 年，第一资本宣布与监管当局达成协议，大量增加准备金来应对次级抵押贷款组合以及改善信用风险的评估过程。在这个消息宣布后，该公司的股价在一天之内从 50 美元跌到 30 美元。在此之前，第一资本的高收益率得益于它评估次贷信用风险的高级定量模型。现在的关键问题是，到底公司的优秀业绩是因为会计作假还是真的有更好的风险建模。随之而来的就是一场全面的关于看涨还是看跌的争论，一些分析员认为公司存在欺诈行为，而另外一些评论员认为第一资本的业绩完全得益于公司一流的管理团队。在未来的两年，公司的股价在 30 美元左右徘徊的可能性乎微乎其微，要么涨回去，要么跌到底。

股价是跳水还是上涨，你认为哪种情况的可能性更大？

我们做了大量研究，调查了每一个管理层的背景，我们还咨询了执行总裁的大学同学，因为这个问题的本质涉及了管理层的道德问题。虽然我们算不上一个大客户，但我们还是不遗余力地尝试和这些管理层接触。我们和他们的首席风险官谈过，虽然很多人对这样一个角色并不在意，但对我们来说，他就是我们的摇钱树。在他们的盈亏报告里面，我们最关心的是他们公司利润的主导项，是名为"证券化收入"的合并项，而对于这个数字的具体来源我们一无所知。我们认为如果公司哪里出了问题，那就一定是出在这一项中。但在我们和首席风险官试探这个问题时，他的谈吐一直很自然随意，同时也没有显得遮遮掩掩，完全不像是在编故事。

你是如何交易的？

我们认为最好的策略就是买入价外看涨期权，因为事件所导致的两极结果会引起比正常波动大得多的价格波动。在这种情况下，价外看涨期权偏离均衡价格的幅度更大并且它们内嵌的杠杆更多。我们正准备买入 2005 年 1 月到期，行权价格为 40 美元的看涨期权，那时价格在 5 美元左右。之后又出来一些利空的消息，股票价格下跌到 27 美元左右，我们试图买入的看涨期权从 5 美元跌到 3.5 元。这个降幅比例很大，交易的潜在收益大大增加了，随后我们买入了看涨期权。

你们持有这些期权头寸多久？

差不多一年多，在这段时间内，第一资本完全从当初的暴跌中恢复过来，我们赚了大约六倍的投资。

奥驰亚和第一资本的例子都证明了期权定价模型中隐含的正态分布假设会与市场的真实情况相悖。你觉得在期权定价的假设中还有其他与事实不一致的地方吗？

当近期的市场波动率很低的时候，期权的价格也会被定得很低。然而根据我的经验，预示未来波动率上涨最好的单一指标就是看看现有波动率是不是达到了一个历史低点。当市场波动率变得很低的时候，我们就开始寻找做多期权的时机，原因有两点，一是这种情况下期权的价格绝对够低，二是低波动率所反映的市场确定性以及自满显示未来波动率上涨的概率非常大。

你赞成购买长期的期权吗？

通常期权的期限越长，它的隐含波动率就越小，这没什么意义。我们最近买了标的为道琼斯指数，期限为十年期的深度虚值看涨期权来对冲通货膨胀的风险。这个指数的隐含波动率很低，道琼斯公司的股价很有可能会迅速反弹。当时的利率也如现在一样低，购买长期期权的同时也在对赌利率的方向。通过做多十年期看涨期权，我们将风险暴露于期权定价模型所隐含的无风险利率。如果利率上行，那么期权的价值也会迅速上升。

你还在寻找期权定价模型中其他与市场不一致的地方吗？

期权模型通常假设远期价格是对现货价格未来运动的预测。学术研究和常识都显示这个假设通常是无效的。远期期权定价模型会失效，特别是在利率市场的期限结构是陡峭的并且波动率很低的时候。

这种异常情况有一个简单的例子，就是我们在2010年的利率交易。当时巴西的利率在8%左右，而六个月的远期利率超过了12%。六个月的远期期权价格隐含假设六个月的远期利率即为预期水平。当时的标准化隐含波动率大约为100个基点，这意味着未来六个月的利率或继续维持在8%不动，或有异常事件发生，

利率的波动有四个标准差那么大。[⊖]

我们不知道未来巴西利率的走势，更不要说实际水平了。但是我认为六个月后的即期利率在现在水平的概率更大一些，而期权价格内嵌的利率假设是与现在相比四个标准差的波动，这说明期权定价的错误。我们构建了一个行权价格在 10% 的交易，由于基于 12% 的远期利率它是一个虚值期权，所以很便宜，但事实上基于当期利率的 8%，它是一个实值期权。利率可能会上升到现期价差的 10% 到一半，即使如此，我们也仍能够赚到钱。

为什么市场会预期巴西利率会急剧上升？

有两个原因。其中之一是商品出口是推动巴西经济发展的主要动力。那时，商品价格上升，同时主要进口大国中国经济迅速发展，使巴西国内的通货膨胀增加。市场对于巴西央行即将开始一系列大幅加息的活动有很强的预期。我们当然明白为什么市场会这么看，但是我们也觉得远期利率 400 个基点的涨幅可能太大了。另一个原因是利率是一种均值回归的资产，而利率在历史上更接近于 12%。

这个例子是由期现价差较大所导致的期权价格的异常现象。你还找到过其他类型的异常吗？

基于历史的统计相关性所做的前瞻性假设也是有机会的。2008 年的金融危机后，一个很清晰的拥抱风险/规避风险（risk-on/risk-off）的模式浮现于市场中，尤其是外汇市场。在拥抱风险的环境中，投资者对风险毫无畏惧，选择投资于像澳元这样的新兴市场货币以及大宗商品。而在规避风险的环境中，投资者会抛售风险货币转而投资于如瑞士法郎之类的避险货币。在 2008 年的金融危机之前，澳元和瑞士法郎之间的关联性多年来一直在正负之间摇摆不定，或者说，两种货币的相关性不强。但是，在金融危机以后，由于主导市场的拥抱风险/规避风险的情绪存在，两者显示出极强的负相关性。也就是说，如果瑞士法郎迅速升值，

⊖ 麦解释说在利率市场中典型的隐含波动率的报价惯例，被称为"标准化的波动率"。不同于其他资产市场以百分比作为标的证券隐含波动率的标准惯例，它通过绝对基点的数值来反应一个标准差的波动。如果用传统的百分比来计算，100 个基点的标准化波动率在市场利率较高的时候会更小一些。这个特点可能会扩大异常情况的幅度。

那么你可以相当确信澳元将会急剧贬值，反之亦然。

那时，我们刚好找到了一个做空欧元的有效方法。当时，欧元看跌期权的隐含波动率很贵。我们通过一个表现最差型的奇异期权大大降低了保费。这个奇异期权除了包含普通期权所需要的参数还加入了相关系数。

表现最差型期权对我来说是一个新概念，它是什么？

在这个一篮子期权中，你支付一个单一的期权费。我们交易的标的是两种汇率，欧元 / 澳元（EUR/AUD），以及欧元 / 瑞士法郎（EUR/CHF）。从多头的角度，这种结构的期权更加便宜，因为它的回报是由表现最差的期权决定的。只要其中一个期权以虚值到期，那么这个期权就变得毫无价值。而构成一篮子期权的不同品种之间的相关性则是期权定价的一个重要参数。

我们所购买的这个奇异期权很便宜，因为两种交叉汇率之间的负相关性非常强，如果一个汇率下降，另外一个汇率就很可能会上升，这在理论上也保护了期权的卖方。我们想要在欧元崩溃中获利。如果欧元相对于澳元和瑞士法郎大幅贬值，那么最近流行的拥抱风险 / 规避风险的逆相关效应就会消失。如果我们通过购买 EUR/AUD 或者 EUR/CHF 的传统看跌期权来对赌欧元的贬值，那么我们将要支付大约占名义本金 4.5% 的期权费。但是我们可以做一篮子交易，这样只需要支付初始期权费的 1/10。因为我们认为它们的相关性极其脆弱，市场是错误定价的。

我猜市场是在假设当前的相关性就是未来最可能的相关性，并不考虑其他可能事件的发生，如果对欧债危机的恐慌引起大规模地抛售欧元，那么这种现存的相关性将从根本上改变。

是的，如果相关系数是 −0.60，那么经纪商就会假设这个系数是 −0.50，并将以这个为基础定价的期权卖给我们，然后互相击掌庆祝，因为他们刚刚坑了我们一笔。

这笔交易最后怎么样了？

相对于澳元和瑞士法郎，欧元确实在 2009 年年中下跌了，我们最终净赚了六倍于初始投资的钱。

我发现你们的所有交易都有共同的特性。市场在给证券定价时总是假设价格上涨和下跌的概率相等，但是实际上，特别的基本因素会使价格向其中一个方向移动的概率更大。你们的交易就是利用市场的这个特性来获利。就像在这个交易中，特殊事件所引起的大规模抛售欧元可能会让澳元与瑞士法郎之间的逆相关性消失，甚至变为正相关，这样的概率比负相关系数的绝对值变大的概率更高。市场总是在假设对称，但你们在寻找潜在的不对称。

没错。我们交易回报的概率分布很广，但相对于所谓的获胜的概率和幅度，这些交易的成本都很低。我们现在有一个交易，我真的很喜欢。

我不清楚你是不是知道执掌 GMO 基金管理公司的杰里米·格兰瑟姆。他是一位受人尊敬的价值投资者，他关注各种资产并对他所观察到的现象写下社评解说。最近一段时间，基于派息率以及企业价值与现金流的比，他认为高级的消费者导向公司，特别是国际大品牌的公司，相对于标普中其他公司是便宜的。在我看来，他已经为从周期的角度进行相对估值提供了非常令人信服的论据，其中，次等品牌倾向于在周期的早期表现优异，而高级品牌则倾向于在周期的晚期表现优异。美国消费品指数 XLP 包含了诸如宝洁、可口可乐以及强生等主要消费品公司。如果格兰瑟姆是对的，那么在未来的某一时刻我们应该会看到这个指数里的股票被重新估值。

我认为在当前的周期中，自从 2009 年的低点，美国消费品指数 XLP 已经上涨，但幅度小于标普。

它涨得少一些。最初我们考虑购买以美国消费品指数 XLP 为标的的期权，因为它相对便宜一些。但是本想到了一个更好的方法，基于 XLP 与标准普尔 500 间相对低的 0.5 的贝塔（beta）值构建同一个交易理念。

> Beta 衡量的是相对于基准价格（比如标普 500）的小幅变动，某证券预期的变动。0.5 的 beta 值表示如果标普 500 变动 1%，那么，消费品指数 XLP 将预期变动 0.5%。

我们其中的一个发现很吸引眼球，尽管 XLP 的 beta 值很低，但是由于这个指数在 1998 年年末才上市，在整个时期，XLP 和标普 500 两个指数的涨幅几乎相同。XLP 在牛市和熊市上涨与下跌的幅度都较小，但从整个时期来看，两个指数的净变动差不多。这个长时期包含了互联网和信贷的萧条与繁荣。但是从更长期来看，0.5 的 beta 值看起来与直觉是不符的。另外，我们认为现金流和股利股指模型都显示 XLP 相对于标普 500 有 25% 的重新估值潜力。我们找到了奇异期权的经纪商，让它为基于 XLP 相对于标普表现的绩优期权定一下价。那么经纪商会在定价时用哪个指标来表示 XLP 表现优于标普的概率呢？

Beta 值。

正确。仅用 0.5 的 beta 值定价，绩优期权的价格是很便宜的。也就是说，XLP 和标普变化的方向可能相同，但 XLP 的涨幅仅是标普变动幅度的一半。

但如果市场表现低迷，那么较低的 beta 值意味着 XLP 表现优异的概率更高，即 XLP 的下跌幅度低于标普。

这个问题很重要，同时也是为什么我们不得不以当前的现货价格行权来获得便宜的期权。所以只有满足两个条件这个期权才有回报，一个是 XLP 的表现要优于标普，另一个是标普将继续上升。这实际上就是有条件地做多 beta 头寸。这个条件是 XLP 的表现要优于标普，而且因为这个期权只有在市场走高时才有回报。

是什么让你们觉得交易的时机是正确的？

我们相信市场不会再走高。我们总是想要持有一些 beta 的多头。通过持有这个有条件的期权，我们能够以更低的成本达到目的。一旦拥有期权，就能避免时间价值的衰减。搞清楚如何使期权价格变得便宜可以减轻时间价值衰减的影响。

所以基本前提是 beta 以每日的相对价格变动幅度来衡量，但这不能很好地代表长期价格变动。

非常正确。当你观察 XLP 和标普的长期对比图时，这个结果就很明显了。在更长的时间间隔下，波动率不能很好地代表潜在的价格变动。如果每天资产价格的比率是一个常数，那么波动率就为零。我们的一个策略叫廉价西格玛（cheap sigma），它基于市场趋势而产生，但是在市场存在趋势时，波动率会大大低估价格波动幅度。2007 年，查理注意到加拿大元一路平稳上行，第一次打破了几十年来美元符号的标志性地位。加元／美元的即期汇率从 1.10 大幅变动到 0.92。但当时的市场波动率很低，基于波动率，这种事情是完全不可能发生的。

这个故事已经很久远了，这与你的交易有什么关系？

如果三个月的隐含波动率显示这个价格的变动幅度是三个半的标准差，那么我们很有可能会买入深度虚值期权来期待价格的反方向变动。

所以基本原理就是在平稳的趋势市场中，期权定价太低了。

没错，这是另一种类型的期权错误定价。更广泛的解释是，期权定价里的显隐性假设经常背离标的资产的现实性。寻找这种背离是非常有利可图的，因为你只需要毫无作为地等待，直到发现有可能的高度错误定价。期权的数学公式在短期内有效，但放到更长的时间间隔上，各种各样的外生变量会扭曲这个定价模型。

期权定价模型假定波动率随着时间平方根的增加而增加，当时间间隔扩大时，另一种价格扭曲出现了。这个假设只能在一年以下的短时间内提供合理的估计，如果在很低的标准差下，时间间隔变长，结论就不准确了。举个简单的例子，如果一年的标准差是 5%，假设九年的标准差仅仅是 15%，就很可能低估了实际结果。

我猜原因大概是时间越长，趋势拥有的潜力越大，较长期的价格变动超过标准差所隐含的只随时间平方根增加概率的可能性越大。

是的。

这不会意味着任何长期期权都可能定价太低吧？

我们喜欢长期期权。

我们讨论的所有交易看起来都有两个共同点，这些错误定价的产生都是由于标准的市场定价假设在给定的情况以及不对称的有限风险和无限收益下是不正确的。你的交易中还有其他共同点吗？

每当我们想要交易时，我们总是希望我们的研究结果能够让我们对趋势观点有足够的信心。我们发现没有比这个更好的了。不幸的是，这些情况罕有发生。

几乎无一例外，我们最终都会在某一点上否定基于自己假设的预测，或者认为我们正在评估的风险太不可思议了，也许我们忽略了某些重要因素，更或者根本没有兴趣去交易。实际上，我们有一个研究模型来测试我们的想法，从而来确定是否有信心进行交易。

在不同程度上，对于我们目前为止讨论的所有交易，我们都没有足够的信心能够赚钱。但是，我们相信，即使我们对标的资产的市场方向没有明确观点，但严重错误定价的概率也能带来正的期望值。⊖

经典的价值投资者为实现资本保护只有在他自信不会损失很多钱时才会去冒风险，而我们更多从概率的角度来考虑风险的问题。我们也同样热衷于资本保护，但我们实现安全边际是通过高的期望值而不是掌握一家公司的资产或者现金流在市场上不合理定价了。我们完全能够接受连续四次损失掉所有的期权费，只要我们相信如果我们连续下十次相同的赌注，25倍的回报是有可能发生的。

我们的圣杯是对于被定价成小概率事件的路径具有高度信念。次级信用违约互换就是这类高信念交易的典型。我们典型的交易都比较迟，因为我们喜欢在有不可抗拒应该进行的原因出现，并且唯一的反对声音是所有人都认为这个交易应该成功但还没有的情况下交易。几个月下来，我们从认为市场过度自信于房屋价格仍将无限期升值的概率角度，转变成高度确信流动性泡沫的存在将不可避免地走向自我毁灭。

***

为了理解下面涉及的做空抵押贷款证券化的部分访谈内容，需要一些背景介绍。次级债券是资产支持证券的一种，它将多个次级抵押贷款打包合并成一个债

⊖ 期望值是每个结果的概率乘以价值的总和。如果我们简单地假设只有输和赢两种交易结果，并且估计出这些结果的平均值，那么期望值就可以定义为赢的概率乘以平均赢的数额减去损失的概率与平均损失数额的积。比如，你估计赢钱的概率是20%，预期赢钱的数额是10 000美元，损失的结果是1000美元，那么交易期望的回报就是1200美元（公式如下：$0.2 \times \$10\,000 - 0.8 \times \$1000 = \$1200$）。

券，并以抵押贷款的偿付收入为基础向投资者支付利息收入。这些债券通常采用同一个抵押贷款池中创生出来的多层级结构。评级最高的 AAA 等级全额付清后，再转到下一个评级的 AA，依此类推。评级越高，风险越低，从而利息率也越低。"权益层"不被评级，它吸收了最初通常 3%～5% 的小部分损失，并且当损失水平达到后，它将被除权。接下来，通常叫作"夹层"的评级最低的债务层级来吸收额外的损失，由于它的信用风险较高，所以投资者获得的利息率也越高。如果权益层的损失定为发行的 3%，夹层为 4%，那么如果违约偿付的损失达到 3%，那么夹层就开始减值，当损失达到 7% 时，投资者将会损失掉所有本金。每个更高评级的债券都会受到全额保护直到损失超过了下一层的临界值。

在 2005 年前后的房地产泡沫期间，次级债券中低评级的 BBB 级债券的风险急速上升。由于贷款发放者能够将抵押贷款的风险通过资产证券化转嫁出去，因此贷款的质量严重恶化。实际上，抵押贷款的发放者完全不需要考虑他们所发放的抵押贷款是否会被偿付。相反，他们受到激励发放尽可能多的贷款，而且他们确实也这么做了。他们对借款者设的限制越低，则可以发放的贷款就越多。最终，已经完全没有限制了。次级抵押贷款的发放特点如下。

- 无首付。

- 无收入、工作或财产证明。

- 在浮动利率抵押贷款（ARM）的结构中，较低的"诱惑利率"将在一到两年后调高。

这类低质量的抵押贷款在历史上没有先例，很容易看到由其形成的 BBB 级债券在面对全部损失时是如何的脆弱不堪。

然而故事没有就此结束。BBB 级的债券很难销售。华尔街上的炼金术士想到了一个解决方案，神奇地将 BBB 级债券变成了 AAA 级。他们创造了一个新的证券化，叫债务抵押债券（CDO），这个债券全部由 BBB 级抵押债券组成。⊖债

⊖ 债务抵押债券是证券化的一类通称，它也由其他类型的工具所组成，但是在本文讨论中不涉及其他结构。

务抵押债券也利用了层级结构。尽管它全部由 BBB 级债券组成，但是通常一个 CDO 的 75%～80% 被评为 AAA 级。

尽管债务抵押债券的层级结构与由个人抵押贷款组成的次级债券的结构类似，但它们也有一个重要的区别。在抵押贷款池中，至少有某些原因可以假设个人抵押贷款间存在有限的相关。不同的人并不一定在同一时间面临财务压力，而且不同地域的经济条件也不一样。相反，CDO 中所有的单个元素都是一致的，它们都代表次级抵押贷款池中最低的一级。如果经济情况非常不利于其中一个贷款池中的 BBB 级债券，那么在其他池中，BBB 级债券被除权的概率也很高，或是严重减值。[⊖] AAA 级债券需要 20%～25% 的损失才会开始减值，这听起来像是一个很安全的数字，但是当考虑到所有持有者高度相关时，一切就并非想象中的那么简单了。BBB 级债券像处在被传染性极强的流感所污染的区域的人群。如果一个人受到感染，那么许多人被感染的概率将会激增。在本书中，AAA 级 20% 的安全垫听起来更像是一层薄薄的纸巾。

仅由 BBB 级组成的债券是如何被评为 AAA 的呢？有三个相互联系的解释。

1. 定价模型使用的是抵押贷款违约的历史数据。在历史的抵押贷款中资金出借方实际关心的是偿付是否发生，并且要求首付和资产证明，这不同于最近新的不要求首付和资产证明的贷款。因此历史的抵押贷款违约数据大体上低估了最近的抵押贷款违约的风险。

2. 相关系数的假设低得不切实际。他们没能充分考虑到其他的 BBB 级债券除权后，BBB 级债券除权激增的概率。

3. 信用评级机构有一个清楚的利益冲突：CDO 的创造者支付给它们费用。如果它们的评级太过严格或者说真实，那么它们就会失去生意。它们因此更倾向于在评级上尽可能宽松。也就是说信用评级机构故意错评了债券吗？不，这种误评可能是无意识的。尽管个人抵押贷款池中的 AAA 级债券在某种程度上评级是正确的，但仅由抵押债券的 BBB 级部分组成的 CDO 被评为 AAA 级，就很难成立

⊖ 尽管个人抵押贷款之间的相关性在经济衰退时期也可以很显著，但是它们相关的程度仍旧不会像不同的 BBB 级债券间相关度那么高。

了。在考虑到 CDO 的评级时，信用评级机构要么是不能胜任，要么就是存在利益冲突。

康沃尔资本做空房地产泡沫的主要策略是购买债务抵押债券中 AA 评级的信用违约互换。信用违约互换的买方持续支付保费给卖方来防范标的证券违约的风险，这类似于债券的利息支付。

***

你是如何参与到次级抵押贷款市场的交易中的？

我第一次意识到这个机会是在 2006 年 10 月，我的一个朋友发给我一篇 Elliot Associates 的保罗·辛格尔所写的一篇资产价值高估的报告。辛格尔拆穿了银行的诡计，它们将次级抵押支持证券化（MBS）中最危险等级的债券，即投资者避之唯恐不及的 BBB 级债券，掺入到一个新的以 AA 以及更高评级为主的债务抵押债券中。[一]辛格尔证明了当债务抵押债券中的 AA 级债券除权后，房地产价格不是一定会下跌，它们只是会停止上涨。他断言，相对于 AA 级以及更高评级的证券中看似不真实的风险，机构投资者愿意接受微薄的回报。如果这个结论是由另外一个没有像辛格尔这样有名气的人做的，我就不会相信他了。

原来，早在几星期前，当本得知德意志银行决定为 MBS 的夹层债券购买保护时，他就发现了类似的想法。这个夹层主要是即将进入辛格尔谈到过的 CDO 的抵押证券化池中的 BBB 级债券。所以当我们意识到 CDO 的问题时，他和查理已经开始在 MBS 的水平上做研究了。[二]

在过去，支持 CDO 价值的一个重要论点是它们提供了组合的多样化，进入

[一] 抵押支持证券化（MBS）是资产支持证券化（ABS）的一种。

[二] 如上文所述，CDO 由许多 BBB 级债券组成，并且创建了仅由低评级的 MBS 债券组成的 AAA 级和 AA 级债券。这种转换的理由是不同证券化中的 BBB 级债券是不相关的。但是这个假设毫无意义，因为如果一个次级抵押证券化中的 BBB 级开始减值，那么其他次级证券化的 BBB 级也很有可能开始减值。因为在为 CDO 中顶层的较高评级的债券购买 CDS 保护时可以更便宜，所以在建立次级抵押贷款空头头寸时，CDO 比 MBS 更具有吸引力。

CDO 的抵押品来自不同的资产等级。有人可能会认为在一个单一的结构中包含信用卡应收账款、飞机租赁以及各种形式的房地产债务，是有利于多样化的。但是到了 2006 年年末，CDO 几乎完全由次级抵押证券化中最低评级的债券构成。CDO 中的这种同类成分意味着曾经的低度相关已经不存在了。结果是 CDO 让我们能够以与高等级公司债相对应的保费水平为质量最差的债券购买保护，这相当于做空次级抵押贷款。[⊖]

你接下来做了什么？

因为没有在 MBS 中做自上而下的基本面分析所必需的专业技能，我们聘用了一位权威的研究分析员，他最近刚刚离开黑岩（BlackRock）创办自己的对冲基金。他能够基于诸如指标、贷款价值比、FICO 评分、不良贷款的不稳定性等，评估我们感兴趣的所有 MBS 抵押标的的质量。接着基于基本面分析，他给出了最糟糕的 ABS 发行列表。而后，我们就开始寻找列表中重叠部分最多的 CDO。我们惊喜地发现，CDO 有很大的重叠。

一直到很久以后，我们才意识到我们认为已经证明的挑选表现最糟的 CDO 的方法早就被其他投资者进行了更加深入的研究。比如，比我们更了解市场的 Scion Capital 的迈克尔·巴里。原来我们能够以表现最差的次级 MBS 作为抵押品的 CDO，是因为巴里在几个月前已经去找过经纪商并说服他们创建一个他想做空的合成的证券化。

尽管我们在 2006 年年末相对迟一些的时候才开始研究，但是我们甚至在不知不觉中从经纪商的贪婪里获得了更多的回报。在将 CDS 出售给像巴里这样的家伙后，他们复制了客户想要做空的债券。没多久信用衍生品的交易商就发现，既然合成的 MBS 是有吸引力的产品，那么合成的 CDO 也一样。[⊖]他们将精挑细

⊖ 将 CDO 中较高层的债券赋予更高的评级错误地暗示了债券的低违约概率。这样康沃尔就能以 AAA 级以及 AA 级的低保费来购买保护。由于为了违约保护所支付的费用是空头头寸的最大风险，因此 CDO 提供了做空质量最低次级债券的最小风险敞口的方法。

⊖ 保护债券的 CDS 买方支付类似于债券利息的保费，这实际上创造了一个合成的债券。这些合成的债券打包成一个合成的 CDO，它的现金流与相同的实际债券所构成的 CDO 相同。这种合成的 CDO 是做空的理想工具。

选的垃圾级抵押债券的合成保护出售给小部分像巴里这样的价值投资者，以这种方式，他们将这些债券重新打包以合成 CDO 的形式卖给我们。据我所知，我们是第一批做空 CDO 的投资者。由于 CDO 机构里所隐含的零相关假设，我们能够以 AA 级的水平购买保险，这个 AA 级实际上完全由质量最差的次级 MBS 构成，而保费仅有 LIBOR+50 个基点。毫无疑问这是非常疯狂的行为。

你是什么时候开始做空或者说在 CDO 级购买信用违约互换保险的呢？

我们在 2006 年 10 月开始交易，并在 2007 年 5 月建立了最后一批头寸。市场在 2007 年 2 月 1 日就开始崩溃。大多数人认为金融危机是在贝尔斯登失败时开始的，但是我们认为，它早在一年多前 ABX [⊖] 指数重挫时就开始了。由于我们用 CDO 做空的债券比 ABX 指数参考的债券质量还要差，因此 ABX 指数的暴跌意味着我们的 CDO 急剧贬值。

你们满仓了吗？

没有，我们一直在加仓。

为什么不一次到位呢？

我们的交易信念是不断发展的，而当 ABX 指数跳水，CDO 的价格没有变化时，我们的信心陡升。

既然与 CDO 所含债券类似的债券指数急速下滑，为什么 CDO 的价格没有下降呢？

经纪商购买了大量的 MBS，并希望能够将它们打包成 CDO，所以当 ABX 指数急剧下跌时，他们持有大量毫无价值的 MBS。他们疯狂地将库存尽可能多地转换成 CDO。如果现存的 CDO 允许按照市场价值计价的话，那么 CDO 市场早就崩溃了，交易商也因为在市场崩溃前没来得及将库存全部转变成 CDO，而持有巨额的 MBS。

所以经纪商是故意错误定价 CDO 吗？

⊖ ABX 是一个参考 20 种次级抵押贷款债券的综合指数，并且从 AAA 级到 BBB– 级的五个层级也各有分项指数。

是的。你要知道 CDO 的买家不都是经验最丰富的投资者。人们在犹豫要不要用欺诈这个词，但如果你相信，极度天真可能是唯一其他合理的解释。我们看了一篇雷曼关于 CDO 以 70 个基点的收益率发行的研究报告。我们打电话给雷曼的销售人员，询问是否能够以 70 个基点的价格买 CDO，结果被嘲笑了一番。我们也问过他们 300 个基点的价格是否成交，依旧被拒绝了。所以我们问他们，能以 70 个基点的价格发行 CDO，为什么不愿意接受在 300 个点时的风险呢？他们说稍后会回复我们。当然，他们从没这么做过。同时，我们的对手方贝尔斯登正在以成本给我们的 CDO 头寸计价。当 ABX 暴跌了 30% 时，我们的 CDO 仍旧以成本计价。

你们跟他们讨论过这个计价方式吗？

没怎么谈过。我们更关心金融系统的透明度。我们买了许多贝尔斯登的看跌期权和 CDS，因为我们认为它最终会破产。

在构成 CDO 的 MBS 价格暴跌时，经纪商之间存在相互合作来保持 CDO 的价格不变吗？

很难说没有。真正的故事发生在 2 月，当 ABX 指数跌下悬崖，CDO 的机器仍在市场上不停地创造。我们去了美国证券交易委员会（SEC），试图让他们意识到资本市场的透明度面临着严峻的系统性挑战。

你给他们的建议是什么？

我建议他们关注 CDO 市场以及评级机构在评级 CDO 时所用的假设，因为这些交易的价格与正在出售的标的证券的价值完全不一致，最后就都是关于评级机构的了。当这些证券只值它们发行时的那张纸的价钱时，评级公司却将这些成千上万的债券评为与美国国债同样的等级。尽管有这些可怕的记录存在，但是当评级机构对主权债券的信用度发表意见时，市场依旧暴涨。不过，我不相信它们还有什么公信力可言，很难想象还有比这个失败更极端的例子。一直到现在，评级机构都在使自己免于责任，重点不在于言论的实质，而是在第一修正案中言论自由的庇护下，扭转自己的声明。

恐怕我知道答案了，但在 SEC 的会议后又发生了什么？

他们看起来对我们所说的很感兴趣，并认真考虑过，但我不清楚他们是否有后续行动。

是什么让经纪商最后给 CDO 减价的呢？

这是由于 TABX 的推出，TABX 是基于 ABX 指数中的夹层所创造出的合成的 CDO 级债券指数。早在 2007 年 TABX 推出时，ABX 指数的夹层交易价格就已经严重贬值。这意味着由这些债券所构建的 CDO 中的较低层级将一文不值。因此，TABX 是第一个可观测数据，来说明复制 CDO 指数中的夹层，再到 A 级，甚至可能到 AA 级，都已经完全失去价值了。但拼命想让 MBS 存货从它们的账簿中消失的银行仍旧按面值发行类似的 CDO。TABX 阻止了银行继续这个骗人的游戏。我不记得海啸是怎么来的了，但是在 8 月初，降低风险的情绪逐渐上升，每个人都想要我们所用的 CDS 保护。[⊖]在 2007 年 8 月我们结清了头寸，在星期五时，我们头寸的收盘价为 5 万美元，而在星期一我们以 450 万美元的价格将其出售。

还有其他我们没有谈到过的交易吗？

我们喜欢接近限价的交易，这种交易与绝对界限如此之近，以至于它们存在极度的不对称。一个例子是在 2007 年以三个基点的价格对欧洲银行进行 CDS 保护，另一个例子是以九个基点的价格购买 ABX 指数的 CDS。CDO 的交易也有接近止损点的特征，但因为我们坚信巨大利润的潜力，所以它比较特殊。

其他还有吗？

我们也在寻找市场价格水平本身也显示着不对称的交易。一个很好的例子就是 2005 年的韩国股票市场，我们做了许多研究，最后得出结论，整个市场的定价都出现了问题。

在 2003～2004 年的某一时刻，我们突然注意到基于基本面分析，韩国市场上的上市公司的价格看起来被低估了。当在 1997 年的货币危机中暴跌的其他亚

⊖ 2007 年 8 月的突发事件是货币市场上流动性的枯竭。这个故事在第 1 章科尔姆·奥谢的访问中有所介绍。

洲市场都已经陆续恢复过来的时候，韩国市场依旧在低位徘徊。我们不清楚为什么会这样，特别是韩国在危机后比其他邻国采取了适时的财政和市场改革。韩国遵守了国际货币基金组织（MF）紧急贷款的所有条款，包括紧缩措施、修正证券行业的法律法规与美国保持一致。韩国在遵守法律方面有很深的文化底蕴，他们早就做了很多加强私人财产权的事情。

尽管有这些积极的特征，但韩国的股票相对于亚洲的其他国家仍旧非常便宜，所以我们花了很多时间来找出这种明显异常的原因。我们的模式是找到特定领域的专家，来为我们做向导。我们与一位富家子弟关系密切，他的家族掌控着韩国最大的消费类电子产品公司中的一家。他是一个美国人，但仍是能为我们提供便利的内部人士。我们得到了内幕消息。在 18 个月的时间里，我去了韩国十次。我见到了许多买方、卖方以及这个行业的人。我们聘请了一个刚从韩国移民来的伯克利本科生为我们工作。他将很多韩文财务报表翻译成英文。

经过多番研究后，我们相信韩国股市的低价是一个循环。价格低廉是因为它一直都是这个价格。几年来，产生稳定、显著的现金流的韩国企业变得越来越便宜。尽管这个结论看起来是合理的，但早期的价值投资者已经受到了重创。当我们发现这个情况时，很多公司实际上是在以负的企业价值进行交易（负的企业价值意味着市场认为除去现金资产和债务后，企业的价值是负的）。那些市值为 3 亿美元的公司，预计下一年会涨到 6.5 亿美元，它们的资产负债表上不仅没有负债，还有 5.5 亿美元的现金资产。在这种情况下，存在着极度的不对称，因为这些公司除了升值已无路可走。

是什么最终让市场意识到企业的价值？

随着时间的推移，利润的积累不会一直被忽略，它最终会引导市场价格上涨。

你之前谈到过，你们的大部分交易思路在经过深入研究后都失败了。你能给我举个例子说明，最初认为的好交易思路是如何被研究推翻的吗？

最近一个完美的例子与我们的假设相关——中国持续增长的煤炭进口所产生的非线性影响会带来交易机会。中国目前是世界上最大的热煤生产和消费国，约占全球活动的 50%。市场几十年来都以每年约 10% 的速度增长，这与中国长期的 GDP 增长相符。不同于其他必须进口的商品，中国有丰富的煤炭储备。需求的增长一直由国内的生产供应，剩下的一小部分依靠出口。所以，尽管中国目前是世界上最大的市场，年产约 30 亿吨，但中国的煤炭市场实际上是封闭式运行的。

但我们注意到进出口余额有一种强烈的趋势，中国正在从净出口国向净进口国转变，并且这个步伐在不断加速。净出口在近十年内从 1 亿吨下降为 2008 年年末的零。但是仅一年的时间就变成了同等数额的净进口。到了 2010 年，净进口已经达到 1.5 亿吨。中国很难继续扩大煤炭的生产来满足每年的增长需求，这促使了我们所看到的进口趋势的增强。如果中国的需求有 10% 从国际市场进口，那么整个海运的煤量将会增加 50% 以上。我们的初始假设是中国的热煤进口可能会为国际热煤市场带来一股春风。

接下来我们就开始寻找交易的方式。我们认为干散货运费是暴露海运煤量增长最好的杠杆方式。尽管货运量和干散货率从 2008 年的全球衰退开始有了健康的反弹，但当我们看到航运公司貌似在以较低的现金流倍数进行交易时，这个早期的指标是鼓舞人心的。我们预期散货需求的迅速增长会超越供给的增长，但这些供给和需求由于全球性的衰退大幅地下降了。然而结果清晰地证明我们的直觉完全是错误的。原来我们预期看到的供给紧张早在几年前由于新兴市场增长的诸如铁矿石的大宗商品进口已经发生了。在金融危机的三四年前高运费就已带来了造船业的繁荣。在 2010 年，占全球安装基座 20% 的新好望角型货轮入水。2011 年舰队容量也有望增长相同的比例。我们认为，即使中国全部的边际需求增长都来自海运市场，需求也不能完全吸收线上的干散货容量。

所以，讽刺地是，在你单纯观测散货船运公司时认为可以买入，可深入基本面后，你们得出的结论实际是应该卖空。

是的，不仅是卖空，也是 2011 年我们信心最高的做空交易。

你们接下来就做空了散货船运公司吗？

我们很难在任何情况下直接做空股票，因为收益是有限的，而损失是无限的，如果你错了，你的风险敞口也增长了。于是我们购买了以一些散货船运商为标的的虚值看跌期权。当上涨的隐含波动率的期权费十分昂贵，我们转向实值看跌期权来减少时间价值的衰减。

***

麦的投资策略有五个要点。

1. 在理论定价的世界中寻找错误定价。 因为在给定市场的特定情况下，根据标准假设得出的价格，特别是衍生品的价格很可能是完全错误的，麦就是由此寻找交易机会的。当这些假设毫无根据时，错误定价和交易机会就出现了。

2. 选择概率明显偏向于正回报的交易。 根据一般的经验法则，康沃尔要求预期的收益至少是预期损失的两倍。当然，损益的数额以及它们的概率都是基于主观估计的。但重点是概率加权的收益一定要绝对超越概率加强的损失。

交易的严格标准会导致集中的投资组合。通常，麦因为分开交易，会在同一时间有 15～20 个独立的风险。但是不要把这种集中的方法与众所周知的"把所有鸡蛋放在一个篮子里，但是要密切关注它"混淆。重要的区别是，尽管麦的投资组合很集中，但他交易的非对称结构确保了即使他判断错误，他的损失也是有限的。

3. 实现非对称的交易。 麦构建的交易风险有限，收益无限。实现这种风险收益特点交易的通常做法是在发现错误定价时购买期权。

4. 等待信心十足的交易。 麦很耐心地等待达到标准的交易机会出现。高的预期回报可以大大强化单个交易的风险回报率。

5. 用现金来实现投资组合的目标风险。 因为组合中的大部分交易是衍生品交易，只需要较少的现金支出，所以麦在组合中通常持有 50%～80% 的现金。他通过调整现金的比例来实现组合的目标风险。

像期权之类的衍生品的价格是由隐含特定假设的定价模型决定的。这些模型一般会提供很合理的估计。但有时在特定的基本面下，这些模型的假设是错误的。当普遍被接受的假设实际上是错的时，交易机会就出现了。麦发现五种普遍被接受的假设有时是无效的。

1. 价格服从正态分布。期权定价基于正态分布假设，这意味着未来的价格最可能在当前价格附近，并且价格远离当前价格的概率很低。然而，有时候，价格的大幅变动比正态分布所隐含的概率大得多。比如麦曾经对"第一资本"有过这样的评论："股票在两年内围绕 30 美元波动的概率微乎其微。公司的价值要么上升要么下降。"在这种情况下，按照期权定价模型得到的期权价格就是严重偏离市场的，具体地说，虚值期权就是定得太便宜了。这样的错误定价带来了交易机会。如果价格大幅变动的概率像"第一资本"一样，远远超过了正态分布所假设的概率，那么当虚值期权依旧按照正态分布假设的概率定价时，获利的可能性就很大了。

正态分布假设的另一个含义是假定价格上升和下降相同幅度的概率相等。尽管这个假设的估计通常是合理的，但有时可能价格上升的概率更高一些或者下降的概率更高。这种价格非对称分布的一个很好的例子是麦在韩国股票市场做多。那时，韩国市场不仅相对于亚洲其他市场估值过低，而且它们的价格已经低到让许多公司的市值低于它们的净现资产，公司的价格实际是负的了。因此，价格大幅上升的概率远远高于下跌的概率。

有一个重要的结论：许多学者认为，市场价格总是正确的与实证不符。当市场价格出现明显错误的时候，重大的交易机会就出现了。

2. 远期价格是未来价格均值的准确预测。这个假设意味着期权将围绕着远期价格的概率定价。但有时当远期价格远离当前价格时，期现价差也并不一定等于未来价格的变动。可能假设价格在远期价格与现货价格之间更合理。如果这是正确的，那么虚值期权就可能被低估了。如果远期价格更高就是看跌期权，远期价格更低就是看涨期权。麦描述的巴西利率交易就是一个好例子。

3. 波动率随着时间的平方根递增。这个期权定价的假设可能在较短的时间间隔内是合理的。但在更长时期的情况下，特别是当前的波动率很低时，这个假设可能低估了潜在的波动率。原因有两个：其一是，时间越长，波动率从现在的低水平回归到均值的概率越大；其二是，时间越长，产生趋势的可能性越大，这样，价格的变动就会超出隐含假设的幅度。

4. 在波动率的计算中趋势被忽略了。 期权定价模型在给定的波动率和时间下衡量价格变动的概率，但这个计算并不包含趋势。隐含的假设是每日价格变动的方向是随机的。所以，趋势市场中的价格变动在定价模型中被认为概率极低。如果有理由预期趋势存在，那么虚值期权就很可能被低估了。麦的加拿大元期权交易就是基于这个前提。

5. 当前的相关系数是未来的良好估计。 一些市场的相关性总是不变的，比如黄金和铂一直以来都是正相关的。而其他市场间的相关性在不停变化，比如澳元和瑞士法郎就是麦"最糟糕"篮子交易的一部分。以相关性为基础的交易假设未来的相关系数会等于历史观测时期的相关系数。这个假设对相关模式总是变化的市场经常是无效的。

大众投资者的一个严重误解是将风险与波动率视为一致，这其实是错误的。首先，一般最重大的风险并没有在记录中显示出来，因此也没有体现在波动率上。比如，流动性差的投资组合在风险偏好的时期波动率低，一旦市场情绪开始厌恶风险，这个组合的风险就加大了。另外，有时，波动率也会因为突如其来的巨额收益而升高，但投资的理论风险是有限的。麦的投资策略给我们举了一个很好的实例，他采取的是高波动率、有限风险的投资方法。因为偏好大的收益，所以麦的交易记录显示出大的波动率，但是大多数投资者能将收益与风险联系到一起，或者认为这个方法是不可取的。虽然波动率很大，但由于交易的非对称结构，风险被很好地控制，所有交易的最大可能损失都已固定，并且远远小于潜在的获利。麦的投资方法证明，大波动率并不一定意味着高风险。

灵活性是"金融怪杰"的特点之一。麦经常根据研究的结果改变他的观点，他的散货船运交易就是一个好例子。他开始认为应该买这些公司的股票，但最终当他的研究完全否定了他的初始前提后，他进行了完全相反的操作，做空这些公司。一名好的交易员，当他意识到自己犯了错误时，他能立刻了结头寸。伟大的交易员在意识到自己最初的理念大错特错时，能够持有相反的头寸。

第 8 章

迈克尔·普拉特

风险控制的艺术与科学

迈克尔·普拉特在年轻的时候职业方向就明确了。他说："我的生活很简单，我从没有费力去想我想做什么。在我 12 岁的时候，我想成为一名交易员。当我 13 岁的时候，我就已经开始了。"普拉特从高中到大学一直很成功地交易股票，但这中间有一次例外，他的股票账户在一天内损失了一半的钱，这一天是 1987 年 10 月 19 日，股市崩盘。这个插曲令普拉特经历了一生中唯一一次巨额损失。

1991 年从伦敦经济学院毕业后，普拉特加入 J. P. 摩根交易各种固定收益衍生品。在这家公司八年的职业生涯中，他获益良多。他的成功让他一路晋升到伦敦的董事总经理，负责自营的相对价值交易。普拉特在 2000 年离开了 J.P. 摩根，与威廉·里夫斯一起创办了兰冠资本（BlueCrest）。这家公司非常成功，在良好的管理下，在 2012 年年初，公司的资产价值增长到约 290 亿美元，员工将近有 400 人。公司的资产主要在两个项目中，一个是由普拉特主导的任意策略，另一个是由 2001 年加入公司的勒达·布拉加领导的系统性趋势跟随策略。

任意策略的年平均净回报不到 14%。[⊖]兰冠资本的特色不在于它的回报，而

⊖ 由于司法的特定配售规则，兰冠资本不能提供交易的统计数据。我们的数据是从其他可靠的来源获得的。

是它杰出的风险控制。在11年的运营中，任意策略最大的峰谷权益损失不到5%。请注意，这个交易记录的时间涵盖了2008年的金融危机，那时许多对冲基金都目睹了单日大量的损失。由普拉特主导的任意策略的收益/风险异军突起，损益比达到5.6。（不同于以波动率为基础的收益/风险测度，损益比是以损失为基础的，想要了解更多，请参见附录A。）

兰冠资本所实现的持续的低风险数据不是偶然的，而是因为普拉特非常着迷于风险控制。这渗透进他的交易以及策略设计的方方面面。通过三个过程的分散化组合，任意策略保持着很低的损失。他们让七个小组采用不同的策略，交易不同的行业，并且对每个交易员的风险控制十分严格，组成了一个七人风险管理小组。普拉特非常看重风险控制。

我在他们公司日内瓦的办公室见到了普拉特。我们在一间令人难忘的会议室里交流，因为这个会议室的颜色不同寻常，是橙色的。当我们讨论到交易策略时，普拉特的说话速度介于匆忙的纽约人与著名的联邦快递广告中的经理之间。当我们谈到四脚的固定收益交易时，跟上他的速度就成了一个挑战。

你是如何对市场感兴趣的？

我一直喜欢智力游戏。在我十岁的时候，我的父亲给了我一个魔方，36小时后，我可以在不到一分钟之内，从任何一个方向来解决它。我一直认为金融市场是最大的谜题，因为每个人都想要解决它，而一旦解决它，等待我们的将是无限的财富。当你要解决任何一个谜题时，你要从"我确定知道什么"这个问题开始。我有什么基础可以开始分析呢？当你发现自己在金融市场中什么都确定不了时，这十分令人震惊。我唯一可以确定的一件事就是市场趋势，因为我可以在任何时期观察到任何金融市场中的趣事。你可以回顾一下150年前的棉花期货，到处都是趋势。股票、债券、短期利率，所有品种都一样。

市场趋势看起来不合逻辑。因为市场已经反映了所有信息，接下来在价格水平变动前，他们将静静地等待下一步的消息。但事实并不是这样，趋势的存在是因为我们的大脑并没有正常工作，我们根据过去所有已知的信息对未来进行预测，我们对过去的记忆只是一个框架，我们不可能谈论所有细节，但我们会记得要点。我们详细记录了正在发生的所有事情，因为它们瞬时发生在我们周围。结果是当你回忆过去的时候，你有许多空白，因为你只保留了一个编辑过的总结。填补这些空白的方式与用水泥补墙一样，你在过去的回忆里填补空白的材料就是今天，所以你现在的感觉、现在的想法、现在发生的事，都将用来填补过去的空白。

众所周知，人们总是记错过去。有一个著名的实验，大约200个人观看一辆汽车运行的演示，汽车一路开到街的尽头后，向右转，接着撞上了一个行人。其中一半人在街的尽头看到了停车标志，另一半人看到的是让路标志。然后参与实验的人被问了一些有关他们所看到的东西的问题。对于每组成员，其中一半人被问到停车标志，另一半被问到让路标志。而后，所有参与者又看了一遍两个近乎相同的演示，并被要求选出他们之前看到的那个。这两个演示的唯一区别就是，一个是停车标志，另一个是让路标志。大多数人在被问到与他们所看到的相违背的问题后，都选错了他们所看到的演示。关键是一旦人们遇到了矛盾的信息，他们就会记错他们几分钟前看到的事物。因为他们用最新的信息来填补他们记得不清楚或者至少不能百分之百确定的记忆。他们用现在的信息来填补过去记忆的空白。

如果市场今天走高，那么你会预测它将继续上涨，因为你当时的感觉才是最重要的。因为你的错误记忆，今天就变成了你对过去的感觉，所以一切都是关于今天的。如果今天价格上升，那么明天也将上升。在这个意义上讲，金融市场是自我指导的。

我对市场存在趋势的原因有不同的理解。我认为市场存在趋势是因为基本面的一些潜在重要变化还没有充分反映在市场里，或者是因为人们期望基本面会如此改变。但任何的主要趋势都会有基本面的催化作用。

市场最初的趋势可能是由于基本面的原因，但价格的变动幅度太夸张了。在某种程度上，价格今天的上涨仅仅是因为它们昨天的上涨。

除了市场趋势，你还确切地知道其他的吗？

多样化工作。市场趋势和多样化工作是系统趋势跟随策略的基础。它不包含任何经济信息。

但是有两个开放式的问题存在：一个是，你是如何精确地把握趋势而不受不利因素的影响？另一个是，你如何能将风险管理得如此有限？

首先，系统性的趋势跟随策略在150多个市场中交易。其次，研究小组用历史的相关系数来加权这些市场。如今，随着风险偏好和厌恶文化的发展，多样化就很难实现了。大约在20年前我开始交易时，美国和欧洲的债券市场并不怎么相关。但是现在，它们是完全联动的。

所以在这种极度相关下，你是如何进行多样化的？

看来你对多样化有疑问。最近，所有事情要么运行，要么等待。我们有一段时间一直在运行趋势跟随策略，赚了卜亿美元。这真的只是一次交易，不是吗？

那正是我的想法。你是如何控制风险的呢？你在市场逆转，一切事情都不利的时候，是如何保护自己的？

有许多处理这个问题的方法，但主要是通过响应曲线，当趋势过度变动的时候，我们的系统将结清头寸。当市场逆转时，我们又会重新建仓。这并不是一个秘密。我们会与我们的投资者分享这个信息。但我们如何判断市场在什么时候是过度的，如何建仓、平仓，这实际是无止境的数学研究，当然也是独有的。小组不停地探索市场间的联系、建模、实践他们能想到的所有分析。这个程序实际上有上百万行代码。面对如此多的相关市场，这已经是最好的方法了。我们在过度趋势中的最大保护就是平仓。如果趋势仍在继续，那就太糟了。大部分时间，这个决定是正确的。它在大逆转中拯救了你的利润。

在波动市（whipsaw market）中趋势跟随系统存在致命弱点。⊖你的系统是如何在这类市场中避免更多损失的冲击的？

如果我们认为趋势变弱了，那么系统将保持轻仓。

⊖ 波动市中价格不断上下波动而且会突然扩大振幅。在趋势反转前，这些市场会显示趋势信号，令许多趋势系统经历连续的损失。

你的系统趋势策略已经很完善了，还是在不断更新？

策略一直是不断更新的。这是一个研究的战争。Leda 建立了一个超凡的精英团队来改进我们的策略。

这意味着如果你的系统一直是不变的，最终它会被淘汰？

没错，我听说一个著名的商品交易基金的初始系统，现在疯狂地波动，并且毫无利润可言。

在最近的一次飞机旅行中，我读了迈克尔·科维尔写的《完整的海龟交易系统》（*Complete Turtle Trader*），这本书讲的是理查德·丹尼斯和比尔·埃克哈特用最初由理查德·唐奇安发明的简单突破系统的变体，来训练一批交易员。在这本书中，科维尔详细地解释了曾经非常神秘的系统实际规则。我非常熟悉交易突破系统，我也知道通过计算机测试，它并不是一直都这么好用。它能在波动率大的时候，赚得微薄的回报。因此，我很好奇地想要知道，海龟系统做了什么样的改进让它从一个平庸的系统，变成了一个很有效的系统。所以，当我读这本书的时候，我记下了所有有关基本突破系统的修正规则。当我看到这些修正后，它们看起来都不重要，我不理解为什么会有这么大的影响。科维尔在结尾提供了一个附录，里面涵盖了许多海龟交易系统的记录。他在书中提到其中一个交易员的记录是最好的。我查看了他从 20 世纪 80 年代中期开始的交易记录，在初期的记录中有许多巨额回报，接着我看了它最后八年的记录，粗略估算了一下这个时期他的年平均回报率只比短期国债的利率高 2% 左右，但波动率很大。⊖ 在 20 世纪 90 年代前后，跟踪记录都表现很好，但从那以后，表现就每况愈下。我相信，大多数投资者不会忽略令人印象深刻的良好交易记录，而且没有意识到这些杰出的表现已成过去，最近的成绩实际上是截然不同的。

⊖ 因为期货的保证金只占他们管理资产的一小部分，所以商品交易顾问（CTA）通常只赚到近似于短期国债利率的利息收入。因此，只有超过短期国债利率的回报才是 CTA 所实现的 alpha。

我们有点跑题了。我问你是如何对市场感兴趣的，而你却告诉我你对智力游戏有兴趣。我们从没有实际谈论过，你第一次是如何进到市场中来的？

我的祖母交易股票，我是通过她接触到股票的。她是一位长期投资者，而且做得很好。她是一个女强人，她感兴趣的不是为我烤一个蛋糕，而是我想交易哪只股票。我告诉她一家信托储蓄银行的股票要上市。"它将会溢价发行，由于它现在的价格便宜，因此所有人都会买它的股份。"祖母表示："好吧，我会买它。"她问我："你想买多少股？"我回答："尽我所能。"她表示会借钱给我。我用她的名字填了申请表。我们以每股 0.5 英镑的价格购买了 500~1000 英镑的股票，我不记得具体数额，最后股票以 0.99 英镑的价格发行。

你是如何想到要买股票的？

我读到的。当我十二三岁的时候，我看了一本叫《投资者纪事》（*Investors Chronicle*）的杂志，里面有关于股票、期权和公司分析等的有趣文章。从那以后，我每周都要看。到了 14 岁，我对每家公司的数据都了如指掌。当时，英国正在经历私有化阶段，我买了当时上市的所有股票后转手，大概赚了 20 000~30 000 英镑。

这全都发生在你还在读高中的时候吗？

是的，我进了大学以后继续交易我的账户。1987 年股市崩盘，我受到了重创。

谈谈你的那段经历吧。

星期一的早上醒来后，我瞥了一眼窗外，伦敦看起来正经历着某个飓风。树被连根拔起，到处像被炸弹炸过一样。我心想："真是一个恐怖的早晨。"我打开收音机，听到了股市正在崩盘。

那时你投资了多少钱？

我的全部。我那时还不理解正确的多样化和资金管理。当我去看股票的时候，我的账户已经减值了 50%。我的经纪人告诉我："不要卖，不要卖。"

那你做了什么呢？

我卖掉了所有股票，承担了损失。

这是一个特殊的例子，平仓的行为实际是错误的。

我心想我过去有 30 000 英镑，现在我有 15 000 英镑。在接下来的几年中，我的大学生活仍会很愉快。

这种情况持续了多久？

没多久。很快我又买了一些暴跌的股票，没过多久它们就反弹了不少，我也因此赚回了一些钱。

目前为止，我们只谈论了趋势跟随系统。兰冠资本有多少交易是系统性的？

截至 2011 年年末，我们运行了大约 290 亿美元的资金，这些资金平分在系统性和任意的方法中。有趣的是，在过去的三年中，2008～2010 年[⊖]，我们在两个策略下得到的回报一样，而且人工操作的部分夏普比率更高。

你们在哪个市场中用任意策略进行交易？

最大的三个是固定收益、信用以及新兴市场。

股票呢？

除了一个小项目，我们不交易股票。

为什么不交易？

它太定性了，我更喜欢定量的方法。

股票不能定量吗？

我们有一个小项目，系统性地交易个股。这基本上就是一个智能庄家。它以其他股价作为输入变量，模拟每只股票的价格。它寻找的是分歧。如果富达国际决定结清一只股票，其抛售行为就会推动股价与一篮子股价不符。我们就会买这只股票，卖那个"篮子"。其他股票发生这种情况，我们也会做同样的事情。

所以它基本上就是一个统计套利方法。

确实是这样，我们做了惊人的工作来定量地挑选个股。

⊖ 这个访谈是在 2011 年 5 月进行的。

这意味着有许多条死路。

是的，有很多。

我记得你曾经有过其他股票策略，这个策略怎么样了？

我们确实有这种策略。这是为了用相对价值方法投资股票的投资者所提供的市场中性策略。它确实赚钱了，但没占到前25%。我希望我们的产品能占到前25%，而不是后50%。2007年8月，我们在这个策略中大约有90亿美元的敞口。我们坐在那里，看到LIBOR突然上涨了10个基点。这在我的交易生涯中从来没发生过。这种感觉真的糟糕又可怕。㊀

10个基点听上去不多啊。

是的，但是没有任何原因。我看了一下银行资产账户的杠杆统计数据。一家英国银行是60倍的杠杆，它的资产占世界GDP的7%，是英国GDP的1.5倍多。因为它们的敞口太大，所以银行不愿意相互借钱。但这感觉不对。

几个星期后，我去卢加诺（Lugano）的投资者会议做了一个演讲。每当谈及全球市场时，我从不做任何准备。这只是一个即兴演讲。当我演讲的时候，我发现自己正慷慨激昂地表示自己是如何相信全球将进入信用危机。我说："问问那些在信贷市场中的人是什么感觉，就像问一个从第50层楼跳下来的人，在经过第10层的时候是什么感觉。他现在很好，但很快就不是了。"我听到自己正在用意识流讲话。

你没有计划谈这个？

我从没计划过。我不停地讲述信贷市场是如何准备走向自我毁灭的。房间里大约有200个人。当我结束时，一切如死一般寂静。他们真的以为我失去理智了。

你预测会发生什么？

我说即将会发生全球的信用危机、股市崩盘，以及转向债券的避险投资。

你调整了自己的投资组合来反映这些预期吗？

没有，在我做演讲时，我才醒悟过来。回到办公室，我在想90亿美元的股

㊀ 第1章中的科尔姆·奥谢也提到这件事特别严重。

票将进入信用危机，我不想要这些垃圾。我让基金经理来到我办公室，对他说："注意，8 月情况不太好。"这个策略在 8 月价值损失了约 5%。坦白地讲，我不再信任这个策略。一场信用危机即将发生，你手上的东西是有毒的，让我们停止这个策略吧！"

即使市场是中性的？

是的，因为我担心缺乏流动性。

事实上，2007 年 8 月，许多统计套利和一些市场中性基金都完蛋了。那个月市场中性基金 5% 的损失其实很正常。

我对损失没兴趣。在 10 多年的时间里，我们的任意策略从波峰到波谷的最大损失低于 5%，而这个策略在一个月损失了将近 5%。让我非常气愤的是，一个绝对回报的家伙开始将他的回报跟所有回报做比较。我的回答是："你不能相对于任何回报，我的朋友。你不能仅仅因为哪个适合你，就投身于哪个游戏中。你在绝对回报的游戏中，却用相对字眼，这意味着我们不再需要你。"

是什么让你如此确信信用危机的爆发？

你到处都能看到系统中巨大的过度杠杆。当 LIBOR 涨了 10 个基点时，我仿佛看到了第一个裂缝。

那以后 LIBOR 的流动性怎么了？

它一路下行。LIBOR-OIS 利差开始扩大。

OIS 是什么？

OIS 是指隔夜指数互换，它是隔夜借贷利率的加权平均数。LIBOR-OIS 利差反映的是非流动性溢价。如果你将钱贷出去 90 天，那么你就会要求一个补偿，因为你不能立刻收回它。我将钱借给你 90 天所要求的利息比隔夜要求得多。我可以在 90 天内每天按照隔夜的方式借钱给你，但我也可以选择中断贷款。如果我放弃了这个权利，我就需要一些补偿。因为人们都很自信，所以这个中止权利的市场价格也就是 LIBOR-OIS 利差，它在过去几乎为零。后来，当流动性突然枯竭，这个权利就变成了 200 个基点，而后又涨到了 300 多个基点。实际上，最后你的本金都可能拿不回来。

不管怎么说，当这个裂缝在市场中出现，我就知道我不能再持有股票了。所以在接下来的六个星期，我全部结清了90亿美元的敞口。这个策略中止，钱也全部还给了投资者。我细心关注着市场，在2008年年初，我将公司大部分的资金转换成了两年期国债。我清除了所有货币市场基金，并让所有交易员都慢慢结清了头寸。我抛售了对银行的所有敞口，最大化地做多固定收益产品。趋势跟随系统也进行了类似处理。我开始反转，从做多变成做空股票和商品，同时大量地做多固定收益。这看起来是相同的交易，不是吗？

所以在2008年年末，市场崩盘时，你的头寸方向十分正确。

2008年，兰冠资本到那时为止，为投资者赚了从开创以来最多的钱。尽管我们能为投资者赚很多钱，但许多投资者还是赎回了，因为他们无法从其他人那里拿到现金。我们一个月大约赚了5亿美元，而在数月里支付了10亿美元。这让人有点郁闷。

这听起来不会郁闷吧。最主要的是当其他人损失的时候，你们在赚钱。你根本不需要担心资金的问题，因为如果你们表现得好，资金总会有的。

确实是。我们没有限制赎回起了大作用。$^{\ominus}$当投资者开始回到对冲基金时，我们的净投资额变得异常巨大。根据德意志银行的调查研究，2010年对冲基金的净资金流入总共有550亿美元。每9美元的流入，就有1美元进到我们的基金里。

你们不仅在2008年做得很好，当2009年股市强劲反弹时也一样。2009年的哪些交易赚钱了？

$\ominus$　限制赎回是对冲基金章程中的常见条款，当赎回金额超过一定数额，比如每季度管理资产的10%，基金就可以缩减投资者的赎回。一旦投资者赎回的资金超过了这个限额，条款就会生效，对冲基金在赎回期只能按比例满足投资者的赎回要求，最多达到最大的赎回限额。没能在当期赎回的资金，将在接下来的赎回期，同样的条款下被陆续返还，直到全部赎回要求被执行为止。当这个条款写入章程后，投资者有时需要花一年甚至更多年的时间来赎回所有钱。在2008年年末到2009年年初，金融危机的时候，由于流动性紧缩和普遍的市场恐慌，大量的投资者赎回资金，很多基金执行了这个赎回条款。

我们在市场巨大的看涨、看跌期权的偏离中获益。虚值期权的行权价史无前例的高，所以我们做空了许多虚值期权，并通过在平价期权中保留多头头寸来保护自己。由于 2008 年的危机，曲线末端十分宽。做空的虚值期权的损益平衡点很高，要达到这个点，除非另一个大危机发生达到亏损的位置。不过我不认为 2008 年的危机后 6 个月还会有下一个危机产生。

将军战斗到最后，投机者交易到最后。你们是如何在所有市场中都能将风险管控得如此好？

我们谈到了很多宏观问题，因为它们十分有趣，但风险管理才是最重要的。风险控制全部都是自下而上的。我们从开始就创建了一个好的运行模式，所以我们的风险非常分散化。我们在固定收益方面有专家。我们也有在斯堪的纳维亚利率上的专家，还有短期市场、波动率曲面套利、欧元远期交易、通货膨胀等方面的专家。他们都得到了资金配置。通常，我们每管理 10 亿美元，我就会分出 15 亿美元，因为人们不会一直都配置全部的风险，我假定他们平均会用 2/3 的资金。规则是假如一个交易员损失了 3%，他就要还给我一半的资金。如果他又损失了剩下的 3%，那就要全部还给我了。他的账户会被拍卖，需要他账户中品种的交易员可以将其划入自己的账户，剩下的就会被平仓。

那个交易员怎么办？流落街头？

这取决于他是怎么产生这个损失的。我不是一个不讲情面的人。我不会说，你赔了钱，所以永远离开这里。他可能是被卷入了一场风暴。一个交易员可能持有一些合理的日本市场头寸，但发生了核事故，他损失了很多钱。我们可能会重组他管理的资产，但那要看情况。这也是一种直觉。我是如何衡量这个家伙的呢？

损失初始资金配置的 3%？

没错，但这绝不是中止。我想要他们在犯错的时候，减小投资比例，在做对的时候，增加投资比例。如果一个交易员有 1 亿美元的配置，并且赚了 2000 万美元，那么它的止损点是 2300 万美元。

你们将止损提高到某一固定的点上？

没有，我们每年都会调整。

所以每年 1 月 1 日，交易员就从 3% 的止损开始？

是的，除非他们承担着一些收益和损失。有一年，我的一个交易员赚了 5 亿美元。他将得到一份巨额的激励奖金。我对他说："你真的想按全部的 5 亿美元计算吗？你觉得保留 1 亿美元，我按 4 亿美元的盈利计算如何？这样你还有很大的空间。"他回答说："这太酷了。我愿意这么做。"这样他的第一个止损点将是损失 1 亿美元加上他新分配的资金的 3%。

按连续 3% 的损失削减交易员的资金结构令最后的表现具有不对称性。损失有限，获利无限。事实上，你将交易员的结构构建得像期权一样。

完全正确。

除了广泛的分散化和每个交易员两个 3% 的风险控制结构，你们的风险管理策略还有其他内容吗？

我们有一个七人的风险管理团队。

他们在关注什么？

他们主要监控的是相关性的破裂。

难道不会反过来吗？较高的相关性不是会增加风险吗？

不会，因为我们大部分的头寸是价差，所以较低的相关性会加大头寸的风险。最大风险是价差风险。如果假设 IBM 和 Dell 的相关系数是 0.95，我能用相对小的风险建立一个很大的价差头寸。但是如果相关系数降到了 0.5，我就会在十分钟之内被踢出局。当价差风险放大后，你会发现自己的风险比想象中的大得多。控制相关性是管理风险的关键。我们通过一系列不同的方式来关注风险。

风险管理团队还关注其他方面吗？

他们根据所有历史情境对头寸进行压力测试。他们也检查了投资组合来寻找敞口中会影响表现的漏洞。他们询问交易员："如果你会损失 1000 亿美元，这将是从哪里来的？"交易员会知道。交易员经常会在自己的账户中保留一些有点刺激的头寸，而且他会知道那是什么。所以你只需要让他告诉你。不管怎么说，我们已经知道在头寸报告中大部分的漏洞会有什么结果。我们希望我们的风险监控系统能捕捉到 95% 的风险。这只是最后的检查。

还有其他有关风险的部分吗？

长期波动率可以在所有情境下起到很好的保护作用。通常，我们对长期波动率持中性态度，我讨厌做空虚值期权的行权价。但 2009 年是一个例外，像我们之前讨论的，因为虚值期权定价过高，所以我们做多实值期权来对冲它们。我认为这个虚值头寸最后会变得一文不值，事实证明确实是这样。

你在工作中挑选了很多交易员。当你聘用一个交易员的时候，你希望得到什么？

我想要知道都会发生什么的庄家，而不是从未做过交易的分析员，他们用计算机进行计算，得出市场应该到的位置，而后进行大笔的交易，被套住后，不会止损离场。他们认为错的一直是市场而不是自己。庄家知道市场一直是对的，而不论你是什么原因亏了钱，你都是错的。做市商对此要牢记于心。他们知道价值在市场压力下是不相关的，全都是头寸的作用。他们知道市场将会逆向交易。他们将其建入自己的账户。它也确实如他们所想成功了。我在寻找这类人，在伦敦星期天早上他们的孩子仍在睡觉时，他们会登录扑克网站，这样就能收拾那群周六晚上回家的美国醉汉。我聘用了一个这样的家伙，他通常在每个星期天的早餐前，从玩扑克牌的醉汉手里赢 5000～10 000 美元，因为这群醉汉不擅长玩扑克牌，但他们的信心因酒精膨胀了不少。这就是我想要的交易员，了解什么是优势。相反，分析员除了自视甚高以外，不会想其他事情。

你说的有道理，但在系统趋势上，你还是需要分析员。

那完全是另外一回事。我们谈论的是人工的任意交易策略，另一种做研究提出理论的是市场宏观分析员。

你能举一个具体的例子来解释这个观点吗？

我提到了自己知道的一个特殊的对冲基金经理，我认为他非常出色，他很早就正确地使用了主要的宏观主题，但他的交易偏离了其正确的观点。

有很多像他这样的人。有许多人，如果你听到他们的观点，你就能用他们的观点赚比他们更多的钱。我四处打探，进行信息的寻宝。我和很多人交流过，不时就会有人说些什么，而我知道我会因此比他们赚更多的钱。在距离20米的地方对酒杯进行射击，与近在咫尺射击有很大区别。

我想要那种当他进行一个好的交易的同时就立刻开始考虑如何对其进行对冲。他们只是有妄想症。庄家误入歧途的概率远小于分析员。我聘用过一个非常聪明的分析员，用他的观点，我赚的钱可能比他多50倍。我也曾经聘用过一个经济学家，这是我最大的错误。他只在公司工作了几个月，非常固执己见，总是认为自己是对的。问题出在他们的自负上。你会发现分析员和经济学家在赚钱的方式上非常自负，因为他们从不会承认自己是错的。

你提供资金的这群人成功的比例是多少？

非常高。庄家很可靠。其中一个没成功的交易员是我之前提到过的固定收益分析员，他是我唯一聘用过的分析员。我非常喜欢他，也凭借他的观点赚了不少钱，但是他无法继续进行交易了。

你也许可以让他只进行研究。

我其实很希望他能继续在公司工作，只是他对自己太失望了。他决定去做一名老师，通过对社会做些贡献，来得到一些成就感。

他在什么地方失败了？对趋势判断正确，却没能做好交易？

他非常擅长识别相对价值机会和错误定价，但对宏观一无所知。你可以竭尽所能进行分析，但没有东西可以对冲你的错误。如果利率下降时，你认为它们会上升，我不关心你做了什么交易，你一定会输钱。如果你足够聪明来实践交易的话，你就可以少输点钱，但你仍会输钱。

其他失败的交易员呢？

我聘用的三个庄家失败了。其中一个离开只是因为过于谨慎而赚得比较少。其他两个确实输钱了。

失败的交易员与主要的成功者有什么区别吗？

这些言过其实的前庄家，在自己的头寸下投入过多。他们太自负了，只是不想承认错误，所以一直不平仓。

那公司的风险监控呢？

实际上风险监控只是负责止损。我不会干涉交易员。一个交易员要么独立，要么不存在。如果我开始微观管理交易员的头寸，那就变成我的头寸了。为什么我还要付他这么高的激励费用？

在你的交易书籍中，定向交易和相对价值交易之间，有明确的划分吗？

这要看情况。有时，我完全不做定向交易，有时，定向交易主导我的账户。基本上，我喜欢买低价的东西，并以公允价值出售。你如何执行这个交易才是最重要的。如果我有了一个宏观的想法，我就会有 20 个不同的方法来实践它。关键的问题是，哪个方法能给我带来最好的风险 / 收益比？我最终的交易很少会是单边的做多或做空交易。

作为一个交易员，你是如何描述自己的？

我无法忍受任何的交易损失。我最讨厌的就是输钱，它像杀了我一样。这并不是指实际的损失，而是扰乱心理的事实。你输掉了枪里的子弹。你进行了一项愚蠢的交易，在 10 分钟内损失了 2000 万美元，一切就结束了。你感觉自己像一个傻瓜，无心做其他任何事情。接着在你的枪没有子弹时，一只大象从你身边经过。令人惊奇的是，这种事情会频繁发生。在这场游戏中，当大的交易机会出现时，你想参与进去。根据生活的 80/20 法则，在交易中，你 80% 的利润，来自你 20% 的交易。

你们是如何避免或者最小化损失的？

我不交易，除非我已经做了所有研究，并且真的有了一个想法。如果我进入一个交易，执行的时候感到不舒服，我将会立刻转向平仓。同样，我每天也会关注账户中的每项交易，问自己："今天我会在这个价格进入市场吗？"如果答案是"不"，那么这个交易就不存在了。我的大部分交易都阻止了我继续交易，我停止交易是因为时机而不是损失。如果我真的喜欢某项交易，并且重仓，但一个月以后，它还是没有改变，我脑中的警钟就已经敲响了。我对自己说，你真的有一个不错的想法，只是市场不认同罢了。

为了做交易，你需要什么？

为了在市场上赚钱，你需要三样东西：一个适当的基本面故事，一个看起来会持续的好趋势，市场按照你认为的方式回应消息。牛市会忽略所有坏消息，而任何一个好消息都会成为进一步上涨的原因。

你能举一个市场对消息的回应与你的预期相反，从而影响交易的例子吗？

2009 年，我预期收益率曲线会扩大，于是做多了一个两年期债券的一年期远期，做空了一个十年期债券的一年期远期，但我认为后续的很多消息都不利于我。当我看着屏幕上一个接一个的消息时，我在想，我的头寸要遭殃了，但实际上没有。在许多这样的例子出现后，我认为，无论发生什么情况，收益率曲线都不会变得更平了，所以我加大了四倍的头寸。这是一次大交易。在我退出时息差为 110 基点，实际的息差从 25 基点涨到了 210 基点。

还有其他市场行为是交易催化剂的例子吗？

当整个欧债危机开始蔓延的时候，欧元汇率从 1.45 暴跌到 1.19。所有人都持悲观态度，我也一样。我认为，在这场交易中我已经赚了很多钱。欧元的汇率将降到 1，我应该加仓。我和其他人一起喝了酷爱（Kool-Aid）饮料。当我看着屏幕时，欧元突然回到了 1.21，这不应该发生。我脑子里的前市场庄家部分开始运转：所有人都在交易。所有人都相信。所有做多欧元的人现在已经离场了。仍然还有交易盈余。如果欧元再次突然反弹，这对所有人难道不是一个灾难吗？

有什么消息引起欧元的反弹吗？

没有，这只是价格行为与市场共识的结合，足以让我结束交易。我喜欢知道市场共识是什么，因为当共识转变时，你真的可以赚最多的钱。

你是如何得到共识的？

很难得到。如果你问人们他们的头寸，他们不会明确地告诉你，不是吗？我最喜欢问的问题是："你的观点是什么？"你问他们这个问题时，他们会觉得很重要。如果我问一个对冲基金经理对三个月内30年期债券的走势怎么看，他会开始讨论推动利率上涨的因素，我知道他在做空债券，因为他的三个月预期与当前头寸之间的相关系数是1。这是毫无疑问的。如果他做多，那么它就会讲一些支持利率下降的故事。令人惊奇的是，仅仅询问他们的观点，你就能得到关于他们仓位的信息。

你有过在市场突然逆转时，在错误的方向大量持仓的情况吗？如果有过，你如何处理的？

我曾经与我资助过的一个慈善团体ARK旅行过一次，帮助他们设计一个为孩子提供食物的项目，结果非常成功，资助了60 000个儿童。那时，我在欧洲利率期货上建立了巨额的多头仓位。在我飞往南非的途中，欧洲央行（ECB）出人意料地上调了利率。这是一次严重的打击，也可能是我唯一一次对ECB判断出错。飞机一降落，我就接到了助理的电话，他告诉我ECB刚刚上调了利率，问我想怎么做。

我问："我们损失了多少？"

他回答说："大约7000万～8000万美元。"

我说："如果他们开始上调利率，他们不会在25基点上停止。我能预见，到了这个周末这项交易的损失将达到2.5亿美元。按市场价格将所有仓位迅速了结。"

当我犯错的时候，我唯一的本能就是平仓了结。如果我一条路跑到黑，那么现在看起来这真的是一个错误，我可能不是唯一一个受到震惊的人，但我最好做第一个卖出的人。我不在乎价格是多少。在这场游戏中，你今年有权利保持20%的收益，但你也想要每年都拥有这样的权利来实现它。你不可能一直膨胀下去。

你认为交易员——不一定是与你一起工作的交易员，会犯什么样的错误，使他们陷入困境呢？

我认为交易员会犯的最大的两个错误是他们没有做好足够的准备工作以及他们对风险的态度有点太随意了。

***

我知道，你听说过上千次风险控制，但是风险控制对于交易的成功真的是至关重要。对普拉特而言，它是"最重要的事情"。普拉特是一个风险控制大师。他说："我最讨厌输钱。"这种风险厌恶也强烈地充斥在他的交易方法中。

最小化损失的原则渗透在普拉特的交易习惯中。从交易执行的那一刻起，风险管理就开始了。普拉特会表达一个交易的主题，比如预期利率会下降，他会在相同可能的回报下执行交易来实现风险的最小化。因此普拉特很少会通过单边的多空仓位来执行趋势交易。他更可能会使用多头仓位或者复杂的价差结构，来实现潜在的等价回报，但是能保持理论的有限风险。当然，普拉特会在单个交易上严格限制最大损失，但却不止于此。如果他进入交易后觉得不舒服，他会立刻退出。普拉特止损的大多数交易并没有达到他的止损点。如果一项交易在一段合理的时间内没有成功，那么普拉特就会结清头寸，而不是给它们更多的空间去达到最初的止损点。普拉特每天会重新评估他的每个头寸，问自己今天是否会进行同样的交易。如果不是，他会结清头寸。

可能普拉特在兰冠资本的任意策略中最有效的风险控制就是在资本退出前，对交易员的损失进行极其严格的控制。仅仅3%的损失就足以引起交易员的资金配置减少50%，而同样小比例的额外损失，就会让交易员失去全部的资金配置。这些严格的规则让交易员免受超过5%的损失。（两个连续3%的损失少于5%是因为，第二个3%的损失是基于原始资本的50%。）在他自己的交易书籍中，普拉特和他的交易员一样遵循相同的规则，但是他未达到过3%的损失点。

你会认为这样极端的损失限制会让交易员，甚至策略很难赚到钱。看起来资本配置被削减前有 3% 的灵活性，令交易员能承担的风险太少，这很难让他们得到更多的回报。那么任意策略是如何实现每年 14% 的净回报的？关键是将 3%/3% 的风险规则应用于交易员的初始本金，这个规则会激励交易员在开始时就非常小心，对交易非常谨慎，严格限制交易的损失。一旦交易员获得成功，随着交易的收益增加了最初 3% 的可损失空间，他们的安全缓冲区扩大了。尽管有最初的高度损失限制，但一旦盈利了，交易员就能承担更多的风险，从而创造出实现更大回报的潜力。从本质上讲，获利增加了风险承受力，也保持了收益无限的潜力，同时交易员的资本风险控制策略也确保了资本的保值。

有很多显而易见的原因来说明风险控制的重要性，包括避免账户无能的损失，最小化情感的痛苦，限制巨大损失的负面影响，因为巨大的损失需要更大的收益来回本。但是普拉特指出了一个更不明显的原因，损失的交易给交易员造成了心理障碍，经常会导致错失赢钱交易的机会。普拉特绘声绘色地描述了一个交易员在一个很愚蠢的损失后的心态，他说："你感觉自己像一个傻瓜，无心做其他任何事情。接着在你的枪没有子弹时，一只大象从你身边经过。"他说交易遵循的是 80/20 法则——交易员 80% 的利润，来自 20% 的交易。如果交易损失的心理影响会使交易员错失这 20% 中的交易，那就是一个大问题了。

普拉特非常重视市场对消息的反应情况。他举了一个有趣的实例，不利的消息源源不断地传来，但是市场没有不利于他的头寸。普拉特发现了市场对这些消息的无作为，这证实了他的交易观点，所以他加重了四倍的仓位，使其成为他最赚钱交易中的一个。

尽管兰冠资本的系统趋势跟随策略与任意策略的风险回报不同，但它仍是表现最好的趋势跟随策略之一，实现了最大损失在 13% 以下，年平均净回报为 16%。当被问到与其他趋势跟随策略相比他是如果实现卓越表现时，普拉特提到了两个关键因素：第一，当趋势过度发展时，他们的系统不会等待趋势反转的信号出现，就结清头寸。第二，有连续不断的研究和改变来改善系统。系统的交易是一个动态而非静态的过程。普拉特认为不会改变的系统最终会被淘汰。用普拉特的话说，系统交易是"一场研究大战"。

股票交易员

| 第 9 章 |

史蒂夫·克拉克
做更多有效的交易，减少失败的可能

　　史蒂夫·克拉克的基金——Omni 全球基金，实现了卓越表现的一致性。从 2001 年开始，这个策略每年都有盈利。[⊖] 2011 年是最糟糕的一年，回报只有 0.7%。Omni 19.4% 的年平均回报率令人印象深刻，但真正令它与众不同的是，在实现较高的回报的同时，仍能保持最大的峰谷股票降幅为适度的 7%。基金的夏普比率极高，为 1.50，然而夏普比率并没有区分波动率的方向，这低估了基金的表现，因为波动率已经严重偏向了上涨的一边。它的回报在很多个月都高于 4%，而且有些月份的回报更高，仅有两个月的损失在这个水平之上，但也低于 5%。作为强劲的回报和适度损失的结合，基金的损益比极高，为 4.10(想要了解损益比的解释，请参见附录 A)。2008 年是事件驱动型对冲基金绝对灾难性的一年，这部分的对冲基金研究指数在这一年下降了 22%，Omni 实际上涨了 15%。沃伦·巴菲特说过："只有当退潮时，你才会发现谁在裸泳。"2008 年很清楚地表明，Omni 正在全副武装地游泳。

　　史蒂夫·克拉克可能比我曾经访问过的任何一个交易员都要诚实。他看起来

　　⊖　这个策略在 2007 年 2 月被重新命名为 Omni 全球基金，在此之前，它叫 Hartford 成长型基金，没有对外部投资者开放。

对自己过去的经历或者感觉毫无保留。有时他的情绪是很明显的。他的率直令我这次的访问出人意料地引人入胜。克拉克从讲故事开始了我们的谈话，那时他 17 岁，刚刚离开学校。

我提前一年完成了 A-level 的课程，并在 17 岁时离开了学校。我对大学一无所知。我家里没有人念过大学。

你来自一个工人家庭？

我是第三代，全家人都住在政府提供的伦敦郊区的公寓里，我猜你们在美国叫它政府住房。我不了解我的父亲，他没有出现过。我与母亲、兄弟以及祖父母住在一起。我的母亲一直在工作，所以从某种程度上说，我有一半是由祖父母养大的。

我接到了一个学校的朋友格兰特的电话，他现在在这里工作，对于这个电话我永远心存感激。他在我们学校被认为是上流社会的后代，因为他的父母实际上拥有自己的房子。"你应该来城市里工作，"[⊖]格兰特说，"有一些 25 岁的人赚了五万英镑。"我不知道我想做什么，但我认为我应该去那里，赚些钱，直到我决定当我长大时，我想做什么。我仍在等待。我天真地认为：好吧，我去城里工作，成为一名交易员。我甚至不知道交易员是什么。

格兰特也是一名交易员吗？

他是一名交易员助理。我也对这个一无所知。

那个时候，你在做什么？

我在一家高保真的音响安装公司工作。我在设计家庭立体音响系统安装、搬东西以及驾驶货车。

你尝试过在城里找一份工作吗？

我投了许许多多的简历，总是得到同样的答案，"没有学历，没有面试"，或者，"没有工作经验，没有面试"。

⊖ 这里的城市指的是伦敦中心的一个小的历史区域，它是金融区域的核心地带。

这正是我所预期到的。

我得到了一个在制造商汉诺威的后台工作的面试机会，这是一个糟糕的面试。我谈了自己如何想成为一名交易员，却完全没想过，面试官想要的是一个在后台工作的人。不用说，我没得到这份工作，但我从这个面试中学到了一些东西。我意识到，明智的做法是获得一些经验。那时是 1986 年，后台缺人的时候。我得到了作为临时档案管理员的工作，接着又做了不同的临时工作，每次都丰富了我的简历。每当有人提供给我一个职位时，他们会问我能否胜任，我都回答可以做到。我发现一旦我在这个岗位上，我就能学习如何做这项工作。在我做了几个月的工作后，我又得到了两个永久工作的机会：一个是在美林做后台工作，年薪 3 万英镑；另一个是沃伯格证券公司（Warburg）的蓝纽扣。

什么是蓝纽扣？

在交易所的大厅里，你身上戴着有你们公司名称和号码的铭牌。这个铭牌的颜色说明你的角色。蓝纽扣就是一群实习生，但实际上就像一群奴隶，只支付 7000 英镑。左边是 3 万英镑，右边是 7000 英镑。但是 7000 英镑的工作能让我在交易大厅工作。我认为那就是我要去的地方。我仍旧清楚地记得当初的面试，面试官问我相关的经历是什么，我当然一无所知，我没读过《金融时报》，也没有假装读过。我唯一聪明的回答就是当他问我是否赌博过。

我问："你是说像赌马一样的赌博吗？"

他回答："是的，完全没错。"

我回答他说："我不会在情况不利于我的时候下注，我为什么要这么做呢？"

我不知道答案是否正确，但这是我本能的回答。我得到了这份工作。

我开始在南非的黄金股票工作。实际上我的工作就是买茶、咖啡和三明治，递送交易书，接电话。我在第一个交易平台的日子很难过。我不知道正在发生什么，没有人愿意回答我的问题，或者教我任何事情。这是一段非常悲惨的经历，但我是一个非常好的蓝纽扣。我很善于总结盈利和损失。我被转移到了欧洲的交易平台，那里的人工作态度完全不同。他们很乐于跟我交流，并教我一些事情。

你是在什么时候可以交易的？

在我待了大约一年后，他们给了我斯堪的纳维亚的做市商账户。我将运行这个账户一周，因为交易员正在休假。在我拿到这个账户自己交易的第一个星期，我就遇到了 1987 年 10 月的大崩盘。

所以，1987 年 10 月 19 日，是你开始交易的第一天？

是的。

那可能是我听过的最有趣的交易起始日期。至少你没有头寸进来。

是的，我接管了这个交易账户。

你的老板无法与外界联系？

他正在度假。上个星期我们被告知将会收到一个大的机构买入一篮子股票的指令。在预期买入的支持下，我为其工作的交易员已经买好了这些股票，所以我在星期一早上只有买入交易。

我那天最生动的记忆就是在一个叫伊莱克斯（Electrolux）的股票上作价。我接到了一个询价电话。我提供的是 43 买 /44 卖。他要以 43 的价格卖给我 10 000 股。我买了 2500 股后放下电话。而后，我将价格变成了 42½ 买 /43½ 卖。电话又响了，我提供了新的报价。他要卖给我 10 000 股，我以 42½ 的价格买了 2500 股。我推断如果我将买卖报价一起降 1 美元到 41½ 买 /42½ 卖，如果我在卖价上成交，卖掉我手上的股份会带来损失。这就是我在股市崩盘的早上所想的事情。所以我将价格定在了 42/43。电话响了，我再一次接到了卖盘邀约，我以 42 的价格又买了 2500 股。

此时，我转身走向了一个不喜欢我的德国交易员，他经验丰富，我给他看了我的交易，对他说："我做了这些交易，我现在的报价应该是多少？"他看着我就好像我是一个智障一样。此时，电话铃响了，他接了电话，我本打算将下一次的报价变为 41½ /42½，但他报的是 36/37，卖盘的指令依旧成交在 36。此后，我的作价就完全错了。我完全不知道发生了什么事，但是我得到了一个非常宝贵的教训：价格是任何人都准备交易的基础，它可以在任何位置。虽然我已经有了一年的经验，但看到的只是有限的变动。在我的脑海中，我不能理解超过 1 美元的价格变动，更不用说 6 美元，将近 15% 的变动了。我从没见过这样的事情发生。实际上，也很少有人见过类似的事情。

市场价格在什么位置？你没有决定市价，对吗？

不对，我在决定价格。所有系统都崩溃了，所以我接到了各种询价电话。

股市上的其他人没有做市吗？

有其他做市商，但你看不到他们的价格。

所以德国的交易员知道市场正在大跌？

在看了我的交易后，他告诉我："你的头寸在增加。你不能再继续报价，让你的下一笔交易依旧是买入。无论你做什么，你都要确保你的下一笔交易是卖。"他将报价下调了 6 美元，仍旧以买入告终。

你在那天开始时的长期头寸怎么办了？

那天你什么都不能做，只是随着一切向下走。

如果有人打电话要卖怎么办？作为一个做市商，你是否要促进交易？

我只会将报价下调到你不会再买入的价格。

所以在最初的几笔错价交易后，你没有再交易。我猜你只是将报价下调得很低，确保不会接到更多的卖出指令。

完全没错。我那个星期接管了这个账户，在那天损失了几百万英镑，而德国的交易员做空了所有东西，所以他赚了几百万英镑。

听起来他是一个非常精明的家伙。

他确实是。多年以后，我聘请了他。实际上，我也聘请了运行斯堪的纳维亚账户的交易员，我曾经的老板。

从那以后，在其他人休假时，我就开始交易欧洲区域的其他账户了。我最后变成了小组里获利最丰的交易员。

你如何做到的？你做什么赚了这么多钱？

我在确定交易书的方向时，非常主动。如果我做错了，我会终止它，我不会为自己的错误辩护。我也不会低于平均价格买进。我只会终止它，终止它，终止它。

对于做市商来说，主动出击是什么意思？

我自己建立仓位时非常积极，我会根据信息交易，试图让自己待在市场正确的一方。我会在股票上表达自己的观点，并且很乐于实践它们。而且因为我没什么经验，所以也就没有那些会伤害到老交易员的恐惧。我已经见过许多次，很少有人能够在他们的职业生涯中保持承受风险的能力。大多数人没有，大多数人也做不到。他们身上发生过太多糟糕的事情，太多的厚尾事件，摧毁了他们。

没有恐惧，在市场不利于你的时候减仓，说明了你承担风险的意愿和控制风险的能力。但是为了赚钱，你仍需要在市场正确的一边，这就出现了问题：你是如何进行趋势性的报价来具有一些优势的呢？

你必须回到现实。你知道些什么？如果你知道股票 XYZ 有一个低于市价的买入，你就知道了一个事实。你知道有一个买家在那里。你还知道什么？回头看看上一次市场在这个价格下发生了什么。你可以参考图表。我也可以用成交量作为我需要关注股票的筛选标准。我的思路是：有很多的成交，就是有事情在发生。我能因此得出什么观点吗？

这些图表对你的交易有多重要？

图表只是股票过去如何交易的记录，仅此而已。我不相信图表分析。它吸引你去认为你可以从过去得到一个数据集，来预测未来事情的发生。它非常具有吸引力，因为人类总是寻找确定性。你可以用图表支持或反对你的观点，但是你不应该从图表开始研究。可以说用历史数据来预测未来显然是错误的。你可以谈论下一步将要发生事件的概率，但也就到此为止了。所以我将图表与其他事实结合起来，比如我知道指令的价格和市场成交量。

你在沃伯格证券公司做了多久的做市商？

我待了两年半。因为我的年薪只有 13 000 英镑，所以我离开了。我无疑是他们那个领域最好的交易员。雷曼兄弟提供给我一份年薪 50 000 英镑的工作。我告诉沃伯格，我要离开他们了，因为我有一个更好的工作机会。

他们说："我们可以给你 28 000 英镑。"

我问他们："为什么是 28 000 英镑，而不是 50 000 英镑？"

"好吧，"他们说，"我们有自己的规则标准，而你只是一个新手。"

我认为他们完全在胡说，他们可以按自己的想法做到，所以我去了雷曼。

这就是有趣的地方了。沃伯格排名第一。我来自一个感觉自己最好的地方。我去了雷曼，一分钱也赚不到。

为什么会这样？

因为离开了沃伯格充满指令流信息的环境，我不知道如何赚钱。

所以回到最初的问题，优势源于指令信息？

由于特许经营的存在，赚钱的机会就在那里，但事实是我让在我周围的许多人知道我比他们做得好。

你可以更好地利用指令流的信息。但是知道有许多低于市价的买入指令是有益的。如果你在错误地做多，你会知道股市会进行买入支持，这样你就不会损失很多。

是的，这是一个很好的角度。

但如果你不知道指令的位置就没那么容易了。一切要重新开始吗？

是的。我在沃伯格做得很开心，我喜欢在那里工作，我不想离开那里，但我认为自己不得不这么做。我一直都是理性的，在 50 000 英镑和 28 000 英镑之间，我必须要走，答案很清楚。所以，我去了雷曼，但我不能赚钱了。这对我的自信心打击很大，我开始怀疑自己的能力，这是非常令人沮丧的一段时间，持续了几个月。我看到许多交易员也发生了类似的事情，我已经历过好几次了。当你发现你不能赚钱时，即使很小的损失对你的情绪影响也会很严重，最后你失去了所有洞察力。

我清楚地记得这件事。某天晚上，我正在打篮球，接到了纽约办公室的电话，告诉我，我负责的欧洲股票里一家丹麦的公司 Novo 价格大幅变动了。从欧洲收盘价涨了 2 美元。我问这个股票是不是买入。他说有一个 100 000 股的买入。出于本能的反应，我做空了全部的份额。这是我曾经持有的最大仓位。

但既然你这么谨慎，为什么会持有这么大的仓位呢？

当我的大脑计算了风险后，我恢复成了旧的沃伯格模式，进行了交易。

为什么你认为这是一个好的风险呢？

它从收盘价涨了 2 美元，这对于一个从来没有这么大变动的股票来说是一个大变动。这只是一个本能的反应。第二天早上上班，我买回了 100 000 美元的股票。从那时开始，我就一直不停地赚钱了。

我猜那是因为你的自信回来了，但是你仍旧没有指令流的辅助，所以你的优势在哪里呢？

我与其他经纪人建立了非常牢固的关系，我可以使用他们的指令流信息。我也在交易信息流。

在一个信息发布后，你将如何决定买还是卖呢？

其实就是我所信任的经纪人的抽样观点。我一直认为，当你的交易在短期到中期时，你对于基本面的观点是完全不相关的。你需要做的就是判断市场的想法。我会抽取一些意见，如果有足够的人说他们会看到在信息公布后的买入，我就会做多。如果我没看到这种动力的发展，我就会平仓。如果我看到了向上的动力，我会加仓。我对上涨时买入的方法坚信不疑。

所以你是在同你认为对得多错得少的人交流？

是的，他们有指令流。这是我的交易的其中一个元素。我也开始筛选成交量。我认为我的交易做得很好，这样如果我发现了满足要求的成交量或者股市，我就能交易它。

我交易得非常成功，后来，我读了你的书（《金融怪杰》）。这时是我交易生涯的开创性时期。我一边读一边想，这正是我做的，这正是我的规则之一，就像这些人抄袭了我一样，他们怎么会知道？这是我第一次意识到我有一个方法。在此之前，我认为自己在玩电子游戏，我不敢相信我因此而得到报酬。我非常喜欢这个工作以至于在不知道的情况下，我已经成功了。我从你的书中学到的一件事就是，一旦你知道自己有了一个方法，你就能修正它。

一次又一次，我给手下交易员的建议是：做更多成功的交易，减少失败的可能。年轻的交易员对我说："我正在运行这个账户，一切看起来进展顺利，但为什么我一直在亏损呢？"我告诉他们停止失败的交易。仔细分析你的利润表，看看哪个交易成功了，哪个失败了。分析利润的来源是一个非常有趣的过程，但交易员往往不知道。

那个建议是如何在你身上实践的？

我决定去看一下我是如何做交易员的。我在哪里赚到了钱？就是在那时我开始进行事件驱动交易。

你在哪里赚钱了？

我做了一系列具有优势的套利交易，所以我开始寻找更多的套利机会。

你在套利中赚了最多的钱，所以你关注它。你在哪里做得不好呢？

我没在哪里做得不好，但套利交易是我到目前为止，做的收益最稳定也是最赚钱的交易。我只在一场交易中，真正损失惨重，这完全是自以为是的结果。这只股票的代码是DS1912，一家丹麦的船运公司，它以极高的股价140 000丹麦克朗进行交易。很多交易都是1~5手。由于某种原因，我非常看好这只股票并且买了许多份额。没多久报纸上就有一篇文章出来，说这家公司是一个骗局。我以140 000丹麦克朗的价格买了这只股票，第二天开盘只有100 000丹麦克朗的卖价，没有买家。我永远不会忘记那天早上胃里难受的感觉。我以100 000丹麦克朗的价格计算了损失，心里在想：损失太大了，我不能在今天就实现它。所以我能做的是在接下来的三个月里每天一点一点地记下股票的价格，同时尽我所能努力赚钱。

所以你没有卖掉股票？

事实上在很长一段时间，股票没有交易，完全没有买入指令出现。

难道没有结算价格吗？

没有，这是西部荒原。交易员在自己的交易书上做记录。没有人检查过。平滑损失的方法就是维持现状。

最终的损失是多少？

我记得不是很清楚了，但我记得我是以高于100 000丹麦克朗的价格把它卖掉的。

所以这个公司不是一个骗局？

不是，那篇文章完全是胡说八道。这个交易给我上了非常有价值的一课：与价格无关，是仓位的大小会杀了你。如果你在一个缺乏流动性的股票上持仓过重，那就无路可走了。我想砍仓，但我无法做到。这个交易给我上的另外一课是专心于有用的事情。交易就是一场赌注。我买这只股票是因为我认为有动力会使其价格上涨。在那个交易后，我就开始更专注于寻找套利交易。我在套利上获利最丰厚。

你是如何从做市商的角色过渡成为对冲基金经理的？

离开雷曼后，我去了国民西敏寺银行（NatWest），工作性质相同，但业务更广泛。我的工作是为海外股票做市。在那里工作了三年后，我开始厌烦，我也想赚更多的钱。我告诉他们我要离开公司，自己创建一个对冲基金。我对如何建立一个对冲基金毫无概念，但我知道无论是什么，我都会做到。他们告诉我如果我那时离开，我就拿不到奖金了。但我不在乎。我找到了一位对冲基金经理，他愿意资助我500万美元的启动资金。接着我花了几个月的时间将这个基金建立起来。当我一切准备就绪时，他就不接我电话了。他在1994年的债券市场中被消灭了，输掉了大部分资产。他显然不会再与我交流，所以我的对冲基金没有任何资产。

难道在决定离开国民西敏寺银行创建对冲击基金前，你没有想过如何筹集资金吗？

没想过。

你认为在你建立了一个对冲基金后，资金就会进来吗？

那绝对是我的风格。当我决定去"城里工作"，我不知道这是什么意思，但是我决定要去执行它。它能有多难？我认为它不会那么难，它就不会那么难。创建对冲基金也一样，我就是认为我能做到，我从没想过我会筹不到钱。因为我对杠杆没有概念，所以我不认为我需要很多资金。我知道我能得到 10 倍的杠杆，所以如果我想交易 5000 万美元的账户，我所需的资金是 500 万美元。我没有想过投资者不希望你以 10 倍的杠杆运营他的资金。我对一切都想得太天真了。我就是做了。我的对冲基金建立时一点资金也没有。我用自己的 30 万美元启动了它，这就是全部。

你的对冲基金叫什么名字？

LS 资产管理。

LS 代表什么？

有一个有趣的故事。我们那时戏称到处扔钱的人为 Lairy Shag。

Lairy Shag 是什么？

这只是交易员的一个术语，指有点傲慢的人。如果你向投资者请求管理他们的资金，这就是你想给他们的错误印象。但是，这很成功，因为我总是告诉他们 LS 代表的是"多 / 空"。

有点像射手。

是的。我们会尝试这个，尝试那个。

仅用自己的 30 万美元，你就能开始交易基金了吗？

是的，但这意味着我做的每笔交易都将是 30 万美元。我不可能交易更小的规模。我在家里的厨房外面运行着对冲基金。摩根士丹利给了我一个大宗经纪账户，对此我永远心存感激。这是我的事业中曾经最好也是最差的经历之一。

这听起来有点狄更斯式。

这是一个很好的学习经历，但我更倾向于已经读过它。感情上，高昂的情绪变低了，而低沉的情绪变得难以置信的低。

具体发生了什么？

让我给你讲讲故事发生的第一天。

你的第一天都是这么令人难忘。

在第一天，我做了第一笔交易。我用自己的 30 万美元，赚了 3.7 万英镑或者约 6 万美元。我走出厨房，对妻子说："我刚赚了 3.7 万英镑，它将会成功，我不再担心我的初始资金了。如果我能保持这样的收益率，我们的情况将会变得很好。"

她说："那太好了，但是 10 分钟内会有人来回收垃圾，如果你不能把垃圾箱即时放在垃圾车指定的路边，我们就会错过它，而我们的花园下周将布满垃圾。"

我清楚地记得自己回答的是："但我是宇宙的主宰。"

她说："是的，你现在还有 8 分钟的时间将垃圾放在车道边。"

我记得自己拎着垃圾袋，穿过花园，喃喃自语说："我真是一个宇宙的主宰者啊。我刚赚了 3.7 万英镑，而我现在正在扔垃圾。"这是我运行对冲基金第一次体会到人生的高点，它比以往任何时候都好。

哪里出错了呢？

在那以后，我赚了一些钱，输了一些钱，接着我就不知道该怎么做了。

别担心，如果有问题我们总能发现。

我在国民西敏寺银行的时候，与一个家伙工作关系密切，他实际上算计了我。他强烈推荐我买一只股票，我确实也买了。第二天，股价大跌。我一直等他的电话，但他从来没有给我打过。最后，我打给了他，问他推荐的股票到底发生了什么事。他说他全天都在出售股票。他算计了我。这个经历太糟糕了。

你说他算计你是什么意思？

他推荐我买股票，我买了，第二天，他使股价大跌。

当你说"算计你"（stitched you），你是说他设计陷害了你？

是的。我以为他是朋友，但实际上他不是。有些人，你们在一起工作了许多年，你认为他会支持你，但他什么都不会做，而其他人只是一面之缘，却可能对你更有帮助。这件事让我知道了什么是人类的本性，让我重新思考了什么人可信，什么人不可信。

你在这次股票推荐上损失了多少钱？你把第一天赚的 3.7 万英镑都输掉了吗？

我输得更多。基金已经运行了几个月，在月末它将呈现 10% 的损失。我的感觉与现实完全脱节了。在我的脑海里，如果我的基金下跌了 10%，那我的事业就到此为止了，没有人会出资让我管理。我无所适从。我没有遇见一位长者把手放在我的肩膀上说："冷静下来。只做有用的事，不要做没用的事。"我还记得自己坐在餐桌旁，双手抱头，眼前像有一个深渊。我每天都给自己施压要赚钱。我必须赚钱，我必须赚钱，我必须赚钱。我在市场上赚钱非常困难，感觉它要把我踢出去了。

一天早上，我大约在凌晨 4 点醒来，躺在床上，我感到胃非常不舒服，想着今天市场会怎么对我。那天我结束了这个基金。那真是难以置信的艰难。要是有人给我一些指引，告诉我"慢慢来，你不是要赚五倍的钱。不要按绝对数值考虑问题，开始用百分比来思考"该多好。

你关闭了基金后，去做什么工作了？

我去了野村证券（Nomura），开始了风险套利。

你风险套利的方法是什么？

做更少、更大的交易。如果你有足够的资产，就可以买足量的股份来确保绝对的投票权。如果你认为为了保证合并计划的通过，你需要 8% 的股权，你不妨买入 15% 的股份，因为你知道交易会通过。让交易足够大，这是一个非常成功的办法。

但在这个交易进行的过程中，你还会有其他风险，比如，政府不批准合并案。

我倾向于在所有风险都已经揭示出来时，迟一些进行大交易。我们考虑的是交易失败的可能性，利润是次要问题。目前为止，母公司收购子公司是最好的交易。不需要尽职调查的问题，你知道交易会通过。

由于管理层的变更，野村证券最后不再适合我。新负责人很不正直，他有一个可转债的账户，他做的所有事情就是购买流动性差的可转债，再在每个月末把价格抬高。他能控制市场，因为他持有了大部分债券。所以他需要做的就是每个月买几百手债券，将价格推高。

有一次，另一个部门的交易员来找我求助，因为他被要求在交易书中做假账。

他是一个下属？

他是另外一个经理的下属。

那他为什么来找你求助？

因为我出了名的正直。我让他正确地做记录，我来解决这个问题。我去找上级管理人员，对他们说，他们不能施压让交易员做假账。他只是一个小小的交易员，一旦东窗事发，会毁了他的事业。我表示他们不得不保持交易记录的正确。我认为这个理由非常具有说服力。

一个星期后，我被要求离开，因为我不是团队中的一员。我对他们说："你们要解雇我没关系，但你们要支付给我应得的那部分。"他们让我先辞职，再付工资给我。我问他们："难道我的额头上写了'愚蠢'两个字吗？"我接下来与管理层又开了两次会。我不信任他们，所以我每次开会都带了隐蔽式录音机。

最终他们解雇了我。而后，我开始起诉他们。这个案子花了三年的时间进行审判，我也花了 350 000 英镑的诉讼费。如果我输了，我将一无所有。我们去了法庭，轻而易举地赢了这场官司。

你在审判中用了那个录音记录吗？

是的，它非常有用。我们将磁带的副本提供给了野村证券，但他们仍旧没有准备。在法庭上，他们中一名证人证实了这段对话。

法官说："有一个证物，告诉我他在哪里说的。"

他回答说："这不存在。"

法官继续："我可以删掉你的这部分陈述。那接下来呢，你想让我继续删除吗？"

这个录音带在可信度方面真的帮了我不少，因为我说的完全是事实，而他们撒了谎。我得到了 135 万英镑，等于我利润的 15%。事实上我该拿到 20%。回头来看，尽管我赢了这场官司，但起诉仍然是一个错误的决定。

为什么会这么说？

如果我将花在诉讼上的时间用来追求自己的事业，我已经赚了不知道多少个 135 万英镑了。这真是得不偿失。

在那几年中，你在做什么？

实际上，我建了一栋房子，自己挖地基，并完成了大部分工作。我还雇了一个建筑工人帮我完成自己做不到的部分。

那三年中除了建房子你还忙什么？

我打官司，同时还在建房子。这些占据了我全部的时间。

你对最后做什么有计划吗？

我不知道我会做什么，但我知道我在城里的市场已经结束，我回不去了。

为什么？你在市场做得很好。

因为糟糕的经历、公司政治、人们的谎言。在我看来，我为老板所做的就是赚钱。但是，我没得到多少钱，我没得到合理的报酬，即使有合同存在。我心灰意冷，发现自己所有的经历都令人非常沮丧。

你是如何从一个热爱市场像玩电子游戏赚钱的人，变成了甚至连交易工作都不想做的人？

问题很有趣，不是吗？ 1986 年，在我弄明白自己想做什么时，我已经去城里赚了一些钱。我从来就没想清楚。我仍没能弄明白。

很明显，你在某一刻回到了市场。那是如何发生的？

这有点儿巧合。我和国民西敏寺银行的老朋友去委内瑞拉钓鱼途经纽约，当我在那儿时，我联系了一位老经纪人，他建议我和第一纽约证券公司交流一下。⊖

⊖ 出于充分披露的目的，我儿子在第一纽约证券公司工作。在采访中，当我知道克拉克与他们公司之间的联系，我很吃惊。

我与公司的两个创始人见了面，他们都 60 多岁了。他们希望我为他们工作，并支付我所创造利润的固定份额。最初，由于我过去糟糕的经历，我并不愿意，但是最终他们说服我去试几个月。

在我待了几个月后，负责人对我说："我们一直在讨论你。我们认为你是一个高手。"

我在想，又来了："我又要失望了。"

他继续说："我们欠你很多钱，但你从没提过。"

我说："如果我认为需要合同，我就不会在这里了。如果你在告诉我，我需要它，我会立刻走，你可以把钱留给自己。"我勉强幽默地说："我相信，如果我从公交车上摔下来，你会把钱给我的孩子们。"

晚一些时候，两个合伙人分别找我做相同的保证。其中一个说，"我想你相信如果你发生了什么事，我会亲自确保你的家人能拿到钱。"（克拉克明显被这段回忆打动了。）

听起来直到今天，你还是很感动。

我仍会感动是因为这是我第一次听到有人对我说这样的话。这真的很触动我。

他们叫你"高手"是什么意思？

因为他们欠我钱，但我没有问。既然我没提，他们就自己提出来了。

你那时在做什么交易？

方向性风险套利。

那是什么意思？

我可以做风险套利，或者不对冲，或者两边都做多。[⊖]这要看情况。我基本上在交易并购中的公司。

⊖ 在标准的以股换股的并购交易中，风险套利经理会买入被收购公司的股票，因为并购失败的风险存在，被收购公司的股票会折价于换股的价格交易，同时，他们也做空收购公司的股票来对冲风险。如果并购成功，他们就能赚到这个折价的利差。克拉克可以进行可转债套利交易，或者直接交易并购中的股票。

你是什么时候创建了现在的基金，你和第一纽约证券公司之间的关系发生了变化吗？

我在英国开展了自己的资产管理业务，并在 2001 年创建了一个事件驱动型基金。我继续管理第一纽约证券公司的资金，同时也负责我自己的基金，实际上我也是他们的顾问，但是随着我的基金资金扩大到将近十亿美元，我不想继续这么干了。

我在纽约见了公司的创始人，告诉他我自己的基金令我分身乏术，我没办法继续做顾问的工作了。我说："走之前，我给你一个临走前的建议，你太老了，你会毁了自己的事业，退休吧。"

他说："我想你是对的。"

你怎么会认为他在毁了自己的事业呢？

就像任何一个创业的企业家一样，他抓得太紧了。他们已经做了 25 年的自营交易，而且没有一年亏损过。尽管有这样的记录，但他们已经错失了资产管理的增长。在整个对冲基金的时代，他们没有任何对冲基金业务。他太老了而无法去冒险。他自己也承认这一点。最后，我同意成为他们公司的管理者之一。公司的运营非常无效而且没有什么技术。我们需要将其变得更加有效，把它带入 21 世纪。我们需要管理外部的资金，开展更有价值的业务。这就是计划。

你的长期目标是什么？

我仍在寻找自己长大后的方向。我仍等待着启示。在某些方面，这很令人沮丧。

我不理解。你已经很成功了。

但我得到了什么？我什么都没做出来。

你是如何衡量成功的？如果是用货币来衡量，从任何角度讲，你都是非常成功的。如果是从创建事业的角度，你也已经成功了。你不是要发明治愈癌症的药物。如果你想要影响世界，我猜你可以把钱捐出来。

我确实捐了钱。我还在这个行业，因为到目前为止，我还没有发现自己能做得更好的事情。我仍旧觉得自己在等待找寻方向。

难道你不认为自己生来就是做交易的吗?

当然不是。可能有点自大了,但我认为我能做我想做的任何事。我要去城里做一个交易员,我要建一栋房子,我要在诉讼中获胜,我要创建一个对冲基金。

如果那是你的想法,那你就去做你想做的事情吧。

问题就在这里。

你不知道自己想做什么?

不知道,我可以告诉你运营一个基金让我不快乐。我喜欢它,但我过去更喜欢它。

为什么会这样?

因为不那么复杂。过去我只是交易,现在是运营一项业务。

你还在寻找?

是的,那个洞还在。我在寻找能得到满足感的东西。让我给你讲讲交易的烦恼吧。交易中没有事业,你只是与上一次交易做得一样好,这就是全部。你没有创造出任何东西,你只是交易。在你停止交易的那一天,一切就都结束了,所以你每天工作那么长时间所做的事就这么结束了,除了钱,什么都没留下。你不得不一直交易,因为你不想停下来回头看。你做了什么?你毫无建树,毫无成就。当一切走到终点,你回顾一切,就会好奇,我到底做成了什么?这个观点可能有些虚无,但这确实是我的感觉。我仍停留在 17 岁的那个时候,想要找到自己的方向。

你一路走来,从在这个行业中得到快乐,到如今的不满足。你知道为什么会有这样的转变吗?

我不确定,可能是从我决定要创业而不仅是交易开始。

听起来这个时间像是你创办对冲基金的时候。

可能是。快乐没有了。作一个交易员是有趣的,而且你可以说走就走。但是当它是一个事业的时候,你就不能走开了,所以在某种程度上,它变成了一个监狱，而交易员却很自由。

讽刺的是，你成了第一纽约证券公司的管理者，承担了更多的业务责任。理由是什么？

理由是有交易要完成。

这个交易就是修整这家公司吗？

是的，就是修整公司，这需要一段时间，让公司获得更多的价值。一切都很合理。我努力做一些理性的事。有时，你每一步都做了理性的决定，但最终的结果与你期望的相差甚远。我初次到公司的时候，我就说"我不想管理任何事情，我只想交易"，但我现在还是弄到了这个地步。

确实很讽刺。你说你不想管理任何事，但你最终还是要帮助他们管理公司。

的确如此。我经常在想我就要江郎才尽了，这是另一个促使我对现在迷茫的原因。

你说"江郎才尽"是什么意思？

在我的职业生涯中有很多次，我都认为那只是运气。可能我真的不知道自己在做什么，只是虚张声势罢了。可能我只是发现了一些成功的交易，但是也只有这些。我就要江郎才尽了。

（我的采访时间已经过了，克拉克不得不去开一个会。我们决定在他去纽约的一次旅程中完成这次访问。几个月后，我与克拉克在第一纽约证券公司见了面。闲话家常后，我还没提问，他就开始谈交易了。）

作为一个交易员，你必须对自己诚实。我见过许多交易员设计策略压低买价。"我会在8的价格买一些，如果价格下跌，我会在7的价格再买一些，接着是6，还有5。"如果你是那种当价格降到7，就没有勇气的人，那就更不要说6或者更低了，你不应该在8的价格满仓，如果你在8的价格买入，应该是1/4仓位。你可以训练自己轻仓交易，这样你就可以在情绪下交易。如果你对交易真的很兴奋并且下重注，10分钟后，市场走势就不利于你了，但你不能很好地控制波动率，最终砍仓、亏损，即使这个交易最终方向是对的。我们在交易员中总能看到这样的行为。是你头寸的大小而不是价格决定了保留仓位的能力。

你要说的是交易员把注意力都集中在了入场时机上，但实际上入场的头寸大小比入场价格更重要，因为如果仓位正确，你更可能保留赢钱的交易。

我的第一个老板给我上的第一课就是与价格无关，控制仓位才是最重要的。在相关问题上，流动性也很重要。这就是为什么当并购交易失败时，我们会立刻砍仓，因为你有一口袋的流动性。可能比原来低很多，但至少有流动性。如果你继续等待，流动性就会枯竭，你的持仓会因为过大而变成了方向性交易。

仓位不正确是一个普通交易员经常犯的错误。在你的职业生涯中，你还看到交易员犯其他典型的错误了吗？

我在第一纽约证券公司常看到的一件事就是，交易员来自信息丰富的环境，比如大投行，而到了交易公司，信息流没有了，他们就像在真空中交易。我们见过许多久负盛名的家伙，已经积极地交易大量资金很多年，当他们来到这里，他们发现自己不再能赚钱，甚至是输了一些钱。这变成了恶性循环。他们交易的仓位越来越小，损失的每一美元在感情上对他们都越来越重要，他们失去了所有方向。许多这样的交易员，他们从来都没计划过，只是应对身边的刺激。我告诉他们，他们需要换掉之前所拥有的信息流。我建议他们制定有 20 个联系人的列表，每天给他们打电话。

那个建议有效吗？

实际上，他们没接受这个建议。

你还给他们其他建议了吗？

我自己也经历过类似情况。我发现让自己忙于某事很重要。当你是自营交易员时，忙是一件好事，因为你不想花太多时间盯着屏幕，特别是如果你的交易习惯是一段时间只持有有限仓位。当你有了仓位，并且等待市场的进一步反应，在这段时间你会做什么？回到投资银行的世界，他们会开会，各种各样的事情都可以消磨时间。交易员都在抱怨这浪费时间，实际的意思是这缩短了他们坐在电脑屏幕前盯着自己头寸的时间。你不想坐在屏幕前，一天 12 小时盯着市场价格吧。盯着价格不会给你太多信息，你会开始过度交易。

我发现成功交易员的一个重要特征就是耐心，特别是在好的交易中停留的时间足够长。无论时间框架是什么，这都成立，甚至是对日间交易员来说。我认为，你盯着屏幕的时间越长，你的耐心就越少。

在不利的环境下，每一单位的价格下跌都会削弱你的耐心。你会感到身体的痛苦，耐心会变得越来越少。

听起来你有过这样的经验。

在我的职业生涯中，我有过几次双手抱头的经历，想着：我一分钱也赚不到了，我是废物，我一直就是个废物，我已经江郎才尽了。即使你已经赚了十年的钱，你仍会这么想。

你有一个交易的诀窍，但现在失效了。你输了钱。

我输了钱，我没那么好了。这就是市场。现在市场改变了，我不知道我能做什么。这真是非常可怕的感觉。

当你进入这个时期，你做了什么？

我这些年的经验是，当你进入这个时期，就什么都不要做。约束自己两个星期或者设定一段时间，不做交易。给自己放个假。

这有用吗？

是的，只要你在离开时没有任何仓位。你需要摆脱所有事情，接着离开，什么都不要想。但那需要时间，因为在开始的几天里你会折磨自己。我本可以做这个，我本可以做那个。但对我来说，几天以后，我就能够放下了。一旦放下，你就可以释怀了。当你回到工作中，你必须设定规则。你必须能够说，你将，比如两个星期，不交易。你在这段时间里可能会看到你渴望做的交易，但你必须要有纪律不去做，因为，很明显，你与市场是不同步的，否则你就不会是现在这个样子了。当你觉得你准备好开始做交易，并且看到了你真的喜欢的交易，那就建比平时小的仓位。最初，你的交易至少在一半的时间里会按照你的方向走，但它还是会反过来走，因为你正经历的不过是接下来几个点的方向罢了。

（此时，第一纽约证券公司的总裁带了我正在这家公司工作的儿子进来，他说："我想介绍一位年轻人给你。"那次我刚好在约定的最后一分钟到达这里，与克拉克会面，所以我还没机会跟自己的儿子先打招呼。我们聊了几分钟，他们就离开了。克拉克问了我一些关于儿子的事情。在描述他的交易风格时，我提到大的成交量是他在交易中所关注的事情之一。）

那很有趣，因为当缺乏信息时，我在雷曼做的一件事是筛选出成交量异常大的欧洲股票。接着我会浏览这些股票的图表，看一下哪个在构建有趣的底部。而后，我会给我的联系人打电话，问问他们对那些特定股票知道些什么。这就是我如何开始发现交易机会的。成交量是极为重要的，我发现它是一个非常有价值的指标。

成交量现在仍旧有效吗？

是的。一只股票跌入谷底，成交量激增，并不意味着你就应该立刻买入，因为它可能会再次归于平静。但是清楚的是，已经有人开始买进了。而后观察股票在下降过程中的回弹信号，说明股票有潜在的买入支持，接下来，你就开始一点一点地建仓。有时，你会看到它突然有一个向上的跳空缺口，你就会入场抓住它。你必须做一些基本面的研究来弄清楚正在发生的事情，因为你不想最后买了一只毫无价值的股票。成交量只是一种识别潜在有趣情况的方式。

你之前谈到过建议交易员在需要的时候给人打电话。你能举一些通过打电话得到交易的有用信息的例子吗？

你必须愿意去打电话获得信息。你必须要问下一个问题。你不知道你将会发现什么有用的信息。例如，有一个并购交易需要得到美国联邦通信委员会（FCC）的同意，但一切毫无进展。同时价差在不断扩大，我们开始更多地关注仓位。我们不停地给FCC打电话，直到有一次很幸运地联系到了一个委员的秘书，他说："那个文件嘛，它就在桌子上等着签字了，只是他这个星期不在办公室，去钓鱼了。"

还有一次，我们正在与一个银行经理在电话中谈论交易拨款的问题。我不停地问他一个我知道他不会回答的问题。知道他不会告诉我拨款是否完成，我用了十种不同的方式问他同一个问题。挂断电话后，我说："现在就卖。"有许多非常合理的事情他可以讲，但他没有。

他可以说什么？

虽然他不可以说拨款是否完成，但是他可以说它在进行中或者他们是有信心的。

那他说了什么？

他对所有问题的回答都是"我不能回答这个问题"。如果你不打这个电话，如果你不问下一个问题，你就永远不会知道。

你能给我举一个描述这种过程的交易实例吗？

一个很好的例子就是 2003 年我们在 Fiat 的交易。我们在这笔交易上一个月赚了 20%。那时，整个市场在经历熊市后的急速反弹。Fiat 有很多附加股。㊀同时，德意志银行声明要处理掉它的工业持股，而 Fiat 是其中一个。银行决定卖掉它的认股权，而不是行权增加持仓。现在的情况是，市场在上涨，本应一起上涨的 Fiat，由于大量抛售行为的存在，股价在下跌。这个抛售并不受基本面的影响，只是因为银行想调整自己的投资组合，减持工业股。由于银行的抛售，认股权十分便宜。我们买了它具有认股权的股票，实际上它是一个有效的廉价看涨期权。购买 Fiat 的股权让所有事情有了头绪。首先，市场很强。其次，股票表现严重弱于市场和行业，原因有二，其一是，附加股的存在；其二是，与基本面无关，是因为技术原因的大量抛售。再次，认股权能让你用较少的资金建较大的仓位。最后，因为德意志银行是认股权的一个大卖家，而且股票很难借到，所以这种认股权是在低于内在价值交易。

㊀ 附加股是让公司增资的一种方法。认股权是股东才具有的，它允许股东按照持股比例，在固定的时期，通常以低于市场价格购买额外的股份。股东可以选择行权购买额外的股份，或者卖掉这个权利。内在价值是市场价格与行权价之差。如果股票很方便借到，那么认股权将以高于内在价格交易，否则，购买认股权，做空股票，会带来无风险套利的机会。

你给那些想成为交易员的人什么建议？

首先，你要确保他们理解自己的动机。不是每个说想要成为交易员的人都真的如他们所说的那样。交易有种男子气概的神秘感。人们说他们想成为交易员，即使做研究员更开心，他们也不会承认，可能他们想成为研究员。实际上，作为研究员，他们可能会赚更多的钱，因为他们更善于此。

你已经见过许多交易员，成功的交易员有什么特点？

他们都非常努力。第一纽约证券公司在新西兰的一个交易员交易全球的股票。他不可能一天24小时都不睡觉，但看起来他确实是这样。

我知道的所有成功的交易员几乎都只擅长一项业务。他们做一件事，做得很好。当他们不再专注于一项业务后，最终结果通常就是灾难了。在对冲基金的世界里，你会看到交易员做一项业务做得很好，赚了很多钱，接着他们就会想，一项业务太无聊了，我能做其他事情，因为我是个天才。有很多宏观交易员决定涉足多策略基金的领域。2008年当他们都公布成绩后，效果不太好。一个著名的宏观交易员在2008年给他的投资者写了一封信，内容是他为他们赚了钱，但是在基金里，交易各种策略的经理输掉了所有钱。问题是，是你聘请的他们。你给了他们所有钱。这种情况我们在对冲基金中看到了一次又一次。经理从自己的专业领域转变成多样化，因为他们已经赚了很多钱，并且认为他们能做任何事。

是什么驱使这些交易员远离他们擅长的事情去做自己可能做不好的事情？

我想他们的内心深处知道自己只擅长做一种业务，从开始到退休。

但是当成功的交易员所擅长的技巧失效了，他们就会去学另一种技巧。

这种情况确实发生了。但一些交易员在他们的技巧还有效时就改变并摧毁了它。你需要对一天十小时做同样的事感到着迷。痴迷者可以成为非常好的交易员。

成功的交易员还有什么与众不同的特点吗？

真正好的交易员能够在瞬间改变自己的想法。他们会固执己见但又会立刻改变想法：市场要正在继续上涨，它确实在涨。不，它在下跌。如果你不能这么做，你就会被套住，最后被扫地出门。

你能想到自己曾经瞬间转变思想的经历吗？

一个很好的实例就是许多年前欧洲迪士尼在美国上市。它已经在欧洲上市，但是《蓝天法》（*Blue Sky laws*）要求它在美国上市前有一个等待期。我建立了一个大的头寸，预期当它在美国上市时，散户需求爆发的出现。在美国的散户投资者可以开始购买股票的第一天，我们有了几百万的买入指令。那天早上，我已经做多了，但是，我又键入了买入指令，要买入更多。市场距离开盘价越来越高，开始在上方赛跑。由于很少有人抛售股票，所以我们的指令都没有执行。市场继续在很小的成交量下继续向上跳空。瞬间，我完全逆转了指令的方向，开始尽可能多地抛售股票。

是什么让你改变了想法？

我那时清楚地意识到，如果我已经情绪高涨，试图用任何价格买入股票，那么当市场逆转，将会是垂直向下、毫无余地的。

它会下跌得很快？

那天从那个点开始它下跌了约10%，并且在接下来的几天里持续下跌。每个人都在做同样的事情。每个人都在做多，预期散户买入指令会大量进场。

你态度的突然改变有什么动因吗？

轻轻一敲，我就醍醐灌顶了。在1987年的股市崩盘前，我与有经验的交易员共事，一个买入小盘股 London and Overseas Freight 的谣言四起。这只股票那天开盘于0.10英镑，我在0.12英镑的价格将其买入。一整天，它一路上涨，0.13英镑、0.14英镑、0.15英镑、0.16英镑……我那些没有买的同事坐不住了，开始做多。而股价继续攀升，越来越高。最终，一个仍没有买股票的交易员通过扬声器问交易室："现在价格是多少？"

回答是："22英镑。"

我到今天还记得他说的话："我不在乎我要付多少钱，让我入场！"

他以23英镑的价格买入，这是最高点，那天它以0.12英镑的价格收盘。这只股票最终变得一文不值。这只是情绪失控的一个缩影。我在多年后，发现自己也有了同样的症状，这使我对欧洲迪士尼的态度有了大转变。我可能也对经纪人说过"让我买入股票！让我买入股票"，但是有什么东西敲了我一下。我曾经有过这种感觉。我见过这种情况。

为什么你的交易记录和其他事件驱动型基金相比波动率极低呢？

你必须能够砍仓。我不能接受任何人说他们不能砍仓。

你是如何管理资金来避开 2007 年和 2008 年波动率向下的风险的？

在 2007 年，我放弃了任何方向性或者长期的交易，将所有资金都投入到我们几乎确定要关闭的短的久期风险套利交易上，由于市场波动率，它的价差很大。这些公司关闭交易的能力还没有被世界上正在发生的事情所削弱。我能看到的唯一风险就是，有些事情的发生会让大宗经纪人改变保证金的要求，这会迫使我们结清头寸。我唯一想到这种情况会发生的条件是越来越多的主要市场困境。为了对冲这种可能性，我买了标普的虚值看跌期权，通过卖掉虚值看涨期权所获得的期权费来支付看跌期权。如果市场上下波动或者向上，我们会因为核心投资组合而表现很好。如果市场突然下跌，我们仍觉得自己的核心组合能够撑住，看跌期权会为保证金要求的改变提供保护。

2008 年，世界发生了改变。波动率加重了四倍。我认为我们应该降低交易幅度。大多数人没有这么做，最后全军覆没。

什么事情让你减小了敞口？

我们有一个好的月份，接着另一个很好的月份，再下一个月开始非常强劲。接着 2 天后，我们那个月的表现开始下降。什么事情都没发生。我只是发觉，我们需要减仓。我们砍掉了 75% 的敞口。

所以你没有在 2008 年逐渐砍仓？

没有，我不相信这个看法：我们将平掉 25% 的仓位，然后考虑一下。

直觉对交易很重要？

绝对的。我已经学会了相信自己的判断。直觉很重要，你可以根据它来交易，但你需要设立规则来控制头寸，设立止损点。

你赖以生存的交易规则是什么？

如果你早上醒来的第一件事是考虑仓位，那仓位就太大了。

永远不要停止问问题。与尽可能多的人交流。研究所有反对意见。

当一切结合起来，你就可以安心地待在市场里了，因为在这些情况下，即使你错了，也不可能错很多。但当仓位的表现让你不理解时，你就需要砍仓了，因为你明显不知道发生了什么事。市场会告诉你，你什么都不知道。

你的市场哲学是什么？

市场并不是事实，而全部是人们的观点和头寸。结果是，在任意时间，任何东西可以是任何价格。一旦你理解了这些，你就意识到你需要保护性的止损。

最后还有什么话说吗？

交易员的工作就是权益线从左下角画到右上角，就是这样。如果这条线下降得太多或者太长，你就错了。你无法争辩说市场是错的，因为你的工作就是预测市场的每一个动作。你的经理，在 2008 年损失了 50%，有的甚至损失了 80%。为什么？因为他们不能接受自己的错误。他们一直在计算，不停地说自己是正确的。他们忽略了重点。在计算上他们可能是正确的，但他们的工作不是计算，而是交易他们面前的东西。有一群家伙在说自己是正确的，市场是错误的，他们所管理的投资组合的隐含价值有几十亿美元。他们的工作不是创造几十亿美元的隐含价值，而是让权益线从左下角画到右上角。一旦你理解了这就是你作为交易员的工作，你将会开始保护这条线的方向。

***

克拉克对交易员的核心建议是做更多有效的交易，减少失败的可能，这听起来如此符合常理，以至于看起来几乎没必要陈述。但令人吃惊的是，有非常多的交易员没能遵守这个看似明显的原则，这样的例子不胜枚举。一些交易员可能善于做深思熟虑的长期交易，但也会一时兴起做一些他们没有优势的短期交易。其他交易员有一个有效的系统，但对于跟随计算机的方法感到无趣，所以用任意的决策来推翻他们自己的系统，这降低了他们的整体表现。交易员偏离他们最擅长的事情的例子从来不缺，有的是由于无趣，有的是由于感觉，他们认为如果自己能做好一种类型的交易，也就可以做好其他类型的交易。克拉克对交易员想说的是，他们需要找到自己最擅长的地方，然后专注地做这些交易。

许多交易员都不能清楚地认识到他们在哪里会赚钱，在哪里会输钱。一个有用的方法是，交易员可以分析他们过去的交易来区分"输家"和"赢家"。通常情况下，这种分析就可以显示出某些交易类型模式是在赚钱还是在输钱。如果你确实发现了某些类型的交易在赚钱，另一些类型的交易在输钱，那么就像克拉克建议的那样：做更多有效的交易，减少失败的可能。

类似地，克拉克劝诫交易员不要远离他们的专业技能。一些交易员成功是因为他们善于做一类交易。这种成功会鼓励交易员扩展到其他他们不擅长或者没有特殊优势的领域。

交易员几乎将全部注意力都放在进入市场的位置上，事实上，入市的仓位通常比入市价格更重要，因为如果仓位过重，交易员更可能在毫无意义的不利价格变动上退出好的交易。仓位越重，交易的决定受恐惧而不是经历和判断影响的危险越大。根据克拉克的说法，知道自己仓位过重的一个方法是，当你醒来的时候第一件事是考虑仓位。你也需要确定自己的方法与风险容忍度一致。比如，如果你实现交易策略需要建立三个仓位，但你天生的风险容忍度只有一个仓位，那么你就可能由于仓位超过了舒适的水平，很容易因恐慌结清自己好的头寸。这样交易的仓位就要保持足够小，才能避免恐惧成为指导你判断的直觉。如克拉克所说，你必须"在情感可控的范围内交易"。

头寸的大小不仅在避免交易过重上很重要，而且也可以使交易员在有保证时进行更大的交易。如果一切就绪（交易可以进行的具有说服力的原因，相对于风险潜力巨大，对头寸的高度自信等），那么交易就应该比正常建立更大的仓位。克拉克用 Fiat 的认股权低于内在价值的交易举了一个实例。

交易员也需要调整头寸大小来应对正在变化的市场环境。如果市场波动率急剧增加，那么交易员就需要相应地减少正常的敞口，否则他们的风险就会激增。在 2008 年，克拉克将敞口水平减少了 75%，来应对波动率的激增。

灵活性是交易成功的重要因素。它很重要，因为它可以让交易员不执着于一个想法，并且远离一项交易。克拉克说，如果价格的运动与交易假设不一致，真正好的交易员可以瞬间改变自己的想法。他们可以完全相信市场此时是要上涨的，下一刻，他们就会确信市场在下跌。

实际上，所有交易员都经历过与市场不同步的时候。当你一直亏损时，你无法通过努力去扭转局面。这时，克拉克的建议是结束所有事，去度个假。结清头寸会让你重拾客观性。如果你在市场中，你无法保持客观。进一步的损失会减少交易员的信心，身心的休息能够在损失期阻止恶性循环的继续。当你再次开始交易时，交易较小的头寸，直到你恢复了信心。

谨防交易所感染的亢奋情绪。如果你发现自己受市场狂热情绪的影响建仓，小心！克拉克回忆起欧洲迪士尼的一个案例，他意识到自己在股票急速回弹中盲目地试图加仓本身就是一个预警信号。一旦这个意识清楚，他就即时从买方变成了卖方，此后不久，股价急剧逆转下跌。

克拉克认为整天盯着屏幕会适得其反。他相信关注价格的每一点变动会让他过早地卖掉好的仓位和过度交易。他建议交易员去找其他人最好是有帮助的人，占用他们的一部分时间，来避免太紧地盯着市场的诱惑。

克拉克认为交易员需要监控他们的股票来避免严重的损失。"作为一个交易员，"他说，"你的工作是保护权益线的方向。"

第 10 章

马丁·泰勒

皇帝的新装

大多数对冲基金经理都设法增长其所管理的资产规模，马丁·泰勒恰恰相反。十年前泰勒以 2000 万美元初始资本启动他的对冲基金，十年后眼看着公司管理的资金规模将超过 70 亿美元，泰勒却通知他的投资人他会在 12 个月后关闭基金。[1]发布公告时他的对冲基金净值正处在历史高位并且管理业绩持续跑赢大盘。泰勒做出上述决定是因为他认为还有其他一些因素比资金收益最大化还要重要。他协调将关闭的原始基金转到一个新的基金，而新基金的规模只有原来的 1/4。一个对冲基金经理主动缩减管理规模超过 75%，这即使不是唯一的也是非常罕见的。

马丁·泰勒可能拥有最好的新兴市场投资收益记录。1995～2000 年早期，泰勒管理了一只东欧证券市场的纯多头基金。在中断五个月后，他在 2000 年 10 月发起了一只对冲基金——内夫斯基基金（Nevsky Fund）。泰勒用 13 世纪抵御外族侵略的俄国英雄亚历山大·内夫斯基的名字命名该基金，这在东欧国家是一个

---

[1] 基金文件要求泰勒在关闭基金前要给投资者 12 个月的通告期限。

可接受的形象。这只对冲基金最初一直投资于东欧证券市场，但 2003 年后投资的范围扩大到了全球的新兴市场。从他整个业绩周期 1995～2011 年来看，泰勒达到了 27% 的平均年化复合收益率，超过了对应的新兴市场指数 12 个点。[一]在最近的 11 年间，泰勒的对冲基金收获了超过 22% 的平均年化复合收益率，超过了对应的 HFRI 新兴市场指数 10% 回报的一倍。

泰勒的基金比纯多头股票基金指数和对冲基金新兴市场指数实现了更少的回撤和更高的收益。他是唯一一个避开了 1998 年下跌的基金经理，在 2000～2002 年的熊市中他仍然表现很好，并获得了超过 27% 的年化收益。泰勒只在 2008 年出现了亏损，但是他的亏损要比纯多头股票基金指数少 1/3，比对冲基金指数少 40%。

四月末一个阳光明媚的周六早晨，在伦敦近郊，经过一段令人愉悦的步行，我从火车站穿过小镇公园走到泰勒家中对他进行了采访。我们坐在起居室里巨大的英国印象派油画"收割风暴"下聊天。泰勒很休闲地穿着短裤和 T 恤，准备等访谈结束后去度周末。他的家人已经在我们谈话前一小时出发去祖父母家休假了。为了留出足够的时间进行采访，泰勒很体贴地将他的行程安排到下午，去赶下午的火车。我估计我们至少需要三个小时，并最终持续了五个小时，如果不是泰勒和我都认为赶火车可能要迟到的话，谈话会持续更久。我们谈话中大部分关于俄罗斯的内容都不会写在本书里，就像泰勒的叙述中所说的那样："你知道的，你可能不太会使用这些内容，但俄罗斯确实是一个你不想与之为敌的国家。"

你什么时候开始对市场产生兴趣的？

时间很晚，而且很偶然。我在 20 世纪 80 年代经济繁荣时进入大学，每个人都想在城市里找到一份工作，在这里你可以赚到很多钱。[二]但这不足以吸引我，我来自一个左翼背景的家庭，我的父亲是一位工作了 35 年的劳工顾问，对

[一] MSCI 新兴市场指数 1995～2002 年，MSCI 全球新兴市场指数 2003～2011 年。
[二] "金融城"是伦敦中心一块小的旧城，是金融区的中心。

我父母来说，在这个城市里工作是一种诅咒，这里到处是对社会毫无益处而盗取他人劳动成果的资本家。我于 1990 年毕业，恰逢一场严重的经济衰退的中期。

什么专业？

历史。

那时你的职业目标是什么？

那时我完全没有任何想法。我毕业后一年左右都试图在澳大利亚找到一份工作，但是没有成功，澳大利亚和我们一样糟糕。六个月后我回到英国，并在普华永道找到一份会计师的工作。

你有什么财务背景吗？

完全没有。

我很奇怪他们竟然会雇用一个全无财务背景的人。

从另外一个角度来说，从 17 岁就开始攻读会计学位的人智力空间和想象力都会受到限制。如果你 17 岁就想做一个会计师的话，多少有些不幸。高水平的审计更关注鉴定意见而不是具体细节，所以你不会想要那些关注细枝末节的人，这样的人难窥全貌。我想这也是为什么伦敦的会计公司雇用跨学科人才而不只是会计方面人才的原因。

你是怎么获得会计资格的？

这一点英国和美国稍有不同。在英国，在三年期限里你可以全职工作，晚上学习，年末考试，期限末需要进行资格认证。唯一不同的是有会计学位的第一年免修免考。

可是，听起来你没什么特别的兴趣成为会计师。

我想成为一个会计师是因为可以审计不同公司，这将会开阔我的视野以把基础打得牢固些。一个偶然的机会，我被分配去审计投资银行、股票经纪商和资产管理经理。1979 年撒切尔夫人上台后推出金融"大爆炸"，伦敦被认为是英国成就的典范，如果你是 AAA 学生，这里就是你梦想的终点。我一直希望多接触聪明人，在我的客户公司列表中有很多声誉很高的金融机构，使我着迷和惊讶的是，刚出校门的这些人每年可以拿到几十万英镑，而我只有 12 000 英镑，而且我觉得里面 99% 的人都愚不可及。他们又笨又傲慢，而且还挣着如此多的钱，我想我忽然明白了，如果这些傻瓜都能赚这么多钱，我为什么不行呢？

作为一个会计系学生，如果你因为审计工作而去与交易员面谈，他们会用行话把你弄崩溃，他们用大量诸如 alpha、delta、gamma 的东西打击你，你什么也听不明白，他们希望你十分钟后就落荒而逃。我讨厌失败，所以我宁可经受他们的蹂躏，就这样，我熟悉了市场如何运作，而且极少数聪明的交易员确实非常聪明。我一直很喜欢政策和经济，看到它们如何影响市场，我很享受。最重要的是，成为一个交易员我可以赚到很多钱，这样，我对证券市场从毫无兴趣转为非常入迷。

我一直很严肃也很有兴趣地去存钱，那时候，我正为支付一个房子的订金而存钱。现在看起来有些奇怪，但我还是用那笔钱开始交易富时指数期权。

你没有任何前期背景就开始交易了吗？

一点也没有。只是在一年半的时间里我每天都读《金融时报》，我也看了关于市场和交易员的书，也包括你的书。

哪些书比较影响你？

当然，你的书就很好，我读了很多遍。

为什么你决定交易富时指数期权而不是股票？

当你在一个大会计公司工作时，你不能交易一些在限制清单上的公司的股票，这也是我从未交易个股的原因，我不想每天都念一遍承诺书。股指对我比较有吸引力，因为我想观察市场一年半了，我比较擅长预测短期价格波动。

为什么选择指数期权而不是指数本身呢？

因为买期权的话，亏损有限盈利无限，这听起来比较好。

你基于什么来判断市场交易的方向？

现在听起来有些天真，但是基本上是基于我在宏观趋势上感觉市场是超买还是超卖，市场方向怎么走，当然，那时我还没意识到我所了解的宏观分析意义不大。

你怎么判断市场是超买还是超卖？

当然，这听起来没什么价值，但我简单地基于市场涨得多还是跌得多判断，现在让我说我也不信这些话。有时我的想法就是：市场已经连续六天下跌，有些经济消息不好，但我想这应该是入场的时间，所以我买进。

然后呢？

我从 2000 英镑开始，那是我大部分的资产，接着六个月后我的账户涨到 10 000 英镑，我想我还是有点天分的。那时候买套房子也不过 70 000 英镑，保证金最多 20%，所以我几乎存够了买房所需的首付资金。每当我赚到钱的时候，我就自信爆棚，增加头寸。最终我押注了一个完全错误的头寸，一直持有、持有、持有，等到账户余额只剩 2000 英镑的时候我抛掉了它，仅仅五天时间，我输掉了前六个月积攒的一切。

所以你心里的止损位置是你的初始账户金额？

显然，我不允许自己有进一步的损失。这很难解释，但因为我损失的钱从未拿在手里，所以并不是很难过，但如果损失了存款，那将会是一个灾难。

有个良好的出场纪律还是很好的，如果你继续持有，你可能会损失所有钱。

是的，再过两天我就会全输光。从损失了所有收益的事件中我得出的结论是：第一，我不知道我正在做什么；第二，我很想知道我应该做什么。我也意识到从大的宏观波动中赚钱是很傻的游戏，如果我聚焦公司，我很可能有更好的机会打败市场，只是显然我就不能再继续我的会计工作了。我计划一拿到会计资格就辞职，事实上我也这么做了。在我的三年期限到期前三个月，我开始申请职位，我很幸运地得到了巴林资产管理公司分析师的职位。

作为一个初级证券分析师我加入了巴林的新兴市场团队，我被分到东欧小组，1994 年时东欧证券市场还刚刚起步。实际上，在我加入巴林时，我已经跟踪市场整整三年了，一年半以前我已经意识到交易是我真正想做的事情，最终发现这也是非常吸引我的事情，我极为痴迷，并且自学了很多公司分析方面的知识。

我的直接上司罗里是一个情商很高的人，我从他身上学了很多。但他的聪明经常会妨碍他的投资。如果他有十条理由看好一只股票，那么他会想出九条理由支持下跌，这常使他最终放弃购买这只股票。罗里是一个典型的英国男人，非常保守。罗里的上司南希恰恰相反，是一个非常外向、作风强硬的美国人，主管巴林的东欧投资部门。

我所在的部门覆盖了所有已开放的新兴市场，我的直接上司是一个保守的英国男人，他的上司却是一个精力充沛，倾向于以责任和压力领导团队的美国人。当我对某个想法产生兴趣要购买一些股票时，我会去找罗里批准，同他谈了半小时后，他通常会找出十条不交易的理由，但多半这些股票还是会大涨。我们的办公地点离得很近，慢慢地南希偶尔会听到讨论，并对罗里说："你这些都是垃圾理由，为什么不让他去交易？"几个月后，罗里有些放弃了对我想法的批判，这意味着加入公司六个月后我可以开始运行一大块资产组合了。

几个月后，整个全球新兴市场部的头儿辞职了，南希被推荐升迁至他的位置。这次晋升意味着罗里带着我管理东欧市场基金。罗里那时花了大部分时间在一只新兴市场风险投资基金上，南希也是。所以，在进入巴林十个月后，我成为东欧市场基金主要的日常投资组合管理经理。

让管理经验还不满一年的你负责一只基金的运作不奇怪吗？

其实不。尽管我在负责投资组合的日常管理，但我仍然是和罗里一起管理这只基金。罗里的温和非常有益，而且他极其冷静，并且在做重大决策时相当慎重。当市场弥散着恐慌情绪时，这种性格可以称得上是一种美德。我当时还非常年轻，在市场波动剧烈阶段如果我们的头寸方向错误，罗里会告诉我"镇定，市场就是这样子"。和他在一起使我在波动剧烈阶段不至于犯一些低位卖高位买这样愚蠢的错误。罗里是那种你愿意和他一起并肩战斗的人，即使其他人都离你而去，他仍不离不弃。

1998 年俄罗斯金融危机的时候，你的基金怎么样？

1998 年 8 月的危机爆发前一年，我变得对俄罗斯市场极度悲观，我完全看跌以至于我只使用了基金 60% 的仓位，这在多头基金中非常少见。

什么使你对这次单边下跌如此有信心？

俄罗斯早些没有爆发危机的原因在于，1997 年亚洲金融危机中流出的资本需要有一个出口，这些钱进入东欧和拉美市场并掀起了一波疯狂的牛市。但依我所见，亚洲出现的情形未来会在俄罗斯再次发生，这是我和市场之间存在的巨大分歧。亚洲金融危机是由于大量的经常项目赤字引发巨额借款，当这些国家不能偿付时，最终引发了危机，当时外国投资者非常恐慌，不但停止投入新的资本而且开始抽逃他们的资本。

从官方数字来看，俄罗斯处于国际收支经常项目顺差，所以表面上看和亚洲的情况完全不同。国际收支账户的真实度量是外汇储备怎么样，尽管俄罗斯一直在声称有巨额的经常项目顺差和大量资金流入，但它的外汇储备一直在下降而不是上升。[⊖]俄罗斯的经常项目顺差基本上约占年度 GDP 的 10%～11%，但是相反，外汇储备一直在下降。我认为外汇储备的数字应该是真实可信的，因为俄罗斯央行不可能撒谎，否则的话对比其他央行的数字很快便会被发现。问题到底出在哪儿呢？原来在叶利钦政府执政期间，企业资产被侵吞的现象无处不在。这些数字是无法自圆其说的，一些事情错得很离谱。

你同其他人讨论过国际收支账户数字上的矛盾吗？

除了我们的团队成员外没有，这也很离谱。

你是怎么发现的？

这也不难，事实明摆在那儿。我所做的仅仅是把我所知道的现实中俄罗斯企业的现状同报告中的资本和贸易数字做了对比验证。接着我写了一篇关于这个的内部长文，因为有些同事认为我在夸大事实。

⊖ 这是一个会计上的等式，经常性项目差额和资本性项目差额加起来等于净外汇储备。因此，从定义来看，一个国家有国际收支经常项目顺差和国际收支资本项目顺差的话，它的净外汇储备应该是这些顺差之和。

原因到底是什么呢?

俄罗斯极大地夸大了出口结汇。出口商品的大部分钱都被转到了瑞士银行的私人账户而没有经过俄罗斯。比如,一个俄罗斯的矿业公司出口了 1 亿美元的原材料,上报的销售额只有 5000 万美元,消失的 5000 万美元被汇到了瑞士银行的私人账户,上报的 5000 万美元中有 4000 万美元被汇到同样的账户,显示为应收账款——应收账款却不像应该的那样回到俄罗斯,所以只有上报部分的一小部分钱作为现付确实回到了俄罗斯。这不就是俄罗斯销售 1 亿美元商品却实际收到 1000 万美元现金而出现的数字差额吗。这是一种资本外逃,所以在资本账户上有一个巨大的黑洞。

所以说企业的所有者侵吞了他们销售额的九成? 真有这么夸张吗?

是的,全俄罗斯的经济都这样。接着你可能会问我:"为什么这些企业还没倒闭?"它们不会倒掉,因为它们不需要支付工人薪水。

它们不付薪水的话,工人怎么生活?

大量企业运用代金券体系,工人被支付只能用于企业商店的代金券,这有点像维多利亚时代的英国。工人没有选择权,因为企业可能是镇上唯一的雇主。企业拥有房产、商店、足球俱乐部等所有的一切。

所以基本上工人仅被支付够食物和房租的花销?

是的,也没有钱会用在一年年日益恶化的基础设施上。

所有者最初是怎么得到这些公司的?

他们通过凭证式私有化体系得到了控制权。工人分到了企业的股份或者凭证。在苏联政权解体到凭证式私有化实施的两年间,不同企业的管理人员侵吞了出口得到的钱款,用这些钱向工人购买凭证。举例来说,假设每个凭证 10 美元,他们就出 1 美元来购买。⊖如果一个工人有 100 张凭证,他们就支付他 100 美元。工人也会说:"真的吗,每张这样的东西你付给我 1 美元?"别忘了,这些工人

⊖ 当时俄罗斯国内 95% 的金融交易都是以美元结算的,他们不考虑卢布的价值,由于极度通货膨胀,政策摇摆不定,卢布快速贬值。莫斯科股票交易市场的所有股票价格都是以美元计价的。基本上,美元是当时俄罗斯国内有效的货币,尽管当局试图阻止。

已经极度贫困。苏联解体后，整个福利制度瓦解了，100 美元相当于他们半年的收入。

难道没有聪明的工人不卖出凭证吗？

确实也有，只是说他们被鼓动卖出。所以回到俄罗斯的宏观层面上，在我看来事情已经很明显了，同样的事情曾发生在亚洲，现在也将发生在俄罗斯，因为俄罗斯人不敷出了。如果考虑到未报告的巨额资金外逃，俄罗斯有很大的经常项目赤字。俄罗斯在东欧指数的基准中占有 40%，所以我将对俄罗斯的持仓降低到 0，这对多头基金而言是极不寻常的做法。

你是什么时候开始清空俄罗斯股票的？

我从 1997 年 10 月开始卖出我们的俄罗斯持仓。

这个时间有触发因素吗？

亚洲金融危机期间俄罗斯股市暴涨了三倍多，从亚洲逃出的投资者把钱胡乱投到这个被股票经纪商吹捧的国家。直到 1997 年 10 月的一天，有传言说叶利钦的健康状况恶化，市场当即暴跌 23%。尽管那时我不喜欢俄罗斯，但我仍然希望它尽可能保持上涨态势，我不想评论那些正在买俄罗斯股票的傻瓜。如果我清空后市场还在上涨，那可能就是我职业生涯的终结，别忘了，俄罗斯在我的比较基准中占比 40%。

鉴于你已经知道真实的情形，你不担心一夜之间崩盘吗？

是的，但我在俄罗斯市场的配置跟比较基准比起来有点比重偏轻，所以如果市场突然下跌，我的表现就会优于市场。市场暴跌的那天，我感到很不舒服，很恶心，因为我只少配置了 3%，但这个情形关乎我在过去九个月中一直坚守的信念。

你做了什么？

第二天，市场少见地高开近 30%，市场又回到了前一天下跌前的价格。

为什么第二天又反弹回去了呢？

政府否认了叶利钦的传闻，那些错过俄罗斯牛市的人突然看到前一天的快速调整认为这是一个惊人的买入机会。我有种很强的减仓感觉，开盘十分钟后，我开始积极卖出我组合里的俄罗斯股票。市场最终以 24% 的涨幅收盘。但那天我开始卖出是正确的，原因是疯狂牛市的标记已经被前一天的下跌打破。当市场处于强势上涨的时候，出来的坏消息说明不了什么。但是如果牛市有一个停顿，并提醒人们可能会在股票市场上亏损，那么接着忽然之间，再也没有不顾一切的买进行为了。人们开始看基本面，这种情况下我知道基本面非常糟糕。

那天过后发生了什么？

市场开始下跌，截至 1998 年 2 月跌幅超过 50%。通常来说在这样一个大幅的下跌后，是将卖空股票买回或者恢复买进持仓的好时机，但我想基本面仍然极度糟糕，买进持有不是一个好主意。我也担心可能会受到一些来自客户和同事的压力，要求在市场大幅下降后恢复基金对俄罗斯股市的仓位。所以我写了一篇内部报告，列出了所有我觉得俄罗斯股市会继续下跌的原因。事实上在那之后它又继续跌了 88%。

> 泰勒报告的题目是"皇帝的新装"——我直接照搬了过来作为本章的标题，非常明确地呈现了他的观点。泰勒最后发出了特别强烈的警示，尽管他所描述的这个市场在四个月里已经下跌了 50%："俄罗斯问题的解决之法是来一次严重的卢布危机让这些冲昏了头的人清醒，否则是不可能刹住车的，股市未来仍会保持大幅下跌的趋势，我们必须保持轻仓。"

我写这篇报告时，市场一直有一个观点，作为一个拥有几千枚核弹头的国家，俄罗斯太大了而不允许倒掉，否则局面会难以控制，所以，国际对冲基金大量买进以卢布计价、收益超过 40% 的国库券 GKO。

如果短期利率到了 40%，一定有对俄罗斯会违约的担心。

是的，很显然。那时的通货膨胀率只有 10%。如果你被支付 30% 的收益，这说明这个国家很可能会破产，没有人愿意买 GKO，所以利率如此之高。俄罗斯人完全明白发生了什么，所以他们把所有钱放到瑞士。你不得不看最聪明的资金在哪儿，在新兴市场最聪明的资金是国内的资金，而不是国际的。

利率一年前已经如此高了吗？

是的，它一直在稳步上升。

所以当短期利率上涨到灾难水平，俄罗斯的股市依旧持续走高并维持在相对高位上？

是的，股市上涨是因为从亚洲市场逃出的热钱非常多。

什么触发了俄罗斯股市最终的崩盘？

2008年的初夏，高盛承销了一只250亿以美元计价的低收益俄罗斯十年期欧洲债券，这使俄罗斯政府可以收回与之类似的高收益的GKO。这些欧洲债券从上市第一天便开始下跌，然后继续下跌。那些被说服买这些债券的投资者立即遭遇亏损，非常痛苦。那时俄罗斯的外汇储备只有200～250亿美元，高盛承销债券后外汇储备本应该增加一倍，这会使俄罗斯更安全，同时增加欧洲债券的吸引力，但是只增加了30亿美元。这种明显的反常促使国际投资者和国际舆论最终质疑俄罗斯资本项目账户数据的真实性，大部分钱流向了瑞士。这时市场才意识到皇帝其实没有穿衣服，俄罗斯就处在这样的时刻。

既然你已经完全退出了俄罗斯股市，怎么在1998年8月的时候还会有大幅的亏损呢？

即使持有40%的现金，但我的组合里还是有大量的高beta的优质公司。实际上我持有的每只股票都至少有1.5倍以上的beta。尽管我没有持有那些下跌95%的俄罗斯股票，但我持有的股票也下跌了70%～80%。因为这些股票非常优质所以也被广泛持有。不同的是，这些公司能继续每年产生30%的收入增长，这意味着一旦市场稳定了，这些股票的价格就会马上回升。相反，俄罗斯股票的企业收入没有增长，价格也不会反弹。拥有40%仓位的现金使我在8月的暴跌中不至于卖出，而且还能让我在9月新兴市场大幅回落后低价买进。结果，市场回暖时我的投资组合因高beta而反弹，这也是1998年在市场跌落30%的情况下我有一点正收益的原因。

如果你对俄罗斯极度熊市的警示是对的，那么其他的新兴市场股票也可能会是下跌的。在危机前你为什么持有一些高 beta 而不是低 beta 的股票呢？

买低 beta 股票是投资者常犯的一个错误。为什么你要持有一些无聊的股票呢？如果市场因为宏观原因下跌了 40%，它们也会下跌 20%，那你为什么不持有现金呢？如果市场上涨了 50%，无聊的股票只会涨 10%，这是不对称收益。这被我叫作鸽象交易——像鸽子一样啄食，像大象一样排便。如果你持有这些无聊股票的组合，要想产生证券一样的收益的话，你就不得不增加杠杆。如果赌错了，由于加了杠杆，损失也会被相应地放大多倍。我想新兴市场的债券也是天然的没有吸引力，如果表现得好你可以获得息票收入，但如果政府毁约，你会损失所有钱。所以你为什么还要伤这些脑筋呢？

你一直买高 beta 股票吗？

绝对的。高 beta 股票可能通过现金和卖空来平衡。自从我是一名多头基金管理人开始就一直是这样的情况。无聊的公司没有获得收入增长的机会。我喜欢收入增长高的公司，即使我不愿意为这些公司多付钱。

这听起来像是宏观因素控制了新兴市场的股价，那选择个股还重要吗？

宏观层面有很多因素很难预测，如果房间里有 50 位宏观方面的专家，你会得到 55 个结论。你可以获得足够多的公司信息以及可预测性。每隔几个月我们会对持有的每一家企业进行讨论或调研。用不了几年，你就会对这些公司正在做的事和将来实施新计划的能力等建立一种良好的直觉，你对公司情形的把握比宏观方面会更有信心。因此你重仓并长期持有的信心更可能是企业带给你的而不是宏观因素。

说到这儿，尽管如此，当你做企业的投资决定时宏观因素仍然是非常重要的。我买一只股票时通常会考虑三个因素：好的宏观环境、长期走势、好的公司管理。满足这三个条件的一个好的交易例子是我们在 1999～2005 年长期持仓俄罗斯移动公司，这也是我们在俄罗斯股市重仓交易的几只股票之一。1998 年宏观形势很好，卢布已经贬值 80%，同时油价已经从 12 美元开始大幅回升，这两件事使俄罗斯从经常项目赤字转变成不可思议的经常项目顺差。外汇储备大幅增长使俄罗斯经济解冻，同时也结束了其不断违约的做法，人们开始有了真正的钱，俄罗斯普通民众的购买力有了很大提高，这使我们的交易有了长期的趋势支撑：俄罗斯移动公司的市场占有率以每年25%的速度增加。最后，它有很好的管理团队乐意定期会见投资人。这个企业显然也有相当透明的财报数据发布。

为什么你要离开巴林？

巴林的市场能力超强，自从我每年跑赢市场达15%后，资金像疯了一样涌入这只基金。按照东欧股市当时的规模，把20亿美元的资金投入如此小的市场实在是过于疯狂。当资金规模日益增加时，管理大资产的负面影响日益明显。如果我有个好的想法去配置25%仓位的股票，那么由于其他人听说了我的操作，那只股票就会被迅速拉升。这让我觉得很受限制，我也不能拒绝新进入的资金。另外，当时没有能力做空也让我很受挫，在科技股泡沫的时候，我经常看着企业想做空，但是不行，因为我运作的是一只纯多头基金。而且我的收入也不高，这在大机构中也很典型，即使我为公司赚的钱占到了全公司收入的30%，我的薪水也不高。

综合这三件事（大资金的负面影响、不能做空、与业绩不匹配的薪酬），到1999年中期时，我意识到我想要成立一家对冲基金。但是我不想花费一半的时间做CEO的管理工作，我只想做CIO，所以我加入了泰晤士河公司，这是一个伞状公司，致力于为对冲基金提供支持性的工作。2000年9月我正式开始单干，即使有过去6年最好的纯多头基金业绩记录，我也只募到2000万美元的资金。

你认为为什么会这样？

这有多个原因。第一，我们处于一波熊市的中期。第二，我只运作过纯多头基金，有投资者质疑我运作多空基金的能力。第三，这只基金聚焦在新兴市场上，在那里我们被看作万恶的西方投资人。第四，由于法律的原因，最初我们不能接触我在巴林的客户。

从纯多头基金管理者到多空对冲基金管理者，这种转变意味着什么？

我们从2000年9月底开始运作该基金。俄罗斯股市中有很多我中意的股票，但我仍只配置了40%的净多头，但那个月市场下跌了20%，所以我亏了6%。马上我就接到了投资者的电话："你不能一个月亏掉6%！"我回答说："好吧，如果你不满意，你就撤回资金吧。"到第二个月，我们只新增了10万美元，原因是我第一个月就亏损了6%，因此所有人都说："我们不想一开始就进场，我们会在第二波参与。"但我坚持了我的投资原则，到12月时我的基金涨了8%，这样季度结束的时候我们涨了2%。

我总是告诉我的投资者："投资我这儿可能会让你在一年中的很多情形下亏损钱，这件事发生时总是不愉快的。"这些警告是很有必要的，可以让投资者的期望值不要过高。如果有资产管理人对你说他只投资风险资产，同时承诺只有有限的下侧波动，他们要么是非凡的天才（地球上很可能只有两个），要么就是骗子。如果你投资的是年化波动率20%～40%的资产，那么每年你的净值不可避免地会遇到两到三次打击。如果你不能承受这些打击，因为你的客户会告诉你他们不能忍受月度的回撤，那么一旦价格开始有一点不利变动，你就会在恐慌中价格靠近低位时卖掉它。然后这个仓位会在精神上折磨你，你也不会再去买回它，因此又会错过随后的反弹。在内夫斯基基金运作的过程中，每年我们至少会遭遇两次6%～12%的月内回撤。

你们通常的净风险敞口范围是多少？

净多头的20%～110%。我认为交易波动剧烈的金融品种，如果方向错误你就会被完全踢出市场，然后再也没有机会进来。即使我看空市场，我还是会保持一些净多头风险敞口。比如2009年第一季度，即便我依旧看空市场，我还是有20%的净多头风险敞口。结果市场在3月转向上升，我在反弹中赚了一些钱，虽然没买太多但我也没有感到沮丧。把净多头风险敞口提到40%很容易，但是另一方面，如果我持有的是净空头头寸，那么当市场上涨时，我可能会等待一个回调的时机去平掉我的空头头寸，但回调一直没有出现。

但市场那么差，你总有几次净空头头寸的时候吧？

当市场很差的时候，你会想当然地持有净空头头寸，但往往这个时候是你需要买进的时候，价格也适当。经常打扰我的那些经纪行的市场策略师，他们经常建议多头超配或净沽空，但是接着他们会错上两三年。他们想的不是全熊市就是全牛市。如果他们在对冲基金工作，几次下来他们就会亏光。管理别人的资产，不可能仓位很重同时还保持精神不紧张。管理资金是实实在在的，不是那些策略分析师想象中可以胡说八道的。市场上涨的时候，我尽力追到涨幅的70%～80%，下跌的时候，我尽量只亏整个幅度的30%～40%。

教条式的操作风格是2008年大多数对冲基金表现出色的原因，它们做空了全年，但接着到了2009年它们就爆仓了。

（泰勒提到了一个具体的对冲基金经理）

我称他为矮种马骗子。我知道他有个漂亮的业绩，但是我不尊敬他。他只做了一个好的交易：做空2008年。但是接着次年市场上涨了40%～50%时他还在做空，年底的时候他破产了。他按照经纪行的策略分析师的风格行事，但用的是客户的钱。你不能这样，你必须有信心追随市场的波动，你也需要看准方向。

你是在熊市中期开始运营基金的，在2000～2002年怎么也做得这么好？（泰勒的对冲基金在2000年9月到2002年获得了年化27%的收益，当时HFRI新兴市场对冲基金指数的收益低于3%，纯多头新兴市场指数是净亏损。）

1999年我的表现不好，因为我低配了科技股和像土耳其这样高beta泡沫国家的股票，我想我不值得在这些愚蠢的投资上重仓。当然，这也不能阻止它们又涨了很多。顺利避开科技股泡沫是我在2000～2002年收益较好的原因之一，还有一点是，我重仓了俄罗斯股票。卢布很便宜，油价也坚挺，这是股价从底部上升很强的促进因素。

我们能谈谈2008年吗？你唯一亏损的一年。

在2008年，新兴市场跌了54%，我跌了17%，这是我告诉我的投资人的底线——熊市中我希望只亏到市场下跌幅度的30%～40%。2007年年底的时候我非常看多市场，到2008年年初我们在高beta股票中有85%净多头，200%的总多头头寸敞口。尽管如此，我很担心日益扩大的信贷息差，这使我想到2007年8月并感觉到欧洲银行可能会存在问题，所以我降低了风险头寸，持有40%净多头。在 1 月的第一周大幅调低多头头寸非常关键，实际上到年中的时候我们的基金还上涨了 4%。

解释一下，为什么在 1 月早期时大幅调低多头头寸是有益的呢？你一直是净多头，上半年的业绩也是上升的，那么，即使不减少你的持仓，你的基金难道不会上涨得更多吗？

我们在 1 月早期时卖出的很多股票在第二季度仍然涨了不少，这让我们 1 月的抛售看起来是个愚蠢的决定，况且也没到我们 80% 的净风险敞口线。但是我可以告诉你错在哪儿了。你还记得吗？ 1 月底的时候法国兴业银行流氓交易员的持仓被曝光和调查，股市创了新低。[⊖]如果我们 1 月初没减仓的话，我们就得在底部卖了，那么接着我们 2008 年 1 月的业绩就会降低 15% 而不仅仅是 5%。不仅我们会卖在底部，而且到 2 月和 3 月市场反弹时，我们也不可能持有什么头寸。相反，因为我们在 1 月第一周大幅减少了仓位，所以我们还可以利用 1 月底的这次下跌再买一些回来。兴业银行丑闻曝光后，我感到非常开心，因为我明白了市场为什么下跌了这么多，并且我可以在底部区域很从容地买进。如果我们已经有 15% 的亏损需要费心的话，即使这看起来是一个很好的机会，我们也不会冒这个底部的风险，如果错了，我们就会多亏损 10%，这个月就会有 25% 的亏损，我们将会彻底出局。

下半年发生了什么，导致你在 2008 年产生亏损？

2008 年下半年的损失来自我们的净多头持仓。尽管在发达国家 GDP 增长已经停滞，开始看起来很糟，但在新兴市场，一切都欣欣向荣。我们组合中所有公司的利润都在快速上升，估值也相当有吸引力。所以鉴于发达市场的基本面暗示，我们不应该再有任何头寸的持仓，但一个个新兴市场公司的基本面支持一个强烈的持有信号，在对比了有吸引力的新兴市场估值和高风险的全球市场环境后，我们折中地保持了 40% 的净多头持仓。随后，在雷曼倒闭触发的大面积信任危机中，我们又减少了持仓到 20%。

⊖　2008 年 1 月底的低位与法国兴业银行的流氓交易员持有的大量欧洲股指期货多头头寸平仓有关。

保持 20% 的净多头头寸而不是完全离场，使我们避免在 2008 年年底接连发生的极端上涨和下跌中遭受双重打击。在 2008 年第四季度，市场又三次在创新低后恢复性上涨 15%～20%。如果我完全清空了我的头寸，在市场下跌了近 40% 后反弹 15%～20% 时，我很可能会想"哦，上帝，市场开始反转了"，接着再次入场。当市场一段时间后又创新低时，我很可能又会想在开始时离开市场清空头寸是对的，在随后短暂的快速上涨中又有产生双重损失的危险。所以我们的净多头持仓导致了我们 2008 年下半年的亏损，但讽刺的是，如果我们没有这些持仓，我们可能会损失更多。

面对你的第一个亏损年度，你的投资者有什么反应？

一直到 2008 年 10 月我们都没有出现任何赎回。尽管危机中很多同业发生困难转而关闭赎回⊖，但鉴于我投资高流动性证券的黄金准则，我们的基金保持了每月固定的开放，也就是从那时起，我们的基金被当作一个现金池。我们的一些 FOF 投资者由于客户撤资，面临着现金流的危机，不得不卖掉一切。基金在创立的前八年没有遭遇净赎回，从 2008 年 10 月到 2009 年 3 月，我们基金近一半的资产被赎回。但很奇怪，三个月后所有离开的资金又回来了。市场一旦开始稳定，那些多年来把我们列为关注名单却因为我们不对新资金开放而不能投资我们的投资者大量加入，基金规模再达上限，迫使我们不得不再度关闭了基金。

曾任职过纯多头基金经理和对冲基金经理，你怎么评价这两种角色？

管理纯多头资金很简单，因为只要表现超过大盘人们就会满意，很多基金经理，大概有 85% 会跑输指数；甚至当你输的时候，只要你输得比相关指数少，你

⊖ 大部分对冲基金的招募说明书包含关闭条款，在达到特定的值（比如每季度管理资产的 10%）时允许基金削减所有投资者的赎回额度。如果投资者赎回超过了关闭的阈值，关闭条款将起作用，接着对冲基金将会告知投资者赎回期内按照最大的赎回额度按比例进行赎回。未能满足的赎回请求按比例在随后的赎回期内按照同样的条款支付，直至赎回完毕。在 2008 年年底到 2009 年年初的金融危机期间，异常多的对冲基金被迫启用了关闭条款，由于流动性危机和市场恐慌，投资者普遍赎回。

仍然会获得肯定。而如果你是一个对冲基金经理，当市场好的时候，投资者想要你赶上市场或者更好；当市场下跌的时候，他们想要你表现得像现金一样坚挺。

为什么大部分多头基金经理跑不过大盘？

有很多原因。第一，新兴市场的管理费很高，大概有 100～200 个基点。第二，新兴市场的高波动性使基金经理更容易做出糟糕的投资决定，因为害怕错过一波趋势，所以容易在底部时出场而在顶部时进场等。第三，新兴市场指数的成分股变动频繁，这使基金经理在卖出一只被剔除的成分股时，市场普遍在卖，卖出压力变大。第四，也许更重要的是，新兴市场比其他市场更加不理性，因为这些市场中的大部分参与者都是当地散户。这些散户不像你我这样冷静思考，他们基于市场传闻或阴谋论做出投资决定。我想如果你调查这些当地的散户，有两三成会认为世贸大厦不是恐怖基地组织炸毁的而是中情局做的。当你参与这些人主导参与的市场时，仅仅基于基本面进行投资将会非常危险。

我原以为外国投资者是新兴市场的主导投资力量。

能够汇集大量资金进出新兴市场的外国投资者在大的市场周期转变时是有优势的，但从长期来看，主要的价格波动是由当地投资者和某天的某个传闻影响的。你会面临这样一个局面，听到了公司极糟的传言后你卖空，接着又有传言说总统的儿子准备买下这家公司，股票又开始上涨。

如果大部分基金经理都跑输指数的话，人们为什么不直接购买指数呢？

新兴市场多头基金尽管表现很差但仍然坚挺有多个因素，一个关键的因素是市场。看一下马克·摩比乌斯管理的邓普顿新兴市场基金。与媒体打造的新兴市场投资教父形象相反，事实上在过去的 20 年中他大部分都是跑输指数。但这个事实不会阻止他募集数百亿美元的资金，因为媒体一直在报道他拜访和评论新兴市场企业与政府，投资顾问极易受媒体影响，所以他们会建议他们的客户去购买这只基金。

表现差怎么还有这么多人继续投资他呢？

因为他们不看相关的指数走势。新兴市场在过去涨了很多。举个例子，如果新兴市场每年平均涨 10%，他可能只涨 6%，投资者只看到了他们的投资在增长。

除了市场外，有没有其他因素促使投资者选择多头基金而不是新兴市场指数？

另外一个因素是，由于收取管理费，即使是新兴市场的指数基金也比指数的表现差。为什么买一个肯定会跑输的指数基金呢？市场中的投资者都抱有指不定基金哪天会跑赢指数的念头。

最近你为什么决定退还给投资者 3/4 的资金？

我需要控制投资组合中核心头寸的交易风险，这是非常耗费时间和精力的。这意味着我不得不从早晨 5 点工作到晚上 9 点，我从亚洲的午餐时间工作到美国休市，这太不正常了，对吧？从 2000 年 9 月的 2000 万美元增长到 2010 年 2 月对冲基金关闭前的 75 亿美元，我们有 35 亿美元的对冲基金和 40 亿美元的多头基金。公司从开始时包括我在内仅有的 3 个人，增加到现在的 35 个人，团队很大，客户也很多，这些变动都很耗费精力。我意识到如果我继续下去，这无疑是在慢性自杀。去年 2 月（2010 年），我决定收缩基金的规模到以前的 20%。

是强制性赎回吗？

我们能减少客户数量的唯一办法是关闭初始基金，同时重新打开一个新基金，这就是我们做的事情。2010 年，我们给客户一年的期限，告知初始基金将关闭。我也想给自己一个改变投资风格的机会。

以什么样的方式改变呢？

举个例子，在初始基金中，我一直在跟投资人承诺投资新兴市场的比例不少于 50%，假如我没有任何亚洲头寸，亚洲又涨疯了，我会担心我的客户投诉我不称职。然而，如果现在我不喜欢亚洲，那么我就不买亚洲的股票，我想早晨睡得久一点，我就晚起一会儿。

现在的这个基金有什么限制吗？

基本上我可以做任何我想做的事情。我仍会在新兴市场做大量的风险头寸配置，但关键是如果我不想做我可以不做。我也想摆脱对冲基金的魔咒：月度考核。以前，我的大部分客户是需要发布月度数据的 FOF，它们的客户也需要发布月度数据。每个月都在一门心思地关注基金净值中度过，也影响你做长期投资的决定，即便它可能让你的月度收益看起来更好。

在新的基金中，我们仍然向客户发布月度收益，但不是每月简报而是季度简报。我控制自己不去想客户怎么看。我想以同样的方式继续投资，但眼光更长远。比如，在过去的两个月，我的核心头寸表现得很糟糕——市场已经涨了，但它们还在下跌。但我想我还是可以继续聚焦在长期投资，而不是过度地关心月度表现。

出于好奇，现在表现不好的核心持仓是什么？

我最大的持仓来自苹果。我喜欢苹果的理由是，只有美国的分析师在跟踪这只股票，而这些分析师认为苹果在美国这个巨大市场的份额已经达到了上限，因此这是一家几乎完全被认定成只有有限增长潜力的公司，但我认为他们错了，错在他们只看到了生活在美国的 3 亿人，没有看到世界其他地方的 67 亿人。苹果拥有最高认可度的国家是中国，这是一个拥有 9 亿手机用户的市场。现在，iPhone 在中国已经卖了多少？ 300 万部。拥有自己的系统和完美的软件让苹果竖起一个天然屏障抵御其他竞争者。我相信在接下来的 4 年中，苹果必然在全球市场中重现它在美国的成功。

我们对所跟踪的每家公司做了未来 3～4 年的盈利预期，我喜欢投资行业内比较便宜但是接下来几年盈利会好过一致预期的公司。我监测股票时意识到其价值的触发条件是盈利超出预测。在苹果的例子中，我们预测在接下来的三四年中它的盈利将高过华尔街预期的 50%～60%。尽管苹果现在的股票价格是它 2011 年预期利润的 16 倍，但根据我们对它 2014 年盈利的预测，股价仅在其利润 4.8 倍的水平上。苹果是世界上成长最迅速的公司之一，它有最好的管理团队之一，基于我们认为其预期 PE 值现在还低于 5 倍，到 2014 年将有 1500 亿美元的现金，这几乎是它市值的一半，我们的基金现在有 20% 的头寸在这只股票上。

考虑到所有这些看涨因素，苹果为什么没有表现得更好呢？

没有表现很好的一个原因是前期已经涨了很多，投资者认为不能买了，但主要原因是所有这些美国分析师在盯着新 iPhone 很可能会推迟上市，他们认为这很糟糕，但这一点也不糟糕。苹果如此出众是因为他们优秀的执行力。如果苹果早些发布下一代 iPhone 人们就会更高兴吗？难道黑莓没有在 PlayBook 上试验过吗？PlayBook 是黑莓推出的最具自杀性的垃圾产品，黑莓很可能在三四年内倒闭。

为什么这样？

因为他们持续推出不合格的产品。比如，他们推出了一个新的掌上电脑系统，你却不能用它来发邮件。记住这是以商务市场为目标市场的产品！这就像生产一个没有发动机和轮子的汽车一样。它原本应至少再等上一年再发布。即使没有准备好他们还是冲进市场的原因是，iPad2 是帮助苹果进军商务市场的巨大机会。现在商务人士都在说，我不想用我的黑莓了，我想要一个 iPhone。黑莓担心如果他们没有和 iPad2 一起竞相发布，他们将会失掉商务市场。但他们所做的恰恰令他们丢掉了商务市场，那些认为黑莓胜过 iPhone 的 IT 经理开始动摇了，黑莓所做的一切就像拿着一把铲子自掘了坟墓。

> 我是在 2011 年 4 月 30 日采访的泰勒。在那前一天，苹果以 350 美元收盘，黑莓是 49 美元。等到我完成这篇文章时，在不到 11 个月的时间里（2012 年 3 月 19 日），苹果涨至 601 美元，黑莓跌到了 15 美元。

你怎么选择做空的股票？

做空更困难。在一波上涨行情中，我喜欢行业内便宜的，但未来几年会有正向的超预期盈利的公司。所以相反地，我也喜欢做空一些行业里偏贵的，但接下来几年会出现盈利警告的公司。做空的问题是差的公司有极大的可能成为被并购的对象。新兴市场到处都是跨国公司想介入的领域，它们能收购的唯一的一种公司就是差的公司。在新兴市场，为了控制一家公司，你需要在公司、政府和监管者三者中寻求平衡。这对一个外国公司来说，得到政府或监管当局的同意，控制一家运行良好或较好的当地公司更困难，因为当权者担心被视为向外国人"卖国求荣"。但是如果是一家差的公司就不同了，政府和监管当局会很容易批准这种收购，因为这被视为挽救公司和挽救工作机会。你可以买多一只 7 倍市盈率的好股票，卖空一只 15 倍市盈率的差股票，一些愚蠢的外国公司会付出 50% 的溢价来买入一家差的公司。

当你最想做空的股票也是最可能被收购的股票时，你就像在走钢丝。

我们做空的通常有 1/2～3/4 是股指期货，所以我们大部分净持仓头寸调整是通过做空整个市场而不是个股公司实现的。

如果它们是潜在的被收购对象，你怎么管理这些空头头寸？

我们只做空那些政府和养老基金持有的不能被其他方控股的差公司。如果一家公司被养老基金持有的话，它是不会被卖的，因为工人担心新的控股股东会裁员两成。

政府和养老基金持有的公司有多少？

在新兴市场，大约有 1/3 的公司被政府和养老基金持有。

你的风险管理是怎么处理的？

我们一直持有高流动性的证券。如果我们错了，可以马上卖出。在交易前我们也做大量的研究，不但预测未来三四年的个股盈利，也会预测三四年的宏观走势。

能预测这么久吗？

我们的宏观预测经常会改变，你不得不从实际出发。如果判断错了，就马上出场。我一直在犯错。如果我有 60% 的时间判断对了，对的时候乘胜追击，错的时候快速坚定止损，我就能赚很多钱。

你有特别的风险管理规则吗？

我们从未使用，将来也不会使用任何公司的数量化风险管理技术，因为所有数量化的风控模型用的都是历史波动率，这就像是开车只看后视镜。如果你用历史波动率做指导，当波动率突然增长，你会发现你的风险比你预想的要大很多，接着你已经被击垮了。这是 2008 年真实发生在很多基金经理身上的事情。我们也从不用止损指令。

那有什么管理风险的替代措施吗？

常识。一次交易前有多个问题需要解答。我们喜欢这个公司吗？它便宜吗？它现金流怎么样？我们信任管理层吗？我对我的模型是否有信心？宏观走势乐观吗？

如果一家公司满足所有这些标准，接着下一步是决定合适的头寸。给定这家公司和国家的风险水平，我认为合适的头寸规模是多大？如果有一些风险，对我来说大的头寸可能占投资组合的 1%～5%。如果这是一个低风险的头寸，位置我又有很大的信心，头寸可能会放大到投资组合的 20%，就像现在的苹果。我认为如果史蒂夫·乔布斯出了什么事的话，股价会跌落 10%，我的投资组合会跌 2%，但我会继续持有，我相信未来 4 年苹果的股价会是现在的 3 倍。如果我有很大的头寸在苹果上，同样的板块我还会持有大的头寸吗？不，不会的。因为一个负面的股票事件或走势可能波及所有的同板块股票而不仅仅是苹果自己。

为了控制风险，听取团队其他人的意见也是很重要的，他们能把你的思路拉回正途，让你停下来，聆听，并仔细想想你的观点。我的搭档，尼克·波恩经常提醒我。

这次采访后半年史蒂夫·乔布斯去世了，尽管在他去世后的前几周股价出现了走低，饶有讽刺意味的是，事后股价更高了。

你对股价的预测和市场不太一样，这有没有什么原因？

通常说来，价格走势是基于未来公司的发展，而不是从历史数据来推断，我想这是一个常识，但是市场不这么认为。比如，苹果在印度和中国还没有重要的销售，所以华尔街预测它将来也不会有，这是很傻的。另一个例子，去年第四季度苹果卖出了 730 万部 iPad，今年华尔街的平均预期是 2950 万部。他们所作的只是拿去年第四季度的数据年化。他们没有考虑苹果创造了一个革命性的产品，远远领先于其他竞争者。不仅产品更好，而且史蒂夫·乔布斯还使用了一个有竞争力的销售价格。根据苹果的规模效应，无人与之匹敌。所以我们认为它今年会卖出 4000 万部 iPad，明年 6000 万部。而华尔街的预测是明年 4000 万部。这不是火箭科学，这只是常识。

我们的所有谈论都围绕着基本面，这是不是说明你基本不用技术分析？

不。图表还是很重要的。一旦我做了基本面分析决定买入股票，建仓前我会开始关注图表。如果股票处于超买状态，我仍然会买但是会建稍小的头寸，因为接着很可能会有一个回调。反之如果我满仓了，然后股票有一个大的回调，我就会感觉很糟。假如我确实喜欢一只股票，想建 10% 的头寸，如果这个股票处于超买状态，我可能只建 1% 的头寸，如果股价继续上扬，我会很高兴我已经买了一些。因为我在低价时已经建了一些仓位，所以我也更有兴趣去再买一些。然而，如果最初我因为股价处于超买区而没买的话，接下来我就不会去买了，这将会是一个糟透的错误。

同样重要的是，如果我从基本面来决定买一只股票，也做了图表分析，但看到它明显低于市场表现，我会查查谁在卖这只股票。一些股价低迷暗示管理层在撒谎，基本面研究没有意义。我也会利用图表来加仓。如果我看涨股票而又没有满仓的话，等到股价一突破，我就会进去建满仓位，因为突破显示市场的看法和我一样。

所以你基本上是把图表作为补充的工具。

是的，核心还是基本面分析。但是也有一个由技术分析开始的例外情况。如果一只股票极度超卖，如 RSI 处于三年的低点，这会使我仔细观察它。⊖通常来说，如果一只股票如此低迷，意味着所有利空因素都已反映在股价中了。RSI 作为一个超买指标可能效果不佳，因为股价可以长时间处于超买状态，但一只股票能够几周持续处于极度超卖状态将是一个很敏感的现象。

你是说 RSI 只在一个方向上有用。

是的，那就是超卖。如果 RSI 是极度超卖，我接着会看看基本面，是什么导

⊖　RSI 指标的全称为相对指数强弱，是由 J. Welles Wilder 发明的流行的超买、超卖指标。

致了股票被这样卖出，折价如此多，接着我就会买进。

在你的所有分析方式中，直觉占据什么位置？

直觉相当关键。如果能感觉到一些事情不太对劲，这会让你回顾并重新检查基本面。我现在有一点 IBEX（西班牙股票指数）的空头头寸，我曾考虑过增加我的持仓，接着昨天有一些很糟糕的经济统计数据发布，但是市场还是向上走的，所以我放弃了这个想法。

你平空了你头寸吗？

没有，我只是没有增加头寸，因为算法交易基金很明显地一直在控制市场。太大的仓位对我来说有些过于疯狂了，因为在市场走低前我可能已经亏了很多。在我大举做空西班牙前，我还不得不耐心等待。我的直觉是："嘿，你不能这样干。"但我仍没有平掉我的那些空头头寸，因为从基本面上我仍然相信我是对的。

你有什么建议给股市投资者吗？

在你投资的领域你需要成为一个专家。你需要明白为什么你在投，如果你不明白为什么做这个交易，你就不知道什么时候离场，这意味着一旦价格波动让你恐慌，你就会卖出。大部分价格波动带来的恐慌都是买进的机会，而不是卖出。

你认为你职业生涯犯的最严重的交易失误是什么？

我最大的一个失误或失误类型是 2009 年的交易。

我记得你在 2009 年有一个很大的上涨啊？

那年我涨了 32%，但我应该涨 45%～50%。我比较擅长抓住大的市场反弹。2009 年的失败一直让我很沮丧。

为什么 2009 年你交易得不一样？

通常我会持有盈利的头寸，而结束亏损的头寸。但在 2009 年，由于 2008 年 9 月到 2009 年 2 月的创伤后遗症（和那些正在经历企业倒闭的客户谈话，看着一半的基金被赎回，非常烦躁），我养成了每个头寸有 10%～15% 的利润时就平仓的习惯，但后来大部分的这些头寸都上涨了 35%～40%。我认为我在 2009 年快速盈利的方式是一个致命的错误，我想是由于 2008 年的第一次亏损经历使我失掉了一些信心，即便这次的亏损与市场相比是一个正常的幅度。由于 2009 年第二季度后参加进来的新投资者没有我之前累积的收益做缓冲，我不断担心他们的钱有亏损。我还意识到我在市场中的资金规模、交易量还远远没有恢复到之前的水平，但我的基金规模已于 2009 年 7 月回到了危机前的规模。这使我担心必要时，我能否快速退出。基本上，所有的这些事情都影响我做些短平快的交易，这显然不是我的风格。通常如果我喜欢某只股票，我会一直持有。

直到 2010 年，在 3 月正式通告投资者 12 个月后我的这只对冲基金将关闭后，我才停止了这种错误的交易模式。正式通告在减少基金规模方面会有一个即时的影响，基金有了稳定的赎回。而且通过允许和鼓励所有新老投资者在高水位退出，让我感觉对于他们我做对了。在这之后我放松下来，回归到原来的投资风格中。

***

在筛选新兴市场的股票方面，泰勒看重三个方面的特征。

1. 有利的宏观环境。宏观评价通过两个关键的方式影响投资组合。第一，泰勒在基本面更好的国家中集中投资。第二，全球的宏观表现影响整个投资组合的净风险头寸。比如，在 2008 年年底到 2009 年年初，糟糕的全球宏观基本面使净风险头寸远远低于仅仅基于个股基本面考虑所应持有的头寸。

2. 稳固的长期趋势。泰勒寻找那些有强劲的长期基本面支持的交易。比如，2000 年早期俄罗斯移动电话用量强劲增长的趋势，是促使泰勒重仓并大胜的一个关键因素。另一个例子是，泰勒看好苹果的全球购买量在将来几年会稳定上升，这是他这次采访时提及苹果是最大的重仓股的原因。

3. 好的公司。泰勒寻找有良好增长前景的公司，相对于未来的盈利，股价有竞争力的公司。他避开那些他称之为"令人讨厌的"公司（典型的是低 beta 股票），即使它们有着良好的估值。

投资者经常会错失好的股票，因为他们不敢买那些已经涨了很多的股票。实际上影响股价的不是股票已经上涨了多少，而是相当于未来的盈利预期股票的交易价格。采访时泰勒最大的持仓（苹果）已经走出了一波很大的上涨——确实这个涨幅让很多投资者不敢继续买入苹果的股票，尽管它的基本面非常完美。然而正如泰勒所阐述的，之前的上涨都没有关系，因为基于他的盈利模型预测，苹果的股价仍然十分便宜，不像它看起来那么高。

　　始终将你的净持仓头寸保持在你能接受的水平很重要。比如，如果你不能接受自己始终处于市场之外，那么持仓过低将比持有适度的多头承担的风险更多，因为你很有可能去追随一个假的反弹，并承受双重损失。泰勒认为，在 2008 年年底到 2009 年年初这段高度波动时期持有多头仓位会降低潜在亏损，即使当时市场是处于下跌的。他这样认为的理由是，如果当时完全处于市场之外，那么就很有可能在市场中一次又一次地追逐假反弹而遭受双重损失，而这其中的损失可能会比持有轻度净多头仓位要多得多。这其中的原则就是，你必须将仓位控制在你能接受的范围内，对于泰勒来说，这个能接受范围的下限是 20% 的净多头仓位。

　　另外一个能说明将仓位保持在能接受范围内所带来的好处的例子是，即使市场走得更高，较小的净持仓头寸也可能能产生更好的收益。比如，尽管市场后来上升到更高的位置，但 2008 年 1 月早期通过大幅减少净多头持仓头寸，泰勒在当月稍后的跳水中可以增加更多多头持仓。如果他当时持有很重的净多头头寸的话，他可能被迫在市场跳水时卖出股票以规避风险。整体看来，一定时期内较低的净风险头寸意味着可以在弱市中买进而不是卖出，这更能抵消下滑的收益。

　　尽管紧密关注月度的亏损看起来像是一种稳健的方式，对于大多数投资者而言确实如此，但对于长线投资者而言，强制限制月度亏损在一定的阈值下可能是不利的。泰勒相信月度收益的困扰对于长线投资的决定是有害的。如果他完全信任一只股票长期是走高的，在他的观点中，因为月度亏损线而对暂时浮亏进行斩仓就是一个错误。把自己从被称为"魔咒"的关注月度收益中解放出来，是泰勒决定返还投资者资金，新建一个更小规模的基金的主要动机。

　　在我的经验中，基金经理经常会犯一个错误，改变投资决定或者投资步骤更好地迎合投资者的要求。在泰勒的陈述中他有同样的洞察，"我尽力停止关注我的客户在想什么"。

泰勒相信最好的投资机会是你已经预见了一种趋势而市场还没有认同，因为市场是根据历史推演而不是基于未来的实际情况。比如，泰勒预见全球市场的增长会使苹果的销售量大幅超过预期。因此，尽管苹果的股价相对于当前盈利很适当（以当时的观点看预期 PE 是 16 倍），但针对泰勒三年期的盈利预测来说，苹果的股价看起来仍然很便宜（PE 在 5 倍以下）。

投资者经常会错误地将基金经理在特定年景时的表现与其投资管理经验混为一谈。在一些情况下，经验最丰富的基金经理因为拒绝参与市场的泡沫而表现得比市场要差，事实上，在市场泡沫中表现最好的往往是最不理智的而不是经验最丰富的基金经理。泰勒在 1999 年跑输大盘是因为他认为买泡沫中的技术股是很荒谬的。同样，这个投资决定也是他在随后几年大幅跑赢大盘的关键因素。

第 11 章

托马斯·克劳格斯

计划不如变化

　　托马斯·克劳格斯习惯于事先计划好一切。财务安全对他来说非常重要。他计划先读一个应用科学学位，再读 MBA，考一些他认为有助于职业成功的证书。他也确实这样做了。在获得了化工工程学位后，克劳格斯花了两年时间在相关领域工作，接着中断职业生涯去哈佛商学院学习，在得到 MBA 后，克劳格斯回到他以前的公司罗门－哈斯（Rohm&Haas），一步一步晋升，15 年里，他做到了欧洲区的经理，被认为是公司 CEO 的几个有力竞争者之一。他财务上安全了，职业生涯也处于上升态势，他喜欢他的工作和同事。一切看来都有条不紊地向前推进，除了……

　　克劳格斯有另外一个爱好，热衷于炒股，自从孩提时就被股市吸引，他一直严格地将收入的 2/3 进行投资。由于收益很好并且每年不断追加投资，这些年来他的股票账户余额保持稳定增长。事实上，克劳格斯发现他的股市投资收益比他在化学公司的经理收入还要高。他决定终止成功的职业生涯转而做投资经理。他说这是他做过的最艰难的决定，采访中他提到对这个决定的犹豫不决带给他很多困扰。

　　在过去的 19 年里，克劳格斯已经实现了 17% 的平均年化复合净值增长率。

经他审计的个人账户表现更好，在发起基金前的 7 年间达到了平均 33% 的复合增长率。纵观克劳格斯 26 年的投资生涯，他有 5 年是亏损的；2 年表现平平：3% 或更少；显著亏损的几年分别是 1991 年收益亏损了 12%，2008 年基金亏损了 25%，2011 年基金亏损了近 9%。但在这几年的随后一年中收益都达到了之前亏损的两倍还多（除了 2011 年、2012 年的收益现在还无从知晓），比如经历了惨淡的 2008 年后，2009 年他的基金上涨了 56%，是表现最好的一年。

克劳格斯是个天生的逆势操作者。当别人赚钱很容易时他的业绩经常落后很多，在别人恐慌抛售时他赚钱却很容易。作为他投资经历的一个真实写照，科技股泡沫最后一年（1999 年）克劳格斯整体有小幅亏损，而同期标普 500 指数却上涨了 21%，但在 2000 年到 2002 年的熊市中他收益颇丰。在市场熊市过程中，只有 2008 年，克劳格斯未能免俗地与大多数投资人一同亏了钱。

甚至即使在牛市中克劳格斯做得也很好，但收益的原因也不是想象的那样。关于这一点，克劳格斯在 20 世纪 90 年代获得了 18% 的年化复合收益（他的基金在 1993 年建立），尽管那段时期股价稳步上涨，但他的收益主要是通过这段时期的净做空实现的。克劳格斯高度灵活的风险敞口水平（区别于大部分的股票对冲基金而言）是他的一个特点，而且保持着稳定的长期收益，这些都很吸引投资者，特别是那些管理多个投资组合的投资人。克劳格斯的对冲基金公司——GMT，管理着包括在岸和离岸基金在内共计 50 亿美元的资金。

克劳格斯的公司在亚特兰大，十年前当我给那里的一个区域性的对冲基金组织讲课时曾经与他交谈过。我这次采访克劳格斯是在他去纽约参加一个会议期间，我们在会议结束后碰面，找到了一间方便亲密交谈的空会议室。会谈时不时被打断，保安一会儿进来问我们是谁，一会儿又不时查看我们的交谈是否结束。

你什么时候开始对股市感兴趣的？

我的父亲投资于股市。当我还是一个孩子时，我就看到我的父亲每天都在阅读报纸上的股票报价。我很好奇他所做的事情，我常问他关于股票的事情。我记得我买第一只股票是在 9 岁的时候。

一个 9 岁大的孩子怎么买股票？

我有一份上门送报的工作，我父母为我开了一个保管人账户。

你父亲帮你挑选股票吗？

不，他给了我一份标普的股票目录。我翻阅它发现有两家我知道的公司，Wheeling Pittsburgh 钢铁和 McCrory 折扣便利连锁商店，所以我买了它们。这两家公司最后都破产了，我在 Wheeling Pittsburgh 钢铁上赚了一点点钱，但一直持有 McCrory 直到它破产。

我的父亲生于大萧条时代，他有很强的忧患意识。在某种程度上（我不知道他是怎么做的），他把他的不安全感传给了我。我从很早开始就知道我想要实现财务独立，这对我来说很重要。我记得当我还是大一新生时，我就做了 30 年的财务计划以管理我的储蓄和投资，我计划着通过储蓄每年收入的 2/3，再获取一年 10% 的投资收益的话，我可以在 53 岁时成为百万富翁。我选择化工工程专业也是因为我擅长数学和化学，工程师的收入还不错，就这么简单。我的整个目标是一年赚够 12 000 美元，在大学期间我有好几次都想转到商科去。

为什么不转？

我来自一个理工科背景的家庭。我的父亲是一名兽医，我的叔叔有一个是心外科医生，另一个是工程师，我自然被期望从事自然科学或工程类专业，商科太简单了。但我不是一个很好的工程师，大学时候成绩好是因为我学习非常刻苦。我父亲也吓唬我说，好的学习成绩非常重要，我进大学时，他就说："汤姆，进大学就像进了一个监狱，周五晚上或者周日晚上你可以出来放放风，但你一出来就再也不是第一了。"我记住了这些话。但在我心底，从种程度上来说，我喜欢商科。我的计划是读一个 MBA。我想如果我有一个化学工程师的学位和一个 MBA 学位的话，我就可以在化学公司做管理工作了。

在我工作两年后，我决定去读商学院，我申请了哈佛商学院。我记得大部分同学收到哈佛商学院的录取通知书时家人都很高兴，但得知我被录取后父亲一点也不高兴。我不能决定是不是去读。就读哈佛商学院的消息传到我的公司后，一个副总裁邀请我一起吃午饭。我想，这个家伙以前都不知道我的存在，他叫我一起吃午饭完全是因为我被哈佛录取，也许我应该去读书。

你的父亲受过高等教育，是一名兽医，为什么他反对你去哈佛呢？

他不愿意我放下年薪 15 800 美元的工作去读书。我父亲是一个相当吃苦耐劳的人，他直到 20 多岁才开始读大学，他觉得在那之前他必须留在家中，照顾家里的农场，照顾他的母亲。我的父亲衡量所有事情都是通过钱。夏天的时候，我会在农场里帮他做伐木等工作，他带着我记录这些木材，教我认识树木，我们穿过广袤的胡桃树林，我父亲会自豪地跟我说："多漂亮的树啊，值 3000 美元呢！"

不算孩提时的股票投资，你什么时候开始投资股市的呢？

我从未想过靠工作的薪水赚足够的钱，所以从工作的第一天起我就开始投资，我做好存钱的思想准备了。我计划靠收入的 1/3 加上财富的 3% 来维持生活，财富的 3% 是基于我每年的收益至少增长 10% 得出的，所以事实上，我计划靠收入的 1/3 来维持生活。

你什么时候从一个纯多头的投资者转变为投资策略中很注重做空的人呢？

在 1986 年，我强烈觉得市场是超买状态，我喜欢风险，我喜欢沉浸在市场的兴奋中，我觉得我没有任何理由再置身事外了，我觉得股票太贵了，所以我开始做空。

1986 年什么时候？

1986 年早期。

所以你几乎提前了一年半开始做空？（市场直到 1987 年开始下跌）

是的。市场崩溃前的大部分时间里，连劣质的股票也涨势凶猛。我记得 1987 年夏天我和朋友在网球场（他开始流露出一丝苦笑），因为我损失了很多资金，所以我不得不向我母亲借钱来追加保证金，她是唯一一位可以借钱给我的人，我父亲根本不可能借给我钱。

市场崩溃之前，你一直保持做空？

是的。

所以即使市场走势和你的判断相反，你也……

是的，我被套住了。

你从不纠正自己吗？

当然纠正。事实上，打网球的时候，我告诉我的好友，我错了，我可能会输光所有钱。

在 1987 年 10 月 19 日的暴跌中你是持空单的，那天有什么令你印象深刻的事吗？

市场在暴跌，我想我应该买进一些股票以降低我的空头仓位。我印象最深的是我下了一单，在 32 美元的位置上买进 Mead Paper 股票，但实际成交的价格是 27 美元，市场在迅速下跌。

市场下跌时你买回所有卖空的股票了吧？

我想我不可能买回所有的，因为大部分我做空的股票都是垃圾股，我想不需要迅速买回平仓。我喜欢的不是买回股票平仓，而是买进我真正喜欢的股票。

你卖空的股票中在那天肯定有一些跌幅超过 30%。

我在做空这些声誉不佳的公司，其中一些可能被操纵了。我想在 1987 年 10 月 19 日那天只有两家公司的股价上涨，我卖空了其中一家，最终也确实跌下去了。一直以来我试图做多或者做空那些我长期看来一定会涨或者跌的股票——那些我感觉基本面完全不能支撑现有价格的股票。

在 1987 年，你从被追缴保证金到收益丰厚，1987 年的经历对你有什么影响吗？

1987 年是我在股市赚到的钱第一次超过公司薪酬的一年。我开窍了，在那之后，每年我在股市中赚到的钱都超过了我的薪酬。

你是怎么从一个化学工程师和化学公司欧洲区经理的职业转向做投资经理的呢？

如果你在我离开罗门 – 哈斯的前一年问我会不会离开，我会告诉你我不会离开，因为我想做罗门 – 哈斯的 CEO。我投资股市的原因是我喜欢它带来的刺激以及我想要财务自由，我知道我不可能通过薪水来实现我的财务目标。我正走在康庄大道上，我的投资运行良好，赚的钱比我的薪水还要高，我的净资产达到了160万美元，我想160万美元的3%是48 000美元，我可以依此生活。一旦意识到这一点，突然间我因为经济上的考虑而继续工作的压力小了很多。想到这里，我一次次问自己，什么时候才是你做自己喜欢做的事情的时候？答案总是，再晚一些。我确实想住在罗门－哈斯的所在地费城吗？不一定，我的财务状况至少可以维持我3～5年自由生活的想法使我心痒难耐，整整一年的时间我都很烦躁。

是烦躁决定了以后你去做什么吗？

是的。最终我决定管理资金，就像管理我自己的钱一样。我在1990年用300万美元创办了一只对冲基金，部分是我的钱，部分是朋友和家人的钱。

第一次管理一只基金，经历了什么？

我辞去了欧洲区的职位，每一个人都跟我说我多聪明能干，在家独自管理一个投资组合。但我觉得自身价值没有实现。九个月后，我对自己说，克劳格斯，你是一个社会人，你犯了一个大错误。

是什么让你觉得自己犯了一个错误？

我想应该是孤独。我在罗门－哈斯工作了17年，我很想念我的朋友。

在你管理这只基金的九个月里，业绩怎么样？

前六个月我取得了正收益，但接着我开始退还资金。当我开始严重怀疑全职管理一只基金的决定是否正确时，基金仍然有小幅上涨。

我不确定我想要做的事情，如果我继续下去并赔了钱，我感到有责任去弥补投资者的亏损。为了赔付他们，我有可能搭上我过去14年的全部积蓄。

你发现管理资金跟自己之前想象的有所不同吗？

管理其他人的钱让我压力很大。如果你有十年的投资期，你可以做出很多好的投资决定并赚取很多钱；如果你只有三年，你仍可以做得很好；但是，如果你只有区区三个月，那么任何事情都有可能发生。

为什么你认为只有三个月的投资期？

因为我开始怀疑我是否要继续。

你关闭了这只基金吗？

是的，在第一年年末的时候我关闭了它。

是什么最终促使你关闭这只基金？

我跟朋友谈了我的感受，罗门－哈斯听说我做得不开心，主动提供给我一份工作。我决定接受并关闭掉我的基金。

当你关闭你的基金时，你感觉怎么样？

这对我而言是很大的冲击。我在圣诞节前后拿到罗门－哈斯的聘请书，我从不会忘记当我读那封聘书时的落寞感。这是一份请我去香港担任亚洲区主管的聘书，而我根本不想去亚洲。

在你接受重回公司的聘用前，你有同公司讨论过工作的具体细节吗？

那时还没有。他们只跟我说想请我回去，并提供给我一份很重要的工作，而且我还很可能是罗门－哈斯 CEO 的竞争者之一。说句实话，他们只是急需一个合适的人去亚洲，而公司有资格的人又都不愿意去。他们的想法是汤姆想回来，太好了，他想挣钱，我们派他去亚洲，事情完美解决。对他们来说，这也很清楚。

我走出房间，把一块上面写着"待售"的广告牌放到我的房子外，但我内心却很彷徨。我的一个儿子是体操运动员，而且他是州冠军，所以我就有一个担心：卖掉房子我的孩子到时去哪里做体操呢？于是我感觉极其不安，所以我拨通了罗门－哈斯 CEO 的电话，跟他说："你介意我先去香港看看吗？"他回答说："当然可以，去吧。"

当我到达机场排队登机时，我仍不确定我的真实想法。我走出队伍，然后又折回来，然后又走出去，不过最终我还是登上了飞机。

你对香港印象如何？

非常拥挤。我想给当地的一所学校捐赠一架蹦床，他们却跟我说没有地方放（回忆此事时他笑了很长时间）。我并没有因此抓狂，我决定不管怎样我还是要去香港，我设法使自己对去香港这件事兴奋起来，但还是没能做到。我还是决定再去香港看看，但基本上就是第一次访问的一个翻版。我花了 5 个月的时间设法使自己适应香港，我变得抑郁并且瘦了 45 磅[⊖]。

朋友，你确实不想要这份工作。

这是我人生中第一次决定要做一件内心不愿意做的事情。我的身体甚至也不听使唤了，我并没有意识到这一点，但香港我再也不会去了。罗门 – 哈斯有一个教练专门负责评估各位经理，看看他们是否有成为公司 CEO 的潜质。在这段时间，她也通过电话询问了我很多问题，她说："汤姆，我认为你患有严重抑郁症，你需要看看心理医生，而且不能再拖了。"她给我找了一个医生，医生强制给我注射了抗抑郁剂。最终，我回到了罗门 – 哈斯，那时我的体重很可能下降到了135 磅，看起来像要死了一样，我告诉他们说我不能接受在香港的工作。

你什么时候开始走出抑郁的呢？

在我拒绝那份工作后我很快就走出来了。

就这样？

嗯，再加上抗抑郁剂的作用吧。我有一个曾经得过抑郁症的朋友，他一知道我也正经受抑郁症的折磨，就向我建议："汤姆，看看，这就是你要做的，我遍寻秘方，现在我可以告诉你对付抑郁症只要吃药就好啦。"在我服用抗抑郁剂两个星期后，乌云散去了，我又重见光明了。

那是你唯一一次抑郁吧？

是的，唯一一次。

为什么你认为自己患有抑郁症？是因为你被安置到一个你不想去的地方吗？

促使我患有抑郁症的是一种矛盾，一方面我设法强迫自己去香港，另一方面当时我根本就不想去。尽管如此，我仍不确定我为什么这么不想去。

现在你知道其中的原因了吗？

⊖　1 磅 ≈ 0.454 千克。

是因为我将要放弃我的梦想。在我内心里，我想完全独立，只不过还没完全实现。

在这段经历中，你学到了什么吗？

是的，它教会我面临改变生活的决定时，使自己的内心和精神层面调整一致的重要性。

你是什么时候开始成立一只新的对冲基金的？

1993 年 1 月。

这大概是在你推掉罗门－哈斯那份工作后的一年半吧，为什么你等了这么久？

经过了第一次的不确定性，这一次我要确信我的决定没有错。

关于管理其他人的钱你有什么担心没有？

如果我付出 100% 的努力来管理你的资金，而我却亏钱了，我仍能够直视你的眼睛对你说："我尽自己所能了。"对此我不会感觉歉疚。但是如果我没能付出 100% 的努力，那么管理别人的钱就会非常困难，如果真是这样的话，我相信我不会在这行待太长时间。对我来说，一旦确信自己想管理的资金时，80% 的担忧都没有了。

同样的原因使我们并不想去设置基金赎回门槛[⊖]，2008 年的时候我们为此而遭受了巨大的资金赎回压力。当然，我设法说服投资者不要撤资，就像结果证明的一样，投资者如果 2008 年不赎回的话，他们的业绩会好许多。人们经常会做一些并不符合他们利益最大化的事情，如果投资者想赎回，然后我说他们不能，因为有一个赎回限制条款，而同时我亏了他们的钱，那种感觉跟投资者决定保持他们的资金在基金里而产生亏损完全是两码事。

⊖ 赎回门槛是很多对冲基金的招募说明书中都有的一个法律条款，如果在同一赎回日超过特定比例的资产被要求赎回，允许基金实行更为严格的赎回政策。一个赎回门槛的例子通常是这样规定的：投资者在单一赎回日的所有赎回整体不超过 10%。如果投资者的赎回超过了这个限制，他们会被要求按照将 10% 的赎回规定按比例分配，未满足的部分在剩余的赎回期内继续照此赎回，直至所有赎回请求被执行完毕。

再次归来独立创业的感觉怎么样？

我十分享受。

什么东西改变了吗？

仅仅是时间。我开始习惯于单干，而且我喜欢投资。

你的投资哲学是什么？

我是一个均值回归的推崇者，我们使用标准差来定义极端边界。打个比方，这里有一幅标普指数自 1932 年以来的数据图（我不想追踪到大萧条以及更早期，因为我认为这会造成对数据信息的干扰），使用 95% 的置信区间，当前的下边界是 895，上边界是 2522。我们的观点是你要在下边界时尽可能持有最大的多头头寸，而在上边界时应该持有最大的空头头寸。

但是很明显，也会出现很多次市场可能要在边界之外停留很长时间吧。

对的，那就是我们可能会赔钱的时候。举个例子，高科技泡沫时我们总体是净空头，而当时市场还在继续攀高。

基于极端边界的市场头寸管理，你是怎样对你的风险规模进行调整的？

在下边界时，我们会采用 130% 的多头和 20% 的空头；在中间均线位置，我们会是 100% 的多头和 50% 的空头，这样我们就保持有 50% 的净多头而不是 0，因为要考虑到股票价格长期增长的趋势；而在上升边界时，我们会采用 90% 的空头和 20% 的多头，也就是 70% 的净空头。我们的净头寸随着市场下降而增加，相反随着市场上升，我们的净头寸会减少。我们用纳斯达克和罗素 2000 指数做了同样的计算，最后基于各自当前价格和价格带的关系开发出一套头寸目标方案。

除了基于价格位置对组合的净头寸进行调整，你的投资方法中还有什么其他的考虑吗？

在决定好组合的净头寸后，我们同样会做行业分析，设法确认哪些行业适合投资以及哪些行业被高估了。

⊖　特别地，克劳格斯用 1932 年以来的价格对数据得到拟合最好的回归曲线，接着计算 95% 的置信区间，在拟合曲线两侧等距画出置信区间定义出的两条轨道。

除了喜好做多估值比较低的行业而做空估值比较高的行业，你有没有例外呢？

有。这个估值相对高低仅仅是一个投资指南，挖掘基本面因素更加重要。打个比方，巴西现在可能会显示估值较高，但如果基本面都比较好的话，我们也不会去做空。

下一个分析的步骤就是指明为什么一个行业或股票被高估或低估，以及我们能否找到一些因素改变这种情况？这就是我们花 90% 时间所在的地方——寻找异常情况，当我扫描季度收益时，我会特别留意那些收益超过正常 50% 或低于正常 30% 的情形。举例来说，目前 Rock Tenn（一家造纸公司）的季度收益非常高，所以我就想查明究竟为什么。

原因找到了吗？

造纸类的股票已经持续四五年被低估，我之前也考虑找一个原因去购买一些这类股票，但发现这并不是一个很好的行业，我也不能找到一个购买的理由。随着时间的推移，有两件事情发生了，一个是由于这个行业现在不景气，因此没有一家公司扩充过产能；另一个就是行业内存在并购机会。正是由于这些原因，从而出现了一个拐点。定价朝着利于供给者的方向转变，当产能只有 60% 的时候，企业的议价能力要比 90% 的时候高得多。我不是想长期持有一家造纸公司，只是想暂时购买它，这也就是我为什么买了 Rock Tenn 公司的股票。

那个头寸随后发生了什么？

尽管我们在我们的目标价位平掉了一部分，但我们仍然持有大部分。相比我们最初的购买价位，现在股票已经上涨了 50% 多。

由于酒店保安频繁地进出以及克劳格斯也显得比较疲劳，我们决定第二天再继续采访。我们约在第二天会议午餐的时候。不知什么原因我居然忘记了以前的经验教训，与克劳格斯约在酒店的餐馆里继续我们的会谈，随着会谈的进行周围环境变得愈加吵闹。回来听采访磁带录音时，我想估计只有 FBI 才能破解出访谈内容。通过不断聆听，我终于搞定了绝大多数的访谈内容。这绝对是我最后一次在餐馆里进行访谈。

我研究过你的净头寸，很惊奇地发现在科技股泡沫尾声时你只持有一个轻微的净空头头寸。你的长期估值模型在那个时点难道没有提示一个更大规模的净空头头寸吗？而且，市场在那个点位应当已经靠近你的价格区间的上边界了。

我们本来是要加大净空头头寸比例的。我们 1999 年第四季度的目标头寸是 70% 的净空头，然而，亏损如此之快以至于我们不得不平掉部分仓位。每天我走进办公室都会发现又亏损了 1%，这时我会想："也许我最终是正确的，但是现在我们不得不缩减头寸规模。"因此，头寸每下跌 1%，我们就减少头寸规模 2%。因此，到 1999 年第四季度我们持有的是 70% 的空头和 50% 的多头，也就是 20% 的净空头，而不是预想中的 70%。

我想过在市场最终下跌时补回卖掉的部分空头头寸，但是最后我没有这个勇气。人们总是不停地告诉你应该在它们下跌后去开空，但我现在可以告诉你，当股票价格在 80 美元的时候如果没有去做空，那么当它跌倒 50 美元的时候，你心理上很难再去开空。

你有一些明确的风险管理规则吗？

对于大多数人来说，风险控制意味着他们要计划好如果市场走势与预期不一致，应当采取什么样的办法。首先我当然要设法避免遇到那种境况。我们对危险的定义是一个月超过 7% 的亏损并且不知缘由。如果你回顾我们基金的历史，你会发现 90% 的月度收益都是在 −7%～7%。所以如果某个月的亏损在 7% 之内，我们仍然在一个正常的区间内，而一旦超过 7%，这就意味着肯定发生了什么，如果我能查明原因，那么我可能就会按兵不动，但如果我不能，那么我就只能减少头寸。

所以一旦某个月下跌超过 7%，你仅采取防御策略吗？

不是的，不一定。我们在 2008 年 9 月的时候跌得很惨，我开始降低头寸，但那时股票的价格看起来简直荒唐至极，我感到我错了，所以我停了下来。多头亏损跟空头亏损完全是两码事。

因为对于多头头寸，价格下跌有限，但是对于空头头寸，这个风险是无限制的，是吗？

也不仅仅是那样，从客户角度来说也可能完全不同。1999年第四季度，当市场向上高攀而我持有净空头赔得惨不忍睹时，许多其他的对冲基金却赚得盆满钵满。这时你的投资者就会发现，你在赔钱，而其他人却在赚钱，他们很可能会赎回他们的投资，要知道，从投资者关系的角度来看，在一个上升的市场持有空头是很难立住脚的。在2008年，我们也赔钱了，但其他人也在赔钱，在这种情况下保留住你所管理的资产相对要容易得多。

听起来你的风险管理过程很随性，当损失开始变大并超出以往时，主要还是取决于对自我的信任度吧。

是的，要做到这一点很难，我们花费了很多努力去避免那种状况的发生。你想要构造一个能经受得住40多米潮汐波动变化（即市场大波动）的组合，对我来说首要关注的风险因子就是杠杆，在一些极端时刻，我们的净头寸通常要低于传统共同基金的净暴露，比如在2008年时我们的净头寸是75%的多头，而一般的共同基金却高达100%，所以你知道孰重孰轻了吗？

从事后的收益情况来看，你认为1999年你犯过什么错误吗？

由于1999年的经历，我对我的投资流程做了一点改进。最开始的时候，我使用90%的置信水平来定义组合中我将会最大持有净多头或净空头的边界，但现在看来，我应该加大置信度到95%。部分原因是考虑到在极端情况下你愿意承担多大风险，并且这时市场可能继续保持不变的趋势。我当年的问题就在于我太早就达到了最大的空头头寸。

但就选股来讲，我并不认为我们哪里做得不好。在2000年年初，我设法查明1999年究竟什么地方不对，我看着被我称为"极速飞车"的屏幕。这是一些设法跳过大峡谷的公司，但很可能它们不能成功。这个屏幕显示的股票只有两种特征，一个是公司股价超过5倍的账面价值，二是这些公司都在赔钱，而我的工作就是找到那些跳不过大峡谷的公司并且做空它们。

当时，网络公司的商业模型是不断增加市场份额，公司的实际盈亏无人关注，只要你能够增加你的市场份额。实际上，你亏损得越多，意味着你越激进，市场份额也相应越高。一般来说，当我查看我的"极速飞车"屏幕时，通常有60家左右的公司，而到1999年年底，已经有180家公司，在这180家公司里，又有将近2/3的公司自上个季度以来股价翻番。我对自己说，我就做这些就好了，这可是这个星球上最好的空头交易机会啊。我最终总结出如果时间往复，我会继续做空那些类型的股票，因为有99%的概率你可以保证稳赚不赔。因此对我来说如果因为1999年的经历而改变我的投资方式，我认为是错误的。

你认为你的确没有做错。

是这样的。你赚到了钱不等于你是对的，同样输了钱也不等于你是错的。所有事情都围绕着可能性。如果你打一个赌，并有80%赢的机会，如果你最终输了，这并不意味着这是个错误的选择。

我完全同意。投资者容易犯的一个很大的错误是，评价一个投资是不是正确仅仅看最后的结果。结果的产生有很多随机因素，同样的条件可能导致不同的结果。如果2008年重现的话，同样的初始条件有时候可能导致市场很快触底反弹，有时候可能导致大的萧条。我评价一个交易决定是对还是错，不是看你赢了还是输了，而是如果面对同样的情形你是否依然做出同样的决定（假设你已经有了可盈利的投资流程）。

2008年是你第一次有大幅亏损，那时市场和其他对冲基金经理也在大幅下跌。2008年有什么不同吗？

它已经跌到了我们的最大化净多头头寸指标以下。如果当前的指标值处于较低的四分位，也就是说，股价很低，我们应该大举买进，如果市场继续大幅下行，我们就会像其他人一样亏钱。相反如果指标处于较高的四分位，然后市场大幅下跌，那么我们的表现将会远超基准。

我注意到你在20世纪90年代后期的大部分牛市中也是净空头，而且做

得很好，你是怎么在剧烈上涨的市场中净做空又获得很高收益的呢？

筛选股票。当市场大幅下挫时，就像 2008 年年底和 2009 年年初，通常是因为流动性问题。流动性衰竭将引起市场全面下跌，人们此时卖出股票不是因为他们愿意而是他们不得不这么做。相反，在市场上涨时很少出现这种情况，人们不会一拥而上不停地购买一切，总有一些股票在下跌，有意思的是，找出可以做空的股票要比找出可以做多的股票容易得多，找出坏的公司也比挑出好的公司要容易，找出坏的管理层比挑好的也容易。

在 2011 年 9 月，距离上一次采访克劳格斯 9 个月后，我又电话追加了一些问题。

你现在有 85% 的净多头，鉴于现在的美国经济和欧盟稳定性，这看起来有很高的风险。什么促使你这样看涨？

净风险头寸规模主要是由均值回归模型决定的，但我不认为经济像媒体渲染得那样糟糕。我们跟踪大量的基础指标，观测实体经济到底运行得怎样。举例来说，今年铁路运输同比上涨 2%，公路运输上涨 4%，这些都说明经济不再萎缩，航空的运载量表现得相当好。酒店的 RevPAR（每个房间的收入）上涨了 7%，你看到的这些基础指标都在告诉你经济没有那么糟糕。尽管我们仍在努力消除房地产泡沫，但我不认为营建和新屋开工会下降很多，因为它们已经如此之低，除了上涨别无他途。

这是我听到的关于美国经济最乐观的评价。

我并不是说我很乐观。如果你阅读当前的数据，很难说美国经济处于麻烦之中。但如果你看财政预算、贸易逆差和政府开支数据，局面就有点失控了。我们一定需要压缩政府开支，否则它会拖累经济，就像一个家庭一直以透支信用卡来维持生活，它最终一定是要还账的。

即使当前的经济还算平稳，但如果通缩迫在眉睫，难道不能中和一些你的看多观点吗？

确实，这正是我所思考的。我现在持有大量多单，但如果看看身后，我会看到巨大的乌云，不知道风暴什么时候袭来，也许六个月，也许六年。在欧洲，市场已经惩罚了政府，事实上如果我们不提前采取些行动，同样的事情也可能发生在美国。到目前为止，政客在债务问题上无力缩减开支或提高政府收入。政客仅仅在有人质询时，也许是市场、银行家或者他们以外的其他人，才对危机做出一点反应，也只是作秀而已。西方世界有很大的债务问题，管理水平很差。

你将会怎么办呢？一方面，你所有的指标显示经济比人们想的要好一些，另一方面，身后的暴风雨袭来时市场会大幅下跌，至少刚开始时是这样。

我们尽可能聚焦在表现尚好行业的公司，而不是整个经济，我们希望国际经济环境会继续转好。

你觉得哪类公司会较少受到经济紧缩的影响？

解决问题的公司。一个例子是 Celanese 公司，它低成本地从天然气中提炼出乙醇。如果能够用低价的天然气制成乙醇，那么就可以大幅降低乙醇目前的价格，甚至汽油的价格，那么我们就可以在巨大的燃料市场中分一杯羹，而不管经济表现如何。

你看好哪些国家的长期表现？

中国算是一个。同时，我们也看好印尼，15 年前其经济还处于瘫痪状态，但现在它的财务状况良好，出口也在增长，这些年经济一直运行良好。我们也看好巴西、新加坡和哥伦比亚。

哥伦比亚？这很意外。

十年前，你在哥伦比亚挖井的话绝对会中弹，武装力量控制着哥伦比亚全境，现在政府将军人安置在训练基地。Putumayo 盆地开发不过四五年，仍有大面积未开采的油气田，在过去的三年中，哥伦比亚的原油从日产 60 万桶上升到 95 万桶，我想产量还将保持快速增长，像农业等其他产业也是如此。已经改善的安全环境使哥伦比亚的经济得以重生。

你的投资组合中新兴市场与发达市场的比例分配怎样？

现在的话，大概 30% 的资金投资于新兴市场，和以前的比例差不多。

你怎么挑选股票？你能举个例子解释一下你的思考过程吗？

我可以用我们目前最大的持仓，美国联合航空作为例子。一般都会认为航空是个糟糕的投资，你从来也不应当考虑拥有这些股票。事实上，沃伦·巴菲特说他有一个全职员工专门来提醒他不要再买航空股了。

我的儿子也有同样的观点，他说："怎么变成百万富翁？"回答是："如果你有数十亿家产，购买一家航空公司即可。"

航空股广泛不被看好的原因有很多，资金问题、员工问题、难以管理、需要对接低效的政府空中管制系统等，尽管有这么多问题，它们仍然能赚很多钱，除非工会又开始罢工要求涨薪。

这是一个解释性的"看多"观点，为什么联合航空是你持仓最重的股票？

这是一个有争议的持仓，但这也是看准后搏击制胜的方式。我的观点是，航空公司的盈利率低要归因于以前的行业管制，管制带来了航空业的繁荣，因为价格受到了保护，但是也导致了高昂的成本结构。当航空业解除了管制后，那些赫赫有名的公司都有着很高的成本结构，同时也不得不对抗像西南航空这样新进的竞争者，它们没有经历过价格保护伞阶段，这种保护伞导致了效率低下。

两件事情的发生改变了航空业的投资前景。第一，除了美国航空，几乎主要的运输公司都陷入破产，这要求它们重新架构成本。第二，行业向下整合成三个玩家：联合航空、达美航空、美国航空。在这三家中我最看好联合航空的航线结构，联合航空及其子公司控制着美国飞往亚洲运力的 50%，飞往欧洲运力的 40%。我相信假以时日联合航空的运营利润将会上升到 10%，这看起来并不多，但对航空公司来说已经很好了。这将带给联合航空 6 美元的每股收益，以当前 20 美元的股价计算，这个收益显示 PE 只有 3.3 倍，我不去想 PE 最终会有多高，但即便达到 8～10 倍，我也有机会赚到两三倍。

你能给我再举一个挑选股票的例子吗？

我努力做的另一件事是寻找一些石油公司，这些公司的股价仅仅反映当前的产量，而没有考虑进行中的未来可能带来巨大收益的开采项目。这也相当于免费得到了一个期权。举例来说，我们持多 Petrominerales，一个哥伦比亚的日生产原油 4 万桶的公司。Petrominerales 公司在该地区还有 60 万英亩[⊖]的产油油井的租赁权，它也有大量的钻井设备在勘探新油田，但市场没有考虑这个额外的价值。这种类型的交易最好在一次下跌后入场。Petrominerales 在秘鲁也有资产，最近它的一个竞争者在秘鲁挖到了一口干井，这使该区域所有相关石油公司的股价都大幅下挫，我们利用这个机会入场买进了股票。

这种类型交易的另外一个极好的例子是加拿大天然资源公司。当它宣布一个新的油砂项目时，我们已经持有一个很大的头寸，这个项目有可能带来每年 10 亿美元的现金流，即使很明显也很清楚这个项目将会启动，但市场仍然没有什么反应，人们倾向于用基本面的数据进行分析以筛选股票，比如价格与现金流比例或者其他一些指标，但这些指标是挑选不出这些股票的，因为它们的预期价值并没有反映在统计数据中。

这种类型的交易思想是仅仅适用于石油公司，还是可以更广泛地运用？

更广泛的思路是找到公司中隐含的期权机会，它还没有产生当前的收益，但很有可能产生未来的收益——这个概念也可以应用在其他行业中。比如，近些年，苹果的估值仅仅按照它已发布的产品来进行，并没有考虑到未来新产品发布会带来的潜在收益，尽管苹果的创新能力一贯良好。

有时候未来的机会可能与资产增值而不是增长的现金流相关。比如，我们持有的 Paramount 资源公司购买了很多有可能发现油田或气田的土地，如果找到感兴趣的地理位置，就租下土地，然后就是等待。一旦附近区域被石油公司发现并开始打井钻探，它就马上转卖。如果你看 Paramount 的财务数据，你永远不会想买这只股票，它一直很贵，因为手握资源自己却不开发，所以它的真实价值并没有显示在数据中。你必须研究它的土地储备来发现股价到底值多少钱，而不是通过现金流贴现模型来评估它的真实价值。

⊖　1 英亩 =4046.856 平方米。

还有其他隐含这种免费期权的例子吗？

Celanese，我之前提到过的，当前的市盈率为 10～11 倍，它有一种制造乙醇的新工艺，可以完全转化。我想市场还没完全重视这种工艺的价值，它还未形成产品，直到明年年底才会有第一家公司来转化生产。如果一个产品需要等上一年之久的话，市场通常不会考虑到它的价值。

另一个例子是在过去的五年里我们大量持有新兴市场移动通信公司的股票。一些发达国家的移动手机拥有率超过了 100%（一些人有不止一部电话）。一个简单的投资想法是，鉴于手机的用途如此之广，新兴市场的手机拥有率目前是 60%，但未来应当会很贴近发达国家的水平。

里面的原则就是我们寻找那些预期未来会产生巨大收益，但当前市场价格还未反映这种状况的公司股票，这很可能是我们在选择股票过程中最为重要的想法。

＊＊＊

克劳格斯分享了重要的经验，既有股市中的具体方法又有针对所有投资者都适用的策略：根据机会大小来调整风险规模。在股票投资过程中，克劳格斯风险头寸的理论值包括从 70% 净空头头寸到 110% 的净多头头寸，具体取决于在 95% 置信区间下当时的价格水平。当股价降至长期价格区间的下轨时，克劳格斯最大限度地持有多头，相反，当股价接近长期价格区间的上轨时，他会最大限度地持有空头。根据机会调整风险头寸规模的投资收益状况要比固定头寸规模方法有了很大的改进。

克劳格斯选股的一个主要方法是，寻找那些当前价格未反映出未来潜在收入增长的股票，这可能由多种因素产生，例如新产品、新技术、资产价值升值等。克劳格斯说，如果项目收益要等一年以上，市场定价是不会考虑这个项目的。克劳格斯认为这些交易机会就相对于市场给你提供了免费的期权——你只付了一个相对于当前财务数据合理的价格，而免费得到未来可能的优良业绩增长机会（像新产品）。基本面分析是识别不出这些股票机会的，因为上涨潜能的因素并未反映在当前的数据中。

　　交易者常犯的一个错误是，用结果来判断一个交易正确与否。如果我提供一个公平的掷硬币机会，赔率是 2：1，你可能愿意参加，尽管你可能会猜错结果，但仍然是个正确的决定，因为总的来说，重复参与多次，你将一定会获得利润。同样地，一个失败的交易也可能蕴含着正确的投资决定。克劳格斯在 1999 年年末做空了他称为"极速飞车"的股票，但这个交易决定并不是错误的，因为克劳格斯发现做空这些公司会是一个盈利的策略。没有办法提前预知单个交易是不是赚钱。交易者需要知道有些好的交易也是会亏钱的。当一个盈利策略按计划被执行的时候，交易亏钱不一定是交易本身出错了。

　　另外，一个赚钱的交易也可能是一个很糟糕的交易决定。举个例子，在 2000 年 1 月时买进互联网股票，在 2000 年 2 月时卖出清仓，从结果看这是一个很聪明的交易。但在相似的情形下这也可能是一个很糟糕的决定，市场在 3 月初涨到顶部，但也很可能在 1 月初就涨到顶部，即使这笔交易是赚钱的，但如果相似的投资做了很多次，就可能产生巨大的净亏损。

　　交易是由多种可能性组成的。任何交易策略，无论多么有效，都有可能在特定时间是亏损的。交易者经常将赢钱、亏钱的交易与好的、坏的交易混淆。一个好的交易也可能亏钱，坏的交易也可能赚钱。一个好的交易在重复多次后最终是赚钱的（合理的风险水平下），尽管每一次它都有可能亏钱。一个坏的交易在重复多次后最终将是亏钱的，尽管每一次它都有可能赚钱。一个类似的例子是，尽管你玩老虎机可能成功过，但这仍然不是什么好的赌博，因为重复多次后，输钱的可能性极大。

| 第 12 章 |

乔·维迪奇
从亏损中受益

在通常情况下，我选择采访的基金经理要么是我认识的，要么是我通过人脉关系网找到的，但是乔·维迪奇是个例外。我是通过搜索对冲基金数据库发现他的，当时我正在找一些收益/风险比特别高的基金。乔·维迪奇管理的纳拉潘基金成立于 2001 年 5 月，因其骄人的业绩数据而出众，但我以前从未听说过这个基金或这位基金管理人。

自该基金成立 10 年以来，维迪奇获得的平均年复合净收益率为 18%（总收益率为 24%），而最大资金回撤仅为 8%。在 2001～2011 年，这么小的最大资金回撤对于证券类型的对冲基金来说是不寻常的，因为这期间市场经历了两次大的熊市。维迪奇的表现已经远远超过该领域的同行，同一时段 HFR 证券类型对冲基金指数的年化收益率仅为 4%，但最大资金回撤却为 29%，收益率仅为纳拉潘公司的 1/4，但资金回撤却是其的近四倍。而且由于指数的平滑作用，实际上平均最大资金回撤被保守估计了。由于较高的回报和较低的损失，纳拉潘基金的收益/风险比高达 2.4。

我最初会见了负责纳拉潘公司运营的总经理尼克·戴维奇。当时我正住在玛莎葡萄庄园，巧的是戴维奇正在访问科德角。在一个愉悦的夏日，我乘渡船与他见面，并一起在湖边享用了午餐。戴维奇解释了他如何成为纳拉潘基金的负责人。戴维奇原本是一家为做市商提供路由软件的公司的创始人，而乔·维迪奇是他的一个客户。戴维奇回忆说："我和乔的第一次见面就让我对他印象深刻，他是一个非常聪明的人，同时也是一个交易员。"通过这层关系，戴维奇了解了维迪奇的交易技巧，尤其是维迪奇将长期投资的主题同他自己对市场的解读相结合的有效方法。数年后，当维迪奇开始创立他的基金公司，戴维奇是第一批投资者。后来，戴维奇将自己的公司卖了，加入了纳拉潘公司成为维迪奇的合伙人。

维迪奇将短线交易与长期投资相结合，创造了额外回报。对于股票组合投资，维迪奇首先从构建一幅经济和股票市场的全局图开始，然后寻找能驱使他投资这个领域及子领域的主题。最后，维迪奇通过基本面分析及研究交易活动，在目标板块中选出最好的个股。维迪奇所称的情绪评估——股票对特定事件的价格反应，对他的进出场时机有很大影响。维迪奇和他的分析师每季度要参加大约300场上市公司的财务报告电话会议。这些电话会议后的市场反应可以给维迪奇提供很重要的线索。如果一家公司通过电话会议报告了利好消息，第二天市场整体上涨，这只股票却下跌，维迪奇会将这次价格反应看成行情下跌的前兆。

在创立他自己的基金之前，维迪奇做了十几年的做市商及一些小经纪公司的自营交易员。维迪奇解释说，由于散户投资者的交易头寸一般都偏向于多头头寸，因此做市商就偏向于空头交易者。做市商每满足一个客户的买入交易，就会产生一个对应的空头头寸，交易员必需要把这个空头头寸交易出去。维迪奇认为由于他多年的做市商经验，他对空头头寸的交易技巧更加精湛。尽管长期投资和中线交易是维迪奇投资方式的核心，但同时他也是一个非常活跃的交易者，其基金的换手率大约有20倍，其中空头的换手率有15倍。维迪奇的净持仓比例波动较大，从80%的净多头到37%的净空头。

维迪奇的公司是纳拉潘甲骨文资产管理公司，坐落于新泽西中部的一个小镇。维迪奇还是位业余艺术家，他的画装饰了纳拉潘办公室的每一面墙，办公室甚至也是一个艺术画廊。他的画风介于后印象派与抽象派，有些画同时跨着两种画派。维迪奇说他的画技还不是很成熟，的确，他的一些动物形象画作还比较粗糙，但他有着强烈的色彩感。高更和梵高对他的风格有明显影响（有兴趣的读者可以在 www.easthurley.com 搜索查看他的画）。维迪奇说很多年前他便开始画画，并将其作为一种放松的方式。生活中的压力越大，他画得越多。离婚那年他画得尤其多。

维迪奇似乎很享受他所做的任何事，无论是交易还是被采访。在我们的采访中，他常常发出响亮爽朗的笑声，显然是被自己的回忆逗乐了。

（维迪奇问我为什么会选他来做采访，这打开了我们的谈话。）

为什么是你？这个问题相对简单。你运作这只基金已经 10 年了，按照收益／风险比来看，你取得的成绩比 99% 的基金经理都要好，而这正是我要找的。你最初是怎么涉足股票的？

我哥哥的朋友是个股票经纪人，有一次他要去印度看望一位高人，因此需要找一个人坐在他的办公桌前简单地接听一下电话，为期一个月。我当时刚刚大学毕业，没有任何工作，所以我说我来做吧。就这样机缘巧合下我走进了股票市场。

如果有个客户打电话来说要下单，你会怎么做？

我把电话给我旁边的家伙。因为我没有注册，所以我什么都不能做。后来我在这家公司注册成为一名股票经纪人。

你获得了什么学位？

我从哥伦比亚国际事务学院获得了国际贸易硕士学位。几乎所有和我一起毕业的人都去了国际银行，当时它们在大肆招聘，或者从事对外服务。但我对在公司里工作没有兴趣。

你取得硕士学位后有没有真正找过一份工作？

我的孩子们说："爸爸，你从来没有试过找工作。"从某种意义上来说，他们是对的。我毕业后参加过一些银行的面试，但我觉得自己不适合那样的环境。似乎有些什么东西阻碍我对此产生兴趣。

是什么吸引你成为一个股票经纪人？

充满活力！

当你注册成为股票经纪人的时候，你有没有学到些什么？

我有个朋友，他从还是个孩子的时候就开始交易股票。在我成为股票经纪人后，他对我说："乔，你还什么都不懂。"他是对的，我什么都不懂，但是我充满热情，也许对于我的客户来说这可能是危险的。我认真跟踪这家公司的研究，但如果那些研究不靠谱的话，那么一切都会搞砸。

你什么时候开始交易的？

我天生不是电话推销员，我不喜欢随便打电话给一些人然后要求他们到我这儿来交易股票，实际上我不是营销人员，以前不是，以后也不会是。我其实是刚好相反的那类人，所以我也从来没有拿到过许多手续费佣金。后来因为各种原因我的三个最好的客户相继离开，因此一个我认识多年的操盘手建议我去请求我的老板允许我用自己的账户进行股票交易。我接受了这个建议并去找了老板："我能开设自己的账户进行交易吗？我实在没有收入来源了。"（说起这个的时候，他大笑起来。）老板最终同意了我的请求，前提是我自己投入 2000 美元，我可以交易一个最高 30 000 美元隔夜头寸的账户。账户的交易利润归我，公司收取所有手续费。听上去对我很有利，我也做得很好，平均每月能赚 4000 美元。

当时有什么印象深刻的交易吗？

公司里有个同事一直在叫嚷 ERLY 工业这只股票，最后我也买了一些。我买的时候，它是 $7\frac{1}{2}$ 的买入价，$7\frac{3}{4}$ 的卖出价。我没注意到这只股票经常买卖价差在 1 美元左右（又一次大笑）。当我以 $7\frac{3}{4}$ 价格买入后，忽然买入价变成了 $6\frac{3}{4}$。当时我账户里只有 2000 美元，而我买了 2000 股，也就是说，如果我试着解套的话，我的资金就没了。我被套了差不多两周的时间，最后，当买入价回到了 $7\frac{1}{2}$ 时，我立刻割肉平仓。我也不在乎这点损失，因为这只股票太差了，而我也很高兴能够解套。

那段时间你学到了什么有用的东西？

我发现需要自己去做调查研究，自己搜集信息，因为这样才能让你对持股拥有信心。如果你听从别人的信息去交易，然后出了什么状况的话，你不得不再去找那个人寻求帮助。我很反感那些打电话给我们提供信息的分析师，如果你听从他们的信息入场交易，那么很有可能还得等他们来通知你离场，而在这过程中可能事情已经发生了变化。在他们下次给你打电话时，股价可能已经降低了10%~15%。

你还学到了什么？

我学习到低价股可能会很糟，也可能会很棒。你得去研究公司的估值。克莱斯勒是个低价股，全球海运这只股一度在 1 美元以下交易，但后来涨到了 90 美元。几年前，美国一些最好公司的股价只有几美元，当时陶氏化学是 5 美元，现在已经回到 38 美元。为什么只有 5 美元？因为大家很恐慌，市场下跌让财富不停缩水，投资人开始赎回共有基金和对冲基金。共有基金和避险基金经理除了卖出股票别无他法，而不论此时股票的价格有多低，抛售股票又导致市场下跌，形成一个恶性循环，直到一些大的市场环境改变发生。当环境发生变化时，很多股票都会上涨，这时你一定要买入，这是天赐良机。

还有呢？

我还了解到贸然去估空高估的股票及买多低估股票的危险性。高价股通常总会比理论价值高 30%，这是因为人们愿意支付这个溢价来持有此股票。一只成长性良好的股票价格总会偏高，而糟糕的公司股票总会被低估，所以买低价股是有风险的，它们可能会变得越来越糟糕，除非企业的商业模式有了改进。如果你因为某只股票股价被高估 30% 而去卖空它，那很可能在接下来的五年中股价一直被高估价 30%，直到最终崩溃，不过那时候你很可能已经不在场了。

你觉得是什么使你做得这么好？

我能做好的一个原因是市场信息流方式的改变。2000 年美国证券交易委员会实施了新的上市公司信息披露原则，上市公司的电话会议需要对所有人开放。因此上市公司的信息不再被大型经纪公司垄断。我在很多方面都不是专家，但当你聆听电话会议时，你会听到分析师的问题，而分析师对公司的了解通常要比你多。当分析师着重于某些特定问题时，你就知道什么是重要的内容了。

你能举几个你曾经参加了并最终直接让你交易的上市公司电话会议的例子吗？

2008 年花旗股票崩溃之前，我们卖空了它。我们为什么这么做？那时花旗的财报数据刚刚公布，股价下跌了 2 美元，2 美元的下滑对花旗来说已经是个大事情了，所以我决定听一下电话会议。我了解银行的一些基本业务，但我完全听不懂 CDO 或者抵押贷款证券化什么之类的，但关键是通过电话会议我了解了那些分析师其实也不太懂。你能从他们的问题里听出来，市场不确定性就是投资机会，于是我就做空了花旗。

还有其他例子吗？

若干年前我们持有很多煤矿股，有一次一个煤矿公司在电话会议里提到他们将去采购大量运煤车，因为现有的运煤车已经不能满足需求。我马上去查了一些运煤车的制造商，发现其股价基本没什么变化。我知道至少有一家大型煤矿公司将会大量采购，但股价还没反映出这个信息，所以我们大举做多 Trinity 工业股票，这是一家主要的运煤车制造商。如果 Trinity 的股价已经显著上升，说明未来的运煤车订单增加已经反映在价格上了，但从稳定的股价来看，这条信息还没有体现出来。另一个例子是在 2007～2008 年，我参加了一系列煤矿、石油和天然气公司的电话会议，了解到它们会延后资本性开支。然后你要做什么？去找出售设备给这些行业的公司，因为你知道它们的订单将会减少，这是卖空这些公司股票的绝好时机。

大部分做多 / 空基金在 2008 年遭遇了显著的损失，与之形成鲜明对比的是你们在这一年收益非常好。请问你们是如何做到的？

我们做空了抵押放贷商和很多银行的股票。我每个季度都听美国国家金融服务公司的电话会议。我记得该公司的 CEO 曾说，因为华尔街的大银行越来越多地介入，现在的息差越来越低，因此也面临越来越大的风险。同时，住房贷款的违约率也开始上升。很明显房地产泡沫快要破灭了，此时应当卖空像美国国家金融服务公司和华盛顿互惠银行等这样的公司。我事先不知道它们会跌得那么惨，但至少我知道它们不会涨。我没必要搞明白抵押贷款证券化的细节，但我知道银行被这种产品严重拖累了。重要的是，当政治家宣称有些银行的失败无可非议，还会有人想去持有银行股票吗？我见过类似的状况，那时一些大的银行在储蓄信贷危机中垮塌。我还发现这些银行的内部人士在一路下跌时还在不停买进，他们都没有认清现状。

那一年除了卖空银行股票和抵押放贷商，你们还从其他什么交易中获益？

对我们来说能源股是那年的大赢家。上半年做多能源股让我们赚了不少钱，后来价格已经涨到我们认为离谱的程度，所以我们开始减仓。当价格继续上涨，我们甚至持有了净空头头寸。之后原油价格反转，能源股开始崩溃，当原油跌到90美元时，我们又开始买多，当然，事实证明我们买早了。后来我们意识到情况越来越糟，所以我们止损了多头头寸，转向空头一直往下操作。

另外，我们也碰到过很多市场高开低走的日子。我注意到如果道琼斯指数开盘上升400点左右，你最好不要操作。每次高开很多时，我们会尝试卖空，当市场下跌时，我们逐步平仓。

（一直坐在一旁的尼克·戴维奇补充说道）我们2008年下半年度的换手率有23倍，其中做空的换手率为21倍。

你何时开始从2008年后期从完全看空市场转变为看多市场？

奥巴马当选总统后我们开始逐步做多。当时大家对小布什政府已经不抱希望了，他们失去了包括很多商业社团的信任。奥巴马谈及重振经济的政策，他会去投钱，去拯救一蹶不振的美国经济。不管你怎么看待那些政策，他们确实开始往里投钱，让股市回到牛市。2009年早期我们开始寻找一些值得投资的优质公司，包括拥有良好的商业模式或稳固的资产负债表。我们寻找那些金融风险低的股票——那些不需要为负债再融资或可以安稳度过严重经济衰退的公司。我们买了不少无负债的零售商股票，这些股票大多数遭到腰斩，如Gap的股票，每股Gap的股票拥有11美元的库存、5美元现金及1美元利润，我们也买了Shaw，每股有 12 美元的现金，而股价却一路跌到 18 美元。

作为一名交易员你犯过什么错吗？

作为交易员，我很早就学到了卖空的教训。对概念股来说，没有所谓的高点。在它们上涨之前尽量去做多，而不是想着什么价格去做空。

请举几个概念股的例子？

20 世纪 90 年代的网络股和 20 世纪 90 年代末到 2000 年年初的生物科技股。

有当前的例子吗？

云计算公司。当市盈率达到 50、60 甚至 70 倍时，那就是所谓概念股领域了。

我知道你同时做隔夜交易和短线交易，价格日内波动对短线交易有没有什么帮助？

有的。你知道牛市的特征吗？牛市总是低开高走，而熊市却是高开低走。在牛市快要结束时，市场开始高开。价格呈现这种特征的原因是，在每天开市的前半个小时，只有傻瓜或者特别聪明的人才会做交易。

这听上去是个危险的组合。为什么开盘和前天的走势倾向于相反？

当市场以接近最高价收盘时，会有一些交易员想在高点附近抛售，通常他们会在第二天开盘时做空。

还有什么其他的短线交易规律？

如果在开市前有利空消息，但是开盘后的一个小时内市场并未明显低走，这说明那些聪明的资金并没有抛售，这时是个回调买入的良机。

你会参考情绪指标吗？

CNBC 财经频道就是我的情绪指标。（大笑）这是最好的情绪指标，而且还是免费的！

你如何判断情绪？

我通过股票的涨跌来判断。如果大家都因为 CNBC 看跌而看跌，这就是公众情绪。如果股票在一次电话会议后上涨，这就是市场情绪。真正重要的是市场情绪而不是公众情绪。我会试着去无视公众情绪，除非公众情绪严重一边倒……

那时你如何判断？

通过 CNBC。

你怎么看止损指令？

那是给傻瓜用的。

能不能请你解释一下？

如果你想某天卖在低点，那么可以使用止损指令。投资者通常倾向于在同一个价格附近设置止损点，一般是近期的低点附近。如果一只股票在去年的低点是30，那么在低于30一点的位置会有大量的止损单。如果市场价格跌至30以下，那么该止损点便被击穿，而且通常新低点附近不会有太多买入指令，因此价格会跌至更低。如果我们看中一只股票，我们有时会将买入价设在比我们认为的大家的止损价低半个点的位置。

如果你在市场中使用止损指令，意味着一个价位将会决定结果。这是一个很糟糕的想法，但你可以设置心理止损位，实际上这是个评估点。比如，如果一只股票下跌了15%，你应该评估它为什么下跌了15%，但不能不假思索地平掉它。止损指令对一些公众投资者来说可能还好，但对于专业人员来说是不适用的。止损指令其实是一种简单粗暴的风险管理方式。

正确的风险管理方式是什么？

风险管理的正确方式是随时注意你的持仓，并且有一个需要重新评估该仓位的心理价位点。你能容忍的每只股票的下跌空间都不同，因为它们有自己特定的风险特征。有些股票可能即使下跌50%，也不一定意味着什么。但像可口可乐这样的股票，下跌5%你就必须重新评估它。

永远不要认为自己是正确的。最难的事情就是在下跌过程中平仓，这从情感上来说是很困难的，因为你相信自己是正确的，或者你最终是正确的。我发现最好的方法是先平掉20%的头寸。如果股票涨回来了，损失也不大，我可以说我是正确的；如果股票跌得更低，我还可以说我是正确的，因为我至少在高位卖掉了20%。

逐步平仓是你通常做的，对吧？

是的，我逐步平仓，也会逐步建仓。重点是不要试图认为自己 100% 正确。

所以这意思就是，如果你不能接受全部损失，那么先接受一部分损失。

是的，这样你就不会完全错了，如果市场持续走低，你还可以重新评估。这样你可以避免被压力击垮。尽管有时最好的选择是清空整个头寸。从你的亏损中受益是一个很好的主意，因为它迫使你重新审视整个交易。如果你一直持有头寸，你就会本能地捍卫这笔交易。部分离场能够迫使你重新评估这笔交易，以及其他一些交易机会。如果你清空了手中的仓位，你是还想把它买回来，还是转向其他看起来更好的交易？

（由于维迪奇要查看行情，访谈中断了一下。因此，我借此机会和戴维奇聊天，在整个访谈中他都坐在旁边，他比任何人都更了解维迪奇的方法。戴维奇从他自己对维迪奇方法的理解聊起。）

乔的交易手法的一个重要特征是他能够逐步止损平仓。乔对逐步平仓止损好处的解释可以让你了解到他是如何管理基金的。

访谈中我对一点特别困惑，就是乔对情绪的解释。

通常有两种情绪，一种是大众情绪，可以通过媒体来表达；另一种情绪通过市场来表达。乔所谈论的情绪，指的是市场对外界事件的反应。有什么新闻，价格怎么变动，这些构成他对市场的理解。一只股票在发布了一个良好的财务报告后下跌，这就是个负面情绪的例子。这就是乔对情绪的看法。

我很困惑，因为大多数人用情绪来衡量公众是看涨还是看跌。比较普遍的用法是，看涨情绪实际上往往是利空，然而乔理解这一术语的方式是：如果市场对某则消息的反应比预期还要强烈，那么就是看涨信号。

将情绪当作一个反向指标让我想起一个有趣的故事。1999 年我的一个老朋友到我纽约的办公室来拜访我。他是一个很聪明的家伙。从哈佛大学毕业后，在宾夕法尼亚大学取得博士学位，最后从事语义、人工智能及计算机语言方面的工作。

我问他："比尔，你最近的投资做得怎么样？"

他答道："我现在百分之百投资在科技股。"

我说："哦，你不认为那是一个需要慎重的地方？"

"恩，"他说，"我的花费很多，所以我需要额外的回报。"

我心想，如果这就是其他人思考和行动的方式，那我们真的有麻烦了。这一切会以一个很糟糕方式结束。即使像我朋友那样聪明的人，也在不停地持有错误的股票，我已经把他当作一个反向指标了。

（维迪奇 20 分钟后回来继续我们的访谈。）

能不能举个例子讲一下能表明乐观或消极情绪的市场反应？

就在最近，罗克韦尔自动化（ROK）提高了今年的盈利预期，然而股票却下跌了 9 美元。这告诉你什么？精明的投资者，很多比我聪明的家伙认为，即使当前盈利增加，但未来并不看好，收入增长的拐点就会在几个月之后。

尼克提到，去年曾有另一个基金经理为你工作，我想知道这段经历教给你什么？

这告诉我其实我并不需要他。（又是一阵大笑）每个人都有不同的观点。我们雇用的投资组合助理有着和我完全不同的投资风格。他从商学院的角度来选择股票，寻找那些有最佳商业模式和最好的公司。这也可以，但他没有勇气以低价来建仓。此外，他追踪的股票不是我追踪的股票。作为首席投资经理，我还是风险管理者，我必须追踪所有头寸。他本来是被雇来帮我节省时间的，但我还要花费更多的时间来追踪他的头寸，这干扰了我追踪自己的头寸。将一个人培训得像我这样去考虑市场非常难，这种思维更像是意识流。这和他们在商业学校里学到的方法完全不同。

你坚持什么样的交易规则？

管理你对亏损和盈利的情绪反应非常重要。你要考虑控制仓位大小，这样就不会让恐惧主导你的判断。每个人的情况都不同。同时还取决于你持有的是哪种股票。10% 的仓位对大盘股来说完全没有问题，但以 3% 的仓位持有一只高价的中型股就显得过于冒险了，因为这些股票经常会有 30% 上下的波动。

为什么大多数人在交易中失败了？

想要在市场中取胜，你必须乐于改变自己的观点，而大多数人并不愿意改变他们的观点。同时对于你自己的观点还必须持谦虚态度。

在交易中人们还会犯别的什么错误？

大多数人更害怕赚钱而不是亏损。

这句话是什么意思？

仅仅因为价格上涨了 20% 而抛售股票，这其实不是什么真正的理由。

我会认为人们在一只股票上涨了 20% 的时候卖掉它，并不是因为他们害怕赚钱，而是因为他们害怕利润回吐掉。

也许你是对的。他们害怕输钱，但他们只害怕利润回吐，相反如果一只股票下跌了 20%，他们却不会卖掉它。他们真正害怕的是发现自己错了。这就是为什么他们不愿意在股票下跌了 20% 的时候将它抛掉——因为那将证明他们错了。

最近在得克萨斯的一个很好的分析师给我打电话，说起一些我们上涨的持仓。他说："我们应该卖掉一些。"

"为什么？"我问他。

"因为我们应该锁定一些盈利。"

"为什么？"我接着问。

他并没有很好的理由。他想卖掉股票并锁定一些利润，从而证明他最初的推荐是正确的。但那只是他自己的世界，对这只股票的走势不会产生任何影响。

我们原本还有一个盈利的仓位，但在该股票财报公布的前三天，所有分析师都下调了它的评级，股价大幅下跌。我当时认为分析师一定得到了一些利空消息，因此应该卖掉这只股票。我的分析师不能理解为什么我会在股票的利润回吐得干干净净时去抛掉它，我卖掉它的原因是我觉得这只股票会走低，而它确实走低了。这个决定与我们在什么价格买进它，以及它当前的价格怎么样，都毫无关系。

你认为是什么样的个性促使你在这个领域获得成功？

我愿意承受损失，并且明白我可能是错的。

你会给你的交易设置目标吗？

我会设置一些需要重新评估该股票的价位，而且这个价位是动态的。同时，我总是尽量在下跌的时候卖掉，而不是在上涨的时候。

所以，如果你在40美元的时候买了一只股票，而你认为他的最高价应该是80……

我会在它下跌到75美元的时候把它卖掉，而不是在80美元的时候。因为相比在下跌一点的时候卖掉，在上升的时候就卖掉可能会让我丢弃更多利润。

几个月之后，当我聆听所有采访录音的时候，我觉得有很多重要的问题要么没有被问到，要么没得到很满意的答案。我又安排了一次电话随访。到这次通话的时候（2011年7月29日），维迪奇已经从看多市场转变为看空。在电话采访后的那个星期，股市大幅跳水，经历了自2008年市场崩盘之后的最大一次单周下滑。

在我数月前采访你的时候，你还是看多，现在你却看空这个市场，为什么有这么大的转变？

部分原因是最近关于美国债务陷入僵局的解决方案，这个方案中未来政府赤字的降低完全基于缩减支出，而在税收上并没有任何增加。缩减支出对中下层消费者会产生显著影响，这将严重拖累经济发展，而对高收入阶层提高税收对经济的影响则有限。另外，最近茶党（Tea Party）的活跃已经让奥巴马政府在经济需要刺激时无能为力。

还有什么因素让你看空市场？

我们看到越来越多公司由于成本的增加而缩减经营利润，这些增加的成本还无法传递给消费者。

还有别的吗？

当你从无数上市公司的在电话会议中了解到，企业的管理者都在担心当下的经济环境，那么这种情绪就会对商业环境产生一定的影响。

所以，在你看待情绪的作用时，负面情绪意味着看空市场，而不是看多市场。

不同的情绪往往有很大的差别，比方说 CEO 和投资人的情绪。投资人的情绪反应往往是错的，至少从长期来看是这样的。

你如何判断投资人的情绪？

有一种办法就是听我自己的投资人的观点。当我开始听到不同投资人有相同的评价时，这就很好地反映了大家都在想些什么。

能举个例子吗？

去年当零售业股票持续下跌时，所有我认识的投资人都问我："为什么你还想持有这些零售业股票？"当然，那绝对是持有它们的最好时间，因为那正是零售业板块的底部。

既然你已经从净多头转成净空头，那什么情况会让你重新做多？

市场买方力量。如果股票突然在利空消息中停止下跌，这将是一个积极的信号。

你在 1999 年的表现非常好，在 2000 年的表现更加惊人。（在管理目前这个基金之前，维迪奇曾管理过一个很小的基金。这个基金于 1999 年 9 月开始，1999 年第四季度的收益率为 87%，2000 年的收益率达到 147%。）很明显你得从 1999 年的极度牛市转换到 2000 年的极度熊市。你是如何过渡得如此之好？

我并不是从看多转为看空。首先，我是从看多市场转换到对冲市场下跌风险，因为我持有的股票已经涨了非常多。我的每一次对冲都是在保护我的利益，后来我开始注意到我的利润主要源于空头的对冲头寸，随着拥有越来越多的信息，我意识到我必须卖出我的多头头寸，持有空头头寸。

你用不用图表分析？

图表分析非常重要。其中一个很好的模式是，如果一只股票长时间横向窄幅震荡，然后股价突然大幅上涨，这种价格行为就是一种提醒，告诉你未来可能会有一些重要的事情会发生，你需要特别注意。此外，一只股票的行情发生变化对同一行业的其他股票也会有相应的影响。这是个非常重要的线索。

有没有一些让你非常痛苦的交易经历？

如果你的投资足够分散，那么就没有单一的交易能让你特别痛苦。控制风险的关键是分散化，以及当你读不懂这个市场或者不知道你为什么犯错的时候，降低你的头寸。

近期有没有发生过？

我持有过谷歌股票，均价在 550 美元左右，但它一直下跌，我不明白为什么。最后我在 505 美元时清空了这个头寸。谷歌股票又继续下跌至 480 美元，然后突然逆转，在几周内冲上 600 美元。从心理上来讲，这非常痛苦，但你必须采取行动。即使行动错了，也要了结此事，了结此事对你具有疗伤的效果。如果你不及时了结，你将会以亏损收尾。有些股票亏损了还会反弹，那时你可以再抛出，但对于那些不会反弹的，你只能以接受亏损而结束。股票上涨前被震出局是个代价，而这个代价能保证你将投资损失控制在可接受的范围之内。

***

交易员经常会碰到这样的困境。市场方向与你的头寸恰恰相反，你也意识到了不约束亏损额度的巨大危险，但你仍然信任你的持仓，并且担心刚刚止损出场市场就立即转头向上。你陷入优柔寡断之中，维迪奇提供的思路给出了解决之道。他说："不要试图百分之百正确。"当维迪奇面临持仓亏损时，他常常是先从清除一部分头寸开始，而不是做出孤注一掷的决定。接受部分损失比清掉整个头寸要容易得多，它可以让交易员马上行动而不是拖延。如果市场依然朝相反方向运行，维迪奇将再清掉一部分仓位。这样，亏损的头寸被逐步减少以减轻损失（如果走势没有调转方向，最终将完全清掉持仓）。下次当你在全部清除和咬牙坚持之间犹豫不决的时候，记住，还有第三种选择：部分清仓。

一个交易者常犯的错误是，因为贪婪，他的仓位超过了适合的程度。当你可以持仓 10% 获得双倍的利润时，为什么要持仓 5%？原因是仓位越大，风险越大，因为那时交易决策不是由判断力和经验主导，而是被恐惧等负面情绪所影响。维迪奇强调："无论何时，控制你的仓位，这样就不会让恐惧影响你的判断。"

灵活性是优秀交易员的一个重要特性。维迪奇长线看多能源市场，但他不会让这个观点干扰他做出正确的交易决策。2008 年当能源股的价格在高位过度上涨，维迪奇逐渐地将持仓从净多头转变为净空头。随后原油价格崩溃，当原油价格跌到 90 美元时，维迪奇又买回能源股。但他很快意识到，基本面的改变和市场情绪都暗示着能源股的价格将会走向更低，因此他又转回到空头。原油价格和能源股后来果真暴跌。维迪奇灵活改变交易策略，将潜在的损失转变成可观的收益。

不要基于你买进（卖出）股票的价位做出交易决策。市场不会在意你入场的价位。当维迪奇发现一只股票下跌至买入点并还将继续走低时，他只会抛出股票，而不是让买入点影响他的交易决策。

如果你试着控制损失，就会有一些时候你刚好在市场好转之前抛出股票，习惯就好。对有效风险管理来说，这种令人沮丧的经历是不可避免的。维迪奇的"从亏损中受益"原则，使他连续 10 年的最大资金回撤仅为个位数并度过了两个大熊市。这个风险控制能力让人印象深刻，不过，这只有像维迪奇这样才能实现，因为他愿意接受这样的事实：他有可能在市场好转前刚刚抛出股票。这曾经在他身上发生过，如同那次持有谷歌多头的经历。

第 13 章

凯文·戴利

谁是沃伦·巴菲特

凯文·戴利在想："谁是沃伦·巴菲特？"当他在 1983 年第一次接受面试被问到这个著名投资家的时候。寻求这个问题的答案也直接形成了他在整个职业生涯中都采用的投资方法。戴利遵循巴菲特的投资理念，寻求那些市场价格远低于其业务内在价值的公司。在使用这种方法上，戴利一直非常成功。

戴利写了 15 年的股票研究报告，同时按照自己的研究操作自己的账户，并且获得了稳定的收益，这期间仅在 1994 年发生了投资损失。戴利于 1999 年发行了自己的基金，在运营这只基金的 12 年时间里，他实现了 20.8% 的年均复利回报率（净回报为 16.4%）。尽管他也做过一些空单，但比重非常轻，在他管理的资产中占比不到 10%。从这个意义上讲，戴利的投资方式几乎是单纯做多，而不是一个多/空对冲基金——尽管他偶尔会持有大量的现金。自基金成立以来，戴利的累积总回报为 872%（扣除管理和激励费用后的总回报为 514%），而同一时期，罗素 2000 指数（与戴利关注的小盘股最能匹配的指数）只上涨了 68%，而标普 500 指数则下跌了 9%。

在一个基本上处于横盘震荡的市场中，用几乎单一的多头方式产生持续回报的能力，只是故事的一部分。戴利最让人印象深刻的表现可能来自他对于损失的控制。虽然股票市场经历了两次巨大的熊市，股指大幅下挫了一半以上，但戴利的最大回撤仅为 10.3%。他在风险控制方面的表现更加令人印象深刻，除了 2000 年 11 月他的损失达到了 6% 之外，其他每个月的损失都不超过 4%。戴利基于净回报的损益比高达 3.2（损益比的解释见附录 A）。

戴利从伯克利大学获得了土木工程学位，但早在他毕业之前，他就意识到自己对这领域没有任何兴趣。这个领域缺乏创新，任何具体问题的答案都被规定好，如果你知道公式，那么你只需要代入数字，就能得到答案，然后转到下一个问题。戴利被这种没有创意的过程深深困扰，这种千篇一律的方式对他没有任何吸引力。大学毕业后，他去读了旧金山大学的 MBA 课程，希望在商界里找到他追求的创新。

在进入对冲基金领域之前，戴利的第一份工作是在 Hoefer & Arnett 公司，那是一家小型经纪商与投资银行。他最初是一个经纪人，但很快就成了一个研究人员。最初戴利是唯一的研究分析师，后来随着公司的成长，越来越多的分析师加入公司，而戴利成了研究主管。他的五角基金最初是在公司内部成立的。

把戴利看成一个个人投资者，而不是一个对冲基金经理可能更为精确。这只对冲基金在本质上是一个由他来操作的私人账户，同时具有可以使其他投资人共同投资的架构。在基金成立时，戴利自己的资金占整个资金的 1/3，到今天仍然是同样的比例。他把办公室设在自己家里，单独操作这只基金。戴利非常喜欢这种简单的结构，他很不愿意去做任何努力使基金的总规模增加，因为一旦扩大到一定程度，就会超出个人业务的范围。他不愿意把他认为是完美的现行结构复杂化。戴利的工作和爱好是相同的。如果他退休了，我相信他的生活也完全不会改变。毫无疑问，他仍然会把每一天的时间花在管理自己的股票账户上，这和现在没什么区别。

戴利长得很高，很修长，身材很好。他喜欢定期在他家后面陡峭的山路上骑自行车，这也是他除了投资之外的另一个主要爱好。他将自己的基金取名为"五角"（五角合伙制有限公司），就是因为山上有一个由五条小路汇集的交汇点。我在戴利家舒适的客厅里采访了他。他家位于旧金山远郊。谈话中，他总是放松而低调，我可以看出即使在恐慌的市场中，他依然保持淡定和稳重。

你是怎么进入金融行业的？

商学院毕业后，我的第一次面试是在一个小的区域投资银行。我接受了艾伦·霍弗的面试，他是该公司的合伙人之一。在面试时，他问我有没有听说过沃伦·巴菲特。"没有。"我回答。"那么，你在商学院的日子里，他们都教会了你什么？"他问。这是一次很长的面试，我觉得我做得不是很好。我的大脑记住了面试的内容，回来后我做了些研究。我阅读了巴菲特的年度报告，研究了面试时霍弗提到过的公司。之后的几个星期我并没有收到他的消息，我当时觉得这次面试已经失败了。

为什么你认为你面试得很糟糕？

因为在一开始，我压根儿不知道巴菲特是谁。

这让我想起了我在研究生毕业后的第一次面试。我拿到经济学学位，但学校并没有教我任何跟市场有关的东西。我面试的职位是商品研究分析师。研究总监问我是否了解产品。"不太了解，"我回答，"也许是像金子一样的东西。"我的回答是如此糟糕，以至于这么多年来我都无法忘记。幸运的是，我还是得到了这份工作，因为我很努力。你的面试跟我的那次经历非常相似，听起来很熟悉。你有很好的学术背景，但你什么都不知道，连面试中最简单的问题也回答不了。

没错，那让我找到了自己。之前的那个夏天，我从商学院毕业后，周游了整个欧洲。在旅行中，我遇到了一个在伯克利大学就认识的朋友，他后来去了南加利福尼亚大学商学院，而我去了旧金山大学商学院。旅行回来后，我们聚在一起聊找工作的情况。巧合的是，后来我们都参加了同一份工作的面试。他告诉我，公司后来聘请了一个从伯克利毕业的人，既不是我也不是他。

他们从来没有打电话给你，然后委婉地告诉你别人得到了这份工作吗？

没有。我后来发现其实那个人受聘于他们的投资银行业务职位，而不是我去面试的职位。回来后，我打电话给霍弗，跟他说我下周刚好会在伯林格姆地区——其实这是个谎言，我问他："你介不介意我过去跟你们打个招呼？"霍弗说："当然不介意。"于是我去了，并且和鲍勃·阿内特一起吃了午餐。在用餐时，我说了很多关于巴菲特以及 Hoefer & Arnett 投资过的公司的情况。我觉得在那时，我已经能够很好地掌控这样的话题了。在谈话中的某一刻，阿内特看着我说："你告诉我这些是因为你真的对此感兴趣，还是因为你觉得这是我想听到的？"

"都有一点。"我回答。

接下去的一周，我被他们公司聘用为经纪人。

你是否担心，这是一个销售位置？

我并不在乎，我只想入门。这是一个非常小的公司。我当时希望通过自己努力，我不会一直都做经纪人。后来的情况是，我只做了两个月的经纪人。

一开始他们让你做什么工作？

电话销售。

这难吗？

是的，非常难。清单上的一些人甚至已经死了。

有人找你开户吗？

没有。

那你感觉沮丧吗？

是的，我一点也不喜欢这种感觉。大约两个月后，我开始自己写研究报告。我的研究涵盖了很多华尔街不太关注的公司，这给我们提供了更多的机会去接触那些大型共同基金公司的经理人。我们的关注点是价值。霍弗和阿内特教我要从理性的角度来评估一家公司，那就是说，如果一个理性的商人今天就开出支票来购买这家企业，他愿意付多少钱。对我来说，这份工作的一个有趣的方面是，我们自己撰写并亲自出售自己的研究报告，而不像大型券商那样，在分析师与客户之间通常还有一个销售员。这样的公司结构，给了我接触一些主要的大型共同基金经理的机会，例如约翰·邓普顿、查克·罗伊斯和鲍勃·罗德里格斯，他们都是我们的客户。

我想这些基金通过分仓给你们来交换研究的思路。

一点都没错。

你从这些客户那里学到了些什么吗？

巧合的是，1987年股市崩盘的时候，我正在纽约做客户路演访问。那一天我看到了三种对股市崩盘截然不同的反应。有些人，当我走进他们的办公室时，紧张得近乎精神分裂，他们什么都不做，只是盯着屏幕，看着市场资金在他们面前蒸发。他们既不买也不卖。他们会向我道歉，说不能来参加会议，而我对此也完全能够理解。我还看到其他一些客户在恐慌式地抛售他们的股票。然后，我见到了查克·罗伊斯，他出席了会议，就好像什么事情都没有发生一样。他的办公室有一扇玻璃门，将他和交易台分开。每次我们讨论完一个想法，他就移开那扇玻璃门，然后告诉他的一个交易员买入50 000股。他不害怕持续购买。他的反应方式教会我，必须对企业的价值保持专注，并从过去的外源性危机事件中寻找经验。股票的价值低估了，在市场崩盘时买入它们，可能感觉很痛苦，在短期内有可能会陷入恐慌，但从长期来说，如果你买的股票价格远远低于其内在价值，那么总有一天它会回报你。

是什么促使你开始运作一只对冲基金？

我做了15年的研究，并且认为自己做得相当不错。我也已经有完全按照自己的想法进行投资的经验，这时发起一只对冲基金就变得好像是件自然而然的事情。另外，我可以在公司内启动基金。1999年我推出了一只300万美元的基金，其中1/3是我自己的钱，剩下的钱来自查克·罗伊斯和一些朋友还有家人。当我开始自己的基金时，正好处于互联网热潮中期，我在那时也发现了一些有良好价值的公司。

你怎么可能在1999年，从互联网股票中找到有价值的股票呢？

我寻找那些有隐藏光纤业务的大公司。你可以以11～12倍市盈率的价格买到一些这种公司的股票，同时可以相当于免费得到关于光纤业务的期权，光纤业务部分还没有在股价中反映出来。新港公司就是一个很好的例子。众所周知它的主营业务是为半导体产业生产测试和测量设备。1999 年时我在大概 14 美元的位置买进了该股票，相当于 11 倍市盈率。该公司的资产负债表比较稳健，业务管理也不错。更重要的是，在那个时候大多数投资者都没有意识到，这家公司有一个部门的销售额占了整个公司的 1/4 左右，而该部门的产品正是用于光纤元件的制作过程。换句话说，它生产用于建设"信息高速公路"的产品。当光纤网络开始建设的时候，新港公司的该部门将会获得巨大收益。果然，该部门的销售收入在 2000 年增加了 80%，而股价则上涨得更快。2000 年，我在 30 多美元的时候开始逐步平仓，因为我认为那个股价已经达到了其公司的内在价值。我在 100 美元附近的时候卖出了所有剩余的股票，因为我认为那个价格已经被严重高估了。但我没有意识到，对于当时的互联网股票，一家公司即便没有收入或利润微薄，股价也会被一些类似于工程师人均销售等愚蠢的指标给神奇地推得很高，何况像新港这样真正有产品的公司。那一年的晚些时候，这只股票最终飙升到每股 570美元！

在我的整个投资生涯中，我一直尝试采用这样的投资方式：寻找一些有点模糊，没有被华尔街关注的公司，或者一些投资者还没有开始关注的、潜在成长性高的公司。充分利用小规模基金的灵活性，我可以去购买那些小市值公司的股票，而那些大基金则不可以。

你所关注的股票市值范围大约是多少？

对于股票市值，我不是太关心，可大可小。真正让我感兴趣的是公司的价值。我专注于购买那些价格低于其内在价值的公司股票，公司的内在价值可以根据其业务类型而有很多不同的方式进行衡量。市值并不是一个需要考虑的因素。

因为你不关注市值，所以你的股票池会很大。

大约有 10 000 只股票。

你是怎样从那么大的清单里选择股票的？

我使用 COMPUSTAT 和 Zacks 工具来选择美国和加拿大公司的股票。

你用哪些指标来筛选可能会感兴趣的股票？

金融公司的财务指标与非金融公司的差别很大，所以对它们采用不同的筛选标准。对于非金融公司，我主要采用下面这些指标。

- 企业价值/息税折旧摊销前利润（EV/EBITDA）。企业价值（EV）等于公司的市场价值（流通股的数量乘以每股的价格）加上所有长期负债（债券和优先股以及现金不足部分的养老金）减去现金。企业价值是指收购一家公司的所有业务所需支付的价格。息税折旧摊销前利润（EBITDA）是指除去利息、税项、折旧及摊销前的收入，它用来衡量企业每年产生的现金流。这个比例用来衡量相对于你的付出，你得到了什么。我寻找那些交易价格相对于 EBITDA 来说倍数较低的公司。

- 股价/自由现金流。自由现金流是指公司支付了所有费用和所进行的资本投资后剩下的资金。它可用于支付股息、回购股票或进行收购。我们的目标是找到那些股价与自由现金流比值较低的公司。

- 市盈率（P/E）。用每股价格除以每股预测盈利，这个比例越低越好。

- 企业价值/息税前利润（EV/EBIT，又叫上限回报率）。该比率是 EV/EBITDA 的一个变体。我们用 EBIT 来代替 EBITDA，它指的是扣除利息及税项前的盈利，但算上了折旧及摊销。在我以前的公司，Hoefer & Arnett，我们习惯称 EV/EBIT 为"上限回报率"，类似于评估房地产价值的出租回报率。我们常常讨论，为什么要购买出租回报率只有 6% 的商业地产，或者购买有 7% 的收益率的长期债券，而不去购买回报率约为 20% 的梅西百货这样的业务？

对于金融公司和银行，我用以下指标。

- 价格/有形账面价值。有形账面价值（TBV）等于账面价值减去无形资产，如专利和商誉等。假设一家银行的资产负债表上的贷款已做了合理的会计处理（考虑到金融行业过去几年所发生的事件，这是个大胆的假设），那么

TBV 就可以理论上被认为是银行清盘时的价值，因此，每股的 TBV 可以在一定程度上显示银行股价的下限。

- 有形普通股权益 / 总资产，这个比例用于衡量一家银行的资本充足率。有形普通股权益越高，杠杆率就越低，这家银行也就越安全。

当你筛选完之后，大概还会留下多少股票？

大约 200 只。我也会通过阅读资讯及与业内朋友交流，来选择一些股票。

你会经常阅读哪些你认为会有帮助的资讯？

我读《华尔街日报》《巴伦周刊》，还有一些订阅的电子资讯，包括《华尔街期刊》《迪克·戴维斯投资简报》《格兰特利率观察》《价值投资透视》《盛唐格尔观点》以及 Form4Oracle（它提供公司内部人士买卖股票的数据）。我也订阅了两个会员制的网站，该网站会分享一些投资思路：价值投资者俱乐部及"零和"网站。其他有用的网站有：Vickers Stock Research，它跟踪机构的股票持仓情况；Thompson Reuters，它汇集经纪公司的研究，并提供公司在会议或季度收益电话会议中的业绩报告。这些业绩报告可能特别有用。我经常会仔细阅读一份业绩报告，看看好于预期或差于预期的评论，或者是否有闪烁其词的迹象等。最后，我会阅读 SEC Filings（10Ks，10Qs，and Proxy Statements）和 FDIC Bank Call 的报告。

你通过阅读和网络等方式初步筛选出了那么多候选股票，你最终怎么从这些候选股票中选择出真正会进行投资的股票呢？

定性评估，这才是真正重要的工作。

你在定性评估中主要关注什么？

首先，这必须是一个可以容易理解的行业。我专注于一些我熟悉的公司，这也就是沃伦·巴菲特所说的在"能力范围"内投资。我尽量避免一些产品生命周期较短或难以预计，同时又比较难理解的行业，比如生物科技和高科技行业。

其次，我寻找好的企业。作为一家好的企业，要能提供必要的服务或产品，还要有能维持其度过困难时期的资产负债表和现金流量表。我也寻找另外一种类型的公司——可能会因为市场份额、知识产权、网络布局或者地产价值等方面的考虑而想并购的公司。

在我确定了想要研究的公司后，我开始阅读我所能找到的关于它的所有华尔街研究报告，尤其是最初始的报告，即分析师关于这家公司的第一份研究报告，即使这些报告有些过时。我发现这些报告可以提供一家公司的大背景以及它所处的竞争行业，而且这些报告常常也包括了这家公司的竞争对手的背景，以及比较该公司和其竞争对手盈利能力的数据表格。

几年前，我通过这种方式发现了一家公司——保险汽车拍卖公司（IAAI）。我阅读了一个关于 IAAI 的竞争对手——Copart（CPRT）公司的研究报告，在报告的结尾处我发现了一个比较 CPRT 和 IAAI 利润率的数据表，我发现这两家公司之间存在很大的不同。它们的业务都是从保险公司手中收购被撞坏的汽车，并存放在保险公司那儿，然后通过现场拍卖或者网络出售给包括修理厂和车身修理店等买家。虽然这两家公司做的事几乎一样，但 IAAI 的利润率要低得多。在会见了管理层以及做了一些调查后，我看不出 IAAI 的利润率不能增加到 CPRT 水平的任何理由。而且，当时它的股价仅仅相当于 5 倍 EBITDA 水平，自由现金流比率也高于 10%。我开始在每股 15 美元附近买进股票，一直买到每股 22 美元。一年内，一家并购公司科尔索以每股 28.25 美元的价格收购了这家公司。

通常的原则是，当两家相似公司之间有重大差异时，潜在的盈利能力提升能引发被并购交易，或者最终会在市场中实现。当股价达到其合理估值时，你可以卖掉它然后转向下一个投资机会。

好的交易想法不会经常有，但是，你通过阅读、筛选以及和别人交流得越多，发现好的投资机会的可能性就越大。

有没有不成功，但是让你学到教训的交易？

2006 年年底，我买了海天航运的股票，这是一家按照琼斯法案设立的集装箱运输公司，主要在夏威夷、阿拉斯加、波多黎各及美国本土之间进行运输。在琼斯法案下，所有在美国码头之间进行货物运输的船只必须在美国制造，在美国注册，主要由美国船员操作，以及由美国公司所拥有及运营——这些美国公司必须由美国公民所控制，同时必须超过75%的股权由美国公民所拥有。可以想象，琼斯法案为进入这项业务建立了很高的门槛，因此海天航运占有了可观的市场份额。尽管如此，从不利的一面来看，这家公司还有一定的债务以及大量旧船需要更新。我当时的想法是，我投资的是一个有重要护身符的公司，它能够创造大量净现金流从而减轻负债。我在股价25美元左右时买进，到2007年，股价达到了35美元左右。然而，大概就是这时候，海天航运的运载容量开始减小，这引起了股价的下跌，同时市场也开始担心该公司需要大量更换老旧的船只。我开始担心海天航运产生足够自由现金流的能力。如果海天航运没有这种能力，那么负债很可能会压垮它。幸运的是，我在平均成本上方抛出了股票。在这个过程中，我学到了宝贵的另一课——投资过度杠杆化的公司是危险的。现在这只股票的股价是24美分！

我觉得价值投资最大的机会应该出现在极端熊市。如果你认定在那种市场环境下有一只股票可以买进，你如何处理入场时间的选择？

事情变好前是没有预先提示的。我不会忘记与精量电子的首席财务官的谈话，那时正处于2008年年末的经济衰退期。他们公司的很大一部分业务是给汽车代工。当汽车销量在美国乃至全世界一落千丈时，精量电子的客户会降低库存而不是从他们公司或别的汽车供应商那儿进货。那位首席财务官告诉我，他们的订单电话差不多一个月都没有响过。我知道这种状况在某个时候会发生改变，除非再也没有人会购买汽车。这家公司在2007年的股价是每股1.2美元。2009年4月，我从每股3.79美元开始买进，在它涨到7美元之前，我一直不断买进。在2010年年初，我以14美元卖出大部分股票，这差不多是我平均买入价的三倍。但这仍然过早，股价最终在2011年年中达到38.98美元这个峰值。

许多股票的价值被长期低估，你是如何避免价值陷阱的？

很多公司的价格看起来一直很"便宜"。我认为避免价值陷阱很容易，方法就是规避那些现金流不能增长的公司，因为这将导致公司内在价值不会增加。如果我觉得一个企业是"消融的冰山"，举几个例子，类似于报纸、黄页、影像出租等，那么不管它们有多便宜，我也不会去投资。相反，如果我可以用低于一家公司的内在价值的价格购买，并且其内在价值一直在上升，那么我要做的就是耐心等待。就像巴菲特说的：时间对业绩差的企业来说是敌人，而对好的企业来说是朋友。

你有没有过长时间持有一只股票？

这取决于估值。只要股价没有大幅超出公司的内在价值，我就会继续持有。

你的平均投资仓位是怎样的？

我大多数是做多头。通常，我的做多仓位在30%～90%，而做空头寸通常低于10%。

你的平均投资头寸如此偏重多头头寸，是什么让你的基金在所经历的两次大熊市中损失如此之小？

我看各种经济统计，包括更深奥的数据，如每周轨道车荷载等。当数据指向经济放缓，我会减少投资仓位。如果我感到非常不安，甚至可能将其全部转成现金。这种对经济指标的关注，在2002年和2008年帮助了我，但在2010年，同样谨慎的方法却减少了我的利润，因为我认为经济已经陷入困境，因此出售出了许多股票，然后美联储推出了QE2（第二期量化宽松）货币政策，股票大涨。在2010年，我的净利是13.3%，但如果不是因为对经济前景不安而大幅减仓的话，我赚的会更多。尽管如此，我还是不后悔，因为我宁肯错过一个机会，也不愿意亏损。

在2000～2002年这个长熊市期，你有没有过很低的投资仓位？

我的仓位非常低，并且我也很有耐心。

有多低？

几乎90%是现金。

整个熊市都是这样？

几乎全是。

你是什么时候显著降低你的仓位的？

差不多在 2000 年第一季度末。

那正好是那次熊市的开端。你是怎么把握这个时点的？

那时候股票估值已经严重高估了。

你什么时候重回市场的？

2000 年年底。我觉得市场已经有了一次很好的调整，并且估值变得很有吸引力。但在 2000 年 11 月，我亏损了 6%，那是我的业绩最糟糕的一个月。于是我再次回到持有大部分现金的状态。

是不是因为最大的单月亏损让你再次大量持有现金？

是的。我不喜欢亏钱。

大约有多久以持有现金为主？

可能一直到 2003 年年初。

是什么信号让你觉得可以再次开始了？

估值已经很低了，以及一些迹象表明经济正在改善。我了解到许多公司的业务正在复苏。

你在 2008 年熊市的经验是什么？

我降低了仓位，但不像 2000 年那么多。我差不多 60%～70% 的仓位是现金。

对于市场崩溃你有没有一些情绪上的反应？

我尝试着控制情绪。对投资有太多情绪没什么好处。

我想你已经减仓到一个令你感到舒服的位置。

我只是继续做我的研究以及专注于我所知道的有效方法，那就是估价。当然，在那段时间，我也希望公司能有一个不错的资产负债表。

你在保持很少的亏损方面很成功。除了增加持有的现金，在宏观环境不确定时，有没有什么别的好办法？

去购买那些有着不错的资产负债表以及坚挺的净现金流类型的公司的股票。

我一直尝试用 50 美分的价格购买到 1 美元价值的资产，这将有益于限制股票下行的损失。

你如何决定在哪里平仓？

价值驱动。我一直等待股价到合理的内在价值附近。

你有没有持有过一个盈利头寸，它超过了你认为的公允估价？

没有。这么多年来我也犯了很多错误。比如，因为税收原因而持有一个头寸一整年，然后丢失了我本应锁定的收益。你要在投资过程中始终如一。当我买了一只股票，我会确定其内在价值与股价之间的差异。一旦股价到了价值附近，我就会卖出全部或者大部分仓位，有时我会继续保留一个很小的仓位，然后转向下一个投资。这个过程有时需要一年，有时只需要一个月。

你觉得什么个性特征让你取得了成功？

当事情不利于我时，我尽可能保持冷静。

你对于在股市中投资有什么建议？

投资者要记住，股票代表了一个企业的所有权。如果你以一个不错的估值买了一只股票，然后这只股票跌了，你应该继续坚持，甚至可以加仓，除非它的业务或者业务前景改变了。相反，股票涨了的时候不要得意忘形。你应该用同样的估价原则来决定你在哪里卖出股票。如果股价到了你认为的价值区域，那么可以平仓止盈然后转向下一个投资。

在熊市中，继续坚持难道不是一个危险的动作吗？更不必说加仓了。

这不一样。我指的是单只股票的价格波动。我知道怎么分析企业，但我不知道怎么分析宏观经济。

你的回报／风险率比大多数股票对冲基金经理都要高，为什么却管理这么少的资金？

这是个很容易回答的问题。我不是一个很好的市场营销人员，也从来没有主动销售过基金。我更喜欢寻找好的投资机会而不是寻找新的投资者。另外，以目前的状态我也过着很体面的生活，不用为类似管理一家大公司而头痛。当我在卖方时，我曾负责招聘分析师和督促分析师工作，但从没有像喜欢寻找值得投资的公司那样喜欢那份工作。

***

克劳德·德彪西说："音乐就是音符间的空间。"同样地，投资间的空窗期——投资人暂时空仓的时候，对投资成功来说至关重要。尽管以多头为主，但在股市指数基本走平的 12 年间，戴利获得的累计投资回报达到 800%。他是如何做到的？当然，卓越的股票选择技巧是一个重要的原因，但这不是答案全部。在环境糟糕的时候不投资（即主要保持现金持有）是另一部分答案。在不适合的时间不参与市场是决定其在股票市场获得大量收益的关键因素，戴利也因此规避了两次大熊市中的下跌行情。有时，离开市场可能和做出投资决策一样重要。无论你是像戴利这样的价值投资者，或是使用一些完全不同的投资方法、交易方法的投资人，一个重要的经验是，没有机会的时候不要参与市场，这很关键。

和适时地退出市场一样重要的是，在投资过程中耐心必不可少。当市场环境不利于你的方法、缺少机会或者机会不是最优时，你需要耐心地观望。想想在 2000～2002 年这段持续时间很长的熊市里，戴利在超过两年的时间里持有大量的现金头寸。

戴利的股票投资方法和理念可以概括如下。

- 坚持在你所了解的商业领域里进行投资。

- 在这个商业领域中，寻找那些相对于相关指标或者同类竞争者来说被低估公司的股票。

- 当股价上升到合理估值区间时兑现利润。

- 当市场形势恶劣时，转为大量持有现金。

- 坚持基本程序，不要孤注一掷。

- 将投资看作商业行为，而不是赌博。

戴利还有一个重要的优势，这几乎与本书的大部分的读者都相同，那就是资产规模较小。戴里仅管理5000万美元的资产，这从基金经理标准的角度来说有点小。较小的资金规模使戴利在候选股票中可选择的范围更广，如果他手中管理数亿资产，一些公司就显得太小而不能去投资，更不必说管理数十亿资产了。一些很好的投资机会只对小规模资金有效。戴利充分明白管理小规模资产的优势，这也是为什么他没有努力筹集更多资金。个人投资者可能会觉得，自己在面对大型对冲基金经理时处于劣势，但实际上，他们有一个重要的优势：他们的小规模交易允许他们在进入或离开市场时，对市场几乎没有什么影响，即使是投资于流动性较差的股票。

对于基金经理来说，其管理的资产规模越大，建仓及平仓时的冲击成本也越高。同时，随着管理资产的增长，可供选择的投资也在减小。对于大型对冲基金经理来说，很多市场和股票都不能用来交易，因为即使有充足的流动性，但由于他们在这些市场的交易规模太小而不能对他们的投资组合产生实质性影响，因此不值得去这么干。有很多基金经理在管理大型资产时能维持很好的业绩，但我也见过很多投资经理在管理较小规模的资产时有不错的业绩表现，然而一旦他们将资产规模扩大，大到超出他们的方法所允许的最佳规模时，交易绩效便迅速恶化。对基金经理来说，当他们觉得资产规模有可能会影响到他们的业绩表现时，应当有效地减小规模，这是取得长期成功的重要因素。

吉米·巴罗迪马斯

火中取栗

  吉米·巴罗迪马斯打破了所有规则。他在上涨时卖出，在下跌时买进。他在亏损时加仓，在盈利时减仓。在一个大多数时间都在上涨的市场中，他主要做空进行交易。[⊖]如果按照成功交易的指导标准来看，巴罗迪马斯几乎不可能在市场中存活，更不必说发展了。然而，他却是纽约第一证券公司最成功的交易员之一，自他 15 年前在一家自营公司开始职业生涯到现在，他没有一年是亏损的。

  2011 年 2 月 22 日，我第一次采访巴罗迪马斯，这一天，股市大幅下跌，表面上看是由于利比亚内乱引起的石油价格急剧上涨以及市场对石油供应链断裂的担忧。一个月前突尼斯独裁政府的倒台引发了中东的动荡，而利比亚乱局只是多米诺效应中的一部分。在市场下跌这天之前的三个月，股价持续上涨。从两年前开始的持续牛市中，无论标普 500 指数还是纳斯达克指数，都没有能够连续五天创下新高，而最近的一个月，对空方来说非常残酷，市场几乎每天都创新高，最多也不会间隔超过三天。在这一波上涨中，巴罗迪马斯持有净空头头寸，看着持

  ⊖ 巴罗迪马斯采用做空股票的方式。以标普 500 指数为标杆，在他交易的十多年时间内（从 20 世纪 90 年代到 2000 年后），市场上涨了 53%。资料来源：Crestmont Research（www. CrestmontResearch.com）。

续不断地创新高，巴罗迪马斯对交易助手说："这就像科技泡沫，只不过发生在所有股票中。"

巴罗迪马斯的交易助手是我的儿子扎克·施瓦格。是扎克让我知道巴罗迪马斯以及他令人难以置信的交易技巧的。巴罗迪马斯能在上涨的市场中做空并产生利润，而且获得比公司其他做对方向的交易员更多的利润，这让扎克很惊讶。扎克这样描述他的老板："吉米不会有任何恐惧。如果他持有一个小的头寸，要么是因为他在正确的交易方向上，要么是因为市场还没有转到他的对立面。无论这一天股价是上涨或下跌，他都是完全相同的情绪反应。"

我与他见面的那天他的交易表现得很不错。那天他将当月的全部损失都赚回来了。但是，我怎么都不会从他淡定的表情里猜出他持有空头头寸。在市场有这样一个有利的迅速下跌时，他完全没有很多交易员可能会表现出来的激动或兴奋。我相信，如果我在某个他的股票创下新低的交易日来，巴罗迪马斯依然会表现得同样淡定。

我在收盘前25分钟到达，我想在一旁静静地观察巴罗迪马斯。在我前一天发给他的电子邮件里，我表示我可能会在收盘前到。当然，我的采访会在收盘后开始。我注意到巴罗迪马斯是一个积极的交易者，我不想妨碍他。但当我到达后，巴罗迪马斯立刻开始会谈，采访以一种我没有想到的方式开始。我到那里后，巴罗迪马斯没有再做任何交易。我原以为没做任何交易仅仅是因为他已经设置好了这一天的所有预期交易。然而，扎克后来告诉我，巴罗迪马斯停止交易仅仅是因为我在那儿。出人意料地，那天是一个活跃的交易日，创下许多个月来的最大单日跌幅。"在你来之前。我们做了大约500单交易，"扎克说道，"如果你没来，我们可能会做更多。这就是吉米。如果有人在那儿，他会注意的是人而不是市场。"

我在巴罗迪马斯的交易台采访了他，他的六个交易屏幕和一片红色的报价作为背景。我注意到房间暖和得让人不舒服，而巴罗迪马斯却穿着一件厚厚的外套。

你已经开始做空了吗？

我觉得市场可能会下跌一段时间。但尽管我持有这样的观点，我仍然坚持保持一定的交易纪律，这个市场仍然比较强。每天我都持有净空头，但直到这个月，总共也只有 500 万～1000 万美元。这样，即使市场上涨了 1%～2%，我的损失也不会太大。

但你现在正加大做空的力度？

是的，到今天为止，我持有 1500 万美元的多头头寸和 4100 万美元的空头头寸。星期五下午我的头寸更大。

几乎对于其他任何交易者，这听起来都像一个奇怪的做法。具体来说，上周五前市场已经连续上升了好久，几乎没有什么回调。收盘价接近全周乃至整个月的最高价，实际上也是近些年来的最高水平。

上周发生了一些与之前不太一样的事情。市场一直在艰难地稳步上涨，但上周市场上涨得似乎特别容易。这让我觉得可能发生了什么。星期四，市场在早盘偏弱之后大幅上涨。周五，市场又继续表现强劲，接近最高价收盘。市场的上涨好像供给明显不足。对于市场这几个月的大幅上涨我在想：现在，这个市场变得更强了吗？现在？（他在说这个他反复强调的"现在"的时候，语调显得非常怀疑。就像在说，"不会是现在"，只是他没有说出来。）市场的上涨让我觉得很不牢靠，而我信任我的直觉。看起来这是个符合逻辑的让我尝试更多空头头寸的地方。我总是尝试通过聆听市场在表达什么，来形成自己的观点。情绪是我判断市场将会如何发展的最重要线索之一。

你如何判断情绪？

有很多不同的方法可以衡量它。我可以看电视、读报、听公司的人在讨论些什么。人们总是害怕做空。上周我就听到有人在说："我不会再做空股票了，我已经厌倦亏钱了。"我不再像以前那么快速行动，不再是个狙击手。我曾经像闪电，永远在快速地交易，但现在我不再那么快了。现在我的一些做法已经跟以前不一样了，这是我的部分改变。也许有时我会过早采取行动，但是如果我过早采取行动的话，不会是因为觉得自己是正确的就去建立很大的头寸。我改变了很多。尽管今年的行情直线向上，但我依然表现不错，比公司里的绝大多数持有净多头头寸的人赚的还要多。

你如何在判断市场大方向错误的情况下依然做到业绩领先？

我有一个诀窍，尽管我自己也说不上来这个诀窍究竟是什么。可能是在大家都感到紧张的时候，我会保持相对镇定。当市场走势有利于我的头寸时，我总是会兑现部分利润。不管多少，哪怕市场只下跌了 0.5% 或 1%，而我觉得它会下跌 10%，我仍然会兑现部分利润。这省了我不少钱，因为如果市场开始反弹，相对来说我有了一个更小的仓位。那是我从第一天交易就养成的习惯。市场有利时，我会永远不停地兑现利润，永远，永远，永远。

但过去的那一个月，市场几乎没有下跌。

非常有限。这个月我的平均空头头寸在 1500 万～2500 万美元。每天早上，如果开盘后 30 分钟内价格出现下跌，我会大约平掉 20% 的仓位。只要下跌，不管是什么股票，不管是仅仅下跌 50 美分还是 1 美元，我都会部分平仓。这几乎是机械式的，有点像是我的内部程序，无论外部消息是什么。如果市场再次走高，我就以比平仓价高出 3% 左右的价格再卖出同等 20% 的空单，这样我每手空单的均价就提高了。但这是一项繁重的工作。对我而言，跟随市场对我没有太大意义，但我必须尊重它。我职业生涯的每一年都在赚钱。尽管我的系统有缺陷——我没有完全遵循交易纪律，给了自己太多的回旋余地，但这对我依然有效。

你是怎样培养出你的交易风格的？

公司一直给我很多自由，让我突破自己的界限。我学会了如何赚钱或者亏钱时不被吓到，尽管有时候可能会觉得不舒服。我通过不停地大量交易来学习。我做的交易比公司里的任何人都多，这让我对股票市场形成了一种感觉，我真的能感觉到。我会感觉到："哦，有些事情发生了。"尽管我不知道这会是什么，但确实有事发生了。我真的相信这种感觉。告诉你一件很有趣的事情。在我的职业生涯早期，我总是会感觉到有什么事情要发生，然后在它真的发生时，连我自己都感到惊讶。我总是在屏幕上看到它的发生。当有变化发生时，股票会自己展示给我看。

你是怎么看到它的？

这是我培养出来的一种感觉，并且我已经学会信任这种感觉。我想我花在屏幕前观察股票的时间，不会比行业中的任何一个人少。我看着这些股票已经将近15年了，在我看来，它们都有自己的生命表现。

你能给我举个例子来说明这些感觉是什么吗？

我可以给你举个很好的例子。泰科股票在很短的时间内就从华尔街的宠儿变成了华尔街的灾难。我买的时候是34美元，之后几天之内它就到了18美元。我的均价是23美元，我做多了75万股，亏损了500万美元。我记得我的老板走到我的办公桌前问道："吉米，你到底在做什么？"我回答说："唐，我会留意的。我知道我在做什么。"没有人说话，因为所有人都知道我的仓位有多重。

尽管股价仍在下跌，但我仍然相信"这是我的机会"。我不记得具体价格了，但我记得我对自己说，如果跌破那个价格，我就必须开始清盘。然后，就在那个价位，股价开始停止下跌。那时，我感觉到有些事情发生了变化。然后在那同一天，在价格到达我的成本价上方1.5美元时，我卖掉了大概1/3的头寸，第二天我又以高出3～4美元的价格卖掉了剩余的头寸。之后这只股票就直线下跌。那是我职业生涯里表现最好的一个月。

股票似乎总是会向我透露一些信息，尤其是当我持有重仓并且密切关注它的时候。我从职业生涯中学到的是，我并不一定要太早采取行动，因为当机会出现时我几乎总是能感觉到。我过早行动可能源自我缺乏交易纪律。我过早采取行动只是为了防止自己错过机会，但实际上我总是能感觉到市场的变化。这是一种感觉，一种直觉。我想：为什么我又要过早行动？这是我自己的信号。我并不是对每只股票每次都能有这种感觉，但它真的经常出现。

泰科最终跌得更低。在交易的时候是什么给了你信心？

仅仅是种感觉。

这跟市场情绪有关吗？

这完全与市场情绪相关。股价下跌的速度引起了我的兴趣，从 27 美元跌到 18 美元只用了 2 个小时。我知道那完全是因为恐慌。这是一个机会，所以我买了更多。

如果价格跌到你的价格以下，你会逐步卖出你的头寸或者干脆完全了结吗？

我从来没有因为方向错了必须要平仓而以市价买卖。我从来没做过。我会择机平掉这个头寸，如果感觉可能转向了，我会再买回来，并且认为自己一直是对的。

所以，你从来没有一个仓位遭受过失败？

我的很多仓位都让我承认失败，但是我从不投降。（扎克说）吉米从不恐慌。当他们遇到闪电崩盘时，他的第一反应总是"是不是数据错了"。他会用一分钟时间来确认数据并没有错，然后总是在那一刻开始做多。我从来不让自己恐慌，就算我不知道发生了什么，我也不会卖掉我的仓位。在我试图找出原因时可能会多亏损 5%，但我不会急着做决定。因为其他人在此时做出的决定都超出了理智范围，我不想成为那样的人。但有一次例外，我不得不在我的家装股票空头头寸面前投降。

平掉你的空头仓位是个好决定吗？

是的。我入场太早了。

你是从什么时候开始看空现在的市场的？

我记得曾在 2010 年 9 月对扎克说："喔，市场在走高了，我应该买一些股票。"当市场上涨后，我开始在 10 月持有净空头头寸，到月末，市场又开始迅速上涨。11 月，我意识到我必须调整我的仓位了。在 11～12 月我开始买入大量价值股，而不是平掉我的空头仓位。这对我帮助很大，因为这时价值股开始补涨。到 12 月，我基本扳回了 10～11 月的损失。

但你依然是净空头的？

对。从 9 月开始我就没有净多头过。

即使你认为市场会继续走高？

因为市场继续上涨对我来说难以理解，所以我通过做多来减少我的空头风险。我觉得市场越往上走，我的空头就越是正确的。价格走得越高，聪明的人就会越多地兑现利润。聪明的人总是会在市场上涨时卖出平仓，那是他们赚钱的方式。我不是要证明我是对的，也不是为了证明市场是愚蠢的，我只是喜欢赚钱。在我的职业生涯中，我见过太多的人行事仅仅是因为别人也那么做。

这种感觉是不是一开始就有？

是的。很早就开始了。

你认为那是天生的吗？

是的。毫无疑问部分是天生的。我的目标是，有一天我可以将我的交易与我的直觉相匹配，仅在我感受到机会的时候进行交易。对我来说，交易成熟是指我知道我不必太早开始，我要做的就是等机会出现，因为它出现时我总是可以看到。

如果你经常能够在时机正确时及时看到机会，那为什么还总是在有那种直觉之前就开始频繁交易？等你强烈感觉到那是正确的时机时再入场，效果难道不比你在变化之前就进行预计趋势改变效果更好吗？

百分之百正确，毫无疑问。有时我表现得像个成年人，有时则像个孩子。当我表现得像个孩子的时候，我想的仅仅是参与。我不是一台电脑，我也有弱点。有时我只是想参与而不是坐在那里等着自己看到机会出现。这是一种缺乏交易纪律的行为，我整个职业生涯都在与之斗争。尽管我的交易记录显示我那样做也很不错，但有时我对我的交易过程仍然缺乏信任。我仍然希望自己早点入场，以免错过机会。

所以即使你经常能够强烈地感觉到市场会有动作，但你在交易时，仍然让自己像没有那样的技能一样。这对你来说能接受吗？

我觉得是合理的，因为我发展了我的交易纪律。如果一开始我错了，我就不让自己的仓位变得更重。就算我认为我是对的，我也不一定会仅仅因为市场在上涨而去增加空头头寸。在我更年轻的时候，我会因为市场正在上行而加仓空头。

但现在，我会等到我感觉到市场会下行后才开始加仓。

你第一次对股票市场发生兴趣是什么时候？

最初的影响可能来自我在高中时看的《华尔街》那部电影。高三那年，我为一个股票经纪人工作，他同时也是一家分支机构的经理。在威廉姆斯学院，我选择了交易与资本市场这门课，课时1个月。教我的老师叫西蒙，那时他为贝尔斯登公司做交易。他在家里设了一个交易室，而我几乎每天都可以去那里。西蒙是个聪明的人，性格有点古怪。他喜欢谈论市场，是他把我带入了股票市场。当然，我也想通过股票市场来赚钱。

是不是电影《华尔街》里的金钱吸引了你？

事实上，更多的是里面的行为吸引了我。我是个精力充沛的人。我认为做交易完全符合我的性格。我对金钱的渴望更多是受父母的影响，他们是移民，每天都辛勤地工作。这些是对我最主要的影响。大学毕业后，我所有的朋友都进入了银行业，但我知道我只想成为一个交易员。尽管我还不知道那到底是什么，但我知道那是我想要做的。我参加了一些大公司的面试，比如瑞士银行和法国兴业银行。后来我的一个朋友给我介绍了一家叫纽约第一证券的小公司。我去参加了面试，唐·朗贝格录取了我。

你知道是什么让你得到这份工作的吗？

我不知道。但在我工作了很多年后，有一次我带我母亲去见了唐。谈话中，他对我母亲说："我不知道您是如何教育您的儿子的，但我从来没见过有人工作得比他更加努力。"我知道我比任何人都喜欢这份工作。我没法不努力工作，因为我总是有着很强的竞争驱动性，无论是进入顶尖的大学，还是在大学里参加体育竞技，无不如此。

你从纽约第一证券学到了什么？

与扎克一样，我做了一年的助理。我学会了如何跟踪仓位，并且做好每天的盈亏记录。我着迷于股票市场是如何变化的，以及如何能赚到钱。

你跟的那个交易员是什么样的交易风格？

艾瑞克和我有相似的交易风格。买那些不再受追捧的公司股票，同时卖掉每个人都在追逐的公司股票。

听起来你像一个反向交易者？

我很早就接触了这种交易方式。它与我看待这个世界的方式完全一致。像麦哲伦基金公司这样的庞然大物运作着大量的公共资金，它们只买那时候最好的公司股票。即便是像苹果或者埃克森美孚这样的公司，在情况糟糕的时候也不会吸引它们。那时候它们只会卖出这些股票。聪明的人总是采取相反的做法。那是华尔街的游戏。我并不是在抱怨。

最初你是从多少资金开始的？

我不记得具体的数字了，但是我记得第一年我赚了 35 万美元，第二年是 80 万美元，第三年是 100 万美元。事实上我从来不回顾这些。

你使用基本面吗？

不，从不。曾经有三年的时间有一个基本面分析师为我工作，但我发现我很难将他的观点与我的交易匹配起来，我更信任我自己的工作，这样只会让我分心。我并不想投入更多的时间在基本面分析上。我想把我的时间花在精通掌握我的交易纪律上，并且专注于那些能够影响我的情绪，并让我做出特定选择的事情上。那才是真正激发我的好奇心的东西。交易对我自己来说是一面伟大的镜子。赚多少钱或亏多少钱本质上并没有什么不同，我不会为此觉得特别难过或高兴。

最开始的时候，为了获得成功，你都是怎么做的？

我完全专注于我的交易，其他的我都不在乎，包括我的健康、我的人际关系。

你第一次遭遇重大损失是什么时候？

我在地产商股票大幅上涨时做空它们。我感觉到有些不对劲，但不知道到底发生了什么。从结果来看，很明显是动量型对冲基金的买盘推动了市场。那是我第一次怀疑自己是否真的了解自己在干什么。我在一个月内损失了 700 万美元。在那么短的时间内损失了那么多资金，这为我打开了另外一扇门，使我开始思考很多我之前从没有考虑过的问题。从那时起我开始关注我的健康。我记得我想过，我需要用一年时间把钱赚回来。事实上，我用了大概两三个月就把钱赚回来了。我也不记得我是怎么做到的。

是什么让你在那个时候看空地产商股票？

我记得那个时候人们都在倒卖房子并快速赚钱。我觉得那很不真实，但那正是人们谈论地产板块的话题。这是一个典范，每次我产生一个重要概念时，最终发现都是正确的，但有时候我会行动得太早。

我想你对 1999 年的科技股也是看空的。

是的。上涨总是应该受到某种力量的驱动。在我看来，没有一种力量可以在那么短的时间内推动市场有那么大幅的上涨。我的直觉告诉我这是不对的，我信任那种直觉。

按照你的这种交易风格，你是怎么避免互联网泡沫时代的灾难的？那时那个板块的股票涨个十倍也是司空见惯的事情。

我交易科技股票而不是互联网股票，但它们也有着疯狂的上涨。

你行动得太早了吗？

绝对是，但在那些日子里有些不同。就算股票总体在大幅上涨，但你还是会遇到股票低开 4 美元，然后又重新上升的情况。因为股票会大幅低开，这给了你兑现利润的好机会。而在这之后，你又会有新的子弹。之后的 5～8 年市场特征发生了变化，市场回调的情况少得多，这是因为对冲基金逐步成为市场主力。现在，你不能行动得太早。过去的两年（2009 年 4 月至 2011 年 3 月）是我见过的对于空头来说最大的灾难，甚至超过了互联网泡沫。

那会迫使你改变你的交易风格吗？

绝对会。它迫使我更多地相信，我应该等到自己看到转变点，而不必那么早有动作。

2000 年 3 月股票市场见顶的时候，你的仓位怎样？

我做空，但没有追着加空。因为随着市场走低，我逐步平仓了。

所以你在市场走低的时候平仓变现了？

是的。但我在最初反弹时做空了。

但你没有继续在那一波持续了两年半的跌势中持续做空？

没有，我不是个趋势型的交易者。对我来说，我想的只是接下去会怎么样。市场永远不缺乏题材，它总是在不断地制造小泡沫。市场总是充满机会，所以你不需要让自己陷入麻烦。你永远不需要太早行动。但我的内心常常会有冲突。在某些特定的阶段，我会变得特别固执。我坚信我是对的，并且比任何时候都固执。我想我是一个出色的交易员，但有时我的信念会妨碍我。我会丢开我的信念，像一个我能做到的交易员那样去工作。

但你的理念会让你站在市场正确的一边。

这个理念让我持续赚钱，而不是去交易一些我并不太信任的短期机会。市场上有大量的傻瓜，我不想成为其中一员，毫无疑问我有这样的自信。

我明白你为什么不做动量交易，因为它跟你的理念相反。但是为什么不在一边等着，直到你感觉到时间正确了？

（扎克插言）吉米有过这种神奇的操作。有几天市场上涨了 5～10 个价位，而吉米当时大约有 1000 万美元的空头头寸，神奇的是他在交易结束时还赚了一些钱。我可以看到，如果他当天什么都不做，那天会亏损 15 万美元，但事实上，吉米通过持续地快速交易，在那天盈利了 3 万美元。那天我们做了 520 笔交易。所以说，当吉米做空而市场上升时，他也不一定会有损失。

（吉米接着说）真是那样。不管市场是不是将会下跌，只要市场哪怕只下跌了一两个点，我就会从中变现赚钱。这种交易方式也许更能说明为什么我的职业生涯中总是赚钱。与其说我是在方向上做对了，不如说是市场在给我钱。我总是在拿钱，每天都是。

所以，就算今天是下跌的第一天，你也会部分变现？

今天我变现了一半的头寸。但如果市场反弹了，我肯定会再次做空这次反弹。

如果市场反弹，这很简单——你只要重新建立你平掉的空头就可以。但如果下降在第二天仍在继续呢？

如果价格继续走低，我会买回更多的股票。我不介意错过一些下降的波段，因为如果我真的能够感觉到市场，那么市场总会有让我重新进入的机会。我从来不害怕错过些什么，因为市场总是有机会。

所以即使你以一个比你平仓时更糟的价格重新建立空头头寸，你也不会觉得郁闷？

我所想的只是如何赚钱，而不是在意正确与否。（扎克对吉米说）你曾说过，"我从来不需要在让我亏损的股票上赚钱"，这句话对我很有意义。（吉米接着说）在我的职业生涯早期，我会更多地执着于某些股票，但现在我已经不再那么关心我到底是在哪里赚钱了。我不再有任何仇恨感了，（一个长长的停顿）不再有了（他笑道）。

但你曾经是这样的？

是的。没错。

你是怎么学会放弃的？

我只是厌倦了战斗。虽然那次做空地产商股票损失了那么多钱，但对我而言那是我最大的福气，因为它让我用另外一种方式来看待自己的生活。为什么我要让自己的生活变得这么困难？它完全可以简单得多。当我开始感到不舒服时，我知道一定有什么错了，但以前我不愿去做些什么，我总是绝不妥协。而现在，当交易让我觉得痛苦时，我会开始降低我的头寸。我对自己的感觉更加敏感，也更加关注。如果我觉得仓位有问题，我就会做出改变。我不再对那种感觉毫无行动了。

能不能举个最近的你感觉到有什么事错了的例子？

2010年10月，市场开始加速上涨，我亏损了很多钱。尽管市场已经上涨了一年半，它仍在加速上涨。我不喜欢那种市场的感觉。

听起来你像是个天生的做空者？

是的。市场总有一种说法，即做多市场总是对的，但那是非自然的。这种能量是不可能始终保持的。

你所描述的交易方式（在上涨时卖出股票，在下跌时买进股票）听起来很难像是成功的秘诀。事实上，人们更容易想象到这种方式的结果可能是灾难性的。所以很显然你实际上还有其他技巧。你能不能描述一下？你到底是怎么做的？能不能就所交易的股票给些具体的例子？

我将股票分成想买的和想卖的两类。然后找出短期内哪一类会有个加速变化的机会。

你怎么辨认那个点？

找些新的变化。图表可能变化了，或者在同板块内的有些事情可能发生了变化。永远有事情在变化，总有线索告诉我时机到了。举个例子，固特异在我的买入清单上，其他汽车零部件的股票都上涨了，而固特异却滞涨。我已经关注它很长时间了，之后大约在两周前，在出财务报表的前一天，它的交易量巨量放大，价格上涨。于是我想："是时候该固特异股票涨了。"我已经关注它六个月了。我一直持有小的固特异的仓位，因为其他汽车零部件的股价都有明显变动，所以我认为固特异会在某一点上做出显著的变化。当我看到变化时，我知道这只股票准备好了。

什么改变了？交易量吗？

在上涨日交易量放大到不可思议的程度。我之前知道有一天我会看到变化，而这就是那个变化。我相信这种感觉，所以我做多了。

还有别的例子吗？

（他扫视了一下他的交易平台，在屏幕上选出一张图表）这是另外一个例子：Dollar General 股票。我在这里买了它（他指了指一个大幅下跌之后的点，那个价格已经跌至一个长期平台的低点）。

这个交易的内在逻辑是什么？

零售业的股票在上涨。我们在零售板块中寻找一些有价值的东西。这只股票在一个半月的时间内已经下跌了七个点。

这个大的向上缺口是什么？（我指的是图表上大约他入场一周后的一个大幅

价格变动的地方。）

那是因为并购发生。

当这个并购出现时，你有没有出场？

当然，它上涨了 15%。

（巴罗迪马斯继续调出价格图表）MU（美光科技），我们一直在做多这只股票，当这只股票突然爆发性上涨并突破这个通道时，我们的仓位已经很重了。尽管那天它上涨了很多，但仍然在最近几年的交易区间内（这只股票突破了过去几个月形成的交易区间，但从更长期来看，依然在一个长线价格区间内）。我没有去追这只股票，我觉得有点不舒服。

（他给我看了一张 FFIV 的图表，一家做云计算的公司）对于这样的股票，我总是觉得不太舒服，我永远也不会买这样的股票（图表中显示了一段很长，几乎没有回头的向上趋势，然后是一个很大的向下缺口，之后又是一个反弹，反弹到大概 2/3 的高度），我会做空这样的股票。明天如果股价继续走高，我多半会做空它。

为什么你对这张图表特别看空？

这是只破位的股票，虽然它的交易量很大。指数已经创了新高，但这只股票始终没能上到 50 日均线以上。所有投资人都参与了这只股票的上涨走势。尽管云计算是个了不起的事，但它被过度渲染了。现在的价格已经超过了它未来几年的增长潜力。分析师已经在讨论 2015 年的数字了，这太荒谬了。没人能知道接下来四年会发生什么，即便是预测下个季度都是一件非常困难的事情。这种概念股的走势总是大同小异。

这里还有一个例子。亚马逊在这里破位下跌，我在这一天做空（亚马逊的图表同样显示了一段很长的上涨，之后在最高点不远处紧跟着一个大的向下跳空缺口。巴罗迪马斯指着之后的一波向最高价附近反弹的走势）。

为什么你看空亚马逊股票？

因为图表。股价在一年里几乎翻了一番。下跌那天的巨大交易量，让我觉得这次反转是真的。我没有在那一天做空，因为那天市场下跌了 20 美元。我等到价格反弹到 50 天移动均线处开始放空。亚马逊后来依然上涨了 12 美元，我在接近这个反弹高点附近仓位加倍（反弹的高点接近于前期高点），因为我仍觉得我是对的，我的操作没有问题。

这是 Chipotle——一只很野的股票。

（我看了看价格图表，这是另一个向上的大波段）如果我看一只股票，它正处于一波大的上涨中，我知道你一定会谈论做空。

没错，做空。我在这一段被套住了（巴罗迪马斯指了指最后一段加速上涨的走势）。

你在整个过程中都在做空？

是的，整个过程。我在这里加倍了我的仓位（巴罗迪马斯指了指图表上接近上涨最高点的一个位置），所以我们把头寸的做空均价提高了。

你加倍了一个深度亏损的仓位？

对，但那是 Chipotle，它只是一家出售玉米饼的公司！它不像一些新兴的科技公司，所以我不会害怕。它的玉米饼也许很不错，但它的股票已经在三个月内从 140 美元上涨到了 270 美元。这真实吗？我才不在乎那些玉米饼是不是真的好。我就在这里平仓出来了（他指了指图表上的一个回撤），因此弥补了大约 3/4 的损失。

似乎很多时候你都是在上升中卖空股票？

是的，但我总是在下跌的时候买回来。你总是希望有时能有一些好运气，比如碰到一个大跌的日子。这在我交易棉花股票时发生过。我做空了棉花 ETF，而在那两天里我损失了 20 万美元（他指着图表中的另一段大幅上涨，在上涨的末端那两天，走势几乎是垂直向上的）。我做多了 7500 股，然后在这一天我又加了 22 000 股（他指了指一个高点）。我看到了很大的交易量，我想："这是挤仓。我才不管埃及发生了什么，这股票都翻番了，我应该在这里做空。"说是运气也好，说是心想事成也好，这只股票在一天之后下跌了 12%。我平仓并获得了 10 万美元的收益。那是令人开心的，这只 ETF 可能在第二天又轻易地再次上涨 10 美元，这就是市场。当没有人想到的时候，往往就是巨大的机会所在。

尽管很多交易日就像今天一样有不错的现金收入，但看起来你的交易风格会在大部分日子里让你觉得不舒服。

是的，因为市场总是涨的日子多而跌的日子少，而我想在我的生涯中，有75% 的时间我都在做空。但我不会说这是不舒服的，这更多的是一种套路。

似乎你跟随趋势仅会发生在你赌市场将会反转并最终反转了的时候。

我很擅长抓住趋势的早期，并正在学习如何抓住趋势的中段。我从来不考虑末端——那是一方溃败的阶段。

访谈进行了三个小时，巴罗迪马斯的精力看起来有点下降。我建议下次再继续访谈，他同意了。三个月后（2011 年 5 月 24 日），我们开始了第二次访谈。这次我们是从一系列关于他的一些我不太理解的交易策略开始的。

看起来你真的很擅长围绕你的仓位进行交易。你做得非常出色，即使在长期趋势与你相背时，你依然经常赚钱。打个比方，看起来你很擅长迅速地爬楼梯，而且你是沿着向下的扶梯往上爬。如果你沿着向上的扶梯往上爬，效果会不会更好？如果你不是逆着趋势，而是顺着趋势来交易，会不会做得更好？

我这里有个很好的例子说明我为什么不信任那种做法。近期白银创历史地上涨。我已经盯着白银六个月了，从技术上讲，这是个牛市格局。在商品市场中，绝大多数人喜欢跟随趋势。然而，我却认为这是个值得做空的市场。我花了六个月来关注它，直到我感到是时候做空入场了。

那天发生了什么？

那天价格发生了反转，但真正重要的是白银的价格上升到那个高点的过程。价格在一年的时间里翻了三番。得克萨斯大学交割 10 亿美元实物黄金的消息着实在贵金属市场引起轰动。电视新闻每天都在播放有关通货膨胀的信息。我看了所有新闻，觉得它们真的对整个故事有实质的影响，我觉得好像几乎每个人都在买白银。这正是我要找寻的机会。我做空了白银 ETF，先前的价格上涨已经呈现抛物线形，而之后的上涨几乎是垂直向上的，大量资金涌入白银市场。如果你看了最后四天上涨的交易量，就会清楚那绝对不是散户投资者的行为，而是此时必须要入场的机构资金。另外，巨大的交易量也告诉我新的卖方也进入市场了。在那波上涨中我加倍了仓位，市场再创新高，我的仓位在三天内损失了 400 万美元，但我知道那波上涨已经到了无以为继的时候，此时是更好的做空机会，可惜那时我已经用完了所有子弹。我不愿意用一年的业绩去赌一笔交易，如果市场再出现与过去几天类似的走势，我可能会损失 800 万美元，我觉得不值得这样做。因此当白银跌回到我的建仓平均价的时候，我平掉了所有头寸。从结果上看，这笔交易基本打平。然后市场迅速地从最高的 49 美元下滑到 32 美元。

可是你已经平掉了所有仓位。

是的，因为我感到累了。那个交易我没能赚钱是因为我过早建仓，并且仓位过重，但我看待这个世界的方式是正确的。每位专家都会告诉你白银值多少钱，但是它从 49 美元下跌到了 32 美元，那是 30 年来市场最大的一次抛售。我在市场见顶前的四天内建了大量空头仓位。我相信我的市场"雷达"能监测到市场将要发生什么。所以你问我是否要改变我的交易风格，我想也许我应该更灵活一点。但我对追随市场趋势这种交易方式并不感兴趣，我相信我在交易中的直觉。

我不是问你为什么不在 30 美元或 35 美元时买入白银，我对此完全理解，而且，事实上我认为如果你那样做了，反而会显得很不正常，因为这完全与你固有的理念相冲突。我想问的是，在上涨的早期，你曾经在某一时点上认为市场最终会出现一个很好的做空机会，但那时你只是在观望，因为你知道上涨的趋势还将持续一段时间，在那个时间节点上，你为什么选择观望而不是做多，直到它接近你认为的反转点呢？换句话说，为什么不在抛物线形垂直上涨之前做多呢？

　　我很擅长捕捉市场的反转点，但并不擅长跟随趋势持仓交易，我总是行动得过早。大部分分析师和华尔街的基金经理几乎从不愿意这样做，他们总是跟随趋势，然后试着抓住趋势中间的那部分，也是报酬最丰厚的一部分。而我总是去抓趋势最早期的那部分，也是最难的那部分。我在逐渐学会尽量能抓住大部分趋势，而不仅仅是早期。当然，我现在还没有达到应当达到的水平。

　　这正是我不理解的。看起来，所有"脱离实际的疯狂的价格波动"——按照你的说法，一旦发生反转，就会持续很长时间。为什么对于一个可能至少长达六个月到一年，甚至更长的趋势，你只参与最初的几个星期？为什么仅仅参与价格刚从高点开始往下跌的这段时间？在出场之后，你为什么不在反弹的时候重新进场做空？当你建立一个主要空头仓位的时候，这本身就预示着一旦市场开始下行，它就将持续一段时间并且幅度较大。如果你回去检查你仓位最大的交易，预期市场会发生反转，我敢打赌每一次市场在最终下跌后都会持续很长一段时间。

　　100% 正确。只是我没有耐心每天都面对着相同的仓位。我对所谓的市场会继续下跌不是很有信心，所以不会一直持有不动。

　　但那种信心应该来自你自己在市场反转之前就建立巨大仓位的事实。实际上，这种交易本身就意味着市场一旦反转，相反的趋势就会持续一段时间。你有一个了不起的指示器（它不是图表，而是一个内部雷达），使你能够识别到潜在的市场重大转折点，你同时又具有买入或者卖出一个仓位的交易执行能力，为什么不把这些技能结合起来呢？举个例子，2008 年商品到达顶点的时候，你预测到那是一个高点，于是你在上升的最后阶段做空，之后你在第一次下跌中获得收益。那时候，你为什么不这么想：市场走得过头了，它还将下跌一段时间，我可以在反弹的时候再次回来做空。这样你就可以既遵循原来的预测，同时也按照市场的趋势来交易。如果再结合你进出头寸的交易技巧，你将会获得更多的潜在利润。在我看来，这明显是你可以做到的事情。那些你没有利用的机会（跟随趋势），看起来就是为你的技能量身定做

的。**你现在做交易时，就好像把双手绑在背后，当市场趋势与你的想法强烈相反时，你在交易；而当市场转到你预测到的方向时，你又去做别的事情了。**

是的，杰克，这些我都知道。我也想能够采用那些交易方式，因为我就在那儿，但我也不知道是我的思考过程的哪个模块出了问题，让我放弃了那些机会。也许我只有在觉得舒服的时候才会真正舒服，而跟随市场趋势的交易让我觉得不舒服。当价格走势让每个人都害怕，甚至连我的老板都害怕的时候，我却觉得很放松。当恐慌来临的时候我觉得非常舒服，因为我知道，"我抓住机会了，它们被我抓住了"。

有意思的是，你觉得舒服的时候（在几乎垂直上涨的时候卖出），绝对会让绝大多数人感到极度不舒服。

也许对我来说这正是乐趣所在，而且我赚的大部分钱都来自这种方式。

那正是我要说的。为什么不把两者结合起来？为什么不等到市场确认了你最初预想的方向时，再去做空？我不是建议你放弃你现在的交易方式，只是想说，为什么不再增加一些别的方法呢？当你有了强烈的感觉，然后市场开始下跌，更大的概率是这种趋势会持续一段时间。

确实是这样。我的职业生涯中这种巨大的机会带来的潜在利润加起来可能有5000万美元。但是尽管承受了所有风险，我可能最终只获得了300万美元的利润，而几周后如果继续持有，这个利润可能会达到1000万美元，几个月后会达到2500万美元。我希望能够在我的职业生涯中也做一些这样的交易，我知道会有机会的。

股票的评级变化对你的交易有影响吗？

通常来说，我做空的股票都是被上调评级的，而我做多的股票，都是被下调评级的。跟随股票评级是华尔街的玩法，他们总是在事情好的时候去买入，在事情不好的时候卖出，但他们不会影响我的交易风格。

接下去的十年你还会继续交易吗？

我想交易会永远是我生活的一部分，但不会一直是从上午9点干到下午4点。

但问题是，给你带来成功的交易方式（不断地买进卖出）几乎要求你一整天都坐在电脑屏幕前。

到目前为止是的。但就算是在过去两年，我也会离开电脑屏幕去参加一些会议。扎克可以为我作证。那是我与外界联络的一种方式，而不只是整天坐在屏幕前。

你的目标是什么？

我希望继续学习。我想成为一个伟大的商人。我还涉足了交易以外的很多其他商业领域。

你还涉足了什么别的行业？

视频游戏、电影后期制作、清洁技术、医疗保健。

那交易占据什么位置？

交易是我资金的来源。

随着时间推移，你觉得你的交易会有什么变化？

我真的无法想象我的后半生都坐在交易屏幕前。

离开一个擅长的领域你不觉得很难吗？

四年前我开始兼职做一些其他事情。尽管这个进展得很慢，因为交易才是我擅长的，对我来说也要容易很多，但是还有很多其他事情吸引着我，始终坐在屏幕前面太局限了。交易是我的第一份工作，但我想摆脱束缚。因为我知道生活中有很多事情值得我去体验，去参与，但这都要求我离开现在的工作。

＊＊＊

我觉得这次采访中应该包含一些警告标志，类似于电视节目中"请勿在家尝试"这样的提示。事实是，巴罗迪马斯的交易风格高度个性化，这依赖于他与生俱来的天赋，不适合模仿。对于大多数交易者来说，与之相反的做法可能更加适合。我在"市场怪杰"系列丛书中所采访过的所有交易员中，没有哪一个交易员比他更不适合多数交易者来模仿。但是，巴罗迪马斯的故事中仍然有三点是适用于大多数交易者的，这与天赋无关。

适应的必要性。尽管人性的原因让市场行为从时间上来看具有一致性，但市场是在变化的。成功的交易者要适应这种变化。在巴罗迪马斯的案例中，他注意到对冲基金越来越深入地参与市场，会使个股产生更加平滑的价格走势，以及少得多的回调，尤其是在日内。这种市场结构性的变化，使巴罗迪马斯很难通过对仓位进行高抛低吸来弥补因为过早进场而造成的损失。对于交易者来说，不要过早行动变得越来越重要。巴罗迪马斯总是在开始时持有一个很轻的仓位，直到市场给他发出走势改变的信号，这个信号让他有高度的信心认为转折点即将到来。尽管很少有读者能够按照巴罗迪马斯的策略来交易，但交易方式必须要去适应市场的变化，这一点对于任何采取不同交易策略的交易者都适用。

围绕头寸进行交易。巴罗迪马斯交易成功的一个关键因素就是，他及时根据市场的波动来调整仓位。例如，如果他是空头，他会在价格下跌时减少他的仓位，而在反弹时重新建仓。巴罗迪马斯非常擅长围绕持仓进行高抛低吸。他经常可以在净价格移动方向与其预期方向相反时依然获得净收益。尽管巴罗迪马斯对于时点的把握是一种天生的技能，很难被破解，也很少有人能够照着做，但很多交易者发现围绕持仓头寸进行交易提高了他们的交易业绩，也使他们更加容易把握盈利的交易。举个简单的例子，假设你在 50 美元时做多一只股票，长期目标是 76 美元，但短期在 62 美元时会有阻力。根据这些假设，你可以在 61～63 美元之前减少多头仓位，在价格回归到上涨趋势后再重新满仓进入。一个潜在的坏处是，如果价格没有回调到再入场时的价格，那么持仓头寸就会偏小。积极的一面是，如果被平掉的仓位能够以更好的价格再买回，那么总的收益就会提高。也许更加重要的是，把握仓位的能力会增强。围绕持仓进行高抛低吸操作是好处多还是坏处多，主要取决于不同的交易者本身。这种方法可能不会对所有交易者都合适，但有一些会觉得非常有效。

避免过于兴奋。尽管这种方法在巴罗迪马斯身上长期有效，但我还是不太建议交易者在恐慌性上涨中进行卖空操作。极少有交易者天生就具有在这种情况下全身而退所需的把握时点的能力和情感上的忍耐力。一旦失败，代价将会非常昂贵。不过，对于那些右侧交易者，当市场处于抛物线式的上涨中，可以在这疯狂阶段兑现部分或全部利润，这可能比什么都不做而等待市场反转要好，因为在这种情况下市场一旦反转，价格下跌将会是剧烈而极端的。简而言之，如果你是一个多头，而市场在疯狂上涨，那么缩小仓位或干脆平仓，应该不会是一个坏主意。

可能有些读者在读完这一章后会想："巴罗迪马斯只是运气好而已，不能这样来交易，必须摆脱这种方式。他最终一定会踩到地雷。"好吧，巴罗迪马斯确实踩到过地雷，事实上他踩到过很多次，但这并不能阻止他一如既往地采用这种方式。试想一下，巴罗迪马斯平均每天要做几百次交易，总共交易了15年，经历了无数的熊市和牛市，在这么频繁的交易中，能够有如此持续而卓越的表现，这种概率是无法仅仅用运气好来解释的，这样的结果在统计中几乎是不可能的。

客观来看，即便巴罗迪马斯已经如此成功，但他的方式似乎还没有把他全部的潜能发挥出来。特别是，市场从高点或者低点反转后，趋势会持续很长一段时间。但尽管这种走势经常发生而他也有能力提前判断出这些转折点的到来，他仍然只交易了趋势中很小的一部分。在我看来，他明显可以通过在这样的市场中交易更长时间从而进一步提高他的交易业绩，这一点他本人也同意。我想说的是，即便是再好的交易者，也未必已将他们的策略执行到了最优的方式。如果一个交易者具有某种优势——巴罗迪马斯显然就拥有这样的优势，那么他就应该认真考虑他采用的交易方法是不是与他的优势最好地匹配了。

我经常被问到要成为一个市场奇才，到底是靠天赋还是努力工作。我的标准回答是举一个关于跑步的例子。绝大多数人经过足够的训练和努力之后，都可以完成一次马拉松，但只有很少一部分人拥有天生的生理特性使他们能够用2小时15分（男性）或2小时30分（女性）的时间完成，其他人不管多么努力训练都无法做到。交易就好像马拉松，想获得收益是可以通过努力工作来实现的，但精英级别的表现就需要一定的天赋了。巴罗迪马斯就是一个很好的例子。的确，作为一个成功的交易员，他工作得非常努力。在交易时，他愿意集中全部精力，长时间工作。但他这种程度的成功，只是因为他具有某种天生的技能，一种内在的"雷达"，让他能够感觉到市场将会发生些什么。我不在乎有人在交易时多么勤劳，或者他们愿意花多少时间来盯他们的交易屏幕，事实就是，这种交易技能超出了绝大多数人的能力范围。

在交易上，并不是只有单一的成功路径。相反，金融怪杰的交易方式都各不相同。交易方式不仅仅是不同，某些交易员的方式看起来可能与另外一些人完全相反，巴罗迪马斯就是这样一个例子。有抱负的交易者需要了解的是，重要的不是找到一个能战胜市场的成功秘诀，而是找到适合自身个性的方式。吉米·巴罗迪马斯找到了一种有效的方法，因为这适合他的个性——独立、喜欢竞争、逆势而上，并且非常善于拥抱风险。但同样的方式用在别的交易者身上，可能就是一场灾难，而这些交易者也会有适合自己的交易风格。这些年来，我收到了很多类似于下文的询问。

尊敬的施瓦格先生：

我想知道是否有哪位交易员正在招募助手？我愿意长时间地无偿工作，只要能跟随某位交易奇才。

这种类型的询问反映了一种误区。你不可能通过复制别人的方法在市场中获得成功，因为它们不适合你自己的个性。真正的答案是，你要找到属于自己的方式，而不是去复制任何人的方法。

第 15 章

乔尔·格林布拉特

神奇公式

当我打电话给那些认识的对冲基金经理，想让他们给我推荐一些本书可以采访的对象时，乔尔·格林布拉特的名字出现了好几次。其中有一位对冲基金经理说道："格林布拉特写过一本书，名字叫作《你可以成为股市天才》。"对此我低声嘀咕了一下，但那位对冲基金经理却说："是的，我知道这个书名有点过，但这真是一本很好的书。我想正是那本书使不少人进入了对冲基金这个领域。"事后我读了这本书并发现该书确实不错，简洁清晰地阐述了一些深奥的交易术语（如剥离、合并、重组、配股、存根股票、认股权证等）。

《你可以成为股市天才》的附录中展示了格林布拉特提供的他旗下的基金——哥谭资本的过往业绩。该业绩始于 1985 年止于 1994 年，年均复合收益刚好为 50%（未计提管理费），表现非常稳定，最低年收益率为 28.5%。哥谭资本的这份业绩单是我所见过的最好业绩单之一，为什么该基金在 1994 年被突然关闭呢？从格林布拉特的书中明显可以看出他没有离开过这个市场，这件事情让我很困惑。但是当我了解了该基金关闭的原因时，我觉得一切都是合情合理的。因为哥谭资本的业绩一直很好，所以总资产规模也在不停增大。当格林布拉特觉得基金的规模已经影响到收益时，他决定对该基金进行清盘，此后十年他一直与其搭档罗伯·戈尔茨坦继续使用原有策略管理自己的本金。这些策略，格林布拉特曾在他的《你可以成为股市天才》一书中详细地阐述过。关于这次交易的成绩并没有公开资料，但格林布拉特私底下告诉我他们的业绩比原来的基金稍差一点，但我认为他们一直都做得很好（远比大多数对冲基金同行的表现要好）。

格林布拉特的第二本书《战胜市场的小册子》起源于一个研究项目。2003年格林布拉特雇用一名程序员来协助他们测试他们交易系统的实际绩效表现，该系统主要由两个指标组成，其中之一为上市公司的收益率（反映股票的估值程度），另一个为资产回报率（代表公司的优质度）⊖。计算机按照这两个指标对所有股票进行排名，并选出排名靠前的股票进行投资，实际测试的效果甚至比格林布拉特他们预期的还要好，他们把这个合并的指标命名为神奇公式。该名字含蓄地嘲笑那些大肆广告的商业化市场指标，但它也表达了他们这套指标令人惊奇的绩效表现（实证证明）。事实上，格林布拉特和戈尔茨坦对神奇公式感到非常自豪并建立了一个同名的网站，该网站以神奇公式选出的股票为基础来提供进行股票投资组合管理的服务。

由于该研究项目的初步成功，格林布拉特决定继续深化研究，后来哥谭资本又花费数千万美元来开发测试一套更复杂的价值投资系统。该系统所运用的指标原理上与神奇公式相类似，但形式上更为复杂，结果上能更为精确地衡量股票价值。总之深化研究的效果很好，格林布拉特及其合伙人决定将哥谭资本的投资策略由原来的特殊场景投资策略变更为分散的系统价值投资方法，新方法有更大的资金容量，从而消除了他们当初决定关闭哥谭资本的原因。2009年哥谭资本重返全球资产管理市场，发行了两只多/空策略基金，一只大盘，一只中小盘。这样在退还了投资者资金的15年后并且曾相信自己会永久离开资产管理业务，格林布拉特与戈尔茨坦以及一支由十人组成的研究分析师团队秉承同样的核心原则再次介入资产管理业务，当然，这一次的交易是基于多元化、系统化的价值投资方法，而不是原先的方法。

⊖ 格林布拉特对这些术语的定义和常见概念不一样，在本章后面有充分详细的解释。

格林布拉特和他的团队应用系统价值方法来构建价值加权指数，该指数的绩效表现大大超越了所有现有的股票类指数的表现。基于这些研究，哥谭资本陆续发行了好几只基金，以及通过委托账户管理来交易这些新一代的价值加权指数，这些指数包含美国股市和全球股市，按照股票市值进行分离。格林布拉特团队发行的基金为共同基金以及其他机构股票指数投资者提供一种更好的投资选择。这个新的投资方法正是格林布拉特在其第三本著作《为小投资人量身定制的投资秘籍》中所谓的最大秘籍。之所以公开这个秘籍，是因为格林布拉特相信别的共同基金开始研究与运用这个创新方法只是时间问题，但是哥谭资本的独特研究能力和流程能够保证其持续的优越绩效表现。

当你年轻的时候，你想过未来要做什么样的事情吗？

可能没有。我对自己不想做的事有比较明确的想法。我在获得 MBA 学位后接着去了法学院，主要是因为我不想去投资银行工作 ，那里每周要工作 90～100 个小时。然而当我意识到自己对成为一名律师没有兴趣时，一年之后我就退学了。

是什么让你对股票市场产生了兴趣？

在我大学三年级的时候，我读了篇《福布斯》杂志上关于本杰明·格雷厄姆的文章，引起了我强烈的兴趣，从此以后我开始阅读所有我能找到的关于本杰明·格雷厄姆的资料。在大学期间，我们学习有效市场假说，其实它不是特别吸引我。这个理论和我在市场中所看到的并没有逻辑上的一致性。一年内市场上有许多翻倍或者被腰斩的股票，而有效市场理论的前提是这些股票所有价格的高点和低点都是有效定价的，这一点对我来说似乎难以置信。当我读了格雷厄姆的文章，我心想这是符合逻辑的，股票的价格一直围绕价值波动。

在那之前，你对股票市场有任何兴趣吗？

那时候我对赛马和赛狗的兴趣要大于对股票市场的兴趣。

你去过赛场吗？

当我可以溜进去的时候我就去赛场，经常是赛狗场，因为看门的人管得不太严，我可以偷偷溜进去。

你在赌博上有什么诀窍吗？

很遗憾我没有。我永远不会忘记我的第一次大赌注。有一次，我和堂兄一起去了赛道，发现一只狗跑得比其他所有狗快 12 秒，然而令人费解的是它的赔率是 99∶1。这看起来对我来说是不错的赌注。我不知道为什么其他下注者会这么愚蠢。但最后那只狗输了。在比赛结束之后，我才发现这只狗是在距离非常短的情况下跑得比其他狗快 12 秒，但这次是它第一次跑长距离。这次经历告诉我，我应该去做更多的研究。

你什么时候第一次投资股票？

在我读本杰明·格雷厄姆的著作之后去法学院之前，我开始运作一只基金来购买那些价格低于清算价值的股票，格雷厄姆称之为纯净利（net nets）。我专门做过股票交易价格低于它们清算价值的研究，并最终成为我的硕士论文的方向。我与两位来自商学院的朋友理查德·佩纳和布鲁斯·纽伯格一起开展这项工作。当时我们没有资金购买数据库，但大学图书馆里有过去十年左右的标普股票手册，我们就从这些手册中手动收集数据。我们只看了大约 15% 的股票，因为手工获得数据真的很让人麻木。当时宾夕法尼亚大学有一台 DEC10 计算机，有这个房间 4 倍的大小，我们把所有数据输入计算机并且发现格雷厄姆在许多年前写的公式仍然运作得非常好。使用格雷厄姆的方法构建的股票投资组合的市场表现比通常的股票指数的表现要好。这项研究成果发表在 1981 年夏季的《证券投资组合管理》杂志上。在去法学院之前，我从父亲的朋友那里筹集了 25 万美元来开始运作一只基金，这只基金主要用来购买那些交易价格低于清算价值的股票。

你管理那只基金多长时间？

大概两三年吧。当我有了自己第一份全职工作时，我觉得自己不太适合继续维持那只基金的运作了。

那只基金表现如何？

一共大约有 44% 的累积收益。

既然你所运作的基金有这么好的一个开端，你是否考虑过将它作为你的事业而不是去找一份全职工作？

我当时想我还有很多东西需要学习。但那是一个非常好的管理别人资金的经验，我感受了那种感觉。

你的第一份与投资相关的工作是什么？

我在仅有的一年的法学院学习后，找到了一份在贝尔斯登做期权交易的暑假工作。

那时你知道一些有关期权的知识吗？

不知道，我最后做了远期兑换，这是一个风险较小的套利交易[⊖]，并想通过这些交易获取 18%～19% 的年化收益。

当时期权市场是不是低效率的？

不是，原因是当时的市场利率很高。套利收益大约相当于在市场利率的基础上加上 5%～6%。坦率地讲，那些套利交易相当机械。当时，办公桌上还没有可以显示期权价格的屏幕，我只好跑到楼层的另一边去拿打印出来的期权价格，看有哪些期权相对于股票价格具有投资吸引力，然后跑回座位尝试进行这些交易。尽管这样能有趣地学习期权，但在夏季结束时我知道我不能用交易期权来谋生。

在完成夏季工作后你做了什么？

我在一家叫 Halcyon 的投资公司找到了一份工作，这是一家刚刚启动的做风险套利的公司，我去做分析师，实际上这家公司有三名合伙人，而我是唯一一名分析师。他们给我了 22 000 美元的年薪，这个数字在当时大概相当于刚毕业的 MBA 学生平均工资水平的一半。我之所以选择这家公司是因为我喜欢成为一家创业公司的唯一一名分析师。我想这样我能学到很多东西。

事实上你在并购套利方面并没有经验，这会不会是你找工作的一种障碍？

正因为这样，所以才对应的是 22 000 美元的工资水平。他们显然不希望花很

⊖　一个正向转换由一个多头头寸对冲一个空头头寸组成（空／多有相同的期限和停止日）。如果合成的空头头寸可以实现净信用溢价，它提供了一个锁定，无风险收益。

多钱，不想找有经验的分析师。我认为他们只是想找一位有潜力的分析师。

那时是什么时候？

1981 年 12 月。

具有讽刺意味的是，你职业生涯的开始正好是在股市的主要底部形成之前。

是，这很有趣。在当时因为这个市场已经 13 年没有上涨了，所以没有多少人想去华尔街工作。

你从第一份工作获得了什么经验？

在当时，并购套利还是未知领域，市场效率很低，并有很多投资机会，因此即使是平庸年份也有 60%～80% 的回报。

只是做些普通的并购套利交易吗？

我们只做简单的风险套利，当时有较大的利差存在。但我一直认为风险套利交易中的风险／收益完全没有吸引力。按照格雷厄姆的方法，如果你为某样东西支付了相对便宜的价格，那么你就能够获得非对称的正向收益，并拥有较大的潜在收益。风险套利的风险／收益特征恰恰相反，如果并购获得通过，那么你可以获得 1～2 美元；但是如果交易失败，那么你就会遭受 10～20 美元的交易损失。直觉上我并不喜欢这种交易机会，即使从平均上来讲如果你有很多笔交易，这种交易的整体回报也不错。我一般对风险套利所涉及的一些其他事情比较感兴趣，如敌意收购，它意味着另外一个竞购者也会参与进来，或者并不仅仅局限于现金支付的交易。

另外，我夏天在贝尔斯登进行期权交易的经历对我工作的帮助也很大。在风险对冲中，时间因素非常重要。何时交易才能结束？如果你在回答这些问题时有优势的话，那么你就可以通过相应的期权交易来获利。同时，如果知道一笔交易会以什么样的价格成交，那么可以在期权市场中发现很多交易机会。另外，还可以利用期权来对冲并购交易可能失败的风险，实际上可以构建很多有趣的组合。

你有没有同时参与一些其他事件驱动型的交易？

我在 Halcyon 时做了一些，但当我开始自己的基金时，我对特殊状态交易更感兴趣，这时候会发生一些新的情况并且通常的规则暂时并不适用。这可能是资产剥离，或者是新证券的发行，或者是资产重组，或是两级收购——一般的华尔街分析师并不具备评估这些事物的能力。相反我喜欢这些复杂的场景，如果此交易涉及 400 页的文档，我会很感兴趣去阅读并分析这笔交易，因为我知道其他大多数人都不会去读它。

你怎样从一个在 Halcyon 的分析师到开始你自己的基金？

是这样的，我的一个朋友，也是我在《投资组合管理》期刊上发表的文章的共同作者之一，布鲁斯·纽伯格当时正在为迈克尔·米尔肯工作。当我在 Halcyon 工作大约 3 年后的一天，我在与布鲁斯的电话交谈中，偶然谈起如果我可以募集几百万美元，我就准备自己出来干。布鲁斯第二天给我回了电话，并且说"迈克尔说可以让你尝试一下"。米尔肯最终提供了我所要求的两倍投资资金，当时我只是想以 700 万美元开始。其实当我还在 Halcyon 时，我已经开始用我自己的账户进行交易，并且获得了超过 100% 的年化收益。

你能举个你的初始基金中进行的关于特殊状态交易的交易实例吗？

一个很有趣的例子是万豪的资产剥离。20 世纪 90 年代初的房地产市场下滑让万豪遭遇不少麻烦，万豪的主营业务是酒店管理，但同时又拥有很多旗下酒店的所有权，这让它陷入困境，于是万豪准备出售这些酒店的资产。因此它将这些酒店的资产和债务打包剥离到一家新的公司——万豪之家，而保留优质业务——万豪国际。酒店管理这项主营业务实际上是一个典型的巴菲特式的业务，而且还剥离了所有债务，因此这是一次非常漂亮的操作。然而这次交易让我感兴趣的却是我称为"有毒废物"的万豪之家资产，万豪之家资产杠杆高，属于冷门业务且无人问津。

万豪之家哪里吸引了你？

首先吸引我的是大多数看过相关报道或者分析过万豪之家资产负债表的人对这个资产不会再有太大的兴趣，因为我认为他的资产结构确实非常难看，很难引起别人注意，但对我来说它却是一片沃土，等着我去探索。同时，我认为机构投资者也会抛售万豪之家股票，因为它仅代表了 10%～15% 原始公司的资产，并且很有可能因为资产规模对于机构投资者而言太小而无法持有。另外，万豪之家的业务与原有业务也有区别，大多数投资于母公司——万豪国际的投资者是对酒店管理业务感兴趣，因此它们会抛售万豪之家。缺乏市场新的购买兴趣并且原有股东也会抛售它的股份，这意味着万豪之家的股价很有可能被低估，因此这无疑值得仔细去研究。

因此你发现了什么？

我发现内部人士在这个过程中持有大量万豪之家的股份。主导整个剥离操作的决策者将会去实际运作万豪之家这个"糟糕的业务"。如果万豪之家真的糟糕得如同媒体所报道的一样，那么此操作决策者选择运作万豪之家这一资产就显得不合乎情理。另外，万豪家族仍然留有万豪之家 25% 的所有权。

我还发现万豪之家资产杠杆巨大。当时预期股票交易价格为每股 3～5 美元，但其负债约为每股 20～25 美元。举例来说，假设每股价格为 5 美元而负债为 25 美元，则意味着新公司的每股总资产为 30 美元。公司股价相对于总资产很低，意味着如果总资产增值 15%，则对应股票的价值将翻番。当然，如果公司经营不好，则高杠杆会使股价跌得更多。但我认为股票上行的潜力要远远高于下降的潜力，股价总归不会低于零吧。另外大量内部人士持股，我相信万豪之家这笔交易不会失败，而且该交易还要求优质资产——万豪国际提供给万豪之家 6 亿美元的信用额度。

最终发生了什么？

就如预期一样，大多数机构投资者在低价位卖出它们的股票，然后股票在四个月内几乎翻了三倍。

你能举另一个特殊状态交易的案例来阐明你的方法吗？

在 20 世纪 90 年代初，富国银行遭受一些危机。富国银行本身拥有非常优质、长期、稳定的手续费收入业务，但那时加利福尼亚州正处于严重的房地产市场衰退阶段，而富国银行却拥有大量的高集中度商业地产贷款，这给银行造成不小的麻烦。后续有两种可能，其一是尽管不太可能但如果房地产市场持续严重低迷，以至于富国银行的手续费收入将不敌商业地产贷款的亏损，而耗尽其资本金。其二是如果富国银行能幸存下来，那么其股票交易价格将会远高于当前80美元的水平，因为80美元的交易价格已经反映了市场对未来的担心。当时我从风险／收益的角度分析认为存在两种情况：①如果富国银行倒闭，它的股价将下跌；②如果没有，则股票将上涨。但通过购买超过两年期的LEAPS并持有到期，我可以把1∶1的风险／收益转变成1∶5的风险／收益。如果这家银行幸存下来，股价将会翻倍，那么我在期权上的投入资金将会翻五倍，如果它失败了，我只损失我在期权上的本金，另外我认为银行存活的概率要远超过50%，因此应当购买该行的股票。然而从风险／收益的角度，期权是个更好的选择。最终，在期权到期之前股票价格已经翻番。

在1995年你将资金返还给投资者后，又继续使用相同的策略交易了多久？

大概有10年吧。然后我们逐渐过渡到使用系统化的价值投资方法。

为什么转变呢？

这并不是对投资原则的转变，我一直是一个价值投资者。在返还外部投资者资金后，哥谭资本一直使用集中的投资组合。这个组合包含两类资产头寸：一类是普通头寸，即对价值没有明显的刺激因素；另一类是特殊状态资产头寸，这类资产存在着可能改变价值的刺激因素。我们的投资方式之所以转变到目前的模式，是因为我一直想测试我所用来进行教授及资产管理的方法。2003年我与罗伯·戈尔茨坦雇用了一个程序员来回测我们评估股票的方法，工作的第一步便是测试本杰明·格雷厄姆所倡导的购买廉价股票的思想。

你如何定义股票廉价与否？

这里有很多衡量廉价的方法。我们使用收益率，把它定义为息税前利润（EBIT）与企业价值（EV）的比值。

在《战胜市场的小册子》一书中，格林布拉特对企业利润率进行了如下定义。

利润率为企业息税前利润（EBIT）与企业总价值（股票总市值＋净生息债务）的比值。基于某些原因，我们更多地使用这个比值，而不常使用大家通常所使用的市盈率（价格 / 收益比率）或是价格收益率（收益 / 价格比率）。利润率描述的是相对于这家企业的总价值，它的盈利能力如何。

在计算企业利润率时，我们使用企业总价值而不仅仅是股票总市值（即股价乘以流通盘股票数），因为企业总价值既考虑了企业总的所有者权益也考虑了由于发展业务的需要企业进行的债务融资。使用 EBIT 除以企业总价值，我们就得到了如果购买整个企业能带来的息税前利润率，即息税前利润除以股票总市值与相关债务之和。这样，企业利润率就可以让我们比较那些不同债务水平及不同税收比例的公司了。

例如，购买一幢办公大楼需要花费 100 万美元，其中 80 万美元为抵押贷款，20 万美元是净股本。股本价格为 20 万美元，但企业价值是 100 万美元。如果这幢大楼产生的 EBIT（扣除利息、所得税之前的利润）为 10 万美元，那么息税前利润 / 企业价值比率（EBIT/EV）或者息税前利润率将会是 10%（＝$100\ 000/$1\ 000\ 000$）。然而，如果只考虑净资本回报率，对于这些相同的资产，由于债务水平不一样，所得到的回报率将出现明显偏差。假设 80 万美元抵押贷款的利率为 6%，公司税税率为 40%，那么 20 万美元净资本的息税前收益率将会是 26% [＝(10－80×6%)/20]。随着债务水平的变化，这个股本的息税前收益率也将一直变化，但是大楼 100 万美元的总价值和 10 万美元的息税前利润是固定不变的。换句话说，市盈率和价格收益率会受到债务水平和税率变化很大影响，而 EBIT/EV 却不是。

我们选择了 2500 家美国最大的上市公司，首先我们根据息税前利润 / 企业价值比率对这些公司的股票进行排序。我们使用 Compustat 公司的 Point-in-Time 数据库，对于任何一个过去的时点，它的数据都是真实的，因此测试中不存在未来数据问题。数据库中的数据始于1988年，因此我们就从那个时间点开始进行我们的测试。

沃伦·巴菲特对格雷厄姆的方法的改进是购买廉价业务当然很划算，但如果可以购买到价廉的优质业务，那就更好了。巴菲特用来判断一家公司是否是优质公司的指标之一是有形资产的回报。在我的书中，我使用简森口香糖店的例子来阐述这种方法。每家简森口香糖店的投入是40万美元，包括了库存、展览柜等所有成本，而每年的利润大约为20万美元，相当于50%的资本回报。然后我把它与另外一个叫作Just Broccoli的生意做比较，Just Broccoli也需要花费40万美元开设新店，但是每年只有1万美元的利润，或2.5%的资本回报率。很显然能贡献50%资本回报率的业务要好于只能贡献2.5%资本回报率的业务。看待这个问题的另一个视角是，每家公司都需要一定的固定资产和营运资金来维持运作，那么如何才能有效地将固定资产和营运资金转化成利润？所以我们使用的第二个度量方法即是有形资产的回报率。

在《战胜市场的小册子》一书中，格林布拉特对资本回报率的定义和解释如下。

资本回报率等于息税前利润（EBIT）除以有形总资产（净营运资本＋净固定资产）。使用这个比率而不是更为常用的净资产收益率（ROE，收益/股本）或是资产收益率（ROA，收益/资产）有很多原因。

使用EBIT（扣除利息、所得税之前的利润）而不是财报公布的收益数据是因为每家公司所处的债务水平及税率都不一样。使用EBIT数据能够让我们分析并比较不同类型公司的营业利润，并且不会因为税率和债务水平的不同而产生影响。这样，对于每家公司，我们都可以把其实际营运收入（息税前利润）与产生这些收入所需的资本（有形资本）进行比较。

使用净营运资本＋净固定资产（即总有形资产）来代替总资产（使用在资产收益率的计算公式中）或净资本（使用在净资本收益率的计算

公式中），这里面的逻辑是保证公司业务运营所需要的资本。使用净营运资本是因为公司需要为其应收账款和库存提供对应的资金（超过公司运营所需资金之外的资金不被计算在内），这里不考虑应付款项，因为应付款实际上是无息贷款（在我们的计算中，负债表中短期的有息债务都被排除在计算之外）。除了营运资本外，公司还必须为开展业务所必需的固定资产等提供资金，如房地产、工厂和设备等。固定资产的折旧也需要加入到净营运资本需求中去。

我们选用了同样的 2500 家公司，并根据它们的资本回报率进行排序。然后我们将收益率与资本回报率排名相组合。实际上，我们给这两个排名相同的权重便可以得到最好的既便宜又优质的股票组合。如果一家公司的收益率排名第 1，资本回报率排名 250，那么合并综合排名分数便是 251。我们不是寻找最便宜的公司，也不是寻找最好的公司，我们是要寻找最好的组合，物美价廉的公司。在本书里，我把这种组合排名称为神奇公式。

在 23 年的回测数据中，我们通过神奇公式从 1000 只大市值股票当中选出前 30 名股票作为投资组合，其收益率要比标普 500 指数多出接近 1 倍（19.7% 对 9.5%）。（从 2500 家最大的公司中选出的投资组合的绩效表现更好，但有的股票可能市值偏小，流动性也较弱。）2000 年以后的数据更有趣，在 2000～2009 年该公式仍能带来 13.5% 的平均年化收益率，尽管同期标普 500 指数每年下跌接近 1%。

价值投资的威力在高校教育中广为推广，价值代表股票的本质。股票的交易价格最终会向其价值靠拢。我们把神奇公式筛选出的股票分成十等份，每一个等份有 250 只股票，然后我们持有这些股票一年，看看每个等份的表现。我们每个月都重复这个过程，并得到新的排名。在过去的 23 年里，我们每个月都这么做。最终的结果很有趣，等份 1 的收益率击败等份 2，等份 2 击败等份 3，等份 3 击败等份 4，依此类推直到等份 10，等份 10 中的股票我们认为是业务糟糕，却非常昂贵的。等份 1 与等份 10 之间的收益率差别巨大，等份 1 的年均回报为 15%，而等份 10 则平均每年下跌 0.2%。

既然在等份之间有这样稳定的相对表现，那为什么不在买等份 1 的同时卖出等份 10 的股票呢？这样应当能比单独购买等份 1 的股票有更好的收益／风险比吧？

我的学生以及数百封电子邮件都问了同样的问题。典型的想法是："乔尔，我有一个很好的主意。为什么你不简单购买等份 1 和卖出等份 10 呢？你将获得超过 15% 的年收益，并且还没有任何市场风险。"这个策略会有一个问题，就像在 2000 年一样，那年你所做空头寸的涨幅要远比多头头寸的涨幅多得多，因此你有可能损失全部本金。

这个观察阐明了一个非常重要的要点。如果我写一本关于某个策略的书，这个策略每个月甚至每年都有效，那么每个人都会开始使用它，这样它就会很快失效。价值投资并不总是奏效。市场并不总是认同你的观点。从长时间周期来看，股票的交易价格大致围绕价值波动，但在短期内，有时甚至会长达 2～3 年，价值投资并不奏效。实际上这是好事，我们的价值投资方法时不时失效刚好正是这个策略长期奏效的原因。我们的公式会迫使你去买那些失宠的公司、股票，而一个读报的人从不会想到购买它们。持有这些股票的投资组合有时可能会在 2 年或 3 年时间里表现不佳，因此大多数人无法坚持这样的策略。一个策略一两年甚至更短的时间表现不佳后，大多数人通常会放弃这个策略，而转向近年来表现不错的策略。

除非你有足够的信心，否则很难遵循价值投资方法。在我的书和课程里，我花了大量的时间试图让人们明白实际上我们只是在平均价格以下购买了高于平均水平的公司。如果这个方法对你有意义，那么你就会有信心长期坚持使用这个策略，即使它偶尔并不奏效，但你需要明白自己正在做什么。

当我们拿到 10 个等份的完美排序结果时，我和我的合伙人罗伯·戈尔茨坦相互看了下并说："这非常有趣。"实际上我们并没有花费很大的力气来得到这个结果，但我们认为通过进一步细化，我们可能会通过使用系统性的价值方法来管理资金。我们现在有 10 位分析师，通过仔细审查股票池内的每家公司的利润表、资产负债表以及现金流量表，我们找出真正的现金流，真正的资产和负债。到目前为止我们的数据库涵盖超过了 4000 只的美国和外国股票。

是预估吗?

不, 是根据历史数据的估计。

相比你书中所描述的神奇公式, 这个更为复杂的分析系统还加入了什么元素?

如果你从我们的股票池中构建一个分散化的投资组合, 那么合适的股票数目就比较重要了。通常一个分散化的投资组合需要至少 20 或 30 只股票。

尽管系统化的价值投资方法也能奏效, 但是它的收益率还是达不到你在你原来的基金中所使用的高集中度的特殊状态交易方法。

是这样的。但如果你只有 6~8 组主要头寸, 当其中 1~2 组表现不佳的时候, 你就会很沮丧。通过我们现行的系统化价值投资方法, 我们可以在做多上百只股票的同时做空上百只股票, 这样一年可以稳定获得 15%~20% 的回报。投资收益低波动性意味着较高的复利效应。我想如果一切重新开始, 也许我仍会使用最初的投资方式。但现在我管理更大数额的资金, 所以会更偏好稳定的复利收益, 即使这意味着放弃一些额外的回报。鉴于这种投资偏好, 系统化的价值投资方法具有非常大的吸引力。方法与方法间没有优劣之分, 只是不同。这只是一种进化, 而非流程改变。我们仅仅把过去赚钱的方法系统化了。方法还是保持不变, 区别仅在于我们现在更分散化、条理化, 当然主要得益于我们的分析师团队。

我认为你现在的方法还可以管理更多资金。

是的, 虽然这不是最初的目的。我们的主要目标是尝试减少波动性。人们还不能完全体会到不亏钱的重要性, 亏损需要更大的盈利来扳回。假如你亏损了 50% 的资金, 你就需要 100% 的收益来弥补亏损。如果你的投资收益波动很大, 那么这种波动会导致较大的损失, 而这些亏损需要更大的收益来弥补。然而如果你建立一个更分散化的多 / 空投资组合, 那么你的资金曲线就会很平滑并能保持一个稳定的年化收益率。当我们开始这项研究时, 罗伯和我都没有想到我们会因此全职投入到这个策略管理中来, 研究表明这个方法比我们预期的效果更好, 而且可以有效地应用于大型的投资组合。正是因为这些成果，我们陆续发行了好几只多/空型股票基金，以及一些分散化的类似指数基金的产品。

就像之前所说的，做空排名靠后的股票组合，同时做多排名靠前的股票组合也可能会使你破产，那么你在多/空基金中采用了什么样的不同策略来避免这个陷阱？

罗伯和我直接管理这个风险。尽管我们有六位全都比我聪明的技术人员来协助我们，但他们都没有任何金融背景。我们有意识地选择这些没有金融背景的人，因为罗伯和我想自己来做投资组合经理。我们想创造出基于特定限定条件的最好的投资组合，管理多空股票的 beta 值，限定行业的最大权重以及单只股票的最大头寸，我们希望建立一个非常分散的投资组合。在我们的小市值股票投资组合中，单只股票的最大多头头寸不超过整个组合的 0.6%，而最大的空头头寸则更小。

你的多头型股票指数和现有的指数有什么不同？

大多数投资者都有过糟糕的选择。如果使用标普 500 指数作为基准，总体上 70% 的共同基金经理跑不赢大盘，主要是因为基金费用降低了基金的总回报。你可能会想，我在那些跑赢大盘的 30% 的基金经理里挑选会更好。然而问题是，在过去 3 年、5 年乃至 10 年做得很好和未来继续做得好之间并没有相关性。

既然投资者不能预测哪些基金经理将做得比市场好，显而易见的结论是，简单地去选择那些具有成本低、税收效率的指数基金。这在道理上也说得过去。选择指数基金也有一个问题，因为最受欢迎的指数如标普 500 和罗素指数通常都是非常低效的，因为它们是市值加权模式。在一个市值加权的指数中，一只股票价格越高，在指数中所占的百分比就越大。因此，根据定义，一个市值加权指数会相应地拥有很多估值可能偏高的股票，而估值偏低的股票则相对较少。当然，等权值指数法也会包含一定的估值误差，但当所有股票的权重都相等时，相对于市值加权法固有的系统估值误差，这些误差是随机的。

我们可以通过对比市值加权指数与对相应股票进行等权值处理后两者的收益率差别来理解这两种模式的区别。基于过去 40 年的收益率数据，每年等权值法的收益率要比市值加权法高 2%。不过等权值法需要面临的一个问题是，编号 500 的股票比编号 1 的股票的规模要小很多，如果太多人试着采用等权值法，那么大量的买盘就可能会使较小规模的股票价格失真。此外，因为价格是不断变化的，需要更多的交易成本来维持等权值指数。由于存在这些问题，罗布·阿诺特想出了一个基于基本面的指数（RAFI FTSE 指数），这个指数使用上市公司的销售规模、账面价值、现金流和股息分红等来衡量一家公司，而不是它们的市值。由于指数中使用的加权因子和公司的总价值相关，总价值大的公司将在指数中占较大的比例，同时因为并没有直接使用股票价格数据，因此估值误差也是随机的，类似于等权值指数，这种指数的收益率表现也要比市值加权指数高 2% 左右。

所以，基于基本面的指数可以和等权值指数的效果一样好，同时也可以容纳更大的资金规模。

完全正确。我们可以创造一个指数，然后对指数的编制方式进行一些改变，以达到分配更多资金到更便宜的股票上。所有现存的指数如罗素价值指数，都是市值加权法。例如，罗素 1000 价值指数是从罗素 1000 的股票中选取大约 650 只。这些股票具有较低的股价净值比以及其他一些他们考虑的价值因子，但然后他们用市值法来加权这些股票。相反，我们在比较便宜的公司上配置更多的权重，这是完全不同的事情。我们发现，在过去的 20 年中，基于相同的 beta 和波动性，使用我们的方法构造的指数平均每年的收益率要比标普 500 指数高出 7%。

除了构建指数，我们还将一些基金和约 100 只通过我们的方法选出的估值偏低的股票放在一起来看看效果。有趣的是，在今年的前六个月，我们投资在美国股市的价值选择基金在大约 1300 只同类基金中排名第一，而同时我们的国际选择基金是同类 400 只基金中表现最差的。使用相同的策略，在不同的市场中表现差别如此之大，对此我感到非常有趣。

这种情况暗示着什么？

我们国内市场的价值选择基金在同类基金中表现最好，但只优于市场 5%；国际选择基金，在同类中表现最差，但只比市场低了 5%。这告诉你其实没有人在真正地挑选股票。我们能在 1300 只基金中做到第一，但只跑赢市场 5%，在另一类 400 只基金中表现最差，但也只低于市场 5%，这说明几乎每个人都依赖指数进行投资。

你同时运作大市值股票基金和小市值股票基金，你认为中小盘股中有更多的机会吗？

虽然我不认同罗素 3000 指数中存在小型股异常现象，但我仍然认为关注小型股非常重要，因为这些非热门的公司更有可能被误估。误估包括低估和高估，所以平均后可能并没有方向上的偏差，但中小股票一直是用来寻找被低估股票的沃土，因为中小股票被研究得相对较少。

你发起的价值投资者俱乐部背后有什么故事？

1999 年我们有一个投资思路，在我看来那可能也是我们基金这些年来最好的投资想法之一了。我们当时感觉我们是华尔街上为数不多发现这个机会的投资公司之一，然而我的一个合伙人——约翰·佩特里在雅虎留言板上发现一个帖子，它也精确地分析了这个交易机会。这是一个有趣同时也很复杂的资本结构，如果你正确分析它就会发现，股票交易价格只有公司现金价值的一半，同时公司还有非常不错的业务，但这非常隐蔽。然而，有人却在雅虎留言板公布了它，当时约翰和我有相同的反应：嗯，很明显，有聪明人在。我们认为，如果将这些愿意彼此分享想法的人聚集在一起，这将是件非常有趣的事。

我们一开始通过预审来确定参加小组的人选。我在哥伦比亚大学教了不少年的书，如果你想参加该俱乐部就得提交一篇关于某家公司的投资报告，并能够在我的课上获得 A+ 分数。可能我的课上每年只有两三个学生能够到达这个等级，但他们确实是一群相当聪明的人。所以，事实上我们将这个俱乐部的门槛设置得很高。

谁来判断最初提交的报告是否足够优秀，能够进入这个俱乐部？

当时我和与我一起创立这个俱乐部的合伙人约翰·佩特里共同决定。

俱乐部有多少人？

我们将人数限制在 250 个。

你肯定收到了大量想加入俱乐部的申请。

是的。这些人中很多都不错，但我们是在找那些更优秀的。

但是，你怎么有时间来审查这些报告呢？

开始我参与了一些，但现在由约翰·佩特里和一些与我们关系密切的投资经理组成的委员会来处理这些工作。委员会的名单是匿名的，只有我们知道他们是谁。

俱乐部有没有形成一个不错的投资思想的来源？

是的，好处之一是我们见过一些非常有才华的人。我们甚至帮助其中一些人筹建他们自己的基金。我们支持的人并不是些大人物，他们只是对投资很有热情。他们中的大多数人选择运作少量的资金并获得更高的回报率，而不是建立一只大基金。

所以，现在很多成员是对冲基金经理？

我们原本想找些个人投资者。其实，第一个激发我们产生这个想法的人，是那个在雅虎留言板上发布对复杂交易做分析的那个人，他在一个超市工作，是一个很聪明的家伙，他现在是一名分析师。俱乐部里的人有着不同的背景。虽然我们预想这是一个为个人投资者设立的俱乐部，但很快吸引了很多想要分享投资思想的专业人士。现在这 250 个成员里大概有一半是职业投资人。

一旦加入了价值投资者俱乐部，他们还会继续发表新想法吗？是什么激励他们这么做？

这里没有会员费，但是，我们要求每个会员每年提出两个投资想法，并对另外 20 个想法进行评级。如果你愿意分享你最好的投资想法，那么你可以留下；如果不愿意，你将会被要求离开俱乐部。

网站只对 250 个俱乐部成员开放吗？

目前，出于教学目的和吸引人才，对于非会员，如果注册了，可以看 90 天或 45 天前发表的观点。由于这些想法都是基于价值投资理念，因此一些前面的观点依旧有效。

投资者犯的三个最大的错误是什么？

首先，屈从于情绪。投资者做出的投资决策往往是基于对价格行为的一种情绪反应或是在报纸上看到或听到的新闻。其次，缺乏相关的知识。如果你不能评估一家公司的价值，那么你对投资哪家公司就没有依据。估价一家公司相当困难，大概只有不超过 1% 或 2% 的投资者有能力正确地评估公司价值。如果你不能知道一只股票大概值多少钱，那么你就不能在其价格远低于价值时大量买入。最后，对基金经理近期的表现分配太多权重。

我们无意中开展的一个实验能够生动地演示大多数投资者的错误投资行为。在我写完《战胜市场的小册子》后，我们建立了一个叫 magicformulainvesting.com 的网站。当时，我并没有打算管理外部资金，但是很多投资者在读了这本书后，要求我们在实现这些策略方面给予帮助。因为我一直有设立一家慈善经纪公司的想法，这家公司允许投资者从基于价值投资理念的股票池中选择他们自己感兴趣的股票，因此我们与创立了 DLJ 管理公司的布莱克·达西一起建立了这家经纪公司。我们建议投资者至少挑选 20～30 只股票，这样他们可以实现分散化而不是过度地依赖于少数股票。布莱克建议我们还可以添加其他选项，允许投资者选择我们来管理他们的投资组合，而不是自己挑选股票。结果，不到 10% 的人决定自己选择股票，而超过 90% 的人选择让我们替他们管理投资。

我们研究了这些个人投资者如何管理自己的投资组合，他们的投资组合中的股票选自与我们构建的自动组合完全一样的股票列表。他们自己管理的账户的表现要差于"专业"托管的账户，在头两年差距超过了 25%。我认为这件事很奇怪，于是我们建立了一个有效的对照实验，一组是自我主动管理的投资者，另一组是自动管理的投资者。两组有相同的原则和相同的候选股票，但投资者主动管理的投资绩效非常差。

为什么他们做得这么差？

这些方法对大多数个人投资者而言都适用，即当市场下跌时他们降低头寸。

当个股或投资组合整体表现不佳时，他们更倾向于抛出。他们比我们从候选股票名单中随机选择的绩效要差的原因在于，他们抛售了那些短期下跌的股票，因此他们错过了一些大黑马股票。

你犯过的最严重错误是什么？

我们发现了一家公司，Key3Media，它有不错的有形资本回报和经营杠杆。这是一家交易展览公司，过去经常承担计算机经销商展览会。计算机经销商展览会是最大的技术交易展览。它在拉斯维加斯承租展览租场地，每平方英尺的费用大约为 2 美元，然后以 62 美元的价格转租出去。这家公司是 Ziff-Davis 即将剥离的资产。因为某种原因我们能够在剥离前以每股 3 美元的价格进场，这是一个相当便宜的价格，我们大概持有了 10% 的头寸。几个月后，它以每股 6 美元首次公开募股，这让我们的股票迅速翻倍。在几个月里，股价再次翻番，所以那时这只股票的价格已经是我们入手时的四倍，资产也相应增加到我们投资组合的 40%。后来这家公司的业务开始有点变化，但最糟糕的损失还是在 2001 年 9 月 11 日的前两天，这家公司做了一次大型的并购。"9·11"事件后人们基本上不再旅行，因此 2 美元租进 62 美元转租这一业务失去了市场，利润伴随营业额的减少不断下跌。此外并购过程中也提高了经营杠杆，利润率更是被稀释。当我们彻底清空我们的仓位时，所有纸面利润都回去了，同时还亏损了一点点本金。

所以，这次经历的教训是什么？

事情随时会发生，不要爱上任何头寸。即使你玩的是赚到的钱，也要始终保持一定幅度的安全。即使股票相对于"9·11"事件之前仍然在打折，但股价在翻了两番之后，已经明显缺乏吸引力，我们本应当兑现部分利润。此外，经营杠杆是双刃剑。引用霍华德·马克思的话："经验就是你没得到你所想要的东西的时候，得到的一些东西。"

你如何衡量风险？

作为一名价值投资者，我着眼于长期的损失风险。根据我的安全边际，如果我持有股票二三年，并且我的预期是错误的，我能损失多少？我不会去看股票在过去三个月的波动，这对我来说没有太大意义。我认为波动被如此广泛地作为一种风险度量仅仅是因为它容易度量，而不是因为它是一个很好的资金永久损失风险的度量。下行波动仅仅是风险的一个方面，不一定是最重要的，而上行的波动根本就不是什么风险，除非你是空头。

你教什么课程？

我在哥伦比亚商学院教书。在最初的四年，我教一门叫"证券分析"的课，在过去的12年，我教一门叫"价值和特殊状态投资"的课。其实它们没什么大的不同。

你教给学生什么？

巴菲特说过，如果他要教一门商业课，他会教两点：如何对一个企业估价，以及如何看待估价。这就是我所做的。在第一节课上我就会指出，虽然他们都很聪明，而且国内也有很多其他很好的商学院，那些学生也非常聪明，但大多数MBA涉足投资市场会失败。因此我解释道，智力不能被认为是在这个市场中成功与否的关键因素。我认为，那些成功的人和失败的人之间的区别在于他们如何看待市场。每个人每天都被价格波动、价格波动的解释、宏观事件和其他大量的信息轰炸。你需要一个方法来削减信息并看到事情的本源。这一切又回到格雷厄姆看待市场的方法。在短期内，价格会随情绪波动，但从长远来看，它们会回归价值。价值投资指出哪些企业值得投资并且成本较低。

我告诉学生，如果他们做好估值工作，市场本身会证明他们是正确的，我只是没有告诉他们在何时，可能是几周、几个月，甚至是几年。但一般来说，如果你已经做好估值工作，98%的情况是市场会在两三年的时间内认同你。这是一个非常强大的观念，这给你了耐心。当然，如果你的估值工作做得不好，你可能会陷入麻烦。但是，如果你坚持那些你已经很好地理解了的事情，做好评估工作，再给自己一个足够的安全边际，并对自己的工作有信心，最终，你将会做得很好。

对于很多企业而言，可能很难预测它们未来的增长率和正常盈利水平。我的学生有时问："如果一个企业处在竞争激烈的行业，或者技术发生重大变革，或者不断有新产品即将推出，或者其他一些情况导致很难估计其未来的收益，你会怎么做？"我告诉他们，跳过这家公司，找一家可以分析的公司。清楚哪些是你不知道的很重要，正如巴菲特所说："在华尔街没有所谓的打击。"如果你愿意，你可以观察尽可能多的候选对象，但只有当一切都如预期时才开始行动。

我教给学生另外重要的一点是，你不仅要考虑你的机会是否正确，同时也要考虑你现在投资后，未来那些会被放弃的机会。如果你现在的机会不是那么诱人，那么你可能还需要再等 6～12 个月来完成投资，否则，如果你将你的资金全部投入到现在的机会中，那么你可能没有资金再来投资未来更好的机会，或者你不得不以低价卖出你现在买的头寸以腾出资金。这就是为什么我设定我的最小预期回报必须高于 6%，即使当前的利率水平接近零。此外，我通常需要预期收益率要比 6% 高出很多，因为假定 6% 是无风险回报。所以，我不会投资预期收益率为 8% 的机会，除非我有很高的信心认为它会随着时间而增长。我需要一个"安全边际"，就像格雷厄姆所说的。我将正常收益与无风险利率或者 6% 进行比较，以较高者为准。我的机会不仅仅是我的选择现在是正确的，而且是我认为我的选择在可预见的未来的某些时候也是正确的。

你对你的投资者关系有什么经验？

早在 1988 年，我创立哥谭资本后的几年，一只 FOF 基金成为我的一个投资者。当时，我们只给投资者发送季报，而 FOF 对我们说："我们需要更经常地向我们的投资者汇报，我们能不能得到月度数据？"我同意了。它投资的第一个月，我们涨了 1.1%，我觉得已经相当好了，但是我接到了这只 FOF 基金负责人的电话，他说："你知道，我们投资了很多像你们一样的公司，平均来看，他们上个月上涨了 1.2%。你们的表现不佳归咎于什么？"

我是好几个数十亿美元规模的投资机构投资委员会中的一员，从我直观的经验来看，如果一个投资经理连续四五个季度表现持续优异，而另一个投资经理却表现不佳，一个正常的反应是："一个家伙知道他在干什么，而另一个不知道。"不仅仅是我所在的投资委员会有这样的反应，统计表明，资金总是追逐绩效好的投资经理，也就是说，大多数 FOF 基金仅仅追逐那些近期表现好的基金。实际上抵抗这种诱惑很难，因为你得到了所有这些数据，你的信托责任要求你努力做到最好。从最早投资我们的 FOF 基金以来，这 25 年间投资领域越来越机构化，机构投资者越来越关注数据分析、基金的短期业绩表现，实际上相当于投资的时限变短了。

那会有些什么影响？

实际上由于大家的投资时限在缩短，采用更长期的投资方法的优势反而增加了。你可能会认为随着不断增长的数据库运用、爆炸式的计算能力、互联网的可用性，以及很多很聪明的数学人才参与到金融市场，在过去 20 年表现很好的投资因子可能会随着时间的推移而表现趋于平庸。但事实上，我们所用的估值指标确实反而表现得更好，而我们的估值指标均基于长期因子，并且需要些耐心来等待这些因子奏效。其中的原因，我想是由于现在的市场机构的资金扮演着越来越重要的作用，市场机构化缩短了投资时限——投资经理必须在比以前更短的时间里取得业绩。大多数经理不能花两年来等待投资开始获得收益，他们必须现在就表现得很好。如果近期表现得不好，他们的机构和个人客户就会离他们而去。这就是为什么如果公司未来 1～2 年的预期业绩没有像过去那样好，或者公司可能面临近期的不确定性，那么它的股价通常一致被低估。即使一个投资经理知道他应该关注些长期因素，投资者却通常要求他要在短期内表现卓越。

所有统计都表明资金追逐那些去年表现好的投资经理，而离开那些去年表现不好的。但通常随后的表现是，去年表现好的通常会表现得很糟糕。如果你看看经理人在过去 3 年、5 年、10 年的投资回报率，实际上先前表现好的经理人与后来 3 年、5 年及 10 年表现好的经理人之间基本不存在相关性。然而，回报率通常是投资人来做投资决定的依据。如果你是一个投资人，通常你不知道投资决定的思维过程，所有你看到的就是结果。问题是，在推断未来谁会做得更好的时候，过去的结果非常具有误导性。

过去和未来表现之间缺乏相关性的一个原因是：如果投资者追逐表现良好的经理人，近期有更好表现的经理人将会吸引到更多资金，这将给运营这些资金带来难度。就像巴菲特所说的：“资金规模过大是良好投资回报率的敌人。”资金规模过大使很多很好的投资想法不能采用。如果投资者不断地堆钱，那些经理人不得不将这些超额的资金投资出去，由于市场容量问题，他们通常会将资金投入到一些他们并不是非常精通的领域。

最近有个关于经理人在2000～2009年回报率的研究报告。研究表明，排名前1/4的经理人中，有97%的经理人在这十年间，至少有三年排在经理人排名的后半部。更令人惊讶的是，排名前1/4的经理人中，有79%在这十年间，至少有三年排在经理人的后1/4，并且他们中近一半有至少三年排在最后十名。你知道，投资人不会一直投资于后1/4排名的经理人，更不用说后十名。然而，这些经理人却是整个期间业绩表现最佳的。

这里还有另一个有趣的统计。那些表现最好的共同基金在十年间每年上涨约18%，但平均来看，尽管在这期间市场变化不大，但那只基金的投资者平均损失8%。这是因为，每次基金表现好的时候，人们投钱进去，每次它表现不好的时候，人们又赎回。资金进出的时机如此差劲，以至于从平均来看，尽管基金的平均年收益为18%，但那些投资者整体依然亏损。我认为这个案例说明了一切，机构投资者犯了和散户同样的错误。

资金的投资人应该关注过程，经理人如何挑选股票以及如何管理投资组合，而不是关注回报，这没有预测价值。只有你的确信任他的投资决策过程，你才有机会挑选一个可以在未来跑赢大盘的经理人。挑选一个优秀的经理人和挑选一只好股票一样难。

你认为对于多头基金，周期性表现不佳是不是一个长期表现较好的基金经理的一个自然特征？

这是个有趣的问题。我想说的是，要击败市场，你必须做一些不同于市场的事情。如果你做一些不同的事，有时你就会明显表现不佳。例如，如果你是一个价值投资者，当市场对一些影响因素做出反应，如情绪和动量，这时价值投资方法可能会表现很糟糕。

你是怎么参与到教育改革的？

我是一个资本家，要使社会成为一个公平的系统就必须保证每个人都有一个公平的机会。尽管制度是如此设计的，但大多数穷困家庭的小孩很难受到良好的教育。如果你在寻找慈善的平台，你想让你的资金花在最值得花的地方，教育是实现这个目标的最好方法之一。

我开始资助长岛地区一个七年级的班级，这是一个迫切需要资助的社区。我拜访这个班级很多次，显然很多小孩在阅读和数学方面落后于一般的四五年级的孩子。这个特别慈善项目是用孩子们放学后或上学前的一点时间来辅导他们，但孩子们还是浪费了大量在学校的时间，因为他们落后得太多。资助了几年后，我拜访了这个项目的负责人——格里·豪斯博士，和她说我想从幼儿园和小学一年级就开始这项资助，这时候这些孩子落后得还没这么多。她说这是个好主意，但他们的慈善对象是初中和高中的孩子。

在豪斯博士的建议下，我最后联系了约翰·霍普斯金的罗伯特·斯莱文博士，他可能是当时美国顶尖的教育研究者，他已经搭建了一个针对幼儿园和一年级学生的阅读和数学项目。我看了这个项目的统计结果，这个项目取得了显著的效果。这个项目叫"全体成功"。我问斯莱文博士："你怎么能真正让所有人都成功呢？更多的资金会有帮助吗？"他说："当然，如果这些钱用在正确的地方。"

我回到了那个我一直在资助的七年级班级的学校，告诉校长："给我一个小学，我将一直提供资助直到孩子们能够阅读。"他拒绝了我。在其他一些努力失败后，我终于在皇后区找到一所感兴趣的学校，然后我们在那里针对幼儿园到五年级的学生启动了这个项目。在这个项目的第二年，这所学校就获得了一个奖项，成为美国进步最大的学校之一。

每个孩子你花了多少钱？

每年每个小孩 1000 美元。

就这么多！这个项目的本质是什么？

我们针对数学和英语提供辅导，辅导老师均通过"全体成功"项目进行培训。我们也有专业人士来监测孩子们，这样能保证需要帮助的孩子都能及时得到帮助。因为那些繁文缛节，我们不能通过公立学校体系聘请教师，所以我们免费提供教师。因为公立学校制度的官僚体系，我碰到了很多麻烦。因此我约见了乔尔·克莱因，[⊖]他建议我应该考虑建一所特许学校，这可以让我们灵活聘请我们自己的老师。

2006 年，约翰·佩特里和我成立一所特许学校，我们把它当作一个样板，如果成功了，可以扩展到其他学校，因为我们从一开始就从可复制性这个角度来设计这个项目。我们聘请了伊娃·莫斯科维茨来运行这个项目，一个会给人带来惊喜的人。伊娃目前开设了 9 所特许学校，还有 4 所将在明年开始。

你们目前有什么成绩？

由于纽约州的法律，我们只能开设小型的特许学校。我们从幼儿园和一年级开始，然后每年加一个年级。在纽约州法律的要求下，如果我们的规模大到一定程度，会自动被加入工会。这些法律阻止了特许学校进一步发展。由于测试等级是在三至八年级，因此目前我们只有四所学校达到了测试等级。这四所学校去年在测试中击败了斯卡斯代尔、Great Neck 以及那个区的所有顶尖学校。

这四所学校在哪里？

全在哈莱姆区。

鉴于你的成功，会不会有太多家长申请让他们的孩子就读你的学校？你有没有遇到这个问题？

进入我们的特许学校的唯一途径是碰运气，大概九个小孩争取一个名额。

你认为《等待超人》这部电影怎么样？

"成功哈莱姆"仅是电影中所描绘的学校之一，同时还有另一个优秀的纪录片——《彩票》，它专注于谈"成功哈莱姆"这类学校。

你认为你的项目有没有希望改变公立学校的经营方式？

我认为最终可以。美国的幼儿园至 12 年级的教育是一个 6000 亿美元的业务，慈善不能成为答案，慈善所能做的是展示正确的方式。特许学校是公共学

⊖　Reform-minded Chancellor of the New York City Department of Education.

校，但它们都是独立运行的。伊娃和其团队已经表明教育不好不是孩子的错。我们有和公立学校一样的孩子，因为我们是通过随机抽号的方式得到他们的。这并不是说父母不关心他们，也不是因为我们没有足够的资金，事实上，我们以人均更少的资金来运营我们的学校。所以结果是，我们有相同的孩子、相同的父母以及花费更少的钱。如果我们的特许学校能够继续被证明是成功的，那将可能消除掉公立学校办学不成功的主要借口。我并不是说这是一件容易的事，实际上这是一个非常艰苦的工作。目前的教育体系运行得并不太好，要想取得成功仍有很多障碍要克服。我们的目标是，我们可以让公立学校来采用一些我们已经证明有效的做法。

你所做的到目前为止，在政治方面有没有什么影响？

很多教育者和立法者参观了我们的学校，我认为他们已经惊呆了。这是一个很棒的开始。我们展示了多年的成功，因为我们的目标是分享我们所做的一切，所以我认为我们将有一定的影响力。

鉴于目前美国教育体系的不佳情形，你会不会有这样一种乐观的心态，即你的努力和其他人的类似努力将会给教育体系带来一些有意义的改善，比如说在未来的 10 年？

这是我们的目标，我们也相信会达到。我们将做好我们的部分，同时也有很多其他人在做类似的事情。我们分享我们做这些事情的成功经验，也从别的特许学校借鉴成功经验。相关的问题不是特许学校平均表现得如何好，而是会不会有一些特许学校表现得更好。目标应当是发现那些有效的做法，并扩大它们的规模。

但是，你相信这种模式及其成就可以克服这方面的政治障碍吗？

不幸的是，目前，教师工会抗议我们尝试开办的每一所新学校，因为他们不想要竞争。教师工会不支持我们，这也意味着他们反对我们这个过程中的每一步。如果我们能在他们的攻击中生存下来，并且仍在这儿 10 年（我相信我们会的），那么影响应该会是巨大的。如果伊娃可以在 30～40 所学校中复制他们到目前为止所取得的成功，这将会改变这些争论。我想很多已经被改变了。

有没有政治家支持你所做的？

尽管在很多经济问题上，我不太同意奥巴马总统的做法，但是在教育问题上，我认为他作为一名民主党人已经做了很多改革。民主党人一般把持教师工会，但奥巴马总统不同意他的党派的一贯立场，支持改革。我对他的一些做法非常赞赏。如果他们采用赞成改革的政策，通过激励各州，"登顶竞赛"项目将对支持纽约州的特许学校很有帮助。

***

在我采访格林布拉特的一个星期后，我坐在哥伦比亚商学院他的班级里。在这个特别的日子，格林布拉特邀请了一位客座教授，他用前半部分的时间来回答学生的问题。形式是，格林布拉特会回答那些他认为巴菲特会回答的问题。由于格林布拉特的投资理念是如此接近巴菲特，因此他的学生会很困惑他会像巴菲特那样回答问题还是按他自己的方式，虽然在许多情况下，可能没有太大的差别。以下是格林布拉特在课堂上的评论的节录。

- 我的大儿子，现在上大四，专业是歌剧演唱。大概半年前，他和我说："老爸，在未来的五六年内，我可能会饿死，所以我应该也要学一些与投资相关的东西。"我从六月开始教他，股价从那时开始剧烈波动。他说我教给他的那些东西，在他观察市场的前五个月都经历过了。他选的一只股票从16美元跌到9美元，然后涨到18美元，然后又回到16美元。在那段时间，企业没有什么变化，但股价变化剧烈。大家都说："太多人在研究股票，不再有更多的机会了。"其实，到处都是机会。

- 为了取悦你的投资者而改变你的投资风格将注定你会失败。

- 如果可以，实际操作自己的账户。事实上，没有什么能比在你操作账户亏损的时候使你学到更多东西，而且只有在你做得好或者做得不好的时候，你才能真正了解你自己的情绪。

- 巴菲特说："时间是劣质企业的敌人，是优质企业的朋友。"

- 看重资本回报率很重要的一个原因是，它让你走出价值陷阱。

- 当里奇·泽纳在这儿的时候，他谈到了 Computer Associates 这家公司。他讲了他给这家公司的 12 个大客户打电话的故事。客户都说他们讨厌这家公司，他们讨厌产品，他们讨厌服务，他们讨厌这家公司的一切。他后来问，如果这家公司的头号竞争对手免费提供软件和服务，他们会转向竞争对手公司吗？ 12 个人都说："你疯了吗？我们不能转变。我们不能因为需要转向那家公司而好几天都不做生意。"这就是一个关于绑定度高的企业类型的例子。

***

格林布拉特提供了关于价值投资的三个关键经验。

1. 价值投资是有用的。

2. 价值投资不是一直有用。

3. 第二条是第一条为什么正确的一个原因。

用低价投资好的企业，在长期将会跑赢大盘——这是格林布拉特追随巴菲特的方法。这个方法的有效性不会随着时间流逝，因为价值投资方法的周期性表现不佳的时间长度（几年）以及严峻程度会使一般投资者很难坚持这种方法。虽然许多基金经理人也可能认识到了价值投资的优点，但是他们用这种方法也会有麻烦，因为投资人容忍低于基准表现的时间跨度在缩短。事实上，只要低于基准表现一年，机构投资者就越来越可能从这些基金经理手中赎回资金，更不用说两年表现不佳了。这意味着如果基金经理选择价值投资方法，那么有些时候可能会有较大的资产赎回风险。很多投资者和经理人不擅长基于一个长期视野来做投资决策相应地创造了一个时间套利的机会——一个基于必须长期持有的投资方法。

格林布拉特相信，有效市场假说并不是一个解释市场如何运作的准确模型。格林布拉特的看法是，虽然市场最终将在一个公允价值区域进行交易，一个符合有效市场假说的价格，但在这期间，有时可能长达好几年，股价可以大大偏离其公允价值。对格林布拉特来说，一个更合理的模型是价格围绕公允价值进行交易，但也经常会有显著的偏差发生，这主要是因为投资者情绪的大幅波动。格林布拉特援引格雷厄姆"市场先生"这一著名比喻，假设市场先生是你的商业伙伴，这个伙伴容易受到市场情绪影响，他想要出售股票给你或者从你这儿买股票。就像格林布拉特在《战胜市场的小册子》中所表述的。

> 有时候市场先生心情很好，他会给股票一个远远高于公司真实价值的价格。在这样的日子里，你应当出售手中的这家公司的股票给市场先生。在其他日子里，他心情不好，他会给股票一个远低于公司价值的价格。在这些日子里，你可以利用市场先生的不理智，从市场先生那里买入股票。

你不是一定要交易。格林布拉特建议：投资者应该等待合适的机会和合适的时间。用巴菲特的话来说："在华尔街没有所谓的罢工。"格林布拉特说："你可以多看几个发球，但只有一切都在你的方向上时才挥杆。"

格林布拉特认为，投资人所犯的最大错误之一是，用过去的业绩作为选择基金经理的参考。格林布拉特引用实证证据表明：过去和未来的经理业绩排名之间没有有意义的关联性。他建议选择基金经理要基于他们的投资过程，而不是他们的投资回报。

因为过去的表现不具有预测功能，所以格林布拉特认为，平均来看指数基金相比共同基金是更好的投资选择，因为它的费用更低，税收也更优惠。尽管有这些优势，但格林布拉特认为大多数流行的指数基金都有结构性缺陷。最流行的股指如标普500和罗素指数，均是市值加权法，这意味着股票越被高估，其占用的资金也就越多，越被低估，所占用的资金反而越少，这明显不合理。等权重指数法避免了这个问题，其年化回报率要比加权指数平均高出约2%。格林布拉特认为，价值加权指数法（不要和市值加权指数混淆）可以增加额外的重要改进，并可以成为多头股票基金的投资者最有吸引力的选择。

格林布拉特的富国银行交易阐明了一个结论：在基本面上公司如果有大赚或是大亏的情况，那么其期权价格可能被远远低估，也就是说，一个二元结果的场景⊖。在这个交易中，不能确定富国银行能否经受住严峻的房地产低迷的考验，但如果它做到了，其股价将会飙升。这种二元结果会使一个长期多头期权头寸具有特别的吸引力，因为它有很大的上涨潜力，但风险有限。更广泛的收获是，期权定价主要基于数学模型，而不用考虑特定的基本面。如果你能确定基本面上有一个巨大的向上或向下同等的机会，那么期权交易可以提供一个获得非常有吸引力的收益/风险比的机会。

尽管这不是一个与大多数投资者相关的心得，但它对基金经理至关重要：警惕不要让资产规模大到影响你的收益。鉴于哥谭资本第一个10年壮观的历史记录，格林布拉特很容易便可以让基金成倍增长，并在这个过程中收取高额管理费用。但相反，他选择退回投资者所有资金来保持资金在可管理的范围内（只剩下他自己和他搭档的钱），这样就不会干扰策略执行或者影响业绩表现。

⊖ 摘自《战胜市场的小册子》，作者乔尔·格林布拉特。

40个市场怪杰心得

1. 交易中没有圣杯

很多交易员都错误地认为，存在某种单一的解决方案来确定市场行为。然而对于市场，不仅没有单一的解决方法，而且那些已存在的方法也是不断变化的。本书中所采访的交易者的投资方法各不相同，一些方法甚至相互对立，这也证明了成功方法的多样性。尽管都很难发现并执行，但这个市场确实有很多种成功的方法。

2. 找到符合自己性格的交易方法

交易员必须找到符合他们自己信仰和天赋的方法。一个健全的投资方法可能对一个交易员是成功的，但对另一个交易员可能并不适合，是个失败的方法。奥谢清楚地回答了"交易技巧是否可以教"这个问题。

> 如果我教给你我的方法，你注定会失败，因为你不是我。如果你跟随在我左右，你会观察到我所做的东西，你可能会学到一些好的习惯。但是，你也要去做很多不同的东西。我的一个好朋友，在我身边待了好几年，现在在另一个对冲基金里管理很多资金并且做得非常好，但他所做的和我并不一样。他想要的并不是变成我，而是其他一些东西。他要做他自己。

3. 在你舒适的区间内交易

如果头寸太大，交易员可能会因为市场微小的修正而退出很好的交易，因为恐惧主导了决策的过程。就像克拉克建议的那样：你必须"在情绪可控范围内进行交易"。同样，维迪奇警告道："在任何时候都要控制好头寸规模，这样，恐惧就不会主导自己的判断。"从这个意义上来说，即使市场最终朝着有利的方向发展，但一个较小的净仓位反而会产生更好的回报。例如，2008年泰勒在一个风险持续增长的市场上，以一个较大的净多头仓位持有一只高beta值股票，仓位已经到了一个令他自己感觉不舒服的水平，因此他在一月初大幅减仓。当市场在随后的一个月内狂跌时，他做好了增加他的净多头头寸的准备。如果泰勒仍然保持重仓净多头，他可能会被迫低价出售股票以降低风险，从而错过全面参与随后的反弹。

4. 灵活性是交易成功的一个基本品质

高水平的交易员在他们意识到犯了错误后，不仅仅是平仓出局，事实上，他们常常会反向持有这些头寸。2009年4月，奥谢对经济前景的看法很悲观，但市场行为告诉他，他可能错了。他形成了另外一个看法，这个看法与市场的价格行为相符，那就是，当前市场正在关注由亚洲引领的经济复苏。他继续自己原来的市场看法将会代价昂贵，因为股票和商品市场都出现了一个持续几年的上涨。奥谢的灵活性在于他能认识到自己原来的市场看法可能是错误的，并有能力扭转持仓方向，从而将一个潜在的灾难性投资结果转变为胜果。另一个例子是2011年麦所做的最漂亮的交易，即做空干散货船运商，讽刺的是，这个交易的灵感源于这些公司可能是一个不错的买入机会的假设。然而，在做研究时麦意识到，他不仅仅是错的，事实上，他完全搞反了，因此他反向执行了原来的交易计划。克拉克强调说：优秀的交易员能在瞬间改变他们的想法。他们某一时刻绝对相信市场可以走得更高，而在下一个时刻完全相信市场可能走得更低。

🎯 5. 市场需要不断地适应

如果你有幸找到一个有效的交易方法，同时有足够的毅力一贯执行它，那么交易成功几乎就是个确定事件了。不幸的是，现实世界中有点困难。市场在不断变化，有用的策略最后可能失效。优秀的交易员需要对各种可能保持警惕，由于不断变化的市场条件，曾经可靠的方法可能失去效用，或者变成失败的策略。例如，索普通过不断地改进其统计套利交易方法以适应市场而保持较高的风险回报率。等到系统第三次升级时，原来的第一代系统的市场有效性已经明显退化了。普拉特的兰冠公司同时使用自主策略和系统性策略，他认为系统性方法必须不断地改进，否则会绩效退化。他将这个过程描述为"一场研究战争"。巴罗迪马斯意识到越来越多的对冲基金参与到市场中，这将导致更顺畅和更长期的市场趋势，他不得不马上适应这种变化，不再以原有的方式进行市场交易。如果他没有对不断变化的市场环境做出反应，那么曾经成功的做法可能会导致巨大的亏损。

🎯 6. 不要将交易的结果与交易的好坏混为一谈

一个良好的交易可能会亏钱，一个糟糕的交易也可能会赚钱。即使最好的交易，中间某段时间也可能处于亏损状态。没有办法事先知道哪一笔交易会赚钱，但只要交易遵循了有大概率获利能力的策略，不管最终是赚是亏，这都是一个好的交易，因为只要有足够的交易机会，迟早会实现盈利。相反，如果将交易看作一种赌博，那么不管最终是盈是亏，这都是一个糟糕的交易，因为随着时间的推移，这种交易模式一定会亏钱。

🎯 7. 多做有优势的，少做无优势的

克拉克提供的这条核心建议听起来很明显，但事实是，很多交易员都违背了这一原则。有一个现象很普遍——交易员通常会擅长某种类型的交易，但由于一些各种各样的原因，他们在自己不擅长的领域做交易，一般表现不会太好。克拉克的建议是，交易员需要弄清楚他们最擅长什么，然后专注于这一类型的交易。

🔘 8. 如果你和市场不同步，再多努力都是没有用的

如果交易不利，加倍努力往往可能会让情况更糟糕。如果你连连亏钱，最好的行为是退出市场。克拉克建议：处理连败最好的办法是平掉所有头寸，然后去度假。暂时离开对中断这种连续亏损以及由此而引起的信心丧失都很有帮助。克拉克进一步指出，一旦恢复交易，应从较小的头寸规模做起，直到信心恢复。

🔘 9. 成功之路是由错误铺就的

达利欧强烈认为，从错误中学习是改进自己并最终获得成功的重要步骤。如果意识到错误并采取行动，那么每一次错误交易都提供了一个很好的改进交易方法的机会。大多数交易者都将受益于记下每个错误、其中隐含的教训以及在交易过程中如何改变的打算。这种交易日志可以定期复查巩固。交易错误不可避免，但可以避免犯同样的错误，避免犯同样的错误往往是成功和失败之间的差异所在。

🔘 10. 等待高预期价值交易

耐心等待高预期价值的交易机会，可以大大提高交易的收益／风险比。例如，麦就可以什么都不做完全保持观望，直到符合他预期的交易机会来到。格林布拉特提出，对于长线投资者，投资一些不是太好的交易可能会占用很多资金，而这些资金本可以应用到未来可能出现的更具吸引力的机会上，即使当更好的机会出现时可以通过平仓来腾出资金，但往往是在亏损的状态下平出来。

🔘 11. 交易是因为感知到了机会，而不是因为赚钱的欲望

2010年年底，出于想达到最小年利润目标的目的，本尼迪克特做了些杠杆交易，他通常是不会去做这些交易的。最终这些交易导致了净损失，结果，本尼迪克特的交易业绩离他的预定目标更远了。为了赚钱而交易一直是一个很糟糕的想法。交易者应当只在市场提供了符合他们交易思想的机会时才进行交易。

🔘 12. 无为的重要性

对于一些交易员来说，当环境不利或缺乏机会时，保持空仓的原则和耐心是

他们成功的一个至关重要的因素。例如，尽管戴利没有持有过多少空头头寸，但在 12 年中，他的累计回报率超过了 800%，而在这期间，股市基本没有涨跌多少。在某种程度上，他完成这一壮举归功于当市场不利时，他坚持大量持有现金的原则，这使他在两个大熊市中避开了重大亏损。这给出的经验是：如果条件不利或者风险回报率没有足够好，不要做任何交易。警惕因不耐烦而做出一些不理性的交易。

13. 交易如何实施比交易本身更重要

关于这个法则有一个很好的例子，是由奥谢根据他的一个推断所做的交易——2000 年 3 月股市从峰值下跌，这可能意味着股市泡沫的破灭。但他不认为应该在纳斯达克股票上持有空头头寸，因为熊市反弹带来的风险巨大。相反，奥谢通过持有长期债券来实施他的交易思想，因为股票熊市意味着大多数资产的价格将下跌，这将导致经济增长放缓和较低的利率环境。尽管股市最终走得更低，但如果奥谢通过持有股指期货空头头寸来实施他的想法，那么 2000 年夏天，纳斯达克指数近 40% 的反弹很可能已经让他亏损出局。与此相反，他用来代替股指空头而持有的长期债券的头寸一直处于平稳地上升趋势。这笔交易非常成功，不是因为基本假设是正确的，而是因为交易实施的方法是正确的。如果奥谢用股指空头代替，他可能会是正确的，但最大可能是在熊市的急剧反弹中亏钱。

14. 针对头寸进行动态调整是有益的

大部分交易者认为交易分为两步：决定何时进入和决定何时退出。但把交易当作进出操作之间的一个动态而不是静态的过程可能会更好。基本思想是：如果价格波动方向与预期方向一致，那么就逐渐获利平仓。价格波动得越大，离目标位置就越近，平仓的头寸就越多。用这种方式降低头寸后，如果市场进行反向调整，那么可以逐步把所平掉的头寸补回来。在任何时候市场回调至先前平仓点时，都意味着兑现了部分利润。市场越跌宕起伏，围绕头寸交易产生的额外利润就越多。即使市场最终没有朝预期的方向运动，交易仍然可能实现总体交易盈利，因为当价格有利波动时，会不停地兑现部分利润，而当价格不利波动时，又会把所平头寸补回来，这样经过多次往复，能实现不少利润。这种策略也将降低市场调整时有利持仓被振出局的概率。因为先前价格有利波动时，头寸已经被缩小了，当市场方向调整时，因为仓位较轻影响也不会太大，而且还可以利用市场调整的机会将先前平掉的头寸恢复回来。只有一种情况这种策略会产生不利影响，即市场一直沿着原来预期的方向波动，不再调整至再入场的价格水平。然而，这种情况也仅仅意味着总利润小于原先方法而已，交易整体上还是盈利的。简而言之，围绕一个头寸进行交易会产生额外利润并且增加了好的交易不被振出局的概率，代价是要放弃如果市场一直朝预定方向顺利波动的一部分利润。对于巴罗迪马斯，围绕一个头寸进行交易是他总体交易成功的一个重要因素。即使交易方向错误，他有时候仍能盈利，这种情况并不少见。

15. 头寸规模比入场价格更重要

太多交易者只关注入场价格，却对头寸的规模关注不够。如果交易规模太大，会由于恐惧而导致本来很好的交易在亏损的位置平仓。另外，当获利潜力很大时，重仓交易是很多金融奇才获得超额回报率的一个重要途径。在获利潜力较小的交易中轻仓或者干脆不交易，在获利潜力较大时加大交易规模，能将一个亏损的策略扭转为盈利策略。例如，基于不同的概率而调整下注规模，索普能够在21点游戏中从很难获利转变为轻松获利。类似的规则可以用在那些可以预测概率高低的交易策略中。

16. 资金管理

什么是最佳的资金管理方法？有一个数学上的精确答案：凯利准则（见第6章所述）。它能够提供一个长期较高的累计收益，比其他任何资金管理方法都要高。但问题是，凯利准则假定盈利的概率和每次输赢金额的比率是精确已知的。虽然这种假设对一些博彩是有效的，但在交易中，盈利的概率是未知的，最多也只能是估计。如果盈利 / 亏损概率能合理估计，那么凯利准则可以提供一个较好的确定交易规模的初始方法。索普建议交易量是通过凯利准则计算出来的数量的一半（假设盈利 / 亏损概率可以估计），因为仓位过重的后果可能很严重，而且对于大多数人来说，凯利准则得出的交易量引起的权益波动可能会让他们感到不舒服。如果盈利 / 亏损概率不能合理地估计，那么凯利准则也就不适用了。

17. 根据机会调整风险头寸

应当根据机会和相对价值状况来调整头寸水平及头寸方向。例如，根据股价是否被高估或低估，克劳格斯将他的净头寸水平维持在 110% 多头到 70% 空头的范围内。根据机会变化来调整头寸能显著提高业绩结果。

18. 寻求不对称的风险回报形态

麦所寻找的交易机会结构是右斜的——最大损失是有限的，但收益是无限的。精选并买入一些期权是实现这种风险回报类型的方式之一，这种期权对应的股票通常预期有个大概率的超出常规的价格波动。奥谢是另一个几乎所有交易结构都右斜的交易者。他实现这种风险回报结构的交易包括买入期权、买入信用违约互换（CDS）保护以及买入长期国债券 / 短期欧元美元（TED）利差，所有这些交易的最大亏损都是有限的。普拉特通过对投资组合的风险进行控制来实现这种右斜不对称的收益风险结构，他严格限制每个交易员年初所分配资金的最大损失，但如果交易员在这一年中产生利润，他也不会再提高最大亏损限额。在这种方式中，投资组合的最大损失被严格控制，上升空间却是无限的。

19. 警惕过度乐观的交易

注意不要被市场歇斯底里的情绪影响而进行冲动交易。过度兴奋的市场表现应该被视为一个潜在的逆转警示。

20. 如果你在市场疯狂的方向上，那么放轻松

任何一个方向的抛物线形价格波动往往会突然结束。如果你有幸持仓方向

正确，那么当价格接近垂直变化时，可以考虑逐步平仓。如果你不幸持仓方向错误，那么你应当保持放松的心态。

21. 没有必要整天盯着屏幕

克拉克认为紧盯住股价的每一个跳动会导致过度交易，好的头寸也容易被过早平仓。他建议有效地使用时间，避免陷入盯盘过密的困境。

22. 这不是老生常谈：风控至关重要

比起赚钱，采访中很多交易者更关心的是怎么少亏钱。他们提到的风控策略包含以下几点。

- 单笔交易的风险限制。采访中很多交易员都会把所有单笔交易的风险控制在所管理资产规模的一个很小的比例上。比如拉姆齐，他把任何单笔交易的亏损都限制在资产规模的 0.1% 内。这么小的止损幅度对于大部分交易者来说太过极端（或者说不妥当）而不会采用。通常的想法是，在交易初期使用相对较小的止损，积累一定盈利后再慢慢增大相应的止损幅度，这是很多交易者实践下来比较好也比较有效的风险管理方法。

- 敞口调整阀值。管冠资本坐拥两位数的收益和超百亿的管理资金，在十年来动荡的市场中凭借自定的规则使其净值的最大跌幅在 5% 以内，漂亮的成绩背后是公司的敞口调整规定。兰冠资本的 CEO——迈克尔·普拉特，限制自己和公司其他交易员在风险额度被减半前的损失牢牢控制在（初始资金的）3% 以内，再亏损 3% 将会使交易员暂时丧失交易权限。这些死板的规定严格地控制了交易员初始资金的亏损风险，同时这些规定也鼓励交易员在年初的交易中对待风险偏向保守。但当交易员有了收益后，他们可以提高自己的风险水平，因为最初的敞口调整阀值并未改变。在这种模式下，向上的收益是无穷的，下行的风险极低。除非市场出现巨大的不利的隔夜跳空，否则较大的损失只可能是将年初以来的利润损失掉，而不会损失初始资本。本尼迪克特使用相似的风险管理哲学，任何一个月内，一旦损失达到 2.5%，他即会大幅降低风险敞口，用一个较小的规模继续交易直至损失补回，在这种模式下，他可以严格控制他每个月的潜在损失。

- 随波动率变化调整持仓规模。这个策略的一个例子是，2008 年由于市场波动率急剧增大，伍德里夫和克拉克都把其仓位降低到原来的 1/4 水平。

- 根据具体交易实施风险控制。一些交易的风险是天然可控的，但一些交易的风险可以无限大。对所有交易都使用同样的风险控制并不合适，需要有所甄别。比如索普所做的套利交易，这类交易通常有一个明确的、最大的理论风险，即使持仓不利于他，他也不必考虑降低头寸。相反，当他执行一个有敞口风险的方向性的趋势交易策略时，他需要根据该策略的下行风险进行敞口调整。

🔉 23. 不必追求 100% 的胜率

虽然你坚信持仓方向正确，但当市场朝着不利于自己的方向大幅波动时，你有可能会浮亏很多，也会越来越焦虑，几乎所有交易员都有过这样的痛苦经历：是继续忍受这个浮亏，还是在最坏的点位斩掉一个好的头寸？在这种情况下，维迪奇建议不要做一个 0 和 1 的决定，交易者应该部分斩仓。斩掉部分头寸比斩掉所有头寸要容易，又避免了承受全部持仓损失的可能，而且如果市场转好你还保留了一部分收益。

🔉 24. 止损依交易而定

奥谢解释说，很多交易者定义止损不是根据证明他们交易出错的点位，而是按照让他们心里不舒服时的位置。因为交易者不能忍受大幅亏损的痛苦，所以他们倾向于把止损定得很小——这是一个他们仍然认为交易有效的点位。结果，一些交易者在出场后又再三入场。跟最初设置一个有意义的较大的止损线带来的单个亏损相比，重复入场累积下来可能导致更多的亏损。奥谢建议交易者应该首先定义出证明他们的交易思路错误的位置，再设置一个相应的止损。如果这个止损位置带来的潜在亏损过大的话，应该相应地减少投资头寸。用这种办法，如果到了止损线，可能就是初始的交易思路出错了。

25. 除非策略需要，设置月度止损不是好主意

尽管紧紧约束月度亏损对很多交易者来说比较稳健，但对追求长期收益的投资者来说，约束月度损失是不划算的。比如，泰勒坚持相信，在股票长期会有大幅上涨的情况下，因为暂时的亏损导致触及月度止损线而止损绝对是个错误。同样地，格林布拉特坚称价值投资者在基本面没有变化的情况下需要保持长期的视野，不要受短期波动亏损影响。对于像泰勒和格林布拉特这样的长线投资者来说，设置月度止损与他们的策略思想是冲突的。

26. 投资分散化的威力

达利欧声称分散投资是"投资中的圣杯"。他指出如果资产之间确实不相关的话，分散投资能够得到 5：1 的收益／风险比。

27. 相关性可能是骗人的

尽管熟悉不同市场间的相关性对于避免过度风险很重要，但也要知道相关性仅仅反映了历史价格间的关系。只有相信历史相关性可以代表未来的相关性时，这才有意义。一些市场间的相关系数比较稳定，但另外一些变动比较大甚至可以变得相反。比如，股市和债市有时候走势相同但有时候走势相反。如果相关性被用在其正在发生变化的过渡时期，就会得出完全错误的未来价格和风险关系的结论，这可能比什么信息都不用产生的结果要更糟。

28. 从相关市场的价格波动中挖掘重要的交易信号

对像本尼迪克特和拉姆齐这样的交易者来说，相关市场价格的联动是交易中关键性的线索。尽管其他市场的价格走势很重要，但对此走势的解释也没有一定之规。有时候，一个市场可能在引领另一个市场；有时候，两个市场正前后前进但接着就开始分开了，价格行为的改变可能会提示未来可能的价格走向。比如，

在同向波动数年后，2011年9月股市已经反弹，但商品价格仍然萎靡，拉姆齐看到商品价格无力追随股市的走势后，判断这是一波商品跌势的信号。在9月中下旬，商品价格和商品货币全部大幅跳水。

29. 不同环境下市场走势不同

基本面分析总是假定宏观因素和市场走势之间有很稳定的关系，这注定是错误的，因为不同的环境下市场走势是不同的。就像达利欧指出的那样，同样的基本面条件和政府行为，通缩和衰退的环境中得出的价格走势是不同的。

30. 关注市场对新闻的反应

一个与预期市场对新闻相反的反应可能比新闻本身更有价值。普拉特记得一直有不利的新闻出来，每一次他都以为自己会亏钱，但市场并没有反向波动，他意识到市场无力响应这些新闻，这增强了他的信心，他加重了四倍的仓位，接着赚到了最漂亮的一笔。

31. 重要事件发生后，通常会有反直觉方向的价格波动

达利欧记得在他的投资生涯早期有过两次危机事件：1971年美国放弃金本位后，市场有一波大的上涨；同样，1982年墨西哥债务危机爆发后，市场也发生了一波大幅上涨。有两个原因可以解释看似矛盾的价格走势：第一，大的事件经常有充足的预期，市场已经消化或者过度消化了；第二，严重的基本面恶化可能会刺激政府采取一定措施，从而产生比基本面本身更大的影响。

32. 当存在差异巨大的正反两种结果可能时，是绝佳的期权买入机会

期权价格由定量模型决定，这个模型假设股价不会发生大的变动。在基本面显示股价上涨和下跌都有很大可能性的情况下，期权价格经常不能反映出这种大的风险，价格被低估。例如，格林布拉特交易的富国银行期权和麦交易的Capital One期权都是这种情况。

🔖 33. 已经涨了很多的股票也有可能值得买进

很多交易者会因为股价和市场已经有一波大的涨幅，而不敢买进，从而错过入场的最好时机。不管怎样，重要的不是股价已经涨了多少，而是股价多少才符合未来的前景。比如，在我采访时，泰勒的最大持仓——苹果股票（当时苹果的股价已经经历了一波大幅的上涨），之前的巨大涨幅让很多投资者止步，尽管苹果的基本面非常完美。但在泰勒看来，之前的涨幅还不够，相对于它的盈利预期，股价还是很便宜。

🔖 34. 不要受建仓价格影响

市场并不关心你在什么价位建仓。当维迪奇感觉股价可能会继续走低时，尽管股价已跌落到他的建仓价格，他还是平仓了，没有让他的建仓价格影响他的交易决定。

🔖 35. 一年以外的新收入预期不会反映在当前的股价中

克劳格斯喜欢找那些有潜力的公司，确认它们的新收入来源可能要等上一年或更久，因为这么久的预期收入经常不能在当前的股价中体现或者不能完全体现。

🔖 36. 价值投资依然奏效

格林布拉特证明长期来看，通过价值分析和严密的数据研究可以获取较高的投资收益。同时，尽管价值投资从长期来看一直奏效，但有时短期会表现糟糕。尽管如此，就像格林布拉特指出的那样，周期性的表现不佳恰恰是价值投资长期能够保持优势的原因，如果它一直运行良好的话，就会吸引过多的投资者涌入，从而使其投资优势消失。就像这种方法的长期属性一样，价值投资者需要有长期的眼光来避免交易决定和理念不一致引发的冲突。

🔖 37. 有效市场假说不能准确解释市场行为

价格并不总是接近公允价值。有时候相比于价值，价格可能显得太高，有时候又显得过低。格林布拉特援引本杰明·格雷厄姆的比喻，他把市场比喻成一个不理智的商业伙伴，有时候以极低的价格卖给你股票，有时候又以荒唐的高价从你手中买走，交易者应该利用好市场的这种非理性行为。当然，价值投资者一定是在市场高歌猛进的时候卖出，在市场恐慌抛售时买进。为了能在市场恐慌时守住仓位，价值投资者需要将投资眼光放得长远些。

38. 基金经理不应该为了迎合投资人而改变投资决定或投资进程

格林布拉特告诉他的学生："如果你受投资人影响而改变自己的投资决定，那么你离失败就不远了。"泰勒秉持同样的观点："我尽力不去想我的客户怎么想。"

39. 波动率和风险不是同义词

低波动率并不意味着低风险，高波动率也不意味着高风险。如果风险事件没有发生，那么虽然投资有着不可知的巨大风险，但也可能会表现出低波动率的特征。比如，卖出虚值期权的策略，如果不发生大幅的突然不利的价格波动，该策略的收益波动率会很低，但一旦风险发生，该策略就会发生巨大亏损。另外，像麦这样的交易员的收益会表现出高波动性，因为偶尔会有大幅盈利——大部分投资者都不会将此与风险挂钩，同时因为他的交易属于非对称结构，所以亏损风险相当有限。所以像卖出期权这样的策略，尽管波动性较低，但是有很大的亏损风险；一些像麦这样的策略，虽然有较高的收益波动性却有着有限的亏损风险。

40. 选择基金经理不要只看他的过往业绩

格林布拉特援引不同的数据说明，基金经理过往的业绩对于预测他们未来的投资业绩没有多少参考价值。所以现在投资人挑选基金经理最为重要的考虑因素——过往业绩，没有什么意义。格林布拉特建议通过考察投资理念而不是过往业绩来挑选基金经理。

与此相关的是，投资人经常犯的一个错误是将基金经理一段时间的投资表现等同于他的投资能力。有时候，很多经验丰富的基金经理表现不好，是因为他看到了泡沫而拒绝入场。特定时期内业绩表现最好的不是经验最丰富的那个，而是最狂热的那个。泰勒在1999年表现不佳是因为他认为在如此高的价位上买科技股非常愚蠢，尽管这样，同样的投资决定却帮助他在随后一年中获得了巨大收益，当时股票经历了长时间的大幅回落。在这个意义上，过往的业绩有时甚至是一个反向指标。

后　记

　　读者经常会问我《金融怪杰》（*Market Wizards*）的采访是如何影响我自己的交易的。采访和写作的过程帮助我在头脑里巩固了交易成功的重要原则。有时，它也有些具体的影响。去年夏天就发生了一个很好的实例。当时，股票市场正在接近长期交易区间的上边界，出于各种原因，我预计这个反弹会失败，并且做空了股指期货。随后，政府发布了一个极度悲观的就业报告。这个消息如此负面，以至于评论员都不能像平常一样，举出一个具有抵消作用的正面观点。最初，市场反应剧烈，大幅抛售股票，我认为我的交易"太完美了"。但是在当天结束时，市场几乎弥补了所有损失，当周的收盘价接近最近的高点。从空头的角度讲，这是一个可怕的价格运动。我认为自己被套住了。我准备在星期日晚上开盘时，平掉我的大部分仓位。但是，那天晚上，市场低开。我立刻想到了在我的第一本书《金融怪杰》中马蒂·施瓦茨的建议："如果你对隔夜持仓感到非常紧张，特别是在周末的时候，你就能够以比你想到的更好的价格平仓。当市场交易时，一般你最好保留仓位。"我这样做了，随着市场在接下来的几周急速下跌，施瓦茨的高瞻远瞩帮我省了很多钱。

　　在这些采访中，每个交易员都有自己独到的见解，个人的交易风格在很大程度上决定了什么最重要 。但是我相信，无论什么方法，交易员都能从采访的这些经验人士给出的建议和评论中学到重要的一课。只是每个交易员给出的建议和经验有所不同。作为一个实例，我采访过吉米·巴罗迪马斯，他的基本方法与我完全不同。他影响了我加大交易的仓位，就是对待交易更像一个动态而非静态的过程。从这个角度讲，他的方法与我的自然倾向更贴近。随着我的一些没有动的交易最终产生了净利润，巴罗迪马斯的评论"我总是在市场有利于我时，从桌上拿走一些钱"与我心中的有利效应产生了共鸣。

多年来，许多人都告诉我读了"金融怪杰系列"以后，他们的事业和生活发生了改变。在我的会议讨论中，许多职业经理人和出席者都有同样的想法。我永远不会知道这种生活改变的影响是好还是坏。有一次，一个医生告诉我，读了我的书以后，他放弃了自己的事业成了一名交易员。事实上，我对于让世界上少了一个医生，多了一个交易员而感到内疚。讽刺的是，其中一个被本书改变的人是我的儿子，扎卡里，他也被本书的内容影响了。同样，我也不知道而且永远不会知道这种改变是好是坏，因为没有被选的那条路是永远也看不见的。我认为用我儿子对本书的亲身感受和他的亲身经历来做结尾是恰当的。

杰克·施瓦格

***

"金融怪杰系列"对我生活的影响比我预期的还要大。

在我 8 岁的时候，有一天是"带你的孩子去工作"日。我喜欢父亲的办公室，那里充满了我不能碰的东西。更好的是，他有一个秘书，总是带着一大盒的糖果，完全没有考虑这会增加我患早发性糖尿病的机会。当父亲招呼我去玩一个游戏的时候，我正在角落里拆卸他的咖啡机。游戏的规则很简单，他会转动一些图表，我的任务是猜测图表的下一个运动方向是升还是降。没过多久，我就发现这并不是一个游戏，而是一个实验。我父亲有一个一直坚持的理论，天生的天才交易员有识别和预测价格模式的直觉。这个游戏有五张图，他得出的结论是我不是这类天才交易员。又过了许多年，我看到了另一张图表。

在我高中二年级的时候，我见到了第一个"金融怪杰"约翰·本德。我向父亲提议，在上大学前，我们去旅行。我的父亲一直都喜欢冒险运动，几年前，他在攀登加拿大落基山脉中的天波山（Mount Temple）时，消失了。与他所说的他只离开一天不同，在决定登到山顶后，他迟了 12 小时，带着冻伤回来了。我认为这次我们最好去个温暖点的地方。约翰·本德刚从交易中退休，他用自己赚的钱买下了哥斯达黎加数千亩的热带雨林。他邀请我们去住那里的私人别墅。

我们准备了一辆 SUV，从圣何塞开了 4 小时的车到了约翰热带雨林里的私人别墅。我们沿着一条蜿蜒泥泞的单行道一路向前开，在终点的空地处有两个全副武装的男人。这里有保安在巡逻以免有人偷猎。这个旅馆有三栋房子（其中一个还在建造），建在了郁郁葱葱的大草原上。其中一栋的主别墅是约翰和他妻子安在住，同时他们也在草原边建造了自己富丽堂皇、有多层楼、360 度视角的梦想之屋。我们在第三栋安顿下来，这是专为客人准备的，我们说好在整理好行李后与约翰一起喝一杯。

约翰正坐在观景走廊，手里拿着啤酒，俯瞰着下面的热带雨林。我们谈了几个小时，看着太阳落到雨林的边际。约翰主导着大部分谈话，他浑身充满了能量，好像他有很多话要说，而且正好等到了对的人来倾诉。谈话的范围很广，从量子物理学实验的悖论，到他特别厌恶的一个基金经理，他坚决认为他是个骗子。我在那之后的 9 年没再听过这个经理的名字，当约翰已猜到的金融危机爆发时，才知道麦道夫是一个骗子。

大学很快就要开始了。我去父亲的办公室寻求一些主修专业的意见。有些尴尬，那时我还没读过《金融怪杰》这本书，还没参与到市场中，而我的父亲也不是一个强迫别人按照自己意愿行事的人。我告诉他我想成为一名医生。我很清楚地记得他的回答，"我不认为那适合你"。我的父亲总是在告诉你事实时，尴尬地笑一笑来隐藏自己的不适。他知道自己的坦白是你不愿意听到的。我并没有立刻接受他的建议，但大一念了没多久，我就意识到他是对的。我是那种创造型人才，医生可能真的不适合我。所以我转到了纽约的电影学校。

　　为了激起我在投资上的兴趣，我父亲给了我一个 500 美元的 Ameritrade 账户。我在网上找到了几个推荐，买了三只股票，其中的两只继续攀高，而第三只，CSX 在 30～40 美元徘徊。我打电话给父亲，准备让他给我些独到的见解。在注意到这只股票的交易模式后，我告诉他，我打算在接近 40 美元的价格时，将其卖空，并在接近 30 美元时，将其买回。他没有任何反应，只是轻轻地笑了笑说："人们就是这么做的。"两年后，我的账户涨到了 2000 多美元。我意识到自己对股票市场知之甚少，能这样只是因为我的运气好。我结清了所有头寸，买了一个摄像机。

　　我的父亲即将来纽约的一个交易博览会做报告。我小心翼翼地接受了一封他发的邀请函。我从衣柜底下翻出了自己仅有的一件带领子的衬衫，去了时代广场的希尔顿酒店。所有人都是西装革履，我瞬间感到很不舒服。我的母亲，被我父亲称为他最长期的交易，已经入座了。我走过去，坐在她旁边。她用自己最喜欢的评论词问候了我："你真是个帅小伙，但是没人知道你的穿着。"房间里座无虚席，父亲走向了演讲台。每个人看起来都很兴奋地期待他的演讲。我坐在座位上，希望能够理解他的内容，这样我就能在结束时，对他说一些有意义的话。我不知道这一刻也改变了我的人生。

　　父亲开始了演讲。我等待着他的话超出我可以理解的范围，但是这一刻从没发生过。爱因斯坦曾经说过："任何一个聪明的笨蛋都可以把事情搞得更大，更复杂，也更激烈。往相反的方向前进则需要天分以及很大的勇气。"我的父亲一直有这种能力，他想要将这些复杂的想法浓缩成最简单的形式。他的演讲是基于他与世界顶级交易员的访谈所披露的重要的经验教训。

　　有三个主要的观点跟我产生了共鸣，改变了我从前对于交易的概念。

　　1. 交易不是专门为世界顶级精英服务的。受访的交易员背景千差万别。交易的成功与学校或者以前的工作没有任何相关性。他们的共同特点是努力工作、有决心，以及拥有想要解开市场之谜的愿望。他们有一个共同的愿望，就是避免妨碍人们从市场中获胜的心理障碍。

2. 交易不仅是一门科学，也是一门艺术。甚至那些使用纯粹的系统性方法应对市场的交易员仍旧从事创造性的思维。他谈到过的交易员没有一个已经有了有效的公式，没有人已经拥有了蓝图。他们的成功建立在他们能够发现被人们忽视的事情之上。

3. 没有单一的正确赚钱方法。那些成功的人找到了什么对他们是有效的。试图复制其他人的办法通常会失败。所有成功的交易员都有对他们自己有意义并且很舒服的方法。

这个演讲最后以一问一答的方式结束。令我吃惊的是，这些业界的专业人士有着与我类似的问题。那时我开始意识到我与他们之间的差别其实没有我想象中的大。包括我父亲在内，我们都想要知道和了解更多，就是这个愿望让他在很多年前就开始着手去采访这些金融奇才。

我有幸能与我父亲一起来完成本书，这并不是说我做了很多工作，我只是有特权在父亲完成每一章后提前阅读，然后分享一下自己的感觉和建议。我父亲在本书中所投入的工作量大得难以置信。我很惊讶他花费了这么多时间来梳理许多小时的录音带，写成每一个章节。人们经常对我父亲说，他是一个伟大的采访者，而他频繁地回答："我是一个糟糕的采访者，但我是一个优秀的编辑。"当然，只有后半部分是真的。我父亲的一个天赋是，能把每个人身上最好的地方挖掘出来。他设法问到你能想到的所有问题。与我父亲一起工作完成本书是我人生中最重要的学习经历之一。

除了本书以外，我很高兴地说，这不是我最后一次从我父亲的脑子里挖出一些市场知识。听完他在交易博览会的演讲后，我从电影学院退了学，去攻读了一个金融学学士学位。我现在是第一纽约证券公司的一名初级交易员。我不知道未来等待我的是什么，或者我在长期能否成功地进行交易，但我知道我将终身受益于从这些经验中获得的知识。

几个月前，我与几个同事一起出去放松一下。其中一个人问我："你有没有觉得，因为你的父亲，你对作为一个交易员有很大期望？"我回答说："在交易中像我父亲一样成功，要比像他一样成为一位成功的人容易得多。我的父亲是我见过的最亲切、最谦虚、最慷慨的人之一。我更愿意成为像他一样伟大的人，而不是像他一样成功。"

扎卡里·施瓦格

译者后记

本书是杰克·施瓦格"金融怪杰系列"的最新版——《对冲基金怪杰》。与之前的访谈录相比，本书跳出了股票、期货基金经理的范畴，转而关注近几年发展神速、盈利突飞猛进的对冲基金经理。当然，施瓦格延续了他采访的一贯风格——剖析基金经理的投资策略；也延续筛选采访对象的苛刻标准——在过去至少十年里风险与收益比要异常卓越。施瓦格的书已成为交易员和金融专业人士的必读书籍，也被誉为"有史以来最具影响力、最畅销的交易书之一"。

杰克·施瓦格也是环球基金分析公司董事会成员及高级顾问，该公司是一家基金研究和咨询公司，总部位于伦敦。此外，他还担任复合基金公司下属机构市场大师基金的顾问。此前，他曾经任职于华尔街一些著名公司，从事了长达22年之久的期货研究，还曾为一家商品交易咨询公司担任过十年的副总裁。

下面是对本书三位译者的一个简单介绍，他们以自己的专业优势和扎实的语言功底将这本外版金融学经典之作译成中文，书中有不足之处还请各位读者指正批评，对本书的翻译有任何建议请联系：web@duiclury.co。

何澍鑫（第1章～第5章），福建华侨大学毕业（第一学位金融、第二学位法律），美国伊利诺伊理工大学斯图尔特商学院金融硕士，通过CFA一级。现任上海千际投资管理咨询有限公司对冲基金研究中心业务主管、HFR 指数项目负责人，负责 HFR-CTA 千际对冲基金指数的编制及数据库维护。该研究中心提供对冲基金的全方位服务，是对冲基金公司和对冲基金投资者的综合服务提供商。中心提供证券和期货交易系统、对冲基金数据库系统、对冲基金 FOF 和可投资指数等服务。

刘姝君（第 6 章～第 11 章），厦门大学经济学学士，美国肯特州立大学金融工程硕士，通过 CFA 三级。现就职于中银国际期货有限责任公司，负责国债期货及宏观研究。

徐君岭（第 12 章～第 15 章、总结），美国新墨西哥大学物理博士、MBA、CFA、湘财祈年期货副总裁。之前任职于美国 GE 资本等金融机构。专注于金融衍生品交易研究，包括建立衍生品定量预测及产品定价模型；基于数量序列分析，构建衍生品种交易系统；标的物与衍生品混合的产品设计等。在各类期刊上发表数十篇文章，其中五篇被 EI 收录。

损益比

大多数人往往只关注收益。在我看来，作为绩效的衡量指标，收益只有在相对于需要多少风险来达到它时才是有意义的。只要通过杠杆，你往往就能得到更多收益。这并不意味着它代表更好的表现。我特别喜欢的一个统计数字就是损益比（GPR）。我将损益比定义为所有月份的收益总和除以所有月份损失总和的绝对值。$^{\ominus}$绩效衡量指标显示的是累计净收益与实现这个收益的累积损失的比。如果损益比等于 1，这意味着，平均而言，投资者将经历等于净收益的月损失。如果每年的平均回报是 12%，这是算术而不是复合的，那么每年的月损失平均数额的总和也将等于 12%。损益比按头寸比例惩罚了所有损失。然后，向上的波动率是有益的，因为它只影响比率中的收益部分。相比之下，夏普比率，最常用的收益 / 风险测量指标，惩罚了向上的波动率。作为一个粗略的指标，对于流动性的策略，任何大于 1 的损益比都是非常好的，在 1.5 以上的损益比是非常优秀的。

$\ominus$　损益比（GPR）是一个我已经使用了许多年的绩效统计数据。尽管这个术语有时会用来作为收益 / 风险测量和收益 / 亏损测量的通用参考，但我不知道过去有谁将它作为绩效的衡量指标。损益比与评估交易系统的通用统计数据 "利润因子" 类似。利润因子可以定义为所有获利交易的总和除以所有损失交易总和的绝对值。利润因子适用于交易，而损益比适用于区间回报（比如月回报）。用数学方法很容易表明，如果利润因子的计算适用于月回报，那么利润因子就等于损益比加 1，并会与损益比一样提供相同的绩效排名。对于熟悉 Omega 函数的定量导向的读者，请注意，Omega 函数评估为零时也等于损益比加 1。

期权——理解基本原理[⊖]

有两种基本类型的期权：看涨期权和看跌期权。购买看涨期权给予了买方在到期日前，包括到期日，按约定价格购买标的资产的权利而不是义务，这个约定的价格被称为执行价格。看跌期权给予了买方在到期日前，按照执行价格卖掉标的资产的权利而不是义务。（注意，购买看跌期权是一个看跌的交易，而卖出看跌期权是一个看涨的交易。）期权的价格叫作期权费。举一个例子，一个 IBM April 130 call（IBM 4 月 130 看涨期权）给予了期权买方在期权有效期内以 130 美元每股的价格，购买 100 手 IBM 股票的权利。

看涨期权的买方预期价格上涨，试图通过锁定购买价格来获取利润。看涨期权买方的最大可能损失等于应支付的期权费。如果行权价格在市场价格之上，那么期权的买方就会持有期权到期，这时最大的损失就发生了。比如，当执行价格为 130 美元的期权到期时，如果 IBM 的市场价格为 125 美元，那么这个期权到期时，将毫无价值。如果期权到期时，标的资产的市价高于执行价格，期权就会有一些价值，因此就会被行权。但是，如果市场价格与执行价格之差小于期权费，那么这个交易最后的结果仍是有损失的。为了让期权买方实现净利润，这个差必须超过调整了手续费以后的期权费。市场价格越高，利润越大。

⊖ 这个附录最初发表在 1989 年的《金融怪杰》一书中。

看跌期权的买方预期价格下降，试图通过锁定销售价格来获取利润。与看涨期权的买方一样，它的最大可能损失也是期权费。在看跌期权的例子中，如果执行价格超过市场价格的幅度大于调整手续费后的期权费，那么期权持有到期后，交易会实现净利润。

期权的买方具有有限风险和无限收益的可能，卖方则相反。期权的卖方收取期权费，如果期权被执行，他将承担以执行价格作为对手方的义务。比如，如果看涨期权被执行，那么卖方就必须以行权价格在标的资产市场持有空头头寸。

看涨期权的卖方试图从预期市场震荡行情以及适度下跌中获利。在这种情况下，卖掉看涨期权所赚取的期权费是最有吸引力的交易机会。然而，如果交易员预期价格的大幅下跌，通常做空标的资产或者购买具有无限收益可能的看跌期权是一个更好的选择。类似的情况，看跌期权的卖方在预期正当行情以及市场适度上涨时获利。

一些新手在理解为什么交易员不是一直选择期权买方上有困难，因为这样的交易具有有限风险和无限收益的可能。这种困惑是因为没有将概率考虑进去。尽管期权卖方的理论风险是无限的，但最可能发生的价格，即当期权交易发生时，围绕着市场价格波动的价格将会给卖方带来净收益。大体上说，期权的买方愿意以大概率的小损失来换取小概率的大收益，而期权的卖方愿意以小概率的大损失交换大概率的小收益。在有效市场中，一致的期权买方和卖方在长期都没有显著的优势。

期权费由两部分组成：内在价值和时间价值。看涨期权的内在价值就是当前的市场价格高于执行价格的部分；看跌期权的内在价值就是当前的市场价格低于执行价格的部分。实际上，内在价值是当期权以当前市价执行时所实现的部分期权费。内在价值就是期权的最低价格。为什么？因为如果期权费小于内在价值，那么交易员就会买入期权然后执行，同时立刻平掉由此产生的头寸，最终实现净利润（假设交易员已经考虑了交易费用）。

具有内在价值的期权，即看涨期权的行权价格低于市场价格，而看跌期权的行权价格高于市场价格，称为实值期权。没有内在价值的期权称为虚值期权。行权价格等于市场价格的期权称为平价期权。

按照定义，虚值期权的内在价值为零，但它仍会有一些价值，因为在期权到期前，市场价格仍会超越执行价格。实值期权的价值会大于内在价值，因为期权的仓位要比标的市场的仓位更受欢迎。为什么？因为在有利的价格变动时，期权和现货头寸仓位的获利将相等，但期权的最大损失是有限的。期权费超过内在价值的部分，就是时间价值。

有三个重要的因素影响着期权的时间价值。

1. 执行价格和市场价格之前的关系

深度虚值期权的时间价值很小，因为到到期前，市场价格接近执行价格或者超越执行价格的可能性很小。深度实值期权的时间价值也很小，因为这些期权提供了与标的资产类似的头寸，它们的损失和获益相等，除了极限的逆向价格变动。换句话说，对丁深度实值期权，风险有限的事实并没有太多价值，因为执行价格距离普遍的市场价格很远。

2. 到期时间

到期时间越长，期权的价值越大。这是正确的，因为较长的时间期限，提高了内在价值在到期前增加一定数额的概率。

3. 波动率

根据期权到期前所估计的标的市场的波动率（衡量价格变动的程度），时间价值会直接变化。这个关系是由于更大的波动率会提高内在价值在到期前上升的概率。换句话说，波动率越大，市场价格的波动幅度越大。

尽管波动率在决定期权价格时尤为重要，但需要强调的是，市场未来的波动率不可能在发生前被精确知道。（相反，到期时间以及当前市场价格和执行价格之间的关系可以被精确地指定在任意时刻。）这样，波动率就必须始终以历史波动率的数据为基础进行估计。

未来波动率的估计隐含在期权费里，它可能高于或者低于历史波动率，我们称为隐含波动率。

推 荐 阅 读

序号	书号	书名	作者	定价
1	30250	江恩华尔街45年（珍藏版）	（美）威廉 D. 江恩	36.00
2	30248	如何从商品期货贸易中获利（珍藏版）	（美）威廉 D. 江恩	58.00
3	30247	漫步华尔街（原书第9版）（珍藏版）	（美）伯顿 G. 马尔基尔	48.00
4	30244	股市晴雨表（珍藏版）	（美）威廉·彼得·汉密尔顿	38.00
5	30251	以交易为生（珍藏版）	（美）亚历山大·埃尔德	36.00
6	30246	专业投机原理（珍藏版）	（美）维克托·斯波朗迪	68.00
7	30242	与天为敌：风险探索传奇（珍藏版）	（美）彼得 L. 伯恩斯坦	45.00
8	30243	投机与骗局（珍藏版）	（美）马丁 S. 弗里德森	36.00
9	30245	客户的游艇在哪里（珍藏版）	（美）小弗雷德·施韦德	25.00
10	30249	彼得·林奇的成功投资（珍藏版）	（美）彼得·林奇	38.00
11	30252	战胜华尔街（珍藏版）	（美）彼得·林奇	48.00
12	30604	投资新革命（珍藏版）	（美）彼得 L. 伯恩斯坦	36.00
13	30632	投资者的未来（珍藏版）	（美）杰里米 J.西格尔	42.00
14	30633	超级金钱（珍藏版）	（美）亚当·史密斯	36.00
15	30630	华尔街50年（珍藏版）	（美）亨利·克卢斯	38.00
16	30631	短线交易秘诀（珍藏版）	（美）拉里·威廉斯	38.00
17	30629	股市心理博弈（原书第2版）（珍藏版）	（美）约翰·迈吉	58.00
18	30835	赢得输家的游戏（原书第5版）	（美）查尔斯 D.埃利斯	36.00
19	30978	恐慌与机会	（美）史蒂芬·韦恩斯	36.00
20	30606	股市趋势技术分析（原书第9版）（珍藏版）	（美）罗伯特 D. 爱德华兹	78.00
21	31016	艾略特波浪理论：市场行为的关键（珍藏版）	（美）小罗伯特 R. 普莱切特	38.00
22	31377	解读华尔街（原书第5版）	（美）杰弗里 B. 利特尔	48.00
23	30635	蜡烛图方法：从入门到精通（珍藏版）	（美）斯蒂芬 W. 比加洛	32.00
24	29194	期权投资策略（原书第4版）	（美）劳伦斯 G. 麦克米伦	128.00
25	30628	通向财务自由之路（珍藏版）	（美）范 K. 撒普	48.00
26	32473	向最伟大的股票作手学习	（美）约翰·波伊克	36.00
27	32872	向格雷厄姆学思考，向巴菲特学投资	（美）劳伦斯 A. 坎宁安	38.00
28	33175	艾略特名著集（珍藏版）	（美）小罗伯特 R. 普莱切特	32.00
29	35212	技术分析（原书第4版）	（美）马丁 J. 普林格	65.00
30	28405	彼得·林奇教你理财	（美）彼得·林奇	36.00
31	29374	笑傲股市（原书第4版）	（美）威廉·欧奈尔	58.00
32	30024	安东尼·波顿的成功投资	（英）安东尼·波顿	28.00
33	35411	日本蜡烛图技术新解	（美）史蒂夫·尼森	38.00
34	35651	麦克米伦谈期权（珍藏版）	（美）劳伦斯 G. 麦克米伦	80.00
35	35883	股市长线法宝（原书第4版）（珍藏版）	（美）杰里米 J. 西格尔	48.00
36	37812	漫步华尔街（原书第10版）	（美）伯顿 G. 马尔基尔	56.00
37	38436	约翰·聂夫的成功投资（珍藏版）	（美）约翰·聂夫	39.00

推荐阅读

序号	书号	书名	作者	定价
38	38520	经典技术分析（上册）	（美）小查尔斯 D. 柯克帕特里克	69.00
39	38519	经典技术分析（下册）	（美）小查尔斯 D. 柯克帕特里克	69.00
40	38433	在股市大崩溃前抛出的人：巴鲁克自传（珍藏版）	（美）伯纳德·巴鲁克	56.00
41	38839	投资思想史	（美）马克·鲁宾斯坦	59.00
42	41880	超级强势股：如何投资小盘价值成长股	（美）肯尼思 L. 费雪	39.00
43	39516	股市获利倍增术（珍藏版）	（美）杰森·凯利	39.00
44	40302	投资交易心理分析	（美）布雷特 N. 斯蒂恩博格	59.00
45	40430	短线交易秘诀（原书第2版）	（美）拉里·威廉斯	49.00
46	41001	有效资产管理	（美）威廉 J. 伯恩斯坦	39.00
47	38073	股票大作手利弗莫尔回忆录	（美）埃德温·勒菲弗	39.80
48	38542	股票大作手利弗莫尔谈如何操盘	（美）杰西 L. 利弗莫尔	25.00
49	41474	逆向投资策略	（美）大卫·德雷曼	59.00
50	42022	外汇交易的10堂必修课	（美）贾里德 F. 马丁内斯	39.00
51	41935	对冲基金奇才：常胜交易员的秘籍	（美）杰克·施瓦格	80.00
52	42615	股票投资的24堂必修课	（美）威廉·欧奈尔	35.00
53	42750	投资在第二个失去的十年	（美）马丁 J. 普林格	49.00
54	44050	期权入门与精通（原书第2版）	（美）爱德华·奥姆斯特德	49.00
55	43956	以交易为生II：卖出的艺术	（美）亚历山大·埃尔德	55.00
56	43501	投资心理学（原书第5版）	（美）约翰 R. 诺夫辛格	49.00
57	44062	马丁·惠特曼的价值投资方法：回归基本面	（美）马丁·惠特曼	49.00
58	44156	巴菲特的投资组合（珍藏版）	（美）罗伯特·哈格斯特朗	35.00
59	44711	黄金屋：宏观对冲基金顶尖交易者的掘金之道	（美）史蒂文·卓布尼	59.00
60	45046	蜡烛图精解（原书第3版）	（美）格里高里·莫里斯、赖安·里奇菲尔德	60.00
61	45030	投资策略实战分析	（美）詹姆斯·奥肖内西	129.00
62	44995	走进我的交易室	（美）亚历山大·埃尔德	55.00
63	46567	证券混沌操作法	（美）比尔·威廉斯、贾丝廷·格雷戈里–威廉斯	49.00
64	47508	驾驭交易（原书第2版）	（美）约翰 F. 卡特	75.00
65	47906	赢得输家的游戏	（美）查尔斯·埃利斯	45.00
66	48513	简易期权	（美）盖伊·科恩	59.00
67	48693	跨市场交易策略	（美）约翰 J. 墨菲	49.00
68	48840	股市长线法宝	（美）杰里米 J. 西格尔	59.00
69	49259	实证技术分析	（美）戴维·阿伦森	75.00
70	49716	金融怪杰：华尔街的顶级交易员	（美）杰克 D. 施瓦格	59.00
71	49893	现代证券分析	（美）马丁 J. 惠特曼、费尔南多·迪兹	80.00
72	52433	缺口技术分析：让缺口变为股票的盈利	（美）朱丽叶 R. 达尔奎斯特、小理查德 J. 鲍尔	59.00
73	52601	技术分析（原书第5版）	（美）马丁 J. 普林格	100.00
74	54332	择时与选股	（美）拉里·威廉斯	45.00
75	54670	交易择时技术分析：RSI、波浪理论、斐波纳契预测及复合指标的综合运用（原书第2版）	（美）康斯坦丝 M. 布朗	59.00
	13303	巴菲特致股东的信		

投资名家·极致经典

巴菲特授权亲笔著作
杨天南精译

最早买入亚马逊，持股超过20年
连续15年跑赢标准普尔指数

每一份投资书目必有这本大作
美国MBA投资学课程指定参考书

金融世界独一无二的好书
风险与其说是一种命运
不如说是一种选择

美国富豪投资群Tiger21创始人
有关投资与创业的忠告

通往投资成功的心理学与秘密
打败90%的资产管理专家

富达基金掌舵人长期战胜市场之道
彼得·林奇、赛斯·卡拉曼推荐

巴菲特力荐的经典著作
化繁为简学习《证券分析》精华

金融周期领域实战专家
30年经验之作